浙江省化妆品产业高质量发展报告

浙江省健康产品化妆品行业协会◎编写

Report on
High Quality Development of
the Cosmetic Industry in
Zhejiang Province

中国经济出版社
CHINA ECONOMIC PUBLISHING HOUSE
北 京

图书在版编目（CIP）数据

浙江省化妆品产业高质量发展报告 / 浙江省健康产品化妆品行业协会编写 . --北京：中国经济出版社，2024. 4

ISBN 978-7-5136-7747-9

Ⅰ. ①浙… Ⅱ. ①浙… Ⅲ. ①化妆品-产业发展-研究报告-浙江 Ⅳ. ①F426. 7

中国国家版本馆 CIP 数据核字（2024）第 084055 号

责任编辑　丁　楠
责任印制　马小宾
封面设计　久品轩

出版发行　中国经济出版社
印 刷 者　河北宝昌佳彩印刷有限公司
经 销 者　各地新华书店
开　　本　710mm×1000mm　1/16
印　　张　20
字　　数　337 千字
版　　次　2024 年 4 月第 1 版
印　　次　2024 年 4 月第 1 次
定　　价　88. 00 元
广告经营许可证　京西工商广字第 8179 号

中国经济出版社 **网址** http://epc. sinopec. com/epc/ **社址** 北京市东城区安定门外大街 58 号 **邮编** 100011
本版图书如存在印装质量问题，请与本社销售中心联系调换（联系电话：010-57512564）

编委会名单

主　　编　张　艳

副 主 编　林祥国　姜华威　徐伟红

编　　委　（按姓氏笔画排序）

王小洁　邓俊斌　艾勇丰　卢　杰　刘　曦

孙淑蓉　杨武军　沈　敏　张　森　张　斌

陈　印　金宁宁　周　云　周　江　胡　丹

姜玉英　郭宁剑

前言
PREFACE

化妆品产业是浙江省时尚产业的核心内容，生命健康产业的重要组成，美丽经济的特色板块。近年来，浙江省化妆品产业发展迅速，已形成相对完整的产业链，质量安全水平位居全国第一方阵。生产企业数量从2016年的271家跃升至2023年的634家。从企业数量、产品数量、产值规模均位居全国第二。2023年，全省化妆品出口116.48亿元，同比增长41.9%，高于全省出口增速38个百分点，占全国化妆品出口总额的25.4%。在2023年“双十一”中，浙江省的化妆品品牌珀莱雅成为天猫平台美妆、护肤、新锐护肤和抖音美妆、护肤等5个赛道销售第一名，彩棠、花西子、毛戈平成为天猫平台国货新锐彩妆销售前三名。

同时，浙江是化妆品平台经济大省，平台多、规模大。据初步统计，全省共有各类化妆品网络销售平台32家、入网平台内经营者30多万家。众多电商平台、直播企业构成的强大美妆经营生态，给浙江省乃至全国化妆品产业提供了重要发展支撑。

浙江省政府高度重视化妆品产业的发展，出台了多项专项政策推动化妆品产业的高质量发展。2015年出台了《浙江省人民政府关于加快发展时尚产业的指导意见》，2020年1月浙江省经信厅发布《浙江省打造时尚之都　促进时尚产业改革发展行动（2020—2022年）》。同年，浙江省分管副省长连续两次批示，要求浙江省经信厅牵头会同省科技厅、省市场监管局专题研究，提出加大对化妆品产业的政策支持方案。7月，浙江省经信厅、省药监局联合发布《浙江省化妆品产业高质量发展实施方案（2020—2025年）》，明确提出：“到2025年，全省化妆品产业年销售收入超2000亿元，培育年销售收入超过100亿元的行业领军企业3家，拥有5个以上国际知名品牌，培育一批新锐品牌，浙江美妆品牌产品占国产美妆市场份额25%以上”。2023年，浙江省药监局又出台了《关于实施营商环境优化提升“一号改革工程”助力浙江化妆品产业高质量发展的若干举措》。

从化妆品大省，到化妆品强省，离不开浙江省有关职能部门、行业协会与企业在深化监管创新、优化营商环境、强化品牌建设、产业链协同发展等方面的共同努力，充分展现了社会共治的力量。如：浙江省药品监督管理局联动相关部门及行业协会，建立重点产品、重点项目、重点企业、重点平台遴选及专人服务机制；浙江省健康产品化妆品行业协会在浙江省药品监督管理局支持指导下，组建了“政、社、企”联动的监管协作平台，并组织开展了“浙江美妆十大品牌”、“浙江美妆十大新锐品牌”等评选活动。

为充分梳理总结浙江省化妆品产业的现状、发展优势及成就，分析发展中存在的主要问题与瓶颈，为政府、行业、企业提供真实全面的决策依据与参考。浙江省健康产品化妆品行业协会自2020年4月以来，组织了监管、科研、标准、企业等多方力量。历经数年，认真开展了化妆品全产业链的基础性调研工作。此调研成果为本书的编写工作提供了有力的支持及翔实的数据来源。

由于浙江省化妆品产业的历史性数据非常薄弱，尤其是产业链上下游的数据掌握梳理难度极大。同时，本书的作者来自于不同部门和单位，数据来源不同，有可能存在一定的差异，请广大读者予以理解。

在此，特别感谢参与本书编写工作的各单位及个人：浙江省药品监督管理局、各市地市场监督管理局、浙江省化妆品标准化技术委员会、浙江方圆检测集团股份有限公司、珀莱雅化妆品股份有限公司及“浙江美妆十大品牌”、“浙江美妆十大新锐品牌”及部分骨干企业等。浙江省化妆品产业的高质量发展需要政府、行业、企业的共同努力，构建共建共治共享的社会治理新格局。希望继续得到大家的支持，持续跟踪研究化妆品全产业链的发展情况。

浙江省健康产品化妆品行业协会

2024年4月

目录
CONTENTS

上 篇

中 篇

下 篇

附　录

上　篇

第一章　化妆品定义与分类

第一节　世界主要国家和地区化妆品定义与分类

世界主要国家和地区的相关法规在对化妆品定义时均对使用目的和使用部位等做了说明。在化妆品的分类上，欧盟和韩国的分类更为细致，而美国将功能性化妆品纳入非处方类药品（OTC）管理。具体见表1-1。

表1-1　世界主要国家和地区化妆品定义与分类

国家/地区	化妆品定义	化妆品分类
欧盟	根据《欧盟化妆品法规》（EC1223/2009）的规定，化妆品是用于人体外部任何部位（皮肤、毛发、指甲、口唇和外阴部）或牙齿及口腔黏膜的物质或混合物，主要起到清洁、香化或保护的作用，以达到保持良好状况、美容或消除体臭的目的	欧盟将化妆品分为20类，分别是：①膏霜、乳液、液、凝胶和油（手、脸、脚等）；②面膜（化学性脱皮产品除外）；③色彩固定剂；④化妆粉、浴后用粉、卫生用粉等；⑤盥洗用皂、除臭皂等；⑥香水、卫生间水、古龙水；⑦沐浴、冲洗用品（浴盐、浴泡、浴油、凝胶等）；⑧脱毛剂；⑨除臭剂和抑汗剂；⑩发用产品（染发剂和漂白剂，卷发、直发和定型剂，清洁产品，护发产品，美发产品）；⑪剃须产品（膏霜、泡沫、液等）；⑫脸和眼部化妆和卸妆产品；⑬唇部产品；⑭牙齿和口腔保护产品；⑮指甲保护和化妆产品；⑯外用个人卫生用品；⑰日光浴产品；⑱非日光黑肤产品；⑲皮肤增白产品；⑳抗皱产品
美国	根据美国《联邦食品、药品和化妆品法》的规定，化妆品是指以涂擦、喷洒、喷雾或其他类似方法用于人体外部任何部位，以达到清洁美化、提升魅力或改变外观等目的的产品	美国将化妆品分为13类：①皮肤护理；②香水；③眼部化妆品；④眼部外的化妆品；⑤指甲产品；⑥沐浴油和泡沫浴液；⑦漱口水；⑧染发预处理；⑨洗发水、烫发剂或其他护发产品；⑩除臭剂；⑪剃须产品；⑫儿童产品；⑬晒黑产品 美国功能性化妆品归入OTC药品管理，共分为5类：①防龋齿（含氟化物）的牙膏；②保湿产品；③防晒化妆品；④抑汗剂；⑤防头屑洗发水

续表

国家/地区	化妆品定义	化妆品分类
日本	日本《药事法》将化妆品与药品同等对待，在定义上有所不同。化妆品是为了清洁美化人体、增加魅力、改变容貌、保持皮肤及头发健美而涂擦散布于身体或用类似方法使用的产品。在《药事法》中以清洁身体为目的而使用的肥皂、牙膏也属于化妆品的范畴	日本将化妆品分为一般化妆品和特殊化妆品两大类：特殊化妆品包括 11 类，分别是含激素、含抗组织胺剂、含维生素、含甲醇、含苯甲酸、含异丙基甲酚、含斑蝥酊、含对氨基苯甲酸及其酯、含二硫化四甲基秋兰姆、含月桂酰肌氨酸钠、含十一烯酸单乙醇酰胺的化妆品
韩国	韩国《化妆品法》将化妆品定义为起到清洁、美化人体的效果，以增加魅力，使容貌变得更加靓丽，或者可以保持或加强肌肤、毛发健康，以涂抹、轻揉或喷洒等类似方法用于人体的物品，并且对人体作用轻微，但属于《药事法》第 2 条第 4 号中规定的医药品的除外	韩国化妆品分为一般化妆品和功能性化妆品：一般化妆品分为儿童用、沐浴用、人体清洁用、化妆用、芳香用、染发用、彩妆化妆用、护发用、指（趾）甲用、剃须用、基础化妆品 11 种。医药外品（化妆品相关）包括染发剂、牙膏、防腋臭剂、脱毛剂、防脱育发剂、口腔清洁剂、沐浴用产品（有痘肌肤辅助治疗的香皂制剂和沐浴时投入的外用剂）、痱子粉等。2019 年韩国对《化妆品法施行规则》进行部分修订，功能性化妆品由 3 种增加到 11 种：美白、改善皱纹、防晒、染发褪色和软化、脱毛、防止脱发、固发增发、改善过敏性皮肤的干燥、防止因粉刺型皮肤产生的角质和干燥等问题、保护受损肌肤、改善萎缩纹等皮肤开裂问题

资料来源：根据公开资料整理。

第二节　我国化妆品定义与分类

一、化妆品定义

我国 2021 年 1 月 1 日起施行的《化妆品监督管理条例》（简称《条例》）规定，化妆品是指以涂擦、喷洒或者其他类似方法，用于皮肤、毛发、指甲、口唇等人体表面，以清洁、保护、美化、修饰为目的的日用化学工业产品。

二、化妆品分类

根据《条例》，化妆品分为特殊化妆品和普通化妆品。国家对特殊化妆品实行注册管理，对普通化妆品实行备案管理（见表 1–2）。

表 1-2 特殊化妆品和普通化妆品分类

类别	分类
特殊化妆品	染发类、烫发类、祛斑美白类、防晒类、防脱发类
普通化妆品	发用类、护肤类、彩妆类、指甲类、芳香类

根据国家药监局发布的《化妆品分类规则和分类目录》，化妆品可根据功效宣称、作用部位、使用人群、产品剂型、使用方法等进行分类（见表 1-3~表 1-7）。

表 1-3 化妆品功效宣称分类目录

序号	功效类别	释义说明和宣称指引
A	新功效	不符合以下规则的
01	染发	以改变头发颜色为目的，使用后即时清洗不能恢复头发原有颜色
02	烫发	用于改变头发弯曲度（弯曲或拉直），并维持相对稳定 注：清洗后即恢复头发原有形态的产品，不属于此类
03	祛斑美白	有助于减轻或减缓皮肤色素沉着，达到皮肤美白增白效果；通过物理遮盖形式达到皮肤美白增白效果 注：含改善因色素沉积导致痘印的产品
04	防晒	用于保护皮肤、口唇免受特定紫外线所带来的损伤 注：婴幼儿和儿童的防晒化妆品作用部位仅限皮肤
05	防脱发	有助于改善或减少头发脱落 注：调节激素影响的产品，促进生发作用的产品，不属于化妆品
06	祛痘	有助于减少或减缓粉刺（含黑头或白头）的发生；有助于粉刺发生后皮肤的恢复 注：调节激素影响的、杀（抗、抑）菌的和消炎的产品，不属于化妆品
07	滋养	有助于为施用部位提供滋养作用 注：通过其他功效间接达到滋养作用的产品，不属于此类
08	修护	有助于维护施用部位保持正常状态 注：用于疤痕、烫伤、烧伤、破损等损伤部位的产品，不属于化妆品
09	清洁	用于除去施用部位表面的污垢及附着物
10	卸妆	用于除去施用部位的彩妆等其他化妆品
11	保湿	用于补充或增强施用部位水分、油脂等成分含量；有助于保持施用部位水分含量或减少水分流失
12	美容修饰	用于暂时改变施用部位外观状态，达到美化、修饰等作用，清洁卸妆后可恢复原状 注：人造指甲或固体装饰物类等产品（如：假睫毛等），不属于化妆品
13	芳香	具有芳香成分，有助于修饰体味，可增加香味
14	除臭	有助于减轻或遮盖体臭 注：单纯通过抑制微生物生长达到除臭目的产品，不属于化妆品

续表

序号	功效类别	释义说明和宣称指引
15	抗皱	有助于减缓皮肤皱纹产生或使皱纹变得不明显
16	紧致	有助于保持皮肤的紧实度、弹性
17	舒缓	有助于改善皮肤刺激等状态
18	控油	有助于减缓施用部位皮脂分泌和沉积，或使施用部位出油现象不明显
19	去角质	有助于促进皮肤角质的脱落或促进角质更新
20	爽身	有助于保持皮肤干爽或增强皮肤清凉感 注：针对病理性多汗的产品，不属于化妆品
21	护发	有助于改善头发、胡须的梳理性，防止静电，保持或增强毛发的光泽
22	防断发	有助于改善或减少头发断裂、分叉；有助于保持或增强头发韧性
23	去屑	有助于减缓头屑的产生；有助于减少附着于头皮、头发的头屑
24	发色护理	有助于在染发前后保持头发颜色的稳定 注：为改变头发颜色的产品，不属于此类
25	脱毛	用于减少或除去体毛
26	辅助剃须剃毛	用于软化、膨胀须发，有助于剃须剃毛时皮肤润滑 注：剃须、剃毛工具不属于化妆品

表 1-4　化妆品作用部位分类目录

序号	作用部位	说明
B	新功效	不符合以下规则的
01	头发	注：染发、烫发产品仅能对应此作用部位； 防晒产品不能对应此作用部位
02	体毛	不包括头面部毛发
03	躯干部位	不包含头面部、手、足
04	头部	不包含面部
05	面部	不包含口唇、眼部； 注：脱毛产品不能对应此作用部位
06	眼部	包含眼周皮肤、睫毛、眉毛； 注：脱毛产品不能对应此作用部位
07	口唇	注：祛斑美白、脱毛产品不能对应此作用部位
08	手、足	注：除臭产品不能对应此作用部位
09	全身皮肤	不包含口唇、眼部
10	指（趾）甲	—

表 1-5 化妆品使用人群分类目录

序号	使用人群	说明
C	新功效	不符合以下规则的产品；宣称孕妇和哺乳期妇女适用的产品
01	婴幼儿 （0~3 周岁，含 3 周岁）	功效宣称仅限于清洁、保湿、护发、防晒、舒缓、爽身
02	儿童 （3~12 周岁，含 12 周岁）	功效宣称仅限于清洁、卸妆、保湿、美容修饰、芳香、护发、防晒、修护、舒缓、爽身
03	普通人群	不限定使用人群

表 1-6 化妆品产品剂型分类目录

序号	产品剂型	说明
00	其他	不属于以下范围的
01	膏霜乳	膏、霜、蜜、脂、乳、乳液、奶、奶液等
02	液体	露、液、水、油、油水分离等
03	凝胶	啫喱、胶等
04	粉剂	散粉、颗粒等
05	块状	块状粉、大块固体等
06	泥	泥状固体等
07	蜡基	以蜡为主要基料的
08	喷雾剂	不含推进剂
09	气雾剂	含推进剂
10	贴、膜、含基材	贴、膜、含配合化妆品使用的基材的
11	冻干	冻干粉、冻干片等

表 1-7 化妆品使用方法分类目录

序号	使用方法	说明
01	淋洗	根据国家标准、《化妆品安全技术规范》要求，选择编码
02	驻留	

根据《化妆品分类》（GB/T 18670—2017），化妆品可按产品功能和使用部位来进行分类。对于多功能、多使用部位的化妆品以产品主要功能和主要使用部位来分类（见表 1-8）。

表 1-8 《化妆品分类》(GB/T 18670—2017) 中按功能和使用部位分类

部位	功能		
	清洁类化妆品	护理类化妆品	美容/修饰类化妆品
皮肤	洗面奶（膏） 卸妆油（液、乳） 卸妆露 清洁霜（蜜） 面膜 浴液 洗手液 洁肤啫喱 花露水 洁颜粉 洁面粉	护肤膏（霜） 护肤乳液 化妆水 面膜 护肤啫喱 润肤油 按摩精油 按摩基础油 花露水 痱子粉 爽身粉	粉饼 胭脂 眼影（膏） 眼线笔（液） 唇笔（粉） 香水 古龙水 香粉（蜜粉） 遮瑕棒（膏） 粉底液（霜） 粉条 粉棒 腮红 粉霜
毛发	洗发液 洗发露 洗发膏 剃须膏	护发素 发乳 发油/发蜡 焗油膏 发膜 睫毛肌底液 护发喷雾	定型摩丝/发胶 染发剂 烫发剂 睫毛液（膏） 生（育）发剂 脱毛剂 发蜡 发用啫喱水 发用漂浅剂 定型啫喱膏
指（趾）甲	洗甲液	护甲水（霜） 指甲硬化剂 指甲护理油	指甲油 水性指甲油
口唇	唇部卸妆液	润唇膏 润唇啫喱 护唇液（油）	唇膏 唇彩 唇线笔 唇油 唇釉 染唇液

注：本表产品名称只是举例，难以穷尽市场上所有产品。

第二章　国际化妆品产业发展现状与趋势

第一节　国际化妆品产业发展现状

一、全球化妆品产业市场规模

2019 年，全球美妆及个护产业市场规模首次超过 5000 亿美元，达 5070 亿美元。2020 年，受新冠疫情冲击，市场规模收缩至 4872 亿美元，与 2018 年相当，增速下降 3.91%。2021 年，在亚太地区特别是中国市场的快速恢复与带动下，全球美妆及个护产业摆脱疫情影响，市场规模增长 8.64%，达 5293 亿美元。2022 年，市场规模创新高达 5652 亿美元，同比增长 6.78%（见图 2-1）。

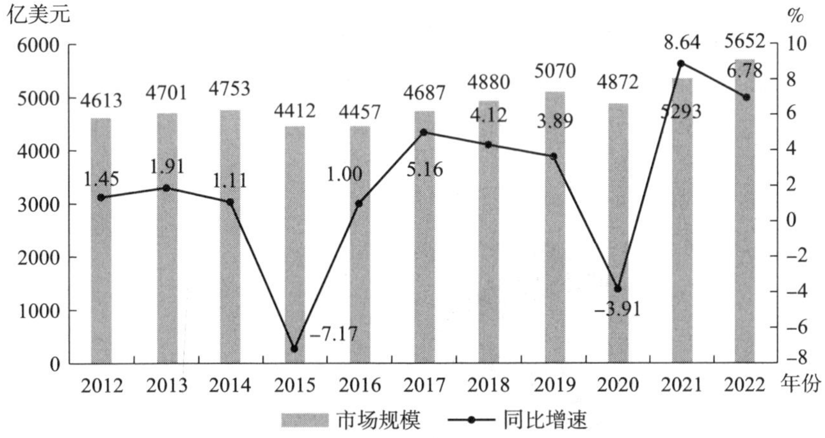

图 2-1　2012—2022 年全球美妆及个护产业市场规模及同比增速

资料来源：欧睿国际 Euromonitor。

法国美妆巨头欧莱雅集团 2022 财年关键财务数据显示，国际美妆市场规模由 2010 年的 1620 亿欧元增至 2019 年的 2390 亿欧元；受新冠疫情影响，2020 年全球美妆市场规模下降至 2199 亿欧元，同比下降 8.0%；2021 年，在中国美妆市场的强劲复苏下，全球美妆市场规模恢复，增长至 2375 亿欧元，回到疫情前水平；2022 年继续增长约 6.0%，超过 2500 亿欧元规模（见图 2-2）。欧莱雅集团统计的数据口径与欧睿国际有所不同，不包含肥皂、口腔卫生用品和剃须刀及刀片。

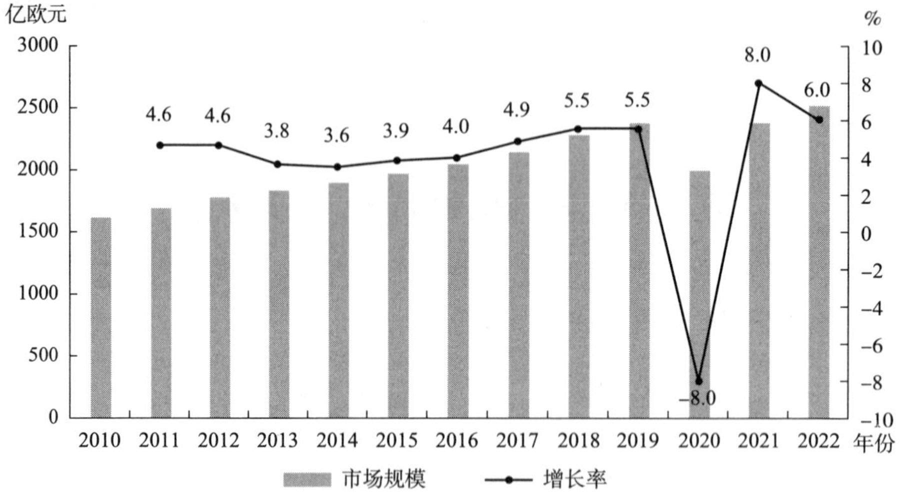

图 2-2　2010—2022 年全球美妆市场规模及增长率

资料来源：欧莱雅集团按制造商净价对全球美妆市场的估值。

二、全球化妆品消费市场分布

分地区看，全球化妆品消费市场主要分布在北亚、北美及欧洲地区。2022 年，北亚地区市场规模占比为 32%，北美地区市场规模占比为 28%，欧洲地区市场规模占比为 22%，三个地区市场规模占全球比重的 82%（见图 2-3）。

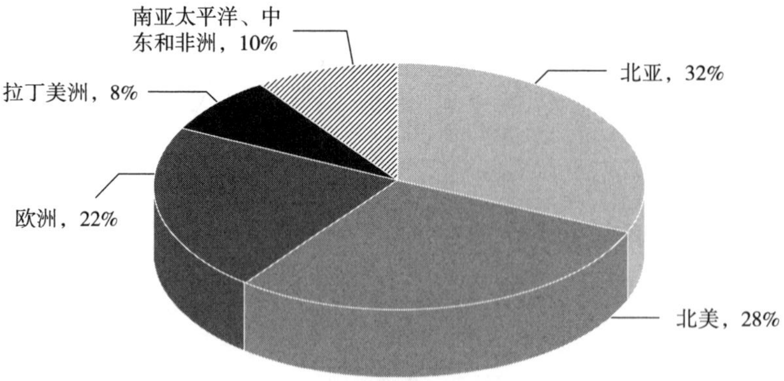

图 2-3　2022 年全球各地区化妆品市场规模

资料来源：欧莱雅集团。

分国家看，全球最大的化妆品消费国依然是美国，2021 年其市场规模达

1060亿美元，约占全球市场的20.0%。中国化妆品市场规模约为910亿美元，位居世界第二，约占全球市场的17.2%。

从2019—2021年中国、美国、日本、韩国化妆品消费市场规模来看，中国市场规模及份额逐年增长；2020年，美国市场规模受新冠疫情影响有所萎缩，2021年恢复增长；韩国市场规模相对平稳；而日本市场规模逐年萎缩（见表2-1）。

表2-1 2019—2021年中国、美国、日本、韩国化妆品市场规模情况

单位：亿美元

国家	2019年	2020年	2021年
中国	707	754	910
美国	942	909	1060
日本	404	351	340
韩国	125	126	142

从市场规模占比情况来看，2012—2021年，美国化妆品消费市场规模占比最大，且缓慢提升；中国自2013年超越日本成为世界第二大化妆品消费国以来，一直保持该位次。自2018年开始，中国市场规模占比加速提升；而日本从2020年开始下滑（见图2-4）。

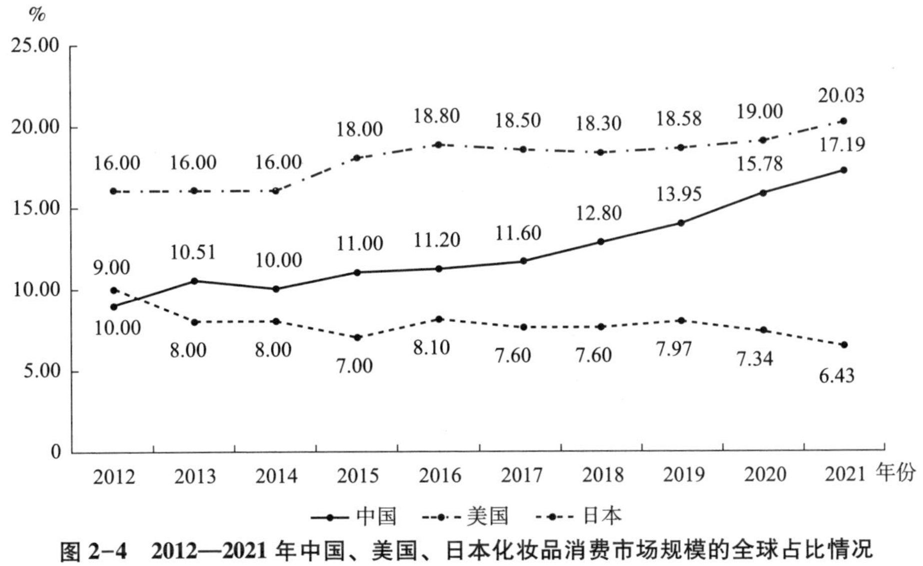

图2-4 2012—2021年中国、美国、日本化妆品消费市场规模的全球占比情况

资料来源：欧睿国际 Euromonitor。

从年复合增长率（CAGR）来看，2010—2019年美国和日本远不及中国。在全球前十大化妆品消费国中，仅有中国、印度和韩国的市场规模处于快速增长阶段，其中中国以9.60%的年复合增长率领跑全球（见图2-5）。

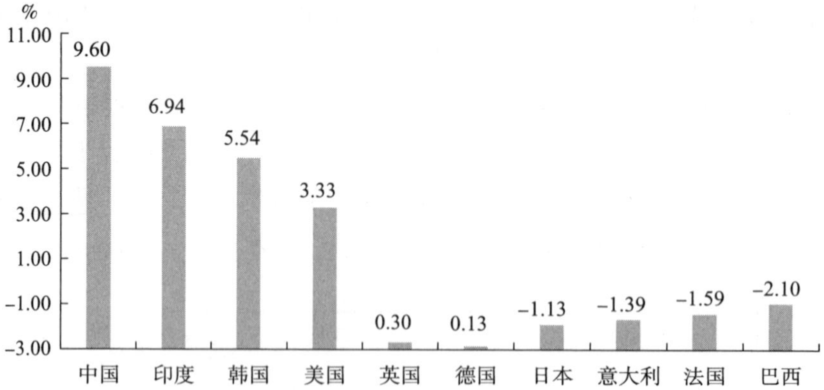

图 2-5　2010—2019 年前十大化妆品消费国的年复合增长率

资料来源：欧睿国际 Euromonitor。

2015—2021 年，中国化妆品市场规模由 3188 亿元增至 5726 亿元，年复合增长率达 10.3%，远高于同期美国的 2.0%和日本的 2.8%。据欧睿国际预测，2022—2026 年中国化妆品市场年复合增长率为 7.8%，市场规模可达到 8443 亿元。

三、国际化妆品主要品类构成

护肤品是化妆品的第一大品类。2022 年，护肤品占化妆品市场规模的 41%；其次是护发品、彩妆和香水，占比分别为 22%、16%和 11%（见图 2-6）。护肤品以面部护理为主，与其他品类相比，其具有单价较高和需求丰富的特点，这也奠定了其作为化妆品主要品类的基础。

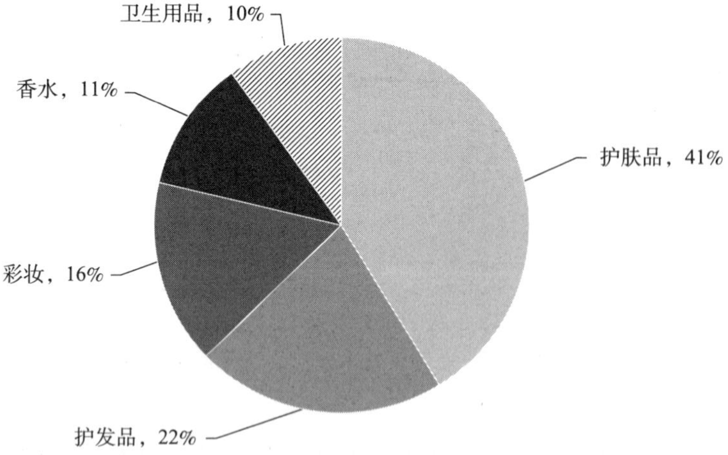

图 2-6　2022 年全球化妆品各品类市场规模占比

资料来源：欧莱雅集团。

香水市场近年增速较快。2022 年，全球香水市场规模约为 574 亿美元，2023 年可达 619 亿美元，同比增长 7.8%。

四、主要国家人均化妆品消费情况

2021 年，全球人均化妆品消费额约为 67.6 美元。美国人均消费额最高，超过 300 美元；韩国、日本、德国、法国等国家超过 200 美元。中国人均化妆品消费额约为 62.4 美元，与欧美成熟市场存在较大差距，也低于全球人均水平（见图 2-7）。

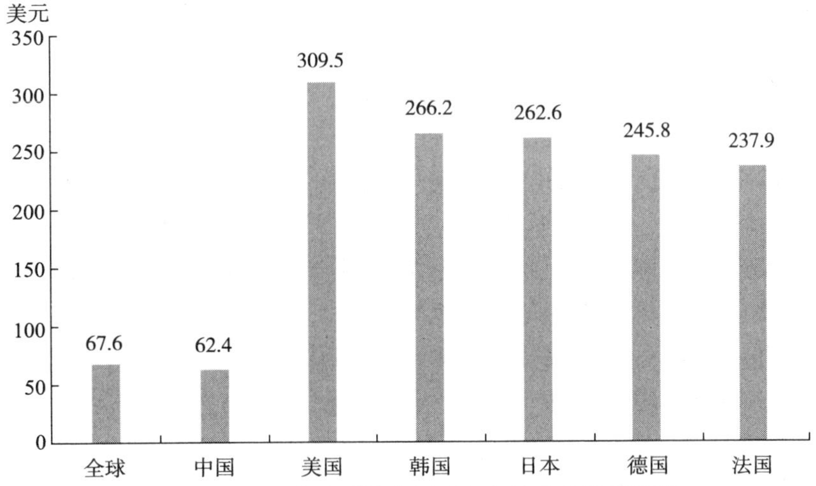

图 2-7 2021 年全球及主要国家人均化妆品消费额

资料来源：根据公开资料整理。

第二节 重点国家和地区化妆品产业发展现状与特点

我们根据各个国家和地区的化妆品市场消费规模，对欧洲、美国、日本和韩国的化妆品产业发展情况加以分析。在市场竞争方面，欧洲、美国、日本、韩国的化妆品产业集中度较高，均形成了拥有丰富品牌矩阵的大型化妆品集团。

一、欧洲

欧洲是世界化妆品和个人护理产品的重要消费市场和出口地区，也是全球高端护肤品的主要生产地，每年向全球输出大量高附加值的护肤品。

（一）主要法规概况

1. 欧盟

在法规方面我们主要参考和列举欧盟议会和委员会制定颁布的法规法令。在欧洲 40 多个国家中，有 27 个为欧盟成员国，欧盟成员国执行统一的化妆品政策。欧盟主管化妆品的机构有欧盟委员会与化妆品常务委员会、消费品科学委员会（SCCP）、欧盟成员国毒物控制中心、欧洲替代方法验证中心（ECVAM）、经济合作与发展组织（OECD）等。

欧盟议会和委员会于 2009 年 11 月 30 日通过《欧盟化妆品法规》（EC 1223/2009）。该法规是欧盟化妆品市场最主要的监管法规，自颁布后经过不断修订和完善。

2. 英国

2020 年 1 月 31 日英国正式“脱欧”，此后进入英国大不列颠市场的化妆品必须遵循英国方面制定的法律法规，欧盟相关法规不再适用。英国北爱尔兰地区则继续遵守《欧盟化妆品法规》（EC 1223/2009）的规定。

化妆品进入英国大不列颠市场除需要符合产品安全法规的基本要求外，还必须满足化妆品类监管法规《2019 年产品安全和计量等条例（修正案等）（欧盟退出）》［*Product Safety and Metrology etc.*（*Amendment etc.*）（*EU Exit*）*Regulations* 2019］的相关要求。该法规脱胎于《欧盟化妆品法规》（EC 1223/2009），对“脱欧”后的情况进行了必要的改动，但在技术要求等核心内容上依旧与欧盟保持一致。

（二）产业发展现状

欧洲化妆品个人护理用品协会的数据显示，截至 2022 年底，欧洲有 8500 多家从事化妆品制造的企业，另有 100 多家化妆品原料生产企业。2022 年，直接就业人数超过 25.4 万人，另有约 278 万人间接受雇于化妆品产业链。

按照 2022 年的零售价计算，欧洲化妆品的市场规模约为 883 亿欧元（见图 2-8）。分国家看，欧洲化妆品市场规模的前六名分别是德国（143 亿欧元）、法国（129 亿欧元）、意大利（115 亿欧元）、英国（105 亿欧元）、西班牙（93 亿欧元）和波兰（45 亿欧元）。

2022 年，欧洲化妆品出口总额为 264 亿欧元。德国和法国是欧洲的主要出口国，两国的出口额超过 136 亿欧元，占欧洲出口总额的 50%以上。

（三）产业发展特点

2022 年，欧洲人口共计 7.4 亿人，大多数人有使用化妆品的习惯。从上

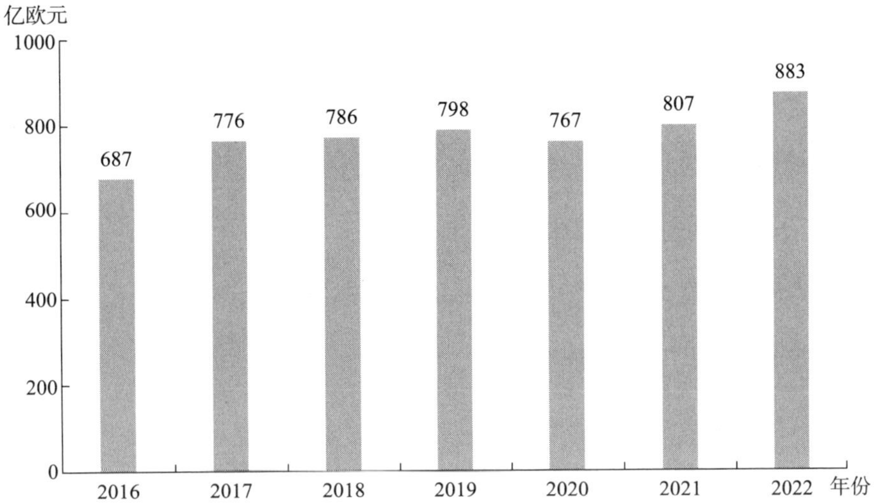

图 2-8 2016—2022 年欧洲化妆品市场规模

资料来源：欧洲化妆品个人护理用品协会（Cosmetics Europe）。

汗剂、香水、护肤品和洗发水，到肥皂、防晒霜和牙膏，化妆品在人们生活的各个方面发挥着重要作用。

在欧洲化妆品市场的产品结构中，护肤品（256 亿欧元）和洗浴用品（215 亿欧元）占比最大，分别占据 29.0%和 24.3%的份额。其次是护发用品（157 亿欧元）、香水香氛（140 亿欧元）和彩妆（115 亿欧元），占比分别为 17.8%、15.9%和 13.0%（见图 2-9）。

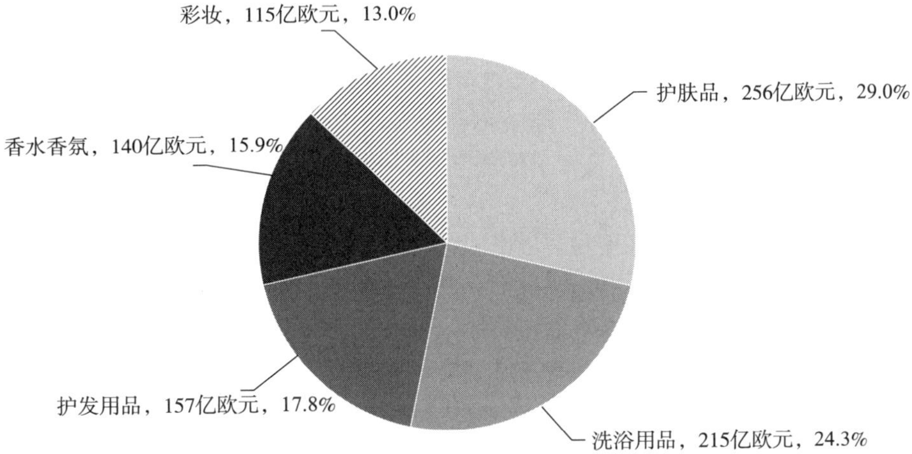

图 2-9 2022 年欧洲化妆品市场的产品结构

资料来源：欧洲化妆品个人护理用品协会（Cosmetics Europe）。

从竞争格局来看，西欧化妆品市场的欧美品牌占主导地位。2021 年在西欧化妆品产业销售额 TOP5 企业中，欧洲企业占据 3 席，美国企业占据 2 席；CR5① 为 35.8%，其中 3 家本土企业——欧莱雅、联合利华与拜尔斯道夫的市场占有率合计达 25.4%（见图 2-10）。

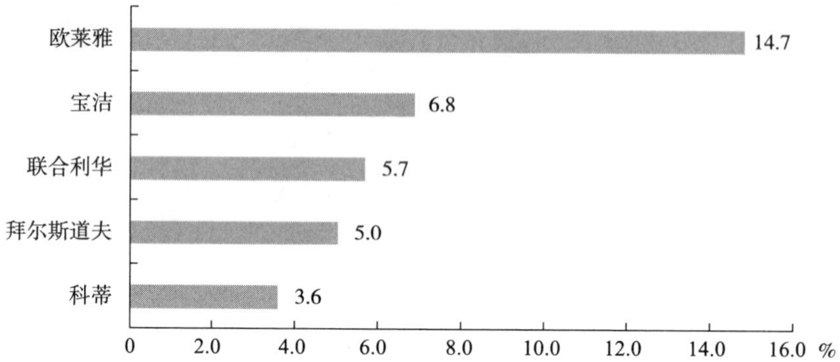

图 2-10　2021 年西欧化妆品产业 CR5 情况

资料来源：欧睿国际 Euromonitor。

从研发创新方面来看，欧洲化妆品企业比较注重科研投入和创新。欧洲化妆品个人护理用品协会认为化妆品产业是一个由科学驱动且高度创新的快速消费品产业。2018 年，欧洲至少有 77 家科研机构进行与化妆品相关的研究；超过 30000 名科学家受雇于化妆品产业，他们来自物理学、微生物学、生物学、皮肤病学、牙科、毒理学、生理学、流变学、纳米科学、分析化学和遗传学等多个学科。

欧洲大型化妆品企业会将每年营业额中的 5%投入研发。平均而言，大型化妆品企业的产品组合中会包含 10000 多种产品，每年会推出 25%~30%的新产品。在这些新产品的成分中，大约 10%是新成分。大企业每年会在其产品组合中采用大约 80 种新成分，而中小企业平均也会采用 22 种新成分。

（四）主要化妆品企业

欧洲化妆品产业在全球占有重要地位，全球十大化妆品集团中欧洲就占有 5 席，分别是欧莱雅集团、联合利华集团、路威酩轩（LVMH）集团、香奈儿（CHANEL）集团、拜尔斯道夫集团（见表 2-2）。其中，欧莱雅集团是世界上最大的化妆品集团，创办于 1907 年。

---

① CR5 指业务规模前五名的公司所占的市场份额。

表 2-2 欧洲主要化妆品企业①

企业名称	旗下主要品牌	创立时间	2022 年销售额（亿元）
欧莱雅集团	赫莲娜（Helena Rubinstein）、兰蔻（LANCÔME）、圣罗兰（Yves Saint Laurent）、阿玛尼（Armani）、修丽可（SKIN-CEUTICALS）、植村秀（Shu Uemura）、碧欧泉（BIOTHERM）、科颜氏（Kiehl's）、巴黎欧莱雅（L'ORÉAL PARIS）、理肤泉（LA ROCHE-POSAY）、羽西（YUE SAI）、美宝莲（MAYBELLINE）、卡诗（KÉRASTASE）、薇姿（VICHY）	1907 年	2786
香奈儿集团	香奈儿（CHANEL）	1910 年	1217
联合利华集团	力士（LUX）、夏士莲（Hazeline）、多芬（Dove）、清扬（CLEAR）、旁氏（PONDS）、中华、舒耐（Rexona）、凌仕（LYNX）、凡士林（Vanseline）	1929 年	2022. 7
拜尔斯道夫集团	妮维雅（NIVEA）、优色林（Eucerin）、莱珀妮（LA Prairie）、Labello、芙蕾蓉娜（Florena）、舒蕾（SLEK）、美涛、风影、洁婷	1882 年	556. 7
路威酩轩（LVMH）集团	迪奥（DIOR）、娇兰（Guerlain）、纪梵希（GIVENCHY）、芬迪（FENDI）、丝芙兰（SEPHORA）、馥蕾诗（fresh）、思琳（CELINE）、路易威登（Louis Vuitton）、蒂芙尼（TIFFANY&CO.）、宝格丽（BVLGARI）	1971 年	602. 9

资料来源：根据公开资料整理。

二、美国

美国现有人口 3. 3 亿人，其既是世界上最大的化妆品消费国，也是最大的彩妆产品消费国，人均化妆品消费额超过 300 美元。美国化妆品产业起步于 19 世纪，19 世纪末开始有少量品牌出现，大多数知名品牌创立于 20 世纪前 30 年。以牙膏起家的高露洁于 1866 年开设香水产品线，以香水起家的雅芳创立于 1886 年，日化巨头宝洁创立于 1837 年。

（一）主要法规概况

美国化妆品监管法规主要由《联邦食品、药品和化妆品法案》（*Food, Drug and Cosmetic Act*, FD&C）、《2022 年化妆品监管现代化法案》（*Moderniza-*

① 为保证读者更好地理解，本书所提到的知名化妆品品牌在第一次出现时做了中英文说明，且部分企业名与品牌名表述一致，部分企业名在文中以简称出现。

tion of Cosmetics Regulation Act of 2022）、《公平包装和标签法案》（*Fair Packaging and Labeling Act*，FPLA）、《联邦法规》（*Code of Federal Regulations*，CFR）等组成。化妆品监管机构主要有美国食品药品监督管理局（FDA）、药品评估和研究中心（CDER）等。

美国与其他国家/地区对化妆品要求的重要区别包括药物和化妆品的法律定义、色素添加剂和其他成分的使用限制以及注册要求。在分类管理方面，一些在欧洲作为化妆品被监管的产品在美国被作为药品监管，如防晒霜。在禁用和限制成分方面也存在差异，特别是色素添加剂。在注册要求方面，一些国家要求化妆品企业向政府注册并向政府列出产品和成分；而在美国化妆品注册是自愿的，但监管部门强烈推荐注册。

（二）产业发展现状

2019 年美国化妆品市场规模达 942 亿美元，全球占比为 18.58%；2020 年市场规模受新冠疫情影响有所下滑，约为 909 亿美元，全球占比为 19%；2021 年市场规模恢复，增长至 1060 亿美元，全球占比为 20.03%（见图 2-11）。

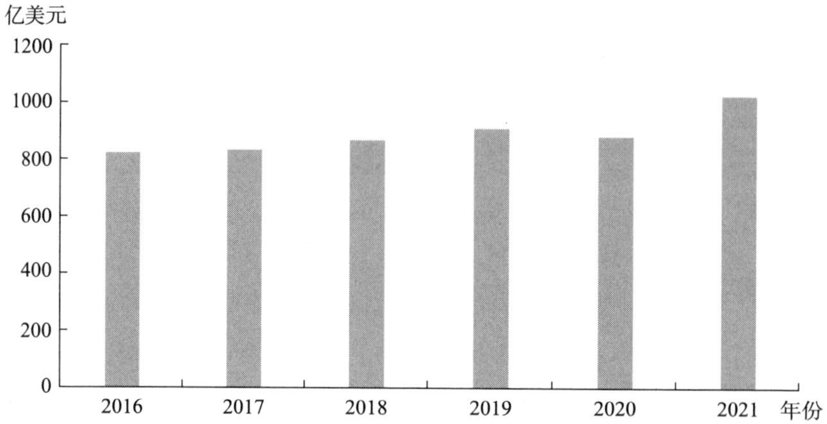

图 2-11　2016—2021 年美国化妆品市场规模

资料来源：根据公开资料整理。

美国个人护理产品委员会指出，化妆品产业是推动美国经济发展的最具活力和创新性的产业之一。仅在 2018 年就创造了 390 万个工作岗位，占美国就业总人数的 1.9%，其中有 7200 多名科学、技术、工程和数学（STEM）专业人士；经济收入达 1705 亿美元，生产总值达 2673 亿美元；为联邦、州和地方贡献税收 648 亿美元。1990—2018 年，美国个人护理产品均呈贸易顺差。

（三）产业发展特点

从产品结构来看，在美国化妆品市场中护肤品和彩妆占重要份额，形成双驱动力推动产业增长。2021 年，在美国化妆品市场中，护肤品占比为 25.3%，彩妆占比为 18.0%，香水占比为 11.2%（见图 2-12）。

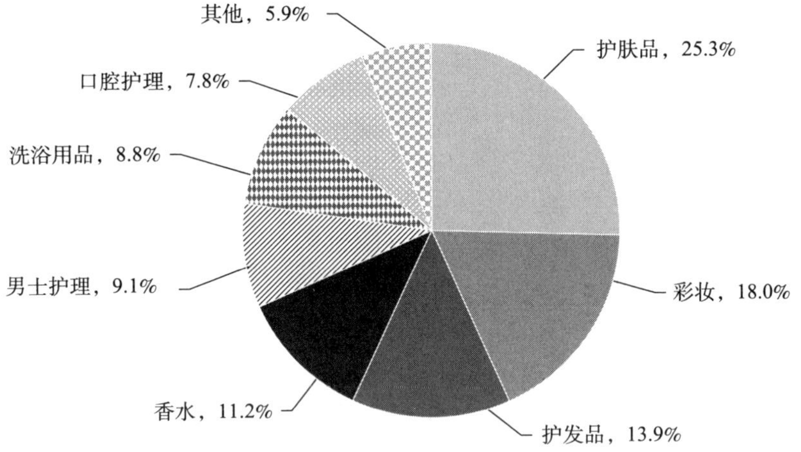

图 2-12 美国化妆品市场的产品结构

注：其他类包含婴童护理产品、防晒产品、除臭产品、脱毛产品等。

资料来源：欧睿国际 Euromonitor。

2003—2017 年美国彩妆市场规模由 97 亿美元增至 168 亿美元，年复合增长率为 4.01%，在全球彩妆市场中占比高达 24.7%。2015 年后增速显著提升，主要得益于彩妆消费人群的扩大及消费者平均使用彩妆产品频次的提升。2020 年受新冠疫情影响，美国彩妆市场规模下滑至 146 亿美元，但仍占全球彩妆市场的 1/4（见图 2-13）。

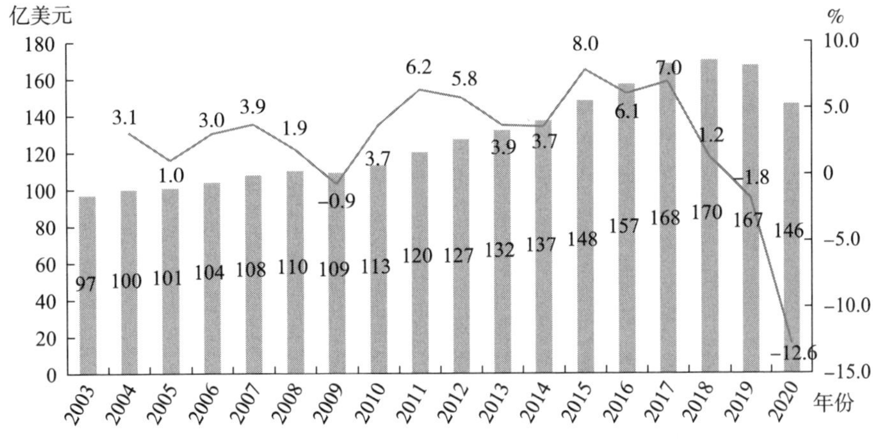

图 2-13 2003—2020 年美国彩妆市场规模及同比增速

资料来源：根据公开资料整理。

美国消费者习惯使用彩妆遮盖面部瑕疵，偏好具有护肤功能、修复面部瑕疵的大众产品和成分更好、配方更优的高端产品。在2017年美国彩妆市场中，高端产品占比已经超过50%。2019年高端产品占比为59.3%，2020年受新冠疫情影响降至54.1%（见图2-14）。

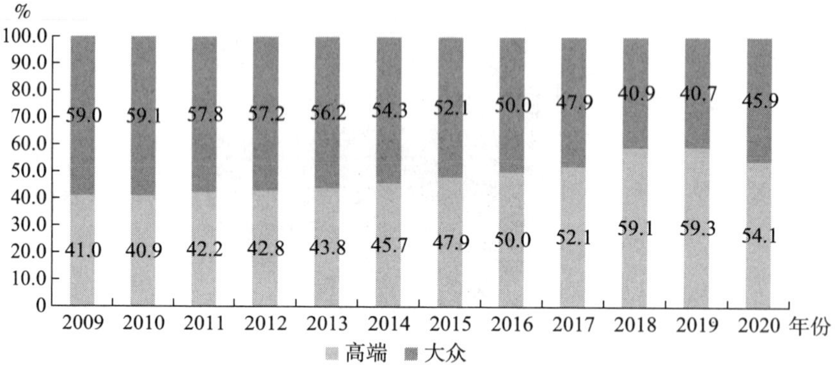

图2-14　2009—2020年美国彩妆大众产品和高端产品占比情况

资料来源：根据公开资料整理。

从竞争格局来看，美国本土化妆品企业占据主导地位。2021年，在美国化妆品市场销售TOP10企业中本土企业有7家，但TOP3企业中有两家是欧洲企业。CR5为41.1%，其中，排名第一的欧莱雅的市场占有率为12.4%；美国本土企业宝洁排名第二，占比为10.3%（见图2-15）。

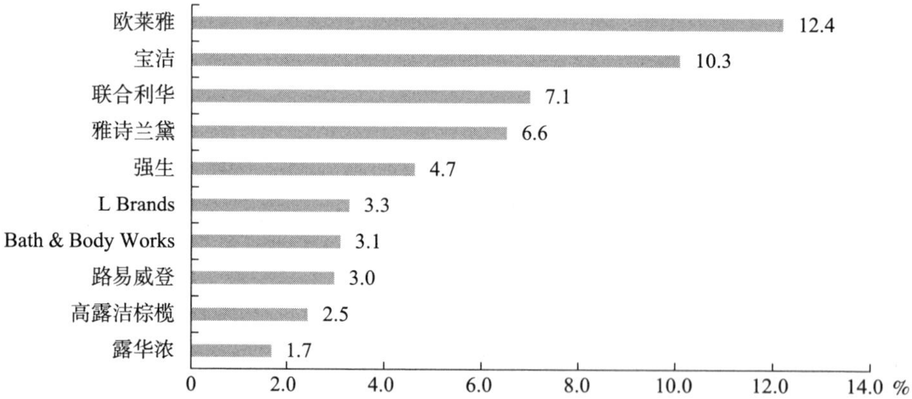

图2-15　2021年美国化妆品市场CR10情况

资料来源：根据公开资料整理。

（四）主要化妆品企业

经过多年发展，美国出现了一批全球化的知名化妆品企业，如雅诗兰黛、强生、高露洁棕榄、宝洁、玫琳凯等（见表 2-3）。

表 2-3 美国主要化妆品企业

序号	企业名称	旗下主要品牌	创立时间	2022 年销售额（亿元）
1	雅诗兰黛	海蓝之谜（LA MER）、雅诗兰黛（ESTĒE LAUDER）、芭比波朗（BOBBI BROWN）、倩碧（CLINIQUE）、悦木之源（ORIGINS）、魅可（M·A·C）、汤姆福特（TOM FORD）	1946 年	1210.5
2	强生	强生美肌、露得清（Neutrogena）、大宝（DABAO）、可伶可俐（Clean & Clear）、艾维诺婴儿（Aveenobaby）	1886 年	6439
3	高露洁棕榄	高露洁、棕榄、Ajax、Protex、Irish Spring	1806 年	1026
4	宝洁	SK-Ⅱ、玉兰油（OLAY）、安娜苏（ANNA SUI）、伊奈美（Illume）、Boss Skin、护舒宝、佳洁士、潘婷、汰渍、飘柔、海飞丝、舒肤佳、碧浪	1837 年	1052.3
5	玫琳凯	玫琳凯（MARY KAY）、怡泰研、怡日健、粉扬（Pink Young）	1963 年	190.90

资料来源：根据公开资料整理。

三、日本

日本化妆品产业起步于 19 世纪。1872 年，福原有信在东京银座开设了资生堂药店，此后开始研制具有药效的美容产品。1887 年，经销商起家的长濑富郎成立了花王公司，利用其商业渠道资源帮助花王迅速拓展市场。1891 年，狮王公司在东京成立，主推牙膏、香皂等日化产品。

日本化妆品市场已步入成熟发展期，人均消费水平较高，2021 年人均化妆品消费额达 262.6 美元。化妆品产业是日本经济的重要组成部分，具有巨大的潜力和良好的发展前景。

（一）主要法规概况

日本化妆品产业主要的法律法规见表 2-4。

表 2-4 日本化妆品产业主要的法律法规

序号	名称	性质	颁布部门
1	《药事法》	法律	日本政府
2	《药事法实施法令》	法律	日本政府
3	《药事法实施条例》	部门规章	厚生劳动省

续表

序号	名称	性质	颁布部门
4	《化妆品成分》	部门规章	厚生劳动省
5	《化妆品标准》	部门规章	厚生劳动省
6	《医药部外品成分标准 2006》	部门规章	厚生劳动省
7	《防止对产品和服务做出不合理奖赏和虚假陈述的法令以及药品、医药部外品、化妆品及医疗器械的公平广告操作标准》	部门规章	厚生劳动省
8	《厚生劳动省指定必须标注的医药部外品和化妆品成分名称》	部门规章	厚生劳动省
9	《药品、医药部外品、化妆品及医疗器械品质管理标准》	部门规章	厚生劳动省
10	《化妆品全成分标注指南》	指导文件	化妆品工业联合会
11	《日本化妆品工业联合会对医药部外品成分标注的基本方针》	指导文件	化妆品工业联合会
12	《医药部外品成分标注中使用的“成分名称”“别名”“简称”的命名方针》	指导文件	化妆品工业联合会

资料来源：根据公开资料整理。

（二）产业发展现状

2021 年日本化妆品产量为 36. 37 万吨，同比下降 9. 7%；销量为 38. 13 万吨，同比下降 9. 1%。自 2019 年以来，日本化妆品的产销量连续两年下降（见图 2-16）。

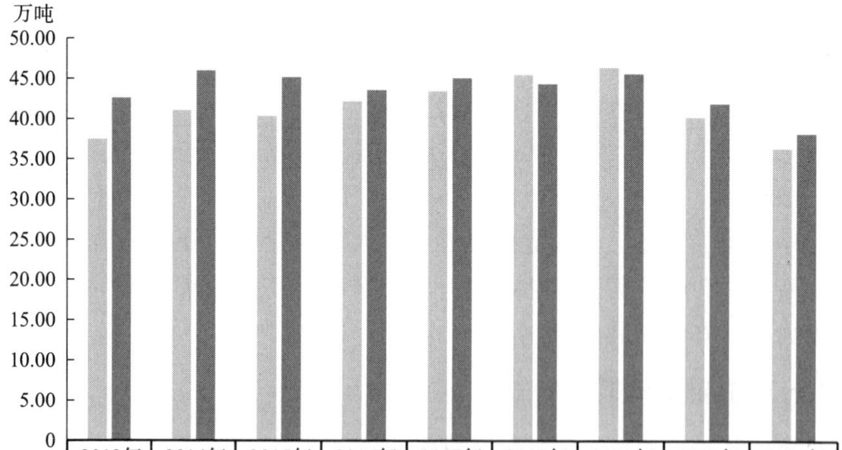

	2013年	2014年	2015年	2016年	2017年	2018年	2019年	2020年	2021年
产量	37.45	41.10	40.35	42.20	43.45	45.54	46.41	40.29	36.37
销量	42.60	45.98	45.17	43.61	45.10	44.38	45.65	41.93	38.13

图 2-16　2013—2021 年日本化妆品产销量

资料来源：日本经济产业省。

2012—2019 年日本化妆品市场销售额保持缓慢增长态势，2020 年受新冠疫情影响，销售额下降约 16.5%，2021 年销售额约为 1.44 万亿日元（约合 134.87 亿美元），同比继续下降 2.0%，但降幅明显收窄（见图 2-17）。

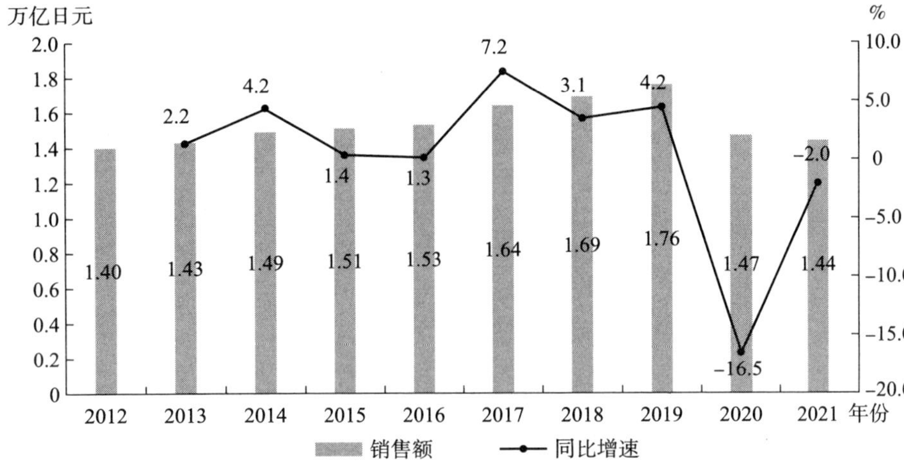

图 2-17 2012—2021 年日本化妆品市场销售额及同比增速

资料来源：日本经济产业省。

2021 年日本化妆品出口额约为 52.91 亿美元，同比增长 0.6%；进口额约为 18.42 亿美元，同比增长 32.8%（见图 2-18）。中国是日本化妆品最大出口地，2021 年日本化妆品对中国的出口额约占其出口总额的 50%；其次是中国香港、韩国、新加坡。

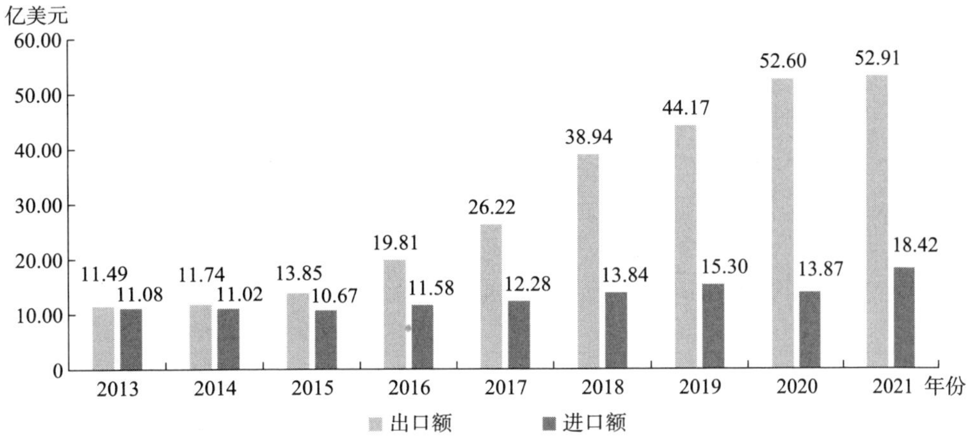

图 2-18 2013—2021 年日本化妆品进出口额

注：进出口统计所使用的海关编码为 3304。

资料来源：联合国贸易库。

（三）产业发展特点

从产品结构来看，护肤品占据了日本化妆品市场的半壁江山。2021 年日本护肤品销售收入约为 6896.6 亿日元（约合 62.8 亿美元），占比为 47.9%；其次是护发品，销售收入约为 2922.8 亿日元（约合 26.6 亿美元），占比为 20.3%；彩妆销售收入约为 2447.7 亿日元（约合 22.3 亿美元），占比为 17.0%（见图 2-19）。

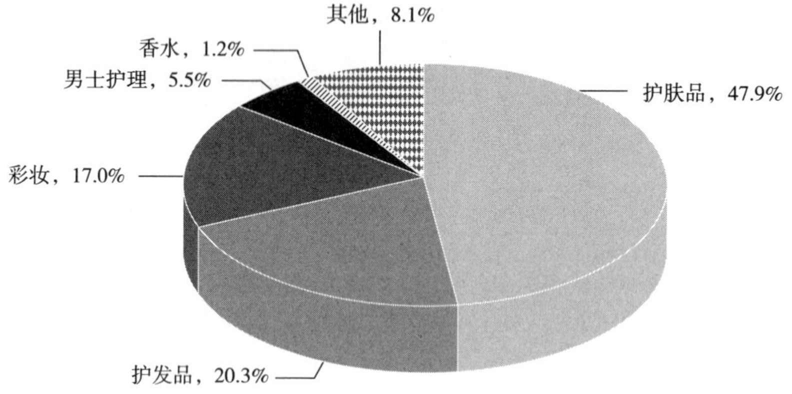

图 2-19　2021 年日本化妆品的产品结构

资料来源：日本经济产业省。

染发剂在日本护发品中占有较大份额。2021 年，日本的染发剂销售额约为 984.4 亿日元（约合 8.97 亿美元）（见图 2-20），在护发品中占比约为 33.7%。

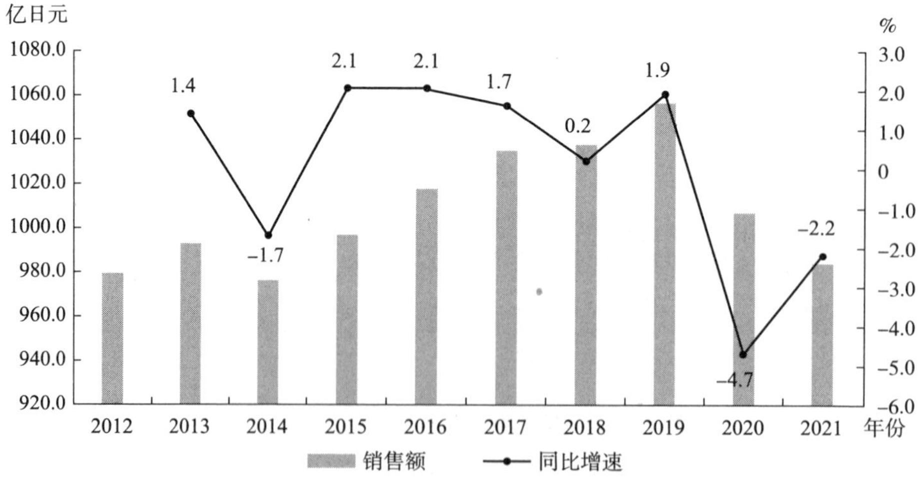

图 2-20　2012—2021 年日本染发剂销售额及同比增速

资料来源：日本经济产业省。

从竞争格局来看，日本化妆品市场本土品牌占据绝对优势。2021 年在日本化妆品市场销售额 TOP5 企业中，本土企业占据 4 席；CR5 为 36. 8%，其中 4 家本土企业的市场占有率达 32. 9%（见图 2-21）。

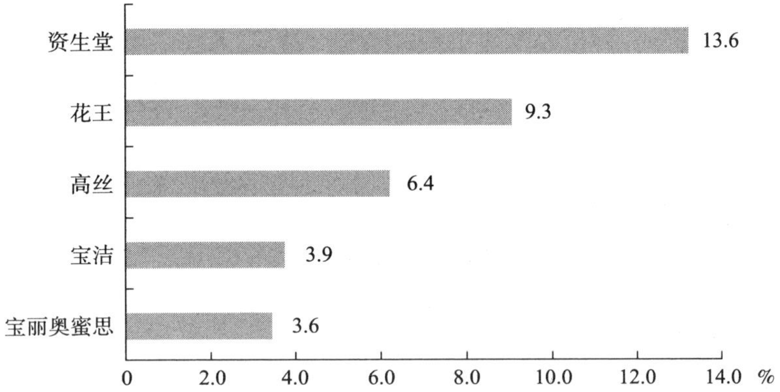

图 2-21　2021 年日本化妆品产业 TOP5 公司及其市场占有率情况

资料来源：欧睿国际 Euromonitor。

（四）主要化妆品企业

日本化妆品市场的主要企业有花王、资生堂、狮王、高丝、宝丽奥蜜思（见表 2-5）。

表 2-5　日本主要化妆品企业情况

企业名称	旗下主要品牌	创立时间	2022 年销售额（亿元）
花王	碧柔（Biore）、苏菲娜、乐而雅、美舒律、洁霸（Attack）、花王、珂润、诗芬（Sifone）	1887 年	809. 2
资生堂	肌肤之钥（Clé de Peau Beauté）、银座、资生堂（Shiseido）、茵芙纱（IPSA）、欧珀莱（Aupres）、泊美、悠莱	1872 年	555. 0
狮王	舒壹、飞飞、毛发力、佩俪迪克、欧希帝	1891 年	—
高丝	黛柯、高丝、艾文莉、美谛高丝、雪肌精、贝缔雅、葛伦戴娜、娜蔻、润肌精、兰皙欧	1946 年	149. 4
宝丽奥蜜思	宝丽、奥蜜思、水芝澳、茱莉蔻、Three	1929 年	82. 95

资料来源：根据公开资料整理。

四、韩国

韩国现有人口 5600 多万人，人均化妆品消费额约为 266. 2 美元。韩国化妆品产业起步于 20 世纪 40 年代，大致分为三个阶段：20 世纪 40—50 年代，韩国化妆品市场迎来小作坊生产大潮；20 世纪 60—80 年代，韩国政府牵头确定化妆品技术规范，同时本土化妆品企业开始注重技术，研制高安全性、高功能性产品；进入 20 世纪 90 年代，韩国全面开放化妆品进出口，本土品牌开始参与国际竞争，并最终形成了爱茉莉太平洋、LG 生活健康两大化妆品集团。韩国化妆品产业的快速发展与韩国不断制定标准保证品质以及鼓励化妆品进出口有密切的关系。

（一）主要法规概况

韩国化妆品产业主要的法律法规见表 2-6。

表 2-6　韩国化妆品产业主要的法律法规

序号	名称	性质	颁布部门
1	《化妆品法》	法律	韩国政府
2	《药事法》	法律	韩国政府
3	《化妆品法施行令》	总统令	韩国政府
4	《化妆品安全标准等相关规定》	部门规章	食品药品安全部
5	《化妆品色素种类、标准和试验方法》	部门规章	食品药品安全部
6	《医药外品标准制造基准》	部门规章	食品药品安全部
7	机能性化妆品审查相关规定	部门规章	食品药品安全部
8	化妆品标识、广告证实相关规定	部门规章	食品药品安全部
9	《化妆品毒性试验——动物替代试验法指南》	部门规章	化妆品工业联合会
10	《化妆品标识·广告的实证试验方法指南》	部门规章	食品医药品安全评价院

资料来源：根据公开资料整理。

（二）产业发展现状

根据韩国食品药品安全部的数据，直至 2019 年韩国化妆品产值逐年递增，2020 年产值下降 6.8%，2021 年在中国美妆市场快速恢复的带动下，韩国化妆品产值增长 9.8%并创出新高。2022 年韩国化妆品产值约为 753.16 亿元人民币，同比下降 18.4%（见图 2-22），主要受对中国化妆品出口减少和访韩游客减少等因素影响。

韩国的化妆品企业以技术能力为基础，不断扩大差别化的产品品牌认知度，积极拓展海外市场，成为全球最大的化妆品出口国之一。2022 年数据显示，韩国是世界第四大化妆品出口国，仅次于法国、美国和德国。

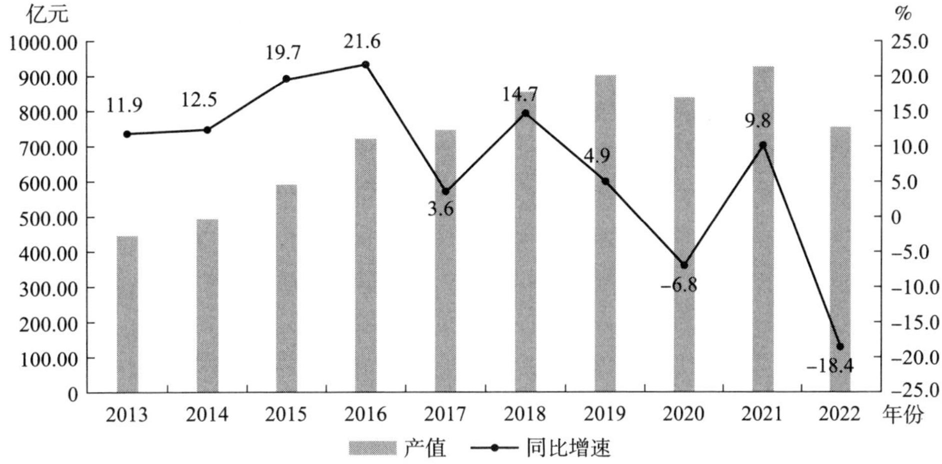

图 2-22　2013—2022 年韩国化妆品产值及同比增速

资料来源：韩国食品药品安全部。

2022 年韩国化妆品出口额为 79. 53 亿美元，按美元计同比下降 13. 4%；进口额约为 13. 25 亿美元，按美元计同比增长 1. 5%（见图 2-23）。2022 年，虽然韩国整体贸易出现 472 亿美元的逆差，但化妆品产业实现了 66 亿美元的顺差，成为其出口主力产业之一。

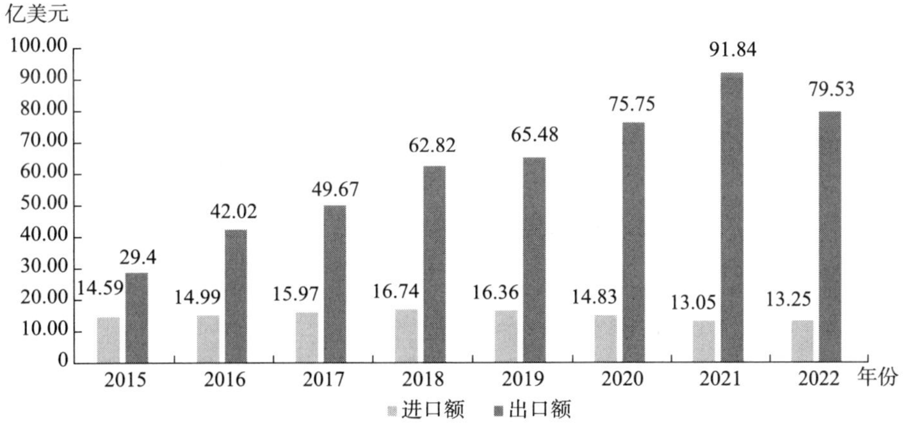

图 2-23　2015—2022 年韩国化妆品进出口额

资料来源：韩国食品药品安全部。

从韩国化妆品出口情况来看，2022 年韩国化妆品对外出口国/地区有 163 个，比 2021 年增加 10 个。在 2022 年前十大出口国/地区中，中国大陆、中国香港和中国台湾占据 3 席。虽然 2022 年韩国对中国大陆出口下降 26%，占比降至 45. 4%，但中国依然是韩国化妆品最大的出口国（见表 2-7）。

表 2-7 韩国化妆品前十大出口国/地区情况对比

国家/地区	2021年		2022年		
	出口额（亿美元）	占比（%）	出口额（亿美元）	占比（%）	同比增速（%）
中国大陆	48.82	53.2	36.12	45.4	-26.0
美国	8.41	9.2	8.39	10.6	-0.2
日本	7.84	8.5	7.46	9.4	-4.9
中国香港	5.78	6.3	3.94	5.0	-31.8
越南	3.04	3.3	3.75	4.7	23.4
俄罗斯	2.90	3.2	2.87	3.6	-1.2
中国台湾	1.65	1.8	2.00	2.5	21.1
泰国	1.37	1.5	1.55	1.9	13.2
新加坡	1.17	1.3	1.19	1.5	1.6
马来西亚	1.05	1.1	1.15	1.5	9.9

资料来源：韩国食品药品安全部。

从韩国化妆品前十大进口国/地区来看，前三大进口国/地区较为稳定，分别是法国、美国和日本。2022年韩国从英国、澳大利亚的进口额较2021年有所提升，从中国大陆的进口额较为稳定，占比均为2.72%（见表2-8）。

表 2-8 韩国化妆品前十大进口国/地区情况对比

2021年			2022年		
国家/地区	进口额（亿美元）	占比（%）	国家/地区	进口额（亿美元）	占比（%）
合计	13.05	100.00	合计	13.25	100.00
前十合计	11.86	90.84	前十合计	11.94	90.09
法国	4.36	33.37	法国	4.63	34.93
美国	3.00	22.97	美国	2.74	20.65
日本	1.29	9.87	日本	1.26	9.48
泰国	0.62	4.75	英国	0.61	4.6
英国	0.57	4.38	泰国	0.59	4.46
德国	0.50	3.83	澳大利亚	0.52	3.89
澳大利亚	0.48	3.68	德国	0.46	3.45
意大利	0.44	3.35	意大利	0.44	3.34
中国大陆	0.35	2.72	中国大陆	0.36	2.72
瑞士	0.25	1.93	加拿大	0.34	2.54

资料来源：韩国食品药品安全部。

（三）产业发展特点

化妆品消费是韩国经济的一大亮点。随着韩国影视文化的传播，世界各国消费者对韩国的饮食、服装和文化等有了更多的了解，韩国化妆品顺势进入亚洲乃至世界各个主要消费市场，从而成为世界化妆品市场的重要组成部分。

近年来，韩国化妆品产值占 GDP 的比重逐渐增大，贸易顺差持续扩大。同时，产业也呈现一些新趋势，如男士化妆品增长迅速、天然化妆品备受宠爱、抗衰老化妆品市场崛起等。

从产品结构来看，基础化妆品类产品占据韩国化妆品市场主要份额。根据韩国食品药品安全部的数据，2022 年韩国国内化妆品产值约为 753. 2 亿元，同比下降 18. 4%。其中，基础化妆品类产品产值约为 416. 8 亿元，同比下降 26. 1%，占比为 55. 4%；彩妆类产品产值约为 110 亿元，占比为 14. 5%；清洁类和护发类产品占比分别为 13. 4%与 12. 2%（见图 2-24）。

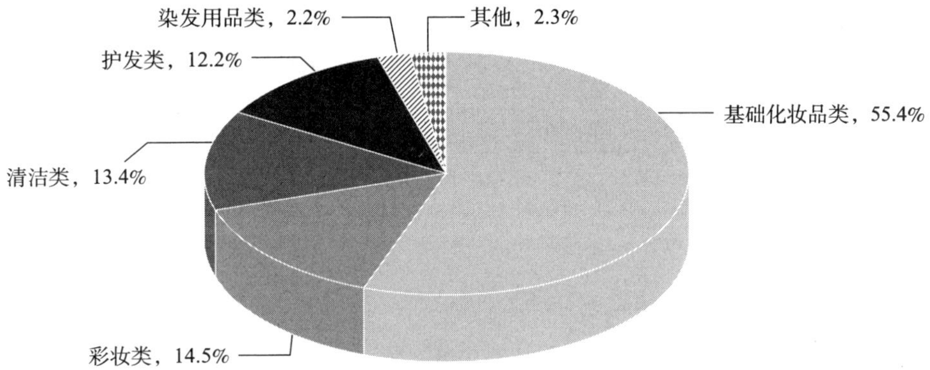

图 2-24　2022 年韩国化妆品产品结构

资料来源：韩国食品药品安全部。

韩国化妆品市场竞争激烈，拥有化妆品品牌超过 2600 个，仅韩国明洞区就有 80 多个化妆品品牌。2021 年在韩国化妆品市场销售额 TOP5 企业中，本土企业占据 3 席；CR5 为 49. 8%，LG 生活健康和爱茉莉太平洋两大集团的市场占有率合计为 39. 7%，占据绝对主导地位（见图 2-25）。

（四）主要化妆品企业

韩国化妆品市场的主要企业有 LG 生活健康、爱茉莉太平洋、科丝美诗、科玛集团以及蔻诗曼嘉等（见表 2-9）。

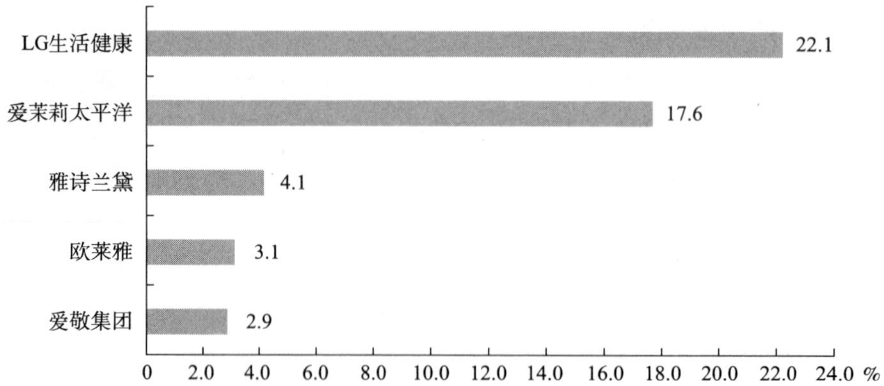

图 2-25　2021 年韩国化妆品市场销售额 TOP5 企业及其市场占有率

资料来源：欧睿国际 Euromonitor。

表 2-9　韩国主要化妆品企业情况

序号	企业名称	旗下主要品牌/主营业务	创立时间	2022 年销售额（亿元）
1	LG 生活健康	后（Whoo）、欧蕙、呼吸 37°、比尔里夫（belif）、伊诺姿（Isaknox）、蝶妆、秀雅韩、爱之浓丝、菲诗小铺（The Face Shop）、拉格贝尔（Lacvert）、海皙蓝、cathycat	1947 年	394. 30
2	爱茉莉太平洋	爱茉莉太平洋（Amore Pacific）、雪花秀（Sulwhasoo）、赫妍（Hera）、俪瑞斯（Lirikos）、艾诺碧（IOPE）、芙莉美娜（Primera）、悦诗风吟（Innisfree）、兰芝（Laneige）、梦妆（Mamonde）、艾丝珀（Espoir）、伊蒂之屋（Etude House）、吕	1945 年	247. 20
3	科丝美诗	无自主经营品牌，专业 ODM、OEM	1992 年	84. 88
4	科玛集团	专业 ODM、OBM	1991 年	—
5	蔻诗曼嘉	专业 ODM、OEM、OBM①	1999 年	21. 00

资料来源：根据公开资料整理。

科丝美诗、科玛集团和蔻诗曼嘉以 OEM、ODM 代加工为主，是国际知名的化妆品代加工企业。早期韩国化妆品代加工厂主要为国际大牌化妆品代工，近年来开始为越来越多的中小品牌代工。2019 年科玛集团营收超 90 亿元人民币，增速为 11. 9%。以上三家代工厂总收入在 2014—2019 年的年复合增长率约为 30. 7%，而同期韩国整体化妆品市场零售额年复合增长率仅为 1. 52%，说明韩国化妆品产业的制造端集中度加速提升。

① ODM 即原始设计制造，OEM 即原始设备制造，OBM 即自主品牌制造。

第三节 国际化妆品产业发展趋势

结合国际知名化妆品集团业务布局与国内化妆品市场发展情况，我们认为未来化妆品产业链上下游将呈现以下几个发展趋势。

一、原料端与生产端

在科技赋能下，企业将加码科研投入，打造富有科技含量的前沿细分品类。目前，化妆品产业已经处于充分竞争状态，为了在激烈竞争中杀出重围，将最新的科研成果与科学技术运用于化妆品产业是企业产品研发的新趋势。

欧莱雅集团在2021年上半年财报中表示，未来将充分利用科技、数据和人工智能，打造美妆科技公司。欧莱雅中国消费者中心项目总监蓝挺元也表示，欧莱雅只做产品是不够的，必须把美与科技结合，从而更贴近消费者的需求，科技将会成为化妆品产业的必备。

2023年1月，雅诗兰黛集团英国和爱尔兰分公司宣布推出业界首款语音化妆助手（Voice-Enabled Makeup Assistant，VMA）应用程序。该程序使用人工智能（AI）技术和增强现实（AR）技术，通过语音提示协助视力受损的用户上妆，并识别评估用户脸上的化妆品是否涂抹均匀、可能需要更准确涂抹和修饰的部位等。

除了一线国际品牌，不少国内美妆品牌也不断增强研发投入，以期打造出更适合亚洲人肤质的高科技含量的美妆产品。例如2021年6月，上海家化与巴斯夫正式签订《科技创新合作框架协议》，前者将从双方的合作中获取符合市场需求的全球尖端创新技术、独家定制的先进原料和解决方案，借助内外部研发实力和科技手段，加速科研数字化转型和变革。具体而言，合作涵盖开发新的功效活性物和新剂型、传统中草药（TCM）现代化、皮肤功效机理研究、可视化及数字化智能设备和可持续发展等方面。

在科技赋能下，产品创新与商业应用转化的脚步不断加快。此外，OEM/ODM企业也开始使用数字化工具针对性地储备专利、转化专利。以上种种情况均透露出化妆品产业具备实力的企业将更加注重研发投入，以期在未来细分赛道上掌握更大的市场主动权。

二、产品端

（一）功能性化妆品将持续受到消费者欢迎

随着消费理念升级和对化妆品认知的快速提升，消费者对化妆品的成分与功效越来越重视。功能性化妆品通常包含两类，一类专注敏感肌、痘痘肌等特定肤质人群，另一类主打强功能性化妆品成分（如玻尿酸、烟酰胺等）。例如，补水保湿、修复舒缓、抗敏感、抗氧化/衰老、美白祛斑、提亮肤色等概念产品的市场销量与热度持续高涨，表明功能性化妆品受到消费者欢迎这一趋势将延续，同时功能性化妆品也是国产美妆最有希望与国际大牌一较高下的赛道之一。

（二）化妆品品类细分化、专业化已成为共识

随着消费者日益成熟、“成分党”崛起，消费者对化妆品的成分、用途和品牌定位的偏好也更为小众化。比如，防晒就有物理防晒、化学防晒、隐形零肤感、专“抗光老”等各种细分概念。

“品类细分”已成为共识，消费者对化妆品的需求也呈现更加精细化、专业化的趋势，未来化妆品细分品类市场空间仍然很大。化妆品企业将根据消费者细分需求，实现细分领域的突围。

（三）健康、绿色环保将成为美妆消费新趋势

调查显示，在美国、欧洲等市场的消费者中，有超过 80%计划在未来增加健康产品和服务的支出。对于美妆个护产品，越来越多女性消费者开始关注其成分，并开始寻找环保品牌，愿意为可持续产品支付更多的费用。

随着消费者对环境保护和可持续性的关注度不断提高，其对化妆品本身是否环保、是否有益于皮肤健康以及是否支持可持续发展的重视程度也越来越高。因此，健康、绿色环保将成为美妆消费的新趋势。

（四）美妆产业数字化转型将助推化妆品个性化、定制化的发展

近年来，AI 技术、AR 技术在美妆产业的应用逐渐增多。例如，通过扫描用户面部肌肤，结合大数据、AI 技术和 AR 技术可以给用户提供更直观的试妆体验，并为其提供量身定制的护肤方案和化妆品推荐，为其购买决策提供更科学的参考。

AI 等技术的应用和普及，将促使美妆产业的数字化转型加速推进，这也将助推化妆品个性化、定制化的发展，化妆品个性化服务将迎来发展契机。

三、市场端

（一）中国市场增长潜力巨大，为国际化妆品巨头必争之地

国家统计局公布的数据显示，2021 年中国商品零售总额约为 39.39 万亿元，同比增长 11.8%。其中，限额以上化妆品类零售总额为 4026 亿元，同比增长 14.0%，增速高出商品零售总额 2.2 个百分点。中国化妆品市场在全球

新冠疫情冲击后快速恢复增长，表现出很强的韧性。虽然 2022 年受新冠疫情影响，化妆品零售总额增速下滑 4.5%，为 20 年来首度下降，但短期扰动因素改变不了产业未来长期增长的趋势。

各国际大牌化妆品集团公布的财报显示，中国市场已成为其业绩增长的重要引擎，中国市场的战略地位得到进一步提高。例如欧莱雅集团在 2021 年上半年财报中表示，集团上半年北亚地区销售额保持强劲的增长势头，增速达 27.3%，这归功于中国大陆地区消费者的强劲需求。集团第二季度销售额同比增长了 34.2%，中国大陆市场仍然是整体业绩的主要贡献者。因此，在第二季度欧莱雅集团重新划分了区域市场，将北亚从原亚太地区剥离，并设上海为集团北亚区总部，这进一步凸显了中国市场的战略地位。

（二）线上渠道加速布局为大势所趋

销售渠道是化妆品企业运营过程中极为关键的一环，在全球新冠疫情影响下，线上渠道增长更具确定性，已成为诸多化妆品企业销售的主要渠道。欧莱雅集团公布的 2022 年财报显示，2022 年全球化妆品线上销售额同比增长 7%，电商销售份额占比约为 27%，较 2020 年提升 5 个百分点。咨询公司麦肯锡也预计，2023 年全球约有 22%的化妆品零售会在网上进行。尽管化妆品的线下销售额仍然大于线上销售额，但线上销售额正在增长。另外，埃森哲的一项研究显示，2021 年全球社交电商/兴趣电商营收达 4920 亿美元，并将以 3 倍于传统电商的速度增长，2025 年其营收将达到 1.2 万亿美元。

在国内，2016 年是中高端护肤品大规模进驻天猫旗舰店的年份，雅诗兰黛、碧欧泉、资生堂、植村秀等各大美妆品牌纷纷开始“扫荡”线上渠道。2020 年，天猫平台上已经拥有超过 3000 个美妆品牌。在全球九大化妆品集团中，宝洁、上海家化、联合利华三个集团旗下美妆品牌的入驻率为 100%，除了路威酩轩（LVMH）集团，欧莱雅、雅诗兰黛、爱茉莉太平洋、LG 生活健康、资生堂旗下品牌入驻天猫的比例均超过 75%。

中国互联网络信息中心（CNNIC）第 51 次调查报告显示，截至 2022 年 12 月，中国网民规模达 10.67 亿人，较 2021 年同期增长 3549 万人，互联网普及率达 75.6%。其中，网络购物用户规模达 8.45 亿人，较 2021 年同期增长 319 万人，占网民总体的 79.2%。随着互联网普及率的持续攀升，化妆品线上销售渗透率也将逐年提升。

综合以上各种情况来看，化妆品企业在线上销售渠道端加速布局，进行全渠道运营是大势所趋。

第三章　我国化妆品产业发展现状与趋势

第一节　我国化妆品产业发展现状

一、发展概况

（一）我国化妆品生产企业数量稳步增加，化妆品零售总额增长稳健

国家药监局数据显示，截至2022年底，我国化妆品生产企业数量达5512家，同比增长10.79%。生产企业主要集中在珠三角、长三角、环渤海经济带等沿海地区，数量排名前五的省份为广东、浙江、江苏、上海、山东，分别有3042家、596家、309家、226家、180家。广东、浙江、江苏、上海为传统生产区域，其中广东企业数量约占全国的55%。其中，牙膏生产企业有218家，数量排名前五的省份为广东、江苏、浙江、天津、安徽，分别有99家、24家、12家、11家、10家。

2022年，国家药监局共受理国产特殊化妆品首次申报4303个，批准3022个；受理进口特殊化妆品首次申报655个，批准451个；批准化妆品新原料备案42个；组织开展对化妆品生产企业的检查8493家次，其中飞行检查化妆品生产企业1643家次，责令停产生产企业45家次，完成整改后恢复生产企业71家次。

受国际局势动荡、供应链不畅等各种不利因素影响，2022年我国化妆品零售总额首次出现负增长。国家统计局数据显示，2022年全年社会消费品零售总额为439733亿元，比2021年下降0.2%，全国化妆品类零售总额为3936亿元（见图3-1），同比下降4.5%。其中，12月化妆品类零售总额为290亿元，同比下降19.3%，跌幅较11月扩大14.7个百分点。尽管2022年我国化妆品零售总额有所下降，但我国仍是除美国之外的世界第二大化妆品消费国。

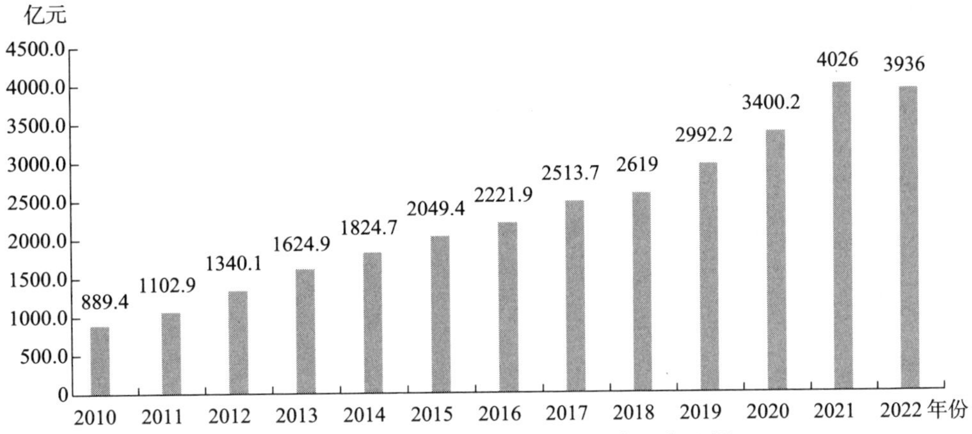

图 3-1　2010—2022 年我国化妆品类零售总额

资料来源：国家统计局。

（二）2020—2022 年化妆品产业快速复苏后又出现下滑

在经历新冠疫情的冲击后，2021 年上半年我国化妆品产业零售额延续了 2020 年的增长态势，1—6 月均保持了两位数以上的增长率，尤其是 1—3 月同比增长均在 40%以上，显示了较强的复苏势头，2021 年下半年增长势头逐步放缓（见图 3-2）。2022 年，化妆品产业开始面临各种因素叠加的挑战，除 1—2 月及 6 月、7 月外，其他月份均为负增长，尤其在新冠疫情较为严重的 4 月和 12 月，同比降幅分别高达 22. 3%和 19. 3%（见图 3-3）。

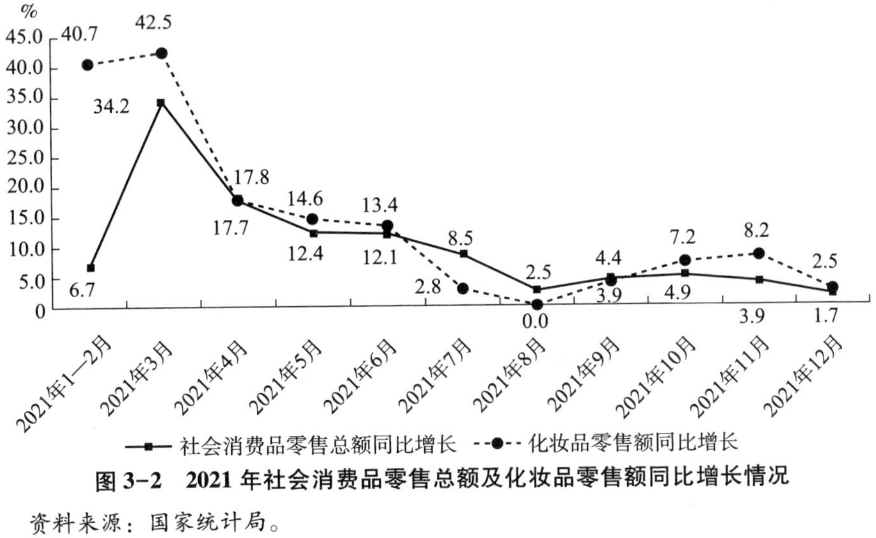

图 3-2　2021 年社会消费品零售总额及化妆品零售额同比增长情况

资料来源：国家统计局。

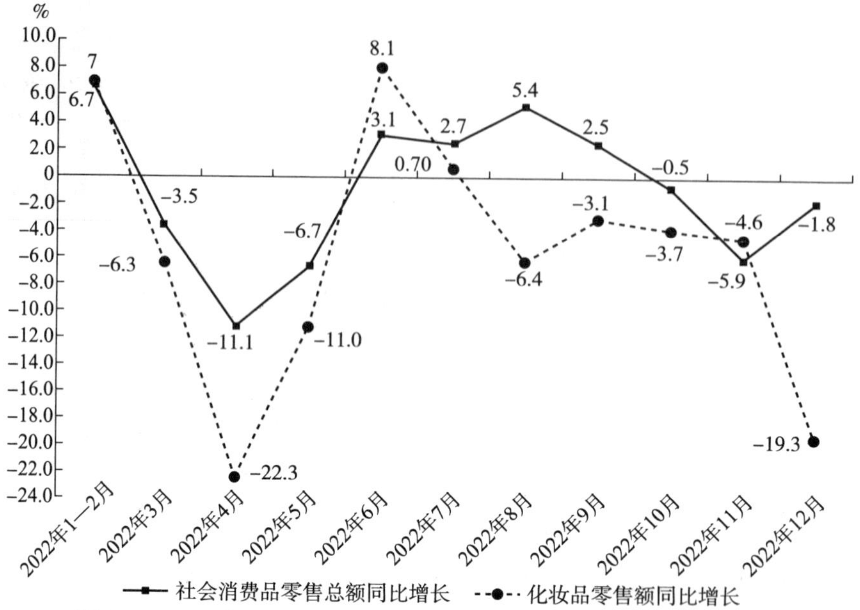

图 3-3　2022 年社会消费品零售总额及化妆品零售额同比增长情况

资料来源：国家统计局。

（三）2022 年我国美容化妆品及洗护用品贸易逆差缩窄

在数据统计上，2019 年及以前海关总署统计口径为“美容化妆品及护肤品”，2020 年开始统计口径调整为“美容化妆品及洗护用品”。2021 年我国美容化妆品及洗护用品累计进口额为 1613. 0 亿元，同比增长 15. 2%，进口额创出新高。2022 年累计进口额为 1493. 6 亿元，同比下降 7. 4%，出现近年来首次负增长（见图 3-4）。2022 年我国美容化妆品及洗护用品出口额为 376. 5 亿元，同比增长 20. 1%（见图 3-5）。

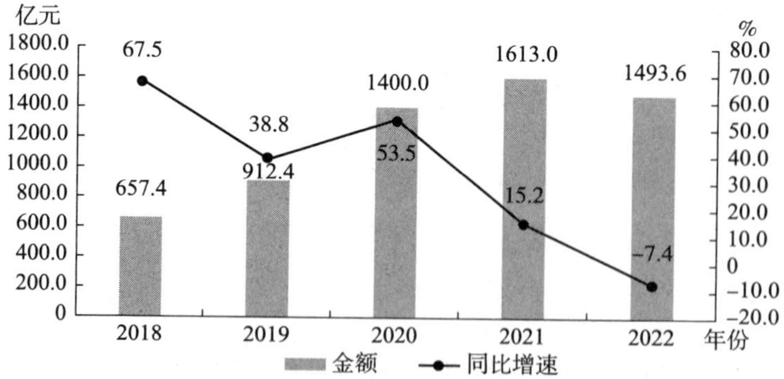

图 3-4　2018—2022 年我国美容化妆品及洗护用品进口情况

注：2018 年及 2019 年海关统计口径为“美容化妆品及护肤品”。

资料来源：海关总署。

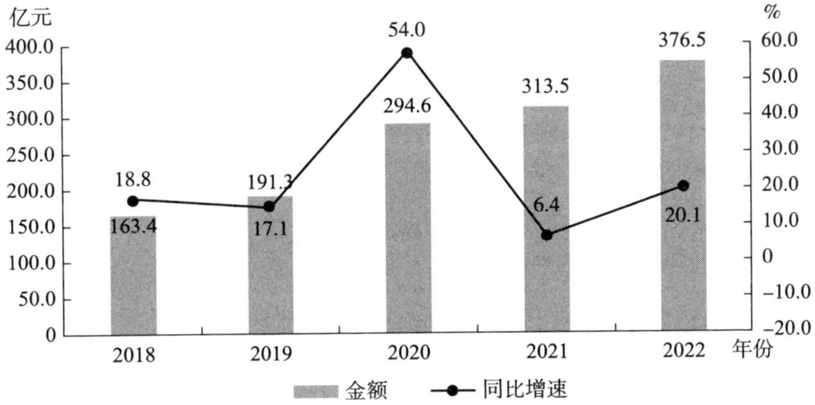

图 3-5　2018—2022 年我国美容化妆品及洗护用品出口情况

注：2018 年及 2019 年海关统计口径为“美容化妆品及护肤品”。

资料来源：海关总署。

（四）2022 年我国重点省市化妆品进口均不同程度下降，出口势头良好

2022 年在我国重点省市中，浙江、上海、广东、河南及海南化妆品进口额均不同程度下降，其中河南下降幅度最大，受新冠疫情影响较大；在出口方面，浙江、广东、上海、北京、海南、河南以及江苏均保持 10%以上增速，其中河南增速较快，同比增长 31.3%。详见表 3-1。

表 3-1　2021—2022 年我国主要省市化妆品进出口情况对比

省市	进口（亿元）				出口（亿元）			
	2021 年	同比增速（%）	2022 年	同比增速（%）	2021 年	同比增速（%）	2022 年	同比增速（%）
全国总计	1613.0	15.2	1493.6	-7.4	313.50	6.4	376.52	20.1
浙江省	198.6	3.2	197.0	-0.8	68.50	10.5	82.10	19.9
广州市+汕头市	98.0	-14.9	72.5	-26.0	54.00	10.9	62.60	15.9
江苏省	25.2	5.9	38.8	54.3	29.00	22.3	33.10	14.3
上海市	565.3	11.6	505.1	-10.6	86.30	7.9	95.90	11.1
北京市	40.3	-11.0	46.6	15.6	0.76	-34.9	0.92	21.4
山东省	85.8	128.7	95.1	10.8	—	—	—	—
海南省	261.9	21.9	247.6	-5.5	0.47	2812.8	0.60	27.6
河南省	75.7	24.2	53.7	-29.1	4.12	156.4	5.41	31.3

注：广东省数据只涵盖广州海关（下辖 7 地市）、汕头海关（下辖 5 地市）共 12 地市，广东省其他地市无详细品类进出口数据披露，故不在本表统计中。

资料来源：各地海关。

二、发展特点

（一）电商平台成为消费者选购化妆品的主要渠道

欧睿国际数据显示，电商平台在化妆品销售市场中的比重由 2010 年的 2.6%上升到 2021 年的 38.7%，成为销量比重最高的渠道。从平台来看，短视频直播平台正处于高速增长态势。第三方数据显示，2022 年“淘系”美妆实现商品交易总额（GMV）2786.9 亿元，同比下滑 14.1%。其中，美容护肤 GWV 约为 2086.37 亿元，同比下滑 10.6%；彩妆 GWV 约为 700.56 亿元，同比下滑 23.0%。短视频直播平台对传统电商的分流更趋明显。据飞瓜美妆统计，2022 年抖音美妆商品在泛商城场景中产生的 GMV 相比 2021 年增长 491%，渠道份额提升至 16%。

随着电商渠道兴起，国产化妆品涌现了一批互联网品牌，如主打彩妆的花西子、完美日记等，借助线上渠道起家，与各大电商平台建立深度合作，线上销量占比非常大。电商渠道的高速发展，客观上推动了化妆品产业的快速发展。

（二）各大电商平台销售榜依然由国际品牌主导

星图数据显示，2022 年“双 11”期间“综合电商+直播电商”个护美妆 GMV 达到 822 亿元，占比 8.2%，交易规模位列品类榜第四。从天猫美妆销售额 TOP10 排名看，国产品牌占据 2 席，分别为珀莱雅与薇诺娜，其余均为国际品牌，而在 2021 年，国产品牌仅有薇诺娜上榜。同时，TOP6 品牌 GMV 均超过 10 亿元。在抖音美妆销售 TOP10 排名中，国产品牌同样占据 2 席，分别为花西子和自然堂，但排名靠后。京东美妆 TOP5 排名则均由国际品牌占据。

从历次“双 11”期间天猫美容护肤销售 TOP10 排名变化情况看，自 2016 年国产品牌与国际品牌平分秋色，到 2020 年几乎由国际品牌占据仅用了 4 年时间。2018—2022 年，TOP4 排名由欧莱雅、雅诗兰黛、兰蔻、玉兰油、后交替占据，排名变化较小。国产品牌中百雀羚、自然堂自 2020 年开始再未进入 TOP10，仅薇诺娜连续 5 年进入 TOP10，且排名稳中有升。珀莱雅在 2022 年发力，一举超越薇诺娜。同时，韩系品牌逐渐势弱，2022 年后跌出 TOP10，SK-Ⅱ排名也逐年下滑，雪花秀自 2021 年开始再未进入 TOP10 榜单（见表 3-2）。

表 3-2　2016—2022 年“双 11”期间天猫美容护肤销售 TOP10 品牌

排名	2016 年	2017 年	2018 年	2019 年	2020 年	2021 年	2022 年
1	百雀羚	百雀羚	兰蔻	欧莱雅	雅诗兰黛	欧莱雅	欧莱雅
2	欧莱雅	自然堂	玉兰油	兰蔻	欧莱雅	雅诗兰黛	雅诗兰黛

续表

排名	2016年	2017年	2018年	2019年	2020年	2021年	2022年
3	SK-Ⅱ	兰蔻	欧莱雅	雅诗兰黛	兰蔻	兰蔻	兰蔻
4	一叶子	雅诗兰黛	雅诗兰黛	玉兰油	后	后	玉兰油
5	自然堂	SK-Ⅱ	SK-Ⅱ	SK-Ⅱ	玉兰油	资生堂	珀莱雅
6	雅诗兰黛	玉兰油	百雀羚	自然堂	SK-Ⅱ	薇诺娜	薇诺娜
7	韩束	欧莱雅	自然堂	百雀羚	雪花秀	玉兰油	资生堂
8	佰草集	一叶子	HomeFax	后	资生堂	SK-Ⅱ	SK-Ⅱ
9	玉兰油	悦诗风吟	薇诺娜	完美日记	薇诺娜	海蓝之谜	修丽可
10	兰蔻	资生堂	悦诗风吟	薇诺娜	海蓝之谜	赫莲娜	海蓝之谜

资料来源：根据公开资料整理。

（三）资本市场批量迎来“美妆股”

自2020年以来，有几十家美妆日化产业关联公司首次公开募股（IPO），囊括原料商、包材商、品牌商、零售商等全产业链企业。据不完全统计，仅在2022年就有20余家美妆相关企业有过上市动作。截至2022年底，品牌代运营商丽人丽妆、若羽臣、凯淳股份、优趣汇、青木股份、完美移动，化妆品原材料商科思股份、爱美客、华业香料、天美生物、环球新材国际、新翰新材、巨子生物、亚香香料，化妆品包装容器商锦盛新材、艾录包装、嘉亨家化、中荣股份，美妆品牌商贝泰妮、逸仙电商、稳健医疗、上美集团、登康口腔、敷尔佳，化妆品渠道商健之佳、聚好商城、百洋医药等众多企业已成功上市交易（见表3-3）。

截至2023年10月，登康口腔以及“医用敷料第一股”的敷尔佳科技已成功上市，宝洁/欧舒丹代运营商数聚智连已首发申请过会，芭薇股份进入上市辅导期，护肤品品牌林清轩完成数亿元B轮融资，化妆品企业IPO热潮仍在持续。

表3-3 截至2022年底已上市的美妆日化相关企业

类型	已上市公司
品牌代运营商	丽人丽妆、若羽臣、凯淳股份、优趣汇、青木股份、完美移动
原材料商	科思股份、爱美客、华业香料、天美生物、环球新材国际、新翰新材、巨子生物、亚香香料
包装容器商	锦盛新材、艾录包装、嘉亨家化、中荣股份

续表

类型	已上市公司
品牌商	贝泰妮、逸仙电商、稳健医疗、上美集团、登康口腔、敷尔佳
渠道商	健之佳、聚好商城、百洋医药

资料来源：根据公开资料整理。

（四）资本青睐上游原料型企业

据不完全统计，2022 年国内美妆个护领域共发生 58 起投融资交易，已披露的融资总金额超 50 亿元。相比 2021 年约 150 起投融资交易和超 130 亿元的融资总金额，2022 年的投融资数据明显减少。

具体来看，融资金额近亿元以及过亿元的约有 20 起。除美妆集合店品牌外，原料型企业巨子生物、维琪科技、中科欣扬、萱嘉生物、北京益而康生物、创建医疗均在其中，显示资本对上游原料型企业的重视程度进一步增加。随着 2023 年的形势变化，线下美妆集合店将迎来发展机遇，有潜力的上游原料研发、生产企业也将继续受到资本重视。此外，国潮男士护肤、科技护肤、纯净美妆、功能性护肤、香水香氛、美容仪器等概念也受到资本青睐，分别获得数千万元的融资（见表 3-4）。

表 3-4　2022 年全国化妆品产业大额融资事件

时间	企业/品牌	核心业务	融资阶段	融资金额	投资机构
1 月	芭薇股份	化妆品 OEM/ODM	B 轮	过亿元	金鼎资本、白云基金
			定向增发	1.05 亿元	白云基金、金鼎资本、锦盛新材料
	巨子生物	重组胶原蛋白研发	战略融资	未披露	高瓴资本、CPE 源峰、云锋基金、铭丰资本
	蓝系	国潮男士个护品牌	A 轮	数千万元	梅花创投、玖创资本、金慧丰资本
	C 咖	新锐护肤品牌	B 轮	未披露	SIG、顺为资本、不二资本、百丽消费基金
	HARMAY 话梅	美妆集合店品牌	D 轮	近 2 亿美元	QY Capital、泛大西洋投资、钟鼎资本、五岳资本、鸥翎投资
	WOW COLOUR	美妆集合店品牌	A+轮	上亿美元	未披露

续表

时间	企业/品牌	核心业务	融资阶段	融资金额	投资机构
2月	溯华	科技护肤品牌	天使轮	数千万元	未披露
	迈微网络	电商服务	A轮、A+轮	过亿元	广发信德、智铭资本
	浔意	纯净美妆品牌	Pre-A轮	千万美元	华创资本、小红书
	瑟尚SDG	品牌营销管理	A+轮	过亿元	交银华侨数字经济基金、电声股份、SI、天图投资
	中科欣扬	合成生物学创新智造	B轮	近2亿元	中金资本、爱尔医疗、新沃投资
	奥特乐	硬折扣连锁品牌	A轮	近亿元	创新工场、无界资本
	维琪科技	化妆品原料	股权融资	超2亿元	中金资本、松禾资本、中信建投资本
3月	海龟爸爸	新锐儿童个护品牌	Pre-A轮	近亿元	众源资本、青锐创投
	玩美移动	美妆App与云端美妆社群平台	PIPE融资	5000万美元	香奈儿、讯连科技、资生堂等
	样美	功能性护肤品牌	Pre-A轮	数千万元	梅花创投、长港生物、高樟资本
	栢特薇（深圳）化妆品有限公司	独立品牌	A轮	超2亿元	凯辉基金、益源资本
4月	北京益而康生物	胶原蛋白开发	战略投资	2.33亿元	华熙生物
5月	可氏利夫	防脱头皮护理品牌	战略投资	数千万元	未披露
	NORVEY	国风美瞳品牌	天使轮	3500万元	东华
6月	方里	底妆品牌	A轮	数千万元	贝泰妮集团、青锐资本
	萱嘉生物	超分子化学技术	A轮	2亿元	东方富海、华熙朗亚联合领投
7月	蔓珠&蔓净	家庭清洁品牌	战略投资	数亿元	北京和伙人信息科技有限公司
8月	创建医疗	重组胶原蛋白开发	A轮	2亿元	资悦基金（资生堂）、华方资本、鼎晖百孚、华立医药

续表

时间	企业/品牌	核心业务	融资阶段	融资金额	投资机构
9 月	闻献	香氛品牌	A+轮	数千万元	凯辉基金、欧莱雅
10 月	未名拾光	生物活性创新平台	A 轮	近亿元	信宸资本、真格基金、嘉程资本、弘毅创投
	溯华	科技护肤品牌	战略投资	数千万元	若羽臣
12 月	优上	母婴个护品牌	A+轮	数千万元	未披露
	INTO YOU	彩妆品牌	A 轮	数千万元	新瞳资本、宝捷会创新消费基金、智盈投资等
	麦尔海	同仁堂旗下化妆品业务	战略投资	3335 万元	健之佳
	生合万物	天然化合物合成	Pre-A 轮	数千万元	毅达资本、中科天使、简朴资本
	BR 光电保养	光电医美连锁品牌	未披露	1 亿元	广东小崧科技股份有限公司

资料来源：根据公开资料整理。

三、化妆品上下游产业链发展现状

化妆品产业的繁荣带动了整个产业链生态的发展，在市场逐渐成熟的过程中，专业化分工越来越细。化妆品产业链分为原料、生产、品牌、渠道四个主要环节（见图 3-6）。

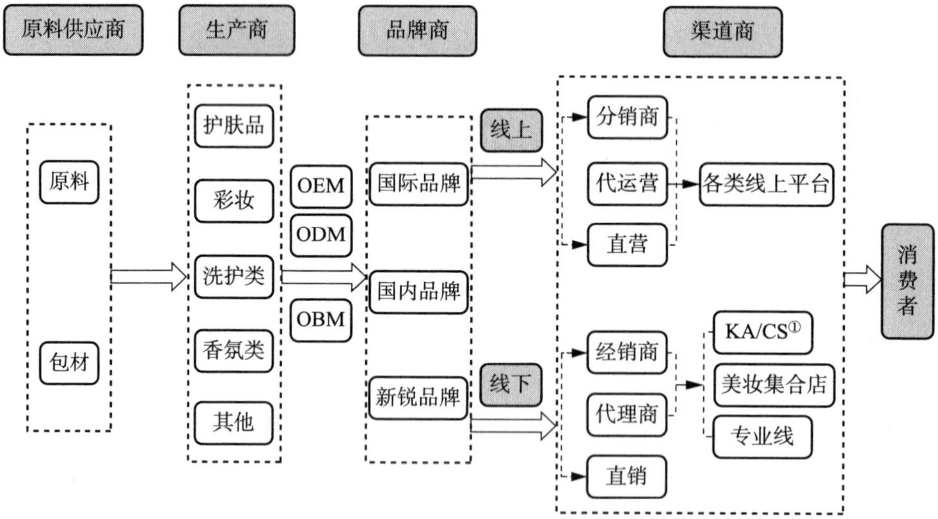

图 3-6 化妆品产业链全景图

资料来源：根据公开资料整理。

① KA 指传统商超渠道，CS 指线下化妆品专卖店渠道。

（一）化妆品原料

化妆品产业链始于化妆品的原料供应商，化妆品原料包括甘油、乳化剂、表面活性剂等，塑料包装原料包括合成树脂、聚丙烯（PP）、色母等。原料占护肤品总成本的70%~80%，可以说，原料是化妆品生产的生命线，而关键性和高端原料基本被国际公司把控。目前，我国化妆品原料产业尚处于发展阶段，与日本、欧美等国家还有很大的差距，仅低端合成护肤油脂、保湿剂、单体活性物（提取）、防晒剂几类原料具有过硬的生产实力。我国在化工、植物提取等方面具有一定的技术能力，但相关技术没有很好地应用在国内化妆品领域。

国内化妆品原料市场主要供应商有巴斯夫、陶氏杜邦、道康宁、亚什兰、奇华顿等全球知名原料公司。此外，还有科思股份、华熙生物、蓝星、赞宇科技等国产原料供应商（见表3-5）。

表3-5 全球化妆品原料代表性生产企业

地区	代表性生产企业
美国	亚什兰（Ashland）、路博润（Lubrizol）、道康宁（DowCorning）、陶氏杜邦（DowDuPont）
欧洲	巴斯夫（BASF）、帝斯曼（DSM）、奇华顿（Givaudan）、科莱恩（Clariant）、赢创（Evonik）、德之馨（Symrise）
日本	日清奥利友（NissinOillio）、日光化学（NikkolChemicals）、信越（Shin-Etsu）、味之素（Ajinonoto）、住友（Sumitomo）、帝国化学（TAYCA）
韩国	SK、KCC、Kelon
中国	蓝星、丽臣、华熙生物、科思股份、赞宇科技、新和成

资料来源：根据公开资料整理。

科思股份是国内化妆品活性成分及合成香料的龙头公司，2020年7月22日在深交所上市。2022年科思股份实现营业收入17.65亿元，同比增长61.85%。化妆品活性成分及原料产量为2.20万吨，营收达14.41亿元，同比增长97.14%，占总营收比重的81.64%；合成香料产量为0.89万吨，营收达2.89亿元，同比下降10.54%。2019年该公司防晒剂的全球市场占有率达27.88%，主要客户包括帝斯曼、拜尔斯道夫、宝洁、强生、欧莱雅、默克等大型终端化妆品巨头和专用化学品公司，主打产品有阿伏苯宗（AVB）、奥克立林（OCT）、P-M等。合成香料主要客户包括奇华顿、芬美意、德之馨等全球香精香料巨头及高露洁等口腔护理品公司，主打产品为铃兰醛、对叔丁基苯甲醛、合成茴脑三大类。

华熙生物是国内最早实现以发酵法生产透明质酸的企业之一，也是国内唯一同时拥有发酵法生产玻璃酸钠原料药和药用辅料批准文号并实现商业化生产的企业，2019 年 11 月 6 日在科创板上市。华熙生物在国内率先实现了透明质酸微生物发酵技术产业化，于 2005 年获得“国家科学技术进步奖二等奖”。华熙生物 2022 年年报显示，企业实现营收 63.59 亿元，同比增长 28.53%；实现归属母公司所有者的净利润 9.71 亿元，同比增长 24.11%。企业原料业务实现收入 9.80 亿元，同比增长 8.31%，占企业主营业务收入的 15.41%。其中，技术壁垒较高的医药级透明质酸销售收入持续保持较高增速，2022 年为 3.37 亿元，同比增长 33.73%，占比继续提升。

随着消费者对香气越来越讲究，化妆品、护肤品企业越发重视添香。香精香料影响加香产品的使用价值与经济效益，也为化妆品行业及产品带来更多创新性突破。香精香料在化妆品中虽然只有 0.1%~2%的轻微用量（香水类用量较大，为 5%~20%），但对产品价值的影响举足轻重。近年来，亚洲、非洲、中东等地区的香精香料市场需求增长较快，推动全球香精香料市场规模的增长。根据德之馨数据，2017—2022 年全球香精香料市场规模保持增长，2022 年市场规模达到 390 亿欧元左右，为近年新高，较 2021 年增长 4%。从区域来看，亚洲是香精香料最大需求市场。从全球香精香料市场竞争格局来看，奇华顿、芬美意、国际香精香料和德之馨居于第一梯队，2022 年占全球市场份额的 63%。第二梯队主要为日本、美国和中国企业，如曼氏、高砂、森馨、罗伯特（芬美意持股）、长谷川和华宝国际等。

我国香精香料企业数量众多，现有生产企业 1000 多家，主要分布在广东、江苏和山东等省，但行业集中度较低，企业竞争优势不明显。与国外企业相比，我国香精香料企业规模较小，仍有较大提升空间。在香精企业中，华宝国际、中国波顿、爱普香料等在食用香精、日化香精和烟用香精领域各有所长。在香料企业中，新和成、金禾实业和嘉兴中华化工以合成香料为主，青松股份以天然香料为主，亚香股份在天然香料和合成香料均有所布局，科思股份以化妆品用合成香料为主（见表 3-6）。

表 3-6 国内外主要香精香料企业及产品

分类	主要企业	2022 年香料香精主营收入（亿元）	主要产品
国际企业	奇华顿	约 536.00	香精：食用香精、日化香精、香水香精等；合成香料：奇华酮、丙位紫罗兰酮、鲜薄荷酮、法老酮等；天然香料：广藿香、香根草、依兰、黑香豆、安息香、薰衣草等
	帝斯曼（芬美意）	约 475.00	香精：日化香精、食用香精、香水香精等；合成香料：乙位突厥酮、二氢茉莉酮酸甲酯、麝香酮、灵猫酮等；天然香料：薄荷、香草、香根草、广藿香、橙子、豆蔻等
	国际香精香料	约 866.00	香精；香料
	德之馨	约 341.00	香精；香料
国内企业	华宝股份	18.90	香精：烟用香精、食用香精、日化香精
	中国波顿	1.70	香精：食用香精、日化香精、烟用香精、咸味香精；提取物：红景天、银杏等
	爱普香料	7.30	香精：食用香精、日化香精；香料：香兰素、天然芳樟醇、丁香酚、香草醛
	新和成	29.67	合成香料：芳樟醇系列、叶醇系列、二氢茉莉酮酸甲酯、覆盆子酮、柠檬醛等
	嘉兴中华化工	—	合成香料：香兰素、乙基香兰素、邻位香兰素
	青松股份	11.83	合成香料：铃兰醛、对叔丁基苯甲醛、合成茴脑等；化妆品活性成分
	亚香股份	7.10	天然香料：香兰素、覆盆子酮、桂酸甲酯；合成香料：女贞醛、格蓬酯、凉味剂（WS-23、WS-3）
	科思股份	2.90	合成香料：铃兰醛、对叔丁基苯甲醛、合成茴脑等；化妆品活性成分
	华业香料	2.50	合成香料：丙位内酯、丁位内酯、二氢茉莉酮
	百润股份	2.80	食用香精
	新化股份	5.20	合成香料：乙酸邻叔丁基环己酯、高顺式乙酸邻叔丁基环己酯、乙酸对叔丁基环己酯等
	安德利	10.30	果汁香精

资料来源：根据公开资料整理。

（二）化妆品包装材料

包装在化妆品产业中起着非常重要的作用，精美的包装可以带动化妆品的销售。Markets and Markets 咨询公司发布的报告显示，全球化妆品包装市场规模预计将从 2020 年的 494 亿美元（约合人民币 3455.1 亿元）增长到 2025 年的 609 亿美元（约合人民币 4259.4 亿元）。

化妆品使用不同的材料进行包装，包括纸质、玻璃、塑料、金属等。玻璃是一种传统的包装材料，由于具有惰性、不易渗透、透明美观等优点，在化妆品包装领域一直占有重要地位，尤其在香水等高端化妆品市场，其基本处于垄断地位。近年来，受玻璃原材料价格、能耗、运输等因素影响，化妆品已逐渐减少使用玻璃包装材料了。

金属包装材料主要用于口红、护手霜和粉饼等，市场具有一定的局限性，所以使用量较少。纯金属的包装会越来越少，金属与塑料相结合将成为这类产品的主流包装方向。

随着新技术、新产业的发展，塑料包装的优势越来越明显。塑料包装的比重小，更易着色，更耐摔且可塑性强，能够制成规格、造型各异的容器。塑料的印刷性能也非常好，通过喷墨、印刷和热转印等方法，能把标识、说明及条形码等直接印在塑料表面。同时，塑料包装价格低廉，更适合大规模生产。比较常见的化妆品塑料包装材料有：聚乙烯（PE）、聚丙烯（PP）、聚氯乙烯（PVC）、聚对苯二甲酸乙二醇酯（PET）、聚甲基丙烯酸甲酯（PMMA）、丙烯腈—丁二烯—苯乙烯（ABS）和乙二醇改性聚对苯二甲酸乙二醇酯（PETG）等。其中，PE 和 PP 主要用于乳液类化妆品的盛装，如润肤乳、保湿乳等；PVC 大多用于酒店、宾馆等一次性使用的化妆品；PET 则主要用于爽肤水、柔肤水以及膏霜类化妆品的包装；而 ABS 更常见于各种塑料容器的外壳等（并不直接与化妆品接触）。PETG 作为一种新材料，其制品不仅具有玻璃一样的透明度和很好的光泽度，还能够按照要求被制造成特殊的形状并显示出不一样的效果，如磨砂、金属光泽、明亮颜色甚至大理石纹理等。目前 PETG 制品已经应用于口红管、化妆盒以及香水瓶等多个产品领域。

相对于化妆品原料产业，我国化妆品包装材料产业起步较早，企业数量众多，基本覆盖了化妆品包装的各个领域，并涌现了一批具有竞争力的企业，如通产丽星、阿克希龙、锦盛新材、嘉亨家化、上海艾录、宁波杰立等。近年来，随着我国化妆品产业不断壮大，化妆品包装材料企业在资本市场也有较好表现，通产丽星、锦盛新材、嘉亨家化、上海艾录已成功上市（见表 3-7）。

表 3-7 化妆品包装材料上市企业

企业	主要业务领域	主要客户	2022 年营收（亿元）	上市时间
通产丽星	化妆品塑料软管包装	宝洁、资生堂、欧莱雅、联合利华、雅诗兰黛等品牌覆盖率在 80% 以上的国际知名品牌客户和百雀羚、伽蓝、上海家化、丸美、完美日记等国内品牌客户	26.18	2008 年 5 月
锦盛新材	化妆品亚克力容器、真空瓶包装容器	雅诗兰黛、迪奥、欧莱雅、百雀羚、韩束、丸美、卡姿兰等品牌客户	2.43	2020 年 7 月
嘉亨家化	塑料包装容器	强生、上海家化、郁美净、贝泰妮、百雀羚等品牌客户	10.52	2021 年 3 月
上海艾录	工业用纸包装产品、复合塑料包装产品、化妆品软管、注塑瓶	嘉吉、雀巢、帝斯曼、丹尼斯克、陶氏、巴斯夫等品牌客户	11.22	2021 年 9 月

资料来源：根据公开资料整理。

（三）化妆品生产商

在化妆品产业链中，从供应商处采购原料后，生产商开始进行加工制作，可分为 OEM/ODM 代工厂模式和生产商自行打造经营自有品牌（OBM）模式。

因早期国内人工等生产成本较低，不少大型化妆品 OEM/ODM 生产商较早在我国设立工厂，所以无论是技术、产能还是业务覆盖等方面都较为成熟。随着国内化妆品市场发展日趋成熟，许多 OEM 企业逐渐向拥有自主核心技术的 ODM 发展，纷纷开始组建自己的科研团队，并从欧美、日韩等国家和地区聘请研发团队和顾问，研发自有配方及技术，既可以获得更高的利润，也可以在产业链中获得更大的话语权。

大型的品牌商会自己掌握核心研发技术和生产线来控制成本和提高产品质量。比如，珀莱雅、丸美都是以自主生产为主，自产率达到 90% 以上。另外，国内还有一部分优秀的外资化妆品代工厂（比如，意大利的莹特丽，韩国的科丝美诗、科玛）抢占了国内较大比例的化妆品高端 OEM/ODM 市场（见表 3-8）。

表 3-8 国内主要化妆品 OEM/ODM 企业

OEM/ODM 企业	总部所在地	合作客户	中国工厂所在地
莹特丽	意大利	迪奥、兰蔻、香奈儿、阿玛尼、自然堂、珀莱雅、美肤宝、丸美、毛戈平、玛丽黛佳等	上海市、苏州市

续表

OEM/ODM企业	总部所在地	合作客户	中国工厂所在地
科丝美诗	韩国	欧莱雅、圣罗兰、兰蔻、迪奥、香奈儿、伽蓝、花西子、完美日记等	上海市、广州市
科玛	韩国	丝芙兰、蜜丝佛陀、谜尚、伊蒂之屋等	北京市、无锡市
蔻诗曼嘉	韩国	欧莱雅、海蓝之谜、雅诗兰黛、百雀羚、自然堂、珀莱雅、欧诗漫、高姿、玛丽黛佳等	苏州市、嘉兴市、佛山市
诺斯贝尔	中山市	屈臣氏、丽洁时、妮维雅、佰草集、雅芳、曼秀雷敦、韩后等	中山市
上海创元	上海市	雅芳、欧莱雅、妮维雅、玛丽黛佳等	上海市
上海永力笔业	上海市	屈臣氏、梦妆、谜尚、花迷等	上海市
太和生技	台湾省	兰蔻、香奈儿、迪奥、羽西、美宝莲、丝芙兰、伽蓝等	上海市
心悦	杭州市	迪奥、欧莱雅、玫琳凯、美宝莲、高丝、倩碧、丝芙兰、屈臣氏等	杭州市
菲丝凯	杭州市	玫琳凯、科蒂、高丝、e. l. f.、LG、花间堂、草木之心等	杭州市
苏州安特	苏州市	屈臣氏、韩束等	苏州市
伊斯佳	珠海市	名创优品、御泥坊、阿芙精油等	珠海市
爱诗	宁波市	名创优品、完美日记、小奥汀、酵色等	宁波市

资料来源：根据公开资料整理。

（四）化妆品销售渠道

按照销售方式的不同，我国化妆品销售渠道分为线上销售、线下销售和其他复合渠道三大类（见表3-9）。当前，我国化妆品市场发展迅猛，很大程度上受益于销售渠道的多元化发展。

表3-9 我国化妆品主要销售渠道

序号	分类	细分渠道
1	线上渠道	官方渠道、家庭购物和电商平台等
2	线下渠道	商场、超市、化妆品专卖店、美妆集合店、药店、批发市场等
3	其他复合渠道	复合渠道

资料来源：根据公开资料整理。

从渠道分布来看，线下化妆品专卖店（CS店）逐渐挤兑传统商超（KA

店）的市场份额，线上的直营店和第三方综合平台的化妆品销售额迅速增长。2020 年以来，受新冠疫情冲击，大量线下门店关闭，使得线上渠道市场份额加速提高。中华全国商业信息中心公布的信息显示，2022 年我国 50 家重点大型零售企业商品零售额累计同比下降 0.7%，较 2021 年降低 10.2 个百分点，全年有 7 个月零售额同比呈现负增长。

第二节 我国化妆品产业发展环境

一、社会文化环境

社会文化环境是指在一种社会形态下已形成的价值观念、道德规范、审美观念以及世代相传的风俗习惯等为社会所公认的各种行为规范。

我国传统文化是中华文明演化汇集成的一种反映民族特质和风貌的民族文化，是民族历史上各种思想文化、观念形态的总体表征，为中华民族世代相传，具有鲜明的民族特色，历史悠久、内涵博大精深。

（一）当代社会的审美观

古今中外对美的标准始终是因时代和环境而改变的，不同时代有不同的审美标准和审美价值取向。一个人在不同时期，对一件事物的审美也不同。但不管社会怎么变化，人们都不会放弃对美的追求。时至今日，美丽已经变得多元化了。温柔婉约是美，个性张扬也是美；大胆性感是美，传统乖巧也是美。

现代女性的审美特征是外在美与内在美并重，尤其是一个人的内在素质，在更大程度上决定了其今后的发展。在现代人际交往中，人的容貌备受瞩目，因此必须时刻不忘对自己的容貌进行必要的整理与修饰。做到“内正其心，外正其容”。在正式场合，适当的妆容也是尊重他人的一种礼貌行为。

随着生活水平不断提高，人们开始追求更高层级的精神生活，颜值经济应运而生。特别是近年来直播、短视频等网络技术大力发展，不断刺激着消费者的变美需求。当颜值经济的核心环节建立后，其他上下游产业，如化妆品、医疗美容等也必将蓬勃发展。

（二）当代国民消费观念与消费方式的转变

在生活条件艰苦、商品短缺的时期，勤俭节约被人们视为美德。如今，追求时尚、求新求异成为大多数消费者主导自身消费行为的准则。消费已成为某种意义符号，具有了象征性。例如，消费者可以通过其购买和使用的商品来表达自己的品位、身份、地位、倾向、态度、信念、情调、个性等。

在消费方式上，线上消费已是大势所趋。随着主流消费人群的迭代，“90后”“95后”已成长为消费的主力军，而“00后”人群的消费实力也不容小觑。我们将1995—2009年出生的人群称为“Z世代”，这代人的成长时期和互联网形成与高速发展的时期高度一致。他们特立独行，标签鲜明，和“70后”“80后”有着较大的差别。据统计，我国“Z世代”人群数量超过2.26亿，占人口总数的16%。“Z世代”人群的消费理念具有多元性，他们更注重消费体验和消费品位，但拒绝奢靡消费，也关心性价比。他们愿意为自己的兴趣付费，热衷于追随偶像的脚步，崇尚高颜值，表现出强大的爱国热情，因此也促进了国货的崛起。根据阿里研究院的报告，在购买新锐国货品牌的消费者中，超过半数是“95后”。表现在化妆品领域也较为明显，例如，珀莱雅、花西子、毛戈平、完美日记等国产美妆品牌的产品受到追捧，近年来的线上销售额甚至领先各大国际品牌，成为新锐国产美妆品牌的代表。

（三）国潮崛起正是当代社会文化环境变化的直观表现

近几年，在美妆、摄影、服装、家居等很多领域，“国潮”风盛行。

国潮是由新一代设计师设计出来的带有我国特定元素的潮品，具有我国当下时尚潮流特色，符合当下大多数受众的潮流审美，深受年轻人的喜爱。国潮品牌的崛起，是新一代消费者需求驱动的新消费品牌和服务构成的潮流。从某种意义上讲，“国潮”是以品牌为载体，既满足年轻消费者对时尚的追求，又表现出对传统文化自然回归的流行现象。

“文化兴国运兴，文化强民族强。”国潮的崛起彰显国民的文化自信，随着国力越发强盛，传统文化的回归势在必行。文化力量正是一个国家、一个民族发展最基本、最深沉、最持久的力量。

二、社会经济环境

党的十九届五中全会做出了“当前和今后一个时期，我国发展仍然处于重要战略机遇期，但机遇和挑战都有新的发展变化”的科学判断。

（一）外部发展环境

国际环境日趋复杂，不稳定性、不确定性明显增加，新冠疫情影响广泛，世界经济陷入低迷期，经济全球化遭遇逆流，全球能源供需版图深刻变革，国际经济政治格局复杂多变，世界进入动荡变革期，单边主义、保护主义、霸权主义对世界和平与发展构成威胁。

近年来，新兴市场国家和发展中国家整体崛起，呈现加速发展态势，国际力量对比正在发生近代以来最具革命性的变化。新兴市场国家和发展中国家占全球经济总量的比重已接近40%，对世界经济增长的贡献率已经达到80%，成为全球经济增长的主要动力。国际力量对比的深刻调整，推动国际经济、科技、文化、安全、政治格局发生重大变化，推动全球治理体系深刻变革，新兴市场国家和发展中国家的国际地位和话语权不断提升。

与此同时，当前经济全球化遭遇逆流，保护主义、单边主义上升，国际贸易投资低迷，全球产业链、供应链、价值链受到非经济因素的严重冲击。世界多极化也遭遇阻挠，以美国为代表的一些发达国家不愿失去国际体系的主导权、控制权，频频调整国际经贸规则以保护自身利益。

（二）内部发展环境

改革开放40多年来，我国已成为世界第二大经济体，经济实力、科技实力、综合国力实现历史性提升。“十四五”时期我国已转向高质量发展阶段，将由全面建成小康社会转向全面建设社会主义现代化国家。综合判断，我国经济潜力足、发展韧性强、回旋空间大、社会大局稳定，在推动经济发展上具有多方面优势。

一是物质基础雄厚。我国具有全球最完整、规模最大的工业体系以及强大的生产能力、完善的配套能力，拥有1亿多市场主体。雄厚的物质实力是我国继续发展的坚实基础，也是我们应对风险挑战的底气所在。

二是人力资源丰富。我国拥有庞大的人力资本和人才资源，人口红利仍然存在，人才红利日益显现。

一方面，根据第七次全国人口普查数据，截至2020年底，我国15~59岁劳动年龄人口为89437.6万，占总人口的63.35%（见表3-10）。

表3-10 全国人口年龄构成

年龄	人口数（人）	比重（%）
总计	1411778724	100.00
0~14岁	253383938	17.95
15~59岁	894376020	63.35
60岁及以上	264018766	18.70
其中：65岁及以上	190635280	13.50

资料来源：国家统计局。

另一方面，在全国人口中，拥有大专及以上文化程度的有21836万人；拥有高中（含中专）文化程度的有21300万人。与第六次全国人口普查相比，每10万人中拥有大学文化程度的由8930人上升为15467人；拥有高中文化程度的由14032人上升为15088人。

三是市场空间广阔。经国家统计局初步核算，2022年我国国内生产总值达1210207亿元，同比增长5.3%（见表3-7）。我国人均GDP达85698元，按年平均汇率折算达12741美元，连续两年保持在1.2万美元以上。

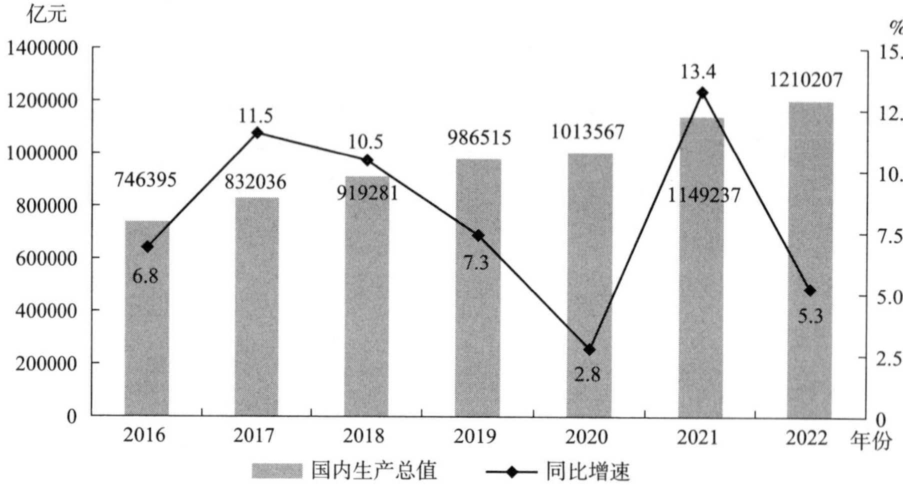

图3-7　2016—2022年国内生产总值及同比增速

资料来源：国家统计局。

2023年政府工作报告中提出，我国2023年国内生产总值（GDP）预期增长5.0%左右。2023年7月25日，国际货币基金组织（IMF）发布的最新一期《世界经济展望报告》显示，2023年全球经济增长预期为3.0%，预计发达经济体增速为1.5%，预计新兴市场和发展中经济体增速为4.0%，预计中国经济增速为5.2%。IMF认为，中国扮演着非常重要的角色，尽管目前中国经济面临外部需求下降、一些主要经济体收紧货币政策等不利影响，但其相关经济政策空间大，能够通过财政货币政策协同发力，为经济增长注入新的动能。

四是居民人均可支配收入持续增长。2022年全国居民人均可支配收入为36883元，比2021年名义增长5.0%，扣除价格因素，实际增长2.9%。相较于2013年，居民人均可支配收入及中位数已经翻番（见图3-8）。

五是市场销售规模逐年扩大。2022年社会消费品零售总额为439733亿元，同比下降0.2%。不过实物商品网上零售额同比增长6.2%，占社会消费品零售总额的比重为27.2%，比2021年提高2.7个百分点。虽然受新冠疫情扰动零售增速稍微放缓，但相较于2012年，我国社会消费品零售总额已然翻番，增幅达114%（见图3-9）。

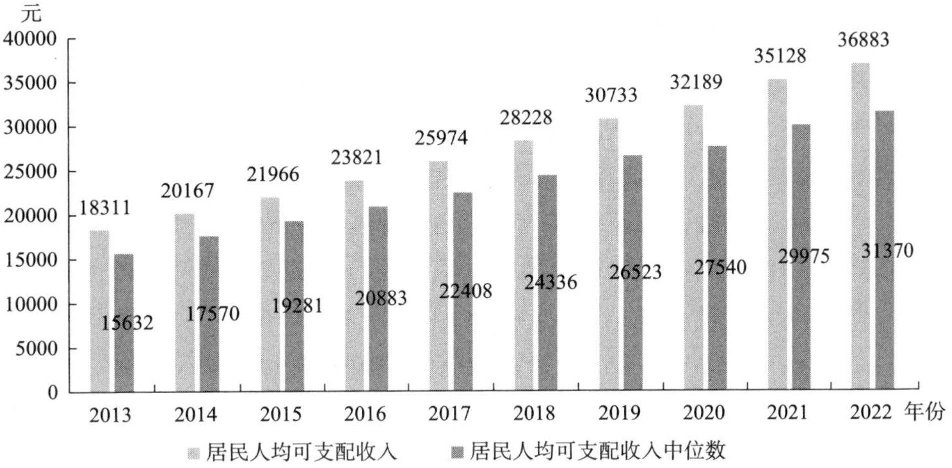

图 3-8 2013—2022 年全国居民人均可支配收入

资料来源：国家统计局。

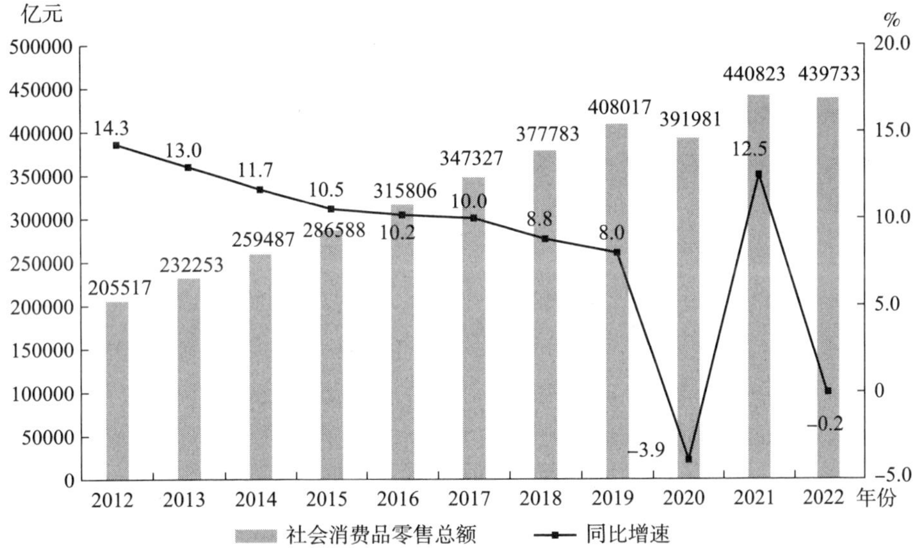

图 3-9 2012—2022 年社会消费品零售总额及同比增速

资料来源：国家统计局。

综合国内外环境变化情况看，我国发展仍然处于重要的战略机遇期。新一轮科技革命和产业变革推动生产方式、社会结构和生活方式发生深刻变化，在塑造世界政治经济格局、改变国家力量对比方面的决定性作用愈加凸显。这一切为我国转向高质量发展阶段提供了新的重大机遇。

三、政策制度环境

近年来，国家药监局坚持“四个最严”要求，不断加强对化妆品产业的监管。2021 年 1 月 1 日，《化妆品监督管理条例》的实施，全面开启了化妆品监管新篇章。国家药监局加强顶层设计，搭建事前事中事后全流程化妆品安全监管法规体系，初步形成 1 部条例、2 部规章、10 余个重要规范性文件、40 余个技术指南和操作规程相互支撑的法规框架，为提升化妆品生产经营规范性、保障公众用妆安全、促进化妆品产业健康发展提供了有力的法治保障。2021 年至今，国家有关监管部门先后出台了《化妆品生产经营监督管理办法》《化妆品注册备案管理办法》《儿童化妆品监督管理规定》《化妆品功效宣称评价规范》等 10 余项法规、规范性文件，我国的化妆品监管已进入 2.0 时代（见表 3-11）。

表 3-11　2017—2023 年我国已公布的化妆品主要政策法规汇总

发布时间	发布单位	法规名称
2017 年 7 月 31 日	国家食药监总局	《化妆品监督抽检工作规范》
2018 年 1 月 9 日	国家食药监总局	《化妆品风险监测工作规程》
2019 年 8 月 30 日	国家药监局	《化妆品检验检测机构能力建设指导原则》
2019 年 9 月 3 日	国家药监局	《化妆品注册和备案检验工作规范》
2020 年 6 月 29 日	国务院	《化妆品监督管理条例》
2021 年 1 月 12 日	市场监督管理总局	《化妆品注册备案管理办法》
2021 年 3 月 4 日	国家药监局	《化妆品新原料注册备案资料管理规定》
2021 年 3 月 4 日	国家药监局	《化妆品注册备案资料管理规定》
2021 年 4 月 19 日	国家药监局	《化妆品功效宣称评价规范》
2021 年 4 月 19 日	国家药监局	《化妆品分类规则和分类目录》
2021 年 4 月 19 日	国家药监局	《化妆品安全评估技术导则（2021 年版）》
2021 年 4 月 25 日	国家药监局	《化妆品注册备案资料提交技术指南》（试行）
2021 年 4 月 28 日	国家药监局	《化妆品补充检验方法管理工作规程》
2021 年 4 月 30 日	国家药监局	《已使用化妆品原料目录（2021 年版）》
2021 年 5 月 28 日	国家药监局	《化妆品禁用原料目录》
2021 年 5 月 28 日	国家药监局	《化妆品禁用植（动）物原料目录》
2021 年 6 月 3 日	国家药监局	《化妆品标签管理办法》
2021 年 7 月 26 日	市场监督管理总局	《化妆品生产经营监督管理办法》

续表

发布时间	发布单位	法规名称
2021 年 10 月 8 日	国家药监局	《儿童化妆品监督管理规定》
2021 年 12 月 31 日	国家药监局	《化妆品原料安全信息填报技术指南》
2022 年 1 月 7 日	国家药监局	《化妆品生产质量管理规范》
2022 年 2 月 21 日	国家药监局	《化妆品不良反应监测管理办法》
2022 年 10 月 25 日	国家药监局	《化妆品生产质量管理规范检查要点及判定原则》
2022 年 12 月 29 日	国家药监局	《企业落实化妆品质量安全主体责任监督管理规定》
2023 年 3 月 16 日	市场监督管理总局	《牙膏监督管理办法》
2023 年 4 月 4 日	国家药监局	《化妆品网络经营监督管理办法》

资料来源：相关部门官网。

可以看出，从 2020 年开始，监管政策法规密集出台，显示出国家有关部门明显加大了对化妆品产业的监管力度，也凸显了国家对于规范化妆品产业有序和良性发展、促进产业升级的决心。尤其是《化妆品监督管理条例》从我国化妆品产业的实际情况出发，借鉴药品、医疗器械以及国际上相关管理经验，提出了注册人/备案人制度。这将从整体上提升化妆品生产经营者的准入门槛，引导并规范中小型企业的生产经营行为，使其具备与承担产品质量安全主体责任相匹配的质量安全管理能力、风险监测和不良反应监测能力，促进产业平稳、有序、规范发展。

第三节　我国化妆品产业发展趋势

一、国货美妆崛起是大势所趋

我国化妆品市场规模在近几年保持了高速增长，年复合增长率在 10%以上。随着人们生活水平的提高，我国消费者对个人颜值重视程度不断增加，我国化妆品市场规模将继续扩大。

在强劲的消费需求与国家政策的驱动下，近年来我国化妆品进口量和进口额持续增多。2021 年，我国美容化妆品及护肤品进口量达到 47.4 万吨，同比增长 5.1%，市场需求旺盛。在加快构建以国内大循环为主体、国内国际双循环相互促进的新发展格局的背景下，化妆品产业仍将获得较快速度发展。

近年来，在“国潮”的带动下，在国内消费意识升级及供应链不断完善的共同作用下，国产美妆快速崛起。从市场占有率来看，2009 年尚无一家本土化妆品企业进入市场占有率前十，到2022年“双11”期间已有珀莱雅、薇诺娜两家本土企业进入天猫美妆TOP10。在抖音美妆销售TOP10品牌中，国产品牌同样占据两席，分别为花西子和自然堂。在重点领域，如食品、服装、手机、家电等，有非常多的消费者选择购买国货。阿里研究院的数据表明，很多产业的国货支持率达到了70%，美妆产业也是一样。通过对产业趋势的分析可以看出，2015年之前，中高端市场由国外品牌占据；2016年开始，国产品牌掀起新国货运动；预计2025—2030年，国产美妆品牌将逐渐成为市场的主流品牌。

二、化妆品产业成为不少区域重点培育的产业之一

近年来，化妆品产业高速发展，“美丽经济”引领产业高质量发展，各地政府越来越重视化妆品产业，并出台了相应的支持政策（见表3-12）。

表3-12 我国主要省市化妆品产业发展情况对比

省市	生产企业数量（家）	主要产业集群	主要产业政策	主要化妆品企业
广东省	3042	广州“白云美湾”“中国美都”“南方美谷”	《广东省推动化妆品产业高质量发展实施方案》《白云区化妆品产业提质增效三年行动计划（2018—2020年）》	宝洁、无限极、诺斯贝尔、环亚、丸美、完美日记、伊斯佳、科盈、拉芳、丹姿、卡姿兰等
浙江省	596	湖州“美妆小镇”、金华“金义美都”	《浙江省化妆品产业高质量发展实施方案（2020—2025年）》《浙江省打造时尚之都、促进时尚产业改革发展行动方案（2020—2022年）》《浙江省药品安全“十四五”规划》	玫琳凯、珀莱雅、欧诗漫、宜格、毛戈平、纳爱斯、韩佛、纳美、蝶妃、兰树、章华、英树、蔻诗曼嘉等
江苏省	309	苏州新加坡工业园区	《关于全面加强药品监管能力建设的若干措施》	欧莱雅、莹特丽、利洁时、欧瑞莲、隆力奇、科玛、韩国科玛、蔻诗曼嘉、绿叶等
上海市	226	奉贤“东方美谷”	《关于推进上海美丽健康产业发展的若干意见》《上海市化妆品产业高质量发展行动计划（2021—2023年）》	欧莱雅、科丝美诗、资生堂、上海家化、伽蓝、上美、如新、林清轩、百雀羚、相宜本草、创元等
山东省	180	济南“北方美谷”	《山东省促进化妆品产业高质量发展实施意见》	华熙生物、福瑞达、半亩花田等

资料来源：根据公开资料整理。

（一）上海市：奉贤“东方美谷”

2017 年，上海市政府发布了《关于推进上海美丽健康产业发展的若干意见》，2019 年上海市奉贤区政府发布了《奉贤区“东方美谷”美丽健康产业发展三年行动计划（2019—2021 年）》，2021 年 7 月上海市经信委联合上海市药监局印发《上海市化妆品产业高质量发展行动计划（2021—2023 年）》。奉贤区已经集聚了伽蓝、百雀羚、玛丽黛佳、美乐家、资生堂、欧莱雅、如新、科丝美诗等 80 余家化妆品企业，成为国内知名度最高的化妆品集聚地之一。

（二）浙江省：湖州“美妆小镇”

湖州“美妆小镇”位于浙江省湖州市吴兴工业开发区，总规划面积达 10 平方千米，计划总投资 320 亿元。2020 年浙江省经信厅联合浙江省药监局发布了《浙江省化妆品产业高质量发展实施方案（2020—2025 年）》，2021 年浙江省将“美妆小镇”建设列入《浙江省健康产业发展“十四五”规划》。湖州“美妆小镇”已累计引进化妆品及相关企业 200 多家，聚集了珀莱雅、韩佛、衍宇、绮丽华、东吴香精、御梵、欧思兰等一批知名化妆品相关企业；与 29 个国家的政府机构或行业协会签订了战略协议，正全方位打造美妆产业高地。

（三）广东省：“白云美湾”“中国美都”“南方美谷”

广东省是全国化妆品生产第一大省，全国的化妆品生产企业 50% 以上集中在广东省。2018 年、2019 年，广州市白云区和花都区先后宣布打造“白云美湾”“中国美都”的发展计划，2020 年广东省政府发布了《广东省推动化妆品产业高质量发展实施方案》，2021 年 6 月广州市政府发布了《广州市构建“链长制”推进产业高质量发展的意见》《广州市推动都市消费工业高质量发展行动方案》。聚集环亚、丸美、完美日记母公司逸仙电商、宝洁等国内外知名企业的广州市黄埔区也紧随其后，对标“东方美谷”，开建“南方美谷”。

（四）重庆市：铜梁“西部美谷”

2020 年 1 月，重庆市铜梁区宣布将打造“西部美谷”项目。计划总投资 80 亿元的西部美谷 · 智慧美妆和智能制造产业园项目，将在铜梁打造融制造研发、生产、检验检测、电子商务、仓储物流、金融服务和智慧园区管理为一体的智慧美妆和智能制造产业集聚地，项目建成后预计年产值可达 120 亿元。截至 2023 年底，已有 33 家美妆企业落户“西部美谷”。

（五）北京市：昌平“未来美城”

在北京市“十四五”规划中，北京市政府将昌平区定位为全市唯一的美丽健康产业发展聚集区。昌平区政府宣布将从护肤、医美、彩妆、检验等多个领域布局“美丽经济”，大力发展以化妆品为主导的美丽健康产业，构建“一核、两园、四高地”战略布局，将昌平区打造为具有国际影响力的“未来美城”。“一核”为美丽健康产业科创“核心区”，“两园”为小汤山美丽智造园和小汤山美妆创新园，“四高地”为“京艳创新策源地+京韵国妆首发地+京品孵化育成地+京彩智造主阵地”。为此，昌平区政府制定了《关于支持美丽健康产业高质量发展的若干措施》，简称“美丽经济”十条。

（六）山东省：“北方美谷”

2022 年 1 月 28 日，山东省工信厅和省药监局联合发布《山东省促进化妆品产业高质量发展实施意见》，首次提出“北方美谷”概念。该意见在推动产业集群发展部分提到，将打造以济南市“北方美谷”为核心，青岛市、烟台市、泰安市、临沂市、菏泽市等多层次、多区位、多品类发展的“一核多点”发展格局。济南市政府先后制定出台《济南市生物医药与大健康产业发展专项规划（2023—2025 年）》《济南市生物医药与大健康产业高质量发展三年行动计划》《关于加快生物医药与大健康产业高质量发展的若干政策措施》（济政发〔2022〕18 号）等，明确提出建设“世界透明质酸谷”，打造“北方美谷”。

三、强链补链是打造化妆品产业的必要条件

根据化妆品产业的特点，可以将化妆品整条产业链中的企业大致分为以下几类：产业链上游的原料企业，主要为生产企业提供生产化妆品的原始材料。产业链中游的生产企业，拥有由市场监督管理局批准的化妆品生产许可证，有将原料加工成化妆品产品的能力与资质。产业链中游的包材企业，为化妆品产品提供包装材料，主要提供内包材、外包材及运输包材。产业链下游的品牌运营类企业，持有化妆品产品注册或备案证书，部分同时持有化妆品生产许可证，主要为化妆品产品提供市场流通、品牌推广、渠道拓展等服务。产业链下游的代运营商一般采取买断经营、自采自销等模式，通过为品牌代运营所聚集的品牌资源，获得品牌授权经销化妆品。

化妆品产业链是发展化妆品产业的基础，国外化妆品产业在上百年的发展历程中已经形成完整的产业链，特别是在化妆品高端原料等方面具有垄断优势。目前我国的化妆品产业链比较薄弱，存在产业链原料端过度依赖进口、

缺乏议价权等问题。

第四节　我国化妆品主要品类发展情况

一、护肤品

护肤品市场发展空间巨大。经济的高速增长、居民收入水平不断提高所带来的消费升级、消费习惯改变、核心消费人群增加以及护肤品消费理念增强等，决定了未来我国护肤品市场的庞大容量和增长空间。我国庞大的人口数量与较低的人均化妆品消费水平，为护肤品市场提供了巨大的发展空间。欧睿国际数据显示，我国护肤品市场规模从 2017 年的 1881.37 亿元增长至 2021 年的 2938.06 亿元。2020 年我国护肤品市场规模同比增长 10.28%，尽管遭遇了新冠疫情，增速仍超全球水平。2022 年我国护肤品市场规模达到 2709.00 亿元，同比下降 7.8%，与 2020 年基本持平（见图 3-10）。欧睿国际预测，2025 年我国护肤品市场规模有望达到 3917.16 亿元。

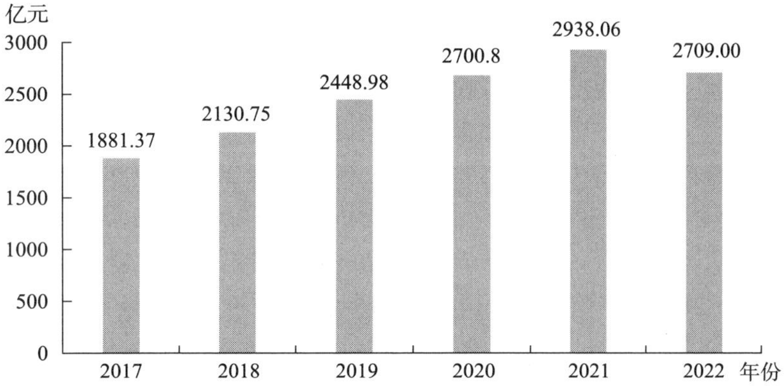

图 3-10　2017—2022 年我国护肤品市场规模

资料来源：欧睿国际。

高端化妆品市场仍被国外化妆品企业占领，大众化妆品市场国产品牌崛起。从竞争格局来看，目前我国护肤品市场由国际品牌主导，随着国产护肤品品牌不断发力，国产护肤品品牌在大众化妆品市场的竞争力不断增强。根据欧睿国际数据，2020 年我国高端化妆品市场主要由国际顶尖品牌占据，排名前三的品牌为欧莱雅、雅诗兰黛和路易威登。在高端化妆品市场中，国产品牌仅有阿道夫和贝泰妮，分别排名第七和第九，市场占有率分别为 3% 和 2.3%。在大众化妆品市场中，宝洁占据 12.1% 的份额，其次是欧莱雅，约占

8.9%的份额。国产品牌百雀羚、伽蓝、上海家化和上海上美的市场占有率分别为3.9%、3.7%、2.3%和1.9%。2021年我国护肤品市场排名前十品牌的市场占有率为48.8%，集中度较低，竞争较为激烈。

近年来，随着大众消费需求的提升，我国正式步入“功效护肤品”时代，也给国产护肤品品牌带来了新的机遇。在本土功效性护肤品中，珀莱雅、华熙生物、贝泰妮、福瑞达4家公司具有代表性。2022年，珀莱雅营收为63.85亿元，华熙生物功效性护肤品业务收入为46.07亿元，贝泰妮营收为50.14亿元，福瑞达化妆品业务营收为19.69亿元。

二、彩妆

近年来，我国彩妆市场一直保持高速增长的势头，但2020年新冠疫情发生后，彩妆线下门店大量关闭，整体市场规模受到冲击。根据德勤（Deloitte）发布的报告，2020年初受新冠疫情影响，消费者长期居家，对彩妆的需求下降，2020年1月和2月我国彩妆销售额仅为28亿元和23亿元，同比均下降18%。2022年英敏特对“疫情对中国消费者的影响”进行了调查研究，结果显示，消费者更倾向购买食品和基本家庭护理产品等必需品，其重要性高于美容及个人护理产品。英敏特数据显示，我国彩妆市场按面部、唇部、眼部及美甲的细分，2022年与2021年相比，总销售额和增长率均出现不同程度的下滑。

国产彩妆品牌在线上渠道占比较高。德勤的《中国彩妆市场白皮书》对彩妆品牌线上渠道进行了分析：由于国产彩妆品牌进入线上渠道更早，2017—2019年在天猫平台上，国产彩妆品牌占比稳定在60%以上，具有优势。近年，随着国际彩妆大品牌入驻天猫平台，开始抢占线上市场份额，国外彩妆品牌成交总额占比逐渐提高。新冠疫情以后，线上渠道的优势更加凸显，彩妆品牌也将更多资源投入线上销售中，线上渠道占比进一步提高。根据《2022巨量引擎美妆白皮书》，2021年彩妆线上渠道销售占比约为48.3%。

新冠疫情后彩妆市场有望维持稳健增长。在总体市场规模方面，华经产业研究院报告显示，2022年我国彩妆行业规模达555.3亿元，同比下降15.4%。尽管2022年市场出现短暂下降，彩妆市场仍有望维持稳健增长。根据欧睿国际预测，2022—2025年彩妆行业年复合增长率约为13.7%，2025年规模将达1217亿元。我国彩妆零售额仅占化妆品市场的11.5%，而成熟市场如美国、日本、韩国，彩妆零售额分别占化妆品市场的17.9%、16.5%、18.5%。

新兴国产彩妆品牌表现良好。借助我国发达的线上电商渠道，国产彩妆品牌一直以来是线上彩妆销售的主力。尤其是自 2019 年以来，借助于小红书、抖音、直播等新社交平台和新内容生态的崛起，以花西子、完美日记、毛戈平等为代表的新兴国产彩妆品牌表现良好，再次拉动国产彩妆品牌的销售。相关数据显示，花西子市场份额从 2017 年的 0. 3%快速提升至 2021 年的 6. 8%，完美日记市场份额从 2017 年的 0. 3%快速提升至 2021 年的 6. 4%，为国内彩妆市场的前两名。

三、美发用品

美发用品主要包括染发、烫发、护发、造型产品。随着我国经济的发展、居民可支配收入不断提升，消费者对外在形象更加重视，在染烫发及头发护理方面消费的意愿更加强烈，美发用品市场也迎来较好的发展机遇。

（一）染发剂

我国传统染发剂产品的消费对象以中老年人为主，随着我国逐渐进入老龄化社会，这一群体的数量在不断增加。受国际流行趋势的影响，越来越多的年轻人也开始选择各种流行色的染发剂。得益于以上有利因素，近年来我国染发剂市场发展迅猛。中商产业研究院数据显示，2017 年我国染发剂市场规模为 50 亿元，2021 年增长到 214 亿元（见图 3-11），年平均增长率达 33. 7%。

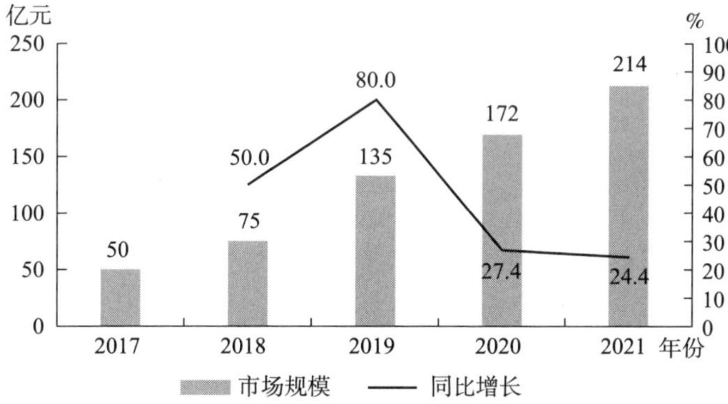

图 3-11　2017—2021 年我国染发剂市场规模

资料来源：中商产业研究院。

国外染发剂产业发展较早，依靠先进的化工技术，国外企业在染发剂领域具有较多的技术储备和专利壁垒，外资品牌在我国染发剂市场占据主导地位。根据数据威（ECdataway）的数据，2021 年天猫“618”期间，施华蔻、欧莱雅、花王、三橡树、美源位列染发类品牌销售额 TOP5，市场占有率达

57%，其中排名第一的施华蔻市场占有率超过20%。

我国染发剂市场的外资品牌主要来自法国、德国、日本等国家，如法国欧莱雅旗下的巴黎欧莱雅、美奇丝，德国汉高旗下的施华蔻，日本朋友旗下的美源等品牌。经过几十年发展，我国本土染发剂企业也逐步在市场站稳脚跟，涌现出温雅、章华、章华汉草、瑞虎等知名本土品牌（见表3-13）。

表3-13 我国染发剂市场主要国产品牌

染发剂品牌	母公司
温雅	温雅化妆品国际集团
章华	浙江章华保健美发实业有限公司
章华汉草	杭州章华化妆品科技有限公司
瑞虎	广东瑞虎精细化工有限公司

资料来源：根据公开资料整理。

（二）护发产品

随着国民整体洗护卫生意识的增强，我国消费者个人护理用品消费需求逐渐增加。个人洗护用品细分市场被不断开发，从稳健增长时期迈向产品精细化、高端化时期。在居民消费水平升级、消费观念转变、颜值经济兴起等多种有利因素影响下，市场消费需求进一步被激发，护发快消品产业得到进一步发展。艾媒咨询（iiMedia Research）数据显示，2015—2021年我国护发产品市场规模保持平稳增速，2021年为581.4亿元（见图3-12），同比增长3.2%。

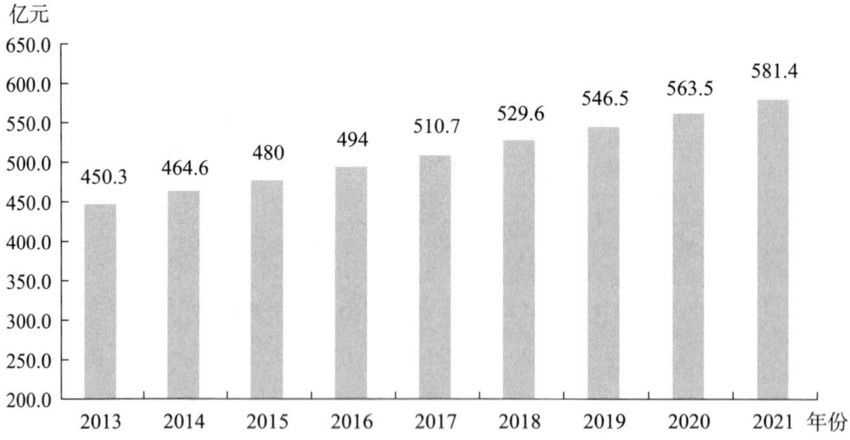

图3-12 2013—2021年我国护发快消品市场规模

资料来源：艾媒咨询。

四、牙膏

我国是世界上最大的牙膏生产国、消费国。受消费水平提升等因素影响，我国牙膏产量和产值总体呈上升趋势。长期以来，我国牙膏一直被当作普通日用品进行管理，《化妆品监督管理条例》明确了牙膏参照化妆品进行管理，这对于规范、推动我国牙膏产业发展起到了重要作用。

中国口腔清洁护理用品工业协会的数据显示，我国牙膏产量从 2012 年的 47 万吨增长到 2020 年的 67.59 万吨，2020 年规模以上牙膏生产企业的销售收入约为 265 亿元。2022 年我国牙膏产量为 60.326 万吨，比 2021 年减少了 6.85 万吨，同比减少 10.2%，主要原因是国内新冠疫情影响及需求下滑。

我国牙膏生产企业数量不多，产能较为集中。全国现有牙膏生产企业 100 余家，其中年生产量前 10 名的牙膏企业的生产总量占总产量的 70%以上。据统计，高露洁、好来化工、宝洁、云南白药、登康、薇美姿、联合利华、美加净、纳爱斯等企业的牙膏产量排在前列。

近年来，随着国产牙膏企业重视消费者的个性化需求，不断加大研发投入，同时在电商销售、直播带货等渠道发力，国产牙膏品牌的市场占有率稳步提升。中国口腔清洁护理用品工业协会的数据显示，从 2022 年“双十一”期间牙膏品牌的销售排名来看，排名前五的品牌是云南白药、佳洁士、好来（原黑人）、高露洁、舒适达，其网络零售额占比分别为 19.7%、11.1%、10.0%、7.1%、6.7%；排名六至十位的品牌分别是舒客、冷酸灵、狮王、玛尔仕、Regenerate。其中云南白药头部优势明显，“双十一”期间的网络零售额同比增长了 13.6%。

从进口情况来看，2020—2022 年我国牙膏进口数量和进口额逐年下降，进口数量从 2020 年的 2.79 万吨降至 2022 年的 2.29 万吨，进口额从 2020 年的 2.14 亿美元降至 2022 年的 1.80 亿美元。从出口情况来看，2020—2022 年我国牙膏出口数量呈下降趋势，分别为 19.69 万吨、19.17 万吨、17.67 万吨，出口金额基本保持稳定，分别为 3.73 亿美元、3.89 亿美元、3.78 亿美元（见图 3-13）。

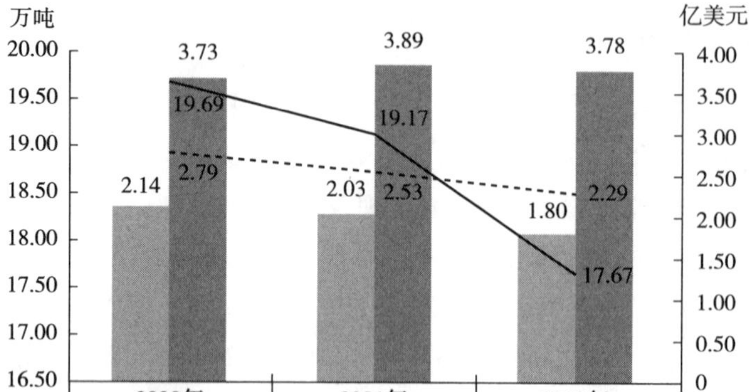

	2020年	2021年	2022年
进口金额	2.14	2.03	1.80
出口金额	3.73	3.89	3.78
出口数量	19.69	19.17	17.67
进口数量	2.79	2.53	2.29

图 3-13　2020—2022 年我国牙膏进出口情况

资料来源：海关总署。

第五节　我国重点省市化妆品产业发展概况

一、广东省

（一）产业发展基础

近 20 年，以广东省为中心的珠三角地区吸收了香港和澳门的资金投入，大量香港、澳门劳动密集型的中小企业到广东省特别是珠三角地区建立生产基地，从而形成了粤港之间“前店后厂”的跨境一体化生产贸易体系，不仅快速推动了珠三角地区的工业化进程，也使珠三角地区成为世界性制造业基地。

珠三角日化产业生产基地在国内具有最强的产业链优势，整个珠三角地区已经形成包装材料、原料生产与供应、产品研发、物流配送等一系列生产与销售网络，产业聚集效应凸显。日化企业在规模、品牌、成本、供应链长度等几个决定市场成败的因素之间找到了动态平衡点，形成了多角度的市场竞争优势。大、中、小企业共生体系稳定而成熟，造就了完整的产业链，这种供应链竞争能力对于承接国外化妆品巨头的产业转移非常具有诱惑力，吸引了一批外资化妆品企业进驻，其中就包括后来成为广东美妆“黄埔军校”的宝洁公司，不仅为我国化妆品产业培养了大批高级管理及创业人才，也催生了立白、浪奇、蓝月亮、名臣、飘影、澳雪、雅倩、蒂花之秀、采诗、好迪、拉芳、索芙特、丹芭碧等一批民族日化企业。

（二）产业发展现状

根据国家药监局数据，截至 2022 年底，全国共有化妆品生产企业 5512 家；其中，广东省化妆品生产企业数量为 3042 家，约占全国的 55%，化妆品注册人/备案人达 8026 家，国产特殊化妆品注册品种约为 1.2 万个，国产普通化妆品备案品种约为 88.6 万个，均位居全国第一。

2018 年，广州市白云区政府发布的《白云区化妆品产业提质增效三年行动计划（2018—2020 年）》明确指出：针对当前我区化妆品产业总体发展仍较低端的现象，区科工商信局在前期调研中明确了这一产业“有什么”“缺什么”“需要补什么”三个核心问题后，提出要围绕产业链，在强链补链上下功夫。2020 年 12 月，广东省人民政府印发的《广东省推动化妆品产业高质量发展实施方案》提出：以粤港澳大湾区建设为引领，以高质量发展为目标，以本土企业为主导，树立产业发展新标杆，建设集总部经济、科技创新、智能制造、检验检测、市场营销、文化传播为一体的化妆品产业生态链，打造具有国际竞争力和国际影响力的化妆品产业，形成广东省特色经济，将广东省建设成为我国化妆品产业高质量发展典范，成为国际化妆品优质原料生态圈、科技创新中心、先进制造示范区和时尚文化新高地。

二、上海市

（一）产业发展基础

上海市化妆品产业发展最早可以追溯到 19 世纪，1861 年上海老妙香室粉局创立，后改为东凤日用化工厂。1898 年，冯福田创立“广生行”，并于 1903 年在上海市成立发行所，即上海家化前身。双妹品牌在当时的上海受到热捧。1911 年中国化学工业社在上海建立，该社为上海牙膏厂的前身。改革开放以来，国家支持和鼓励三资企业发展，1986 年由荷兰和英国投资的上海利华有限公司成立，1989 年由荷兰和英国投资的上海旁氏有限公司成立，1992 年由日本投资的上海花王有限公司成立，1995 年由德国投资建成上海汉高可蒙化妆品有限公司。

上海作为世界金融、贸易、文化和流行时尚的中心城市之一，在我国和世界的重要地位日显突出。以上海市为龙头的长三角地区正成为外商联系海外市场和进军内地市场非常有利的地区，其中上海市已经成为我国日化产品的重要研发中心和市场集散中心，在国际产品链中具有重要的地位。长三角地区人均收入整体较高，整体消费水平和消费意识也处于全国前列，这些为美容化妆品产业孕育了良好的消费市场，消费者不仅有消费能力，也有消费意识。

正因上海市具备这样的优势，世界各大化妆品知名品牌纷纷在此设立中国分公司或中国办事处，如英国联合利华、日本资生堂、法国欧莱雅等。化妆品巨头云集上海市，也加速了长三角地区日化产业链的形成。众多拥有先进技术和管理经验的世界级知名品牌落户长三角地区，不仅带来了先进的技术和理念，也培养了一大批化妆品专业人才，人才储备优势是长三角地区化妆品产业迅速崛起的必要条件之一。

长三角地区已形成规模化的日化产业链和产业圈，在上游核心配套产业集群中，原材料、器械、包装、设计等均呈现大规模的现代化聚集效应。在上海市的“带领”下，整个长三角地区已经形成包括包装材料、原料生产与供应、产品研发生产、线上线下销售、进出口、物流配送等一系列有关化妆品生产与销售的“立体市场网”。

（二）产业发展现状

根据上海市药监局数据，截至 2023 年 9 月，上海市持有化妆品生产许可证的化妆品生产企业有 228 家，化妆品注册人/备案人有 1897 家，境内责任人有 883 家。新备案国产普通化妆品 8 万余个、进口普通化妆品 2.6 万余个，继续保持全国前列，进口普通化妆品备案仍占全国的 60%。备案新原料 24 个，占全国已备案数的 27%。上海市商务委员会信息显示，2023 年 1—9 月，上海市规模以上化妆品企业零售额实现 892 亿元，同比增长 15.9%，批发额实现 1925 亿元，同比增长 9.1%，其中零售额约占全市社会消费品零售总额（简称社零总额）的 10%，是拉动全市社零总额增长的重要部分。

上海市于 2015 年提出“东方美谷”概念。2017 年，国家发展改革委将“东方美谷”作为产业园区案例写入《全国美容产业发展战略规划纲要》。2017 年 7 月，上海市政府出台《关于推进上海美丽健康产业发展的若干意见》，将“东方美谷”定位为大健康产业核心承载区，并授予奉贤区“设计之都、时尚之都、品牌之都”三都示范区的称号。2017 年 9 月，中国轻工业联合会、中国香料香精化妆品工业协会授予奉贤区全国唯一的“中国化妆品产业之都”称号。目前“东方美谷”品牌价值已达 287 亿元，在上海市 226 家持证化妆品生产企业中，有 84 家在奉贤区，占比超过 37%。

上海“东方美谷”公开资料显示，奉贤区内共有“东方美谷”相关企业 2839 家，其中实体型企业有 700 家。2020 年，“东方美谷”产业规模以上工业企业达 169 家，总产值为 363.0 亿元（见图 3-14），占全区规模以上企业产值的19.9%。截至2020年底，“东方美谷”产业规模近700亿元。短短6年时间，“东方美谷”已吸引700多家实体型企业、3000多个美丽健康品牌扎根。“东方美谷”落地新项目185个，其中资生堂研发中心、美乐家地区总部、奥园医美国际总部、麦吉丽美妆、完美日记、名创优品等亿元或千万美元以上投资项目有33个。“东方美谷”集聚了上海市25%以上的化妆品企业，成为上海市规模最大、国内知名度最高的化妆品集聚地之一。

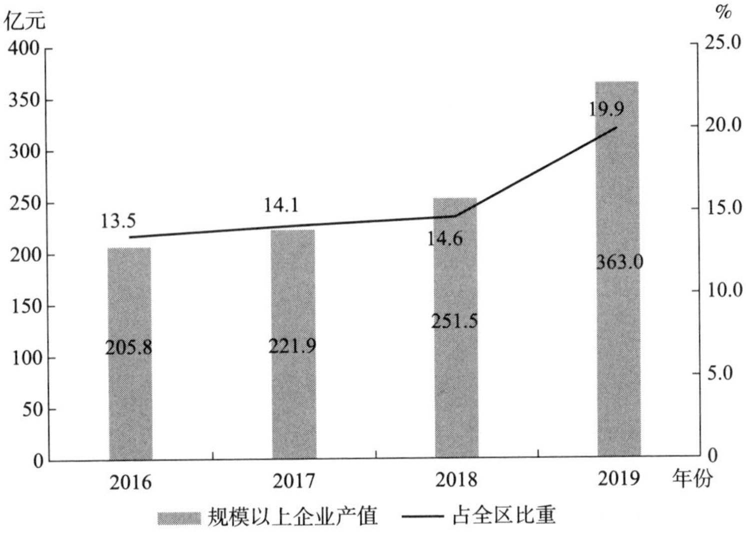

图3-14 2016—2019年“东方美谷”部分经济指标数据

2020年以来，在新冠疫情给经济运行带来较大冲击的背景下，“东方美谷”美丽健康产业呈现较强抗压韧性，规模以上工业产值降幅小于全区，固定资产投资增速逆势上扬。

2021年7月，上海市经济和信息化委员会联合上海市药监局发布了《上海市化妆品产业高质量发展行动计划（2021—2023年）》，提出“力争到2023年，全市化妆品市场规模达3000亿元，化妆品产业主营业务收入超千亿，形成年营业收入超过50亿元的领军企业10家、20亿元的优质企业10家以上。拥有3~5个走向国际的领军品牌，培育20个国内一流经典品牌”的总体要求。

三、山东省

（一）产业发展基础

山东省是我国的大型化工省。石油和化工行业是山东省的优势产业，目前上市公司数量在各产业中居首位。山东省化工产值长期居全国前列，曾被誉为“中国第一化工省”。化学工业是工业的基础，而化妆品的大部分基础原料、包装材料来源于化学原料，化妆品产业的发展与化学工业息息相关。

山东省是生物发酵产业大省。山东省工业和信息化厅数据显示，山东省生物发酵产业总产值近 2500 亿元，已发展形成德州功能糖、济南透明质酸、潍坊淀粉糖和柠檬酸等特色产业集群。以生物发酵为代表的合成生物学成为我国化妆品特色原料生产的最新发展方向。

山东省是化妆品原料大省，优势化妆品原料主要包括透明质酸、海藻酸盐、聚谷氨酸、香兰素、牡丹、玫瑰、牛蒡、灵芝、银杏、金银花、环糊精、维生素、肽等。山东省日化行业协会信息显示，以华熙生物和福瑞达的产品为代表，山东省透明质酸销量占据全球的 75%；山东省海藻酸盐产能全球第一；汶上拟建的香兰素生产基地，其产品预计占全球市场份额的 70%；山东省是最大的牡丹产地，种植面积达 58 万亩；山东省平阴玫瑰的种植总面积达 6 万亩，年产鲜花 2 万余吨，全产业链综合产值约达 50 亿元，品牌价值高达 27.92 亿元。山东省新和成股份有限公司的芳樟醇、叶醇、柠檬醛系列产品的生产量占全国生产总量的 75%以上；滕州地区以瑞元、悟通、吉田香料产品为代表的杂环香料的产量占全国总产量的 95%以上。

（二）产业发展现状

山东省工业和信息化厅数据显示，截至 2022 年底，山东省获得化妆品生产许可证的企业有 180 多家，化妆品工业产值达 160 亿元。依托山东省优势化妆品原料资源，山东省化妆品企业走出了一条以原料带动产业发展的道路。华熙生物围绕透明质酸建立了从原料到医疗终端产品、功效性护肤品及功能性食品的全产业链业务体系，2022 年功效性护肤品销售额达 50 亿元，旗下润百颜、夸迪两大品牌的年销售额均突破了 10 亿元。福瑞达同样以生产经营透明质酸为主，2023 年上半年其化妆品业务实现营业收入 11.06 亿元，同比上升 9.20%，毛利率达 63.04%。其旗下品牌瑗尔博士实现销售收入 5.98 亿元，占化妆品业务总收入的 54.07%；颐莲实现销售收入 3.92 亿元，占化妆品业务总收入的 35.44%。

2022 年 1 月，山东省工业和信息化厅、省药监局联合发布《山东省促进化妆品产业高质量发展实施意见》，提出围绕透明质酸（玻尿酸）、海藻酸盐、聚谷氨酸、牡丹、玫瑰、金银花、灵芝、银杏、牛蒡等特色产品或资源优势，打造以济南市为核心，青岛市、烟台市、泰安市、临沂市、菏泽市等多层次、多区位、多品类发展的“一核多点”发展格局。力争到 2025 年，拥有年销售额达到100亿元以上的企业1家，50亿元以上的企业2家，20亿元以上的企业10家，规模以上企业数量超过100家。

第六节　我国化妆品产业存在的主要问题

一、产业集中度较低

截至2022年底，我国获得化妆品生产许可证的企业有5512家，竞争激烈，市场集中度较低，企业生产规模普遍偏小。化妆品产业是资金、技术密集型产业，如果收入规模不显著，一方面导致前期大量固定资产投入对生产成本和费用的影响较大，降低企业的利润水平；另一方面导致企业研发投入不足，影响企业自主创新水平，进而影响企业在中高端制造市场的竞争力。

二、产业总体研发实力不足

在化妆品研发环节，国际知名企业通常会在全球主要市场设立研发中心或技术实验室，进行基础成分及配方应用研发、产品测试及包装设计。国内化妆品OEM/ODM、塑料包装企业收入规模差距较大，研发投入远不及国际知名企业，研发能力相对薄弱成为国内企业在中高端市场竞争力不足的主要原因。

三、产业整体成本上升

近年来，人工成本不断上升，给企业的成本控制带来一定压力。同时，日化产品及塑料包装容器产品推陈出新的速度不断加快，企业面临一定的经营挑战。为应对人工成本上升、日益加剧的竞争状况，产业内领先企业正大力推进自动化、智能化技术和设备的研发和应用，以实现转型升级，提质增效。

四、高端原料“卡脖子”问题突出

根据工业和信息化部2018年的统计，在130多种关键基础化工材料中，我国有32%的品种仍为空白、52%的品种仍依赖进口，在高端化工原料领域难以满足经济与民生需求。尽管我国20多种化工产品产能高居世界首位，并已形成门类较为齐全的产业布局，但我国化学工业的产业结构主要集中在低端，高端化工新材料、化工装备及尖端技术严重依赖国外。

化妆品产业对上游原材料依赖性强，原材料产品包括油脂、粉质、胶质、活性剂等。其中，油脂、基础保湿剂、甘油等技术壁垒较低，国内目前已经能够自给自足；但是像高性能表面活性剂等技术壁垒较高的原材料的生产，我国仍与欧美国家有较大差距。相比之下，国内极度缺乏拥有自主知识产权的原料。从全球化妆品原料生产商格局来看，国内化妆品原料生产商处于第三梯队，其产品能实现基础的保湿滋润等功能，但高阶工艺的关键性原料对国外生产商的依赖度较高。此外，在功效型化妆品大行其道的今天，我国化妆品功效原料生产企业起步晚、基础弱、技术积累不足、重视程度不够，还处于发展阶段。我国化妆品产业每年必须从国外进口相当数量的原料，国内原料生产企业受到国际化妆品原料厂商的较大影响和威胁，化妆品原料“卡脖子”难题长期存在。技术研发能力、测试检验系统及化妆品产业认知能力等多方面的落后，制约着国内品牌的发展。

虽然我国初步建立了化妆品产品标准体系，但在化妆品原料标准体系方面还存在大量空白。标准体系的缺失导致原料生产工艺、技术指标、风险物质控制水平等不一致，制约了国产原料的推广和使用，更进一步影响了国产品牌的发展。

五、品牌建设任重道远

当前我国大量民族品牌扎堆在中低端领域，在高端领域国外品牌仍占据统治地位。我国“十四五”规划首次提出，要提升自主品牌影响力和竞争力，率先在化妆品、服装、家纺、电子产品等消费品领域培育一批高端品牌。品牌是高质量发展的重要体现，我国化妆品企业对品牌建设重视程度不够，品牌定位不清晰，品牌附加值得不到充分体现。伴随我国网络销售的兴起，搭载新零售的“快车”，品牌确实有快速“出圈”的机会。但大量品牌缺乏核心竞争力。自 2022 年以来，伴随化妆品市场下行，美妆品牌退出市场的现象屡见不鲜。品牌建设是一个长期的、系统性的工程，坚持“长期主义”是我国由化妆品大国向化妆品强国转变的关键。

六、“人才荒”“高端人才稀缺”问题依然严峻

随着我国国民经济水平的提高，背靠庞大人口基数和市场，我国化妆品产业迎来了快速发展，我国已连续多年成为全球第二大化妆品市场。与之相对应的是，我国人才培养机制十分欠缺，人才问题成为制约化妆品产业发展的关键因素之一。公开资料显示，我国早期与化妆品相关的专业学科是“日用化工”“精细化工”等，教育部在 2017 年底批准上海应用技术大学设立

“化妆品技术与工程”专业，成为首个化妆品的本科专业。在此之前我国仅有江南大学、北京工商大学等少数高校在应用化学或轻化工程等专业下开设化妆品方向学科。在欧洲、美国、日本等化妆品产业发达的国家和地区，化妆品产业历经了百年发展，人才培养机制完整，人才基础雄厚，源源不断地为产业发展注入动力。《化妆品监督管理条例》鼓励化妆品企业创新发展，为化妆品产业指明了未来发展之路，同时提出了更高的监管要求，“质量安全负责人”“法规人才”“高端研发人才”成为热门，人才缺口明显。近年来，我国许多高校开设了化妆品相关专业，但还无法有效地满足产业发展的需求，人才问题仍制约产业高质量发展。

中　篇

第四章　浙江省化妆品产业竞争力分析

第一节　产业现状

一、化妆品生产制造情况

（一）化妆品生产企业数量及分布情况

根据化妆品监管部门数据，截至 2022 年底，浙江省共有化妆品生产企业 596 家（含牙膏生产企业 12 家），位居全国第二。其中，金华市化妆品生产企业数量达 372 家，是浙江省化妆品生产企业数量最多的城市；其次是杭州市，生产企业数量达 65 家（见表 4-1）。

表 4-1　浙江省化妆品生产企业分布情况

城市	数量（家）	百分比（%）
杭州	65	10.9
宁波	36	6.0
温州	12	2.0
绍兴	25	4.2
湖州	33	5.5
嘉兴	11	1.8
金华	372	62.4
衢州	11	1.8
台州	21	3.5
丽水	8	1.3
舟山	2	0.3
合计	596	≈100

资料来源：浙江省药品监督管理局。

近年来，浙江省化妆品生产企业数量稳步增长，2016—2022 年全省累计新增生产企业 245 家。其中，金华市的增长量最大，从 2016 年底换证后的

200家增至372家，年复合增长率约为13.2%。

（二）化妆品生产单元分布情况

不同类型化妆品企业呈现明显的区域集群化分布。浙江省化妆品企业生产类型主要有护肤类、彩妆类、洗护类、发用类、牙膏类五大类。金华市以彩妆类企业为主，杭州市、湖州市以护肤类企业为主，宁波市化妆品生产企业中洗护类占比较高，发用类企业则集中在台州市。

从获批的生产许可单元来看，一般液态单元及膏霜乳液单元类生产企业主要分布在金华市和杭州市，其次是宁波市和湖州市。截至2022年底，浙江省拥有一般液态单元生产资质的企业252家，占比为42.3%；拥有膏霜乳液单元生产资质的企业272家，占比为45.6%。杭州市生产企业以护肤类为主，在获批的生产许可单元中，一般液态单元和膏霜乳液单元在全省占比分别为21.0%和17.3%；金华市则以彩妆类和气雾剂及有机溶剂类为主，在获批的生产许可单元中，蜡基单元、粉单元、气雾剂及有机溶剂单元在全省占比分别达83.1%、76.5%和82.0%（见表4-2）。

表4-2　截至2022年浙江省化妆品生产企业获批生产许可单元情况

城市	一般液态单元		膏霜乳液单元		蜡基单元		粉单元		气雾剂及有机溶剂单元	
	数量（家）	占比（%）	数量（家）	占比（%）	数量（家）	占比（%）	数量（家）	占比（%）	数量（家）	占比（%）
杭州	53	21.0	47	17.3	11	4.1	12	5.1	9	5.4
宁波	26	10.3	27	9.9	7	2.6	5	2.1	3	1.8
温州	13	5.2	11	4.0	1	0.4	2	0.9	2	1.2
嘉兴	8	3.2	7	2.6	3	1.2	3	1.3	1	0.6
湖州	24	9.5	21	7.7	7	2.6	9	3.8	2	1.2
绍兴	14	5.5	12	4.4	4	1.5	9	3.8	4	2.4
金华	87	34.5	119	43.8	221	83.1	179	76.5	137	82.0
衢州	4	1.6	5	1.8	7	2.6	5	2.1	2	1.2
舟山	2	0.9	2	0.8	0	0.0	2	0.9	0	0.0
台州	17	6.7	18	6.6	1	0.4	6	2.6	6	3.6
丽水	4	1.6	3	1.1	4	1.5	2	0.9	1	0.6
合计	252	100.0	272	100.0	266	100.0	234	100.0	167	100.0

资料来源：根据监管部门数据整理制表。

二、产品备案情况

浙江省备案产品数量位居全国前列。截至2022年底，浙江省共有化妆品注册人/备案人1407家、境内责任人256家。2022年，浙江省国产普通化妆品备案30667个，进口普通化妆品备案892个，数量位居全国前列。

三、化妆品市场情况

（一）化妆品生产企业销售情况

浙江省化妆品生产企业销售收入稳步增长，居全国前列。根据浙江省健康产品化妆品行业协会不完全统计，2019—2022年，浙江省化妆品生产企业销售收入分别约为565亿元、620亿元、700亿元、720亿元。

（二）化妆品批发零售情况

浙江省限额以上化妆品批发零售总额逐年提高。2022年，浙江省限额以上化妆品批发零售总额为588.27亿元，同比增速为10.8%。2018—2022年，浙江省限额以上化妆品批发零售总额由267.46亿元增长至588.27亿元（见图4-1），年复合增长率达17.1%。

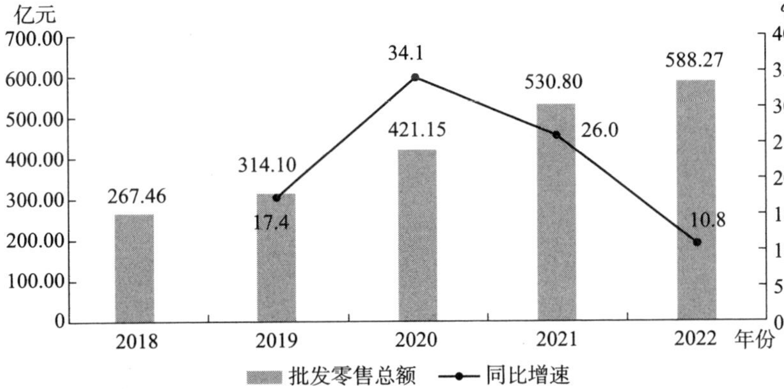

图4-1　浙江省限额以上化妆品批发零售总额及同比增速

资料来源：浙江省统计局。

浙江省限额以上化妆品零售总额全国占比逐年提高，增速快于全国平均水平。2022年，浙江省限额以上化妆品零售总额为335.4亿元，同比增长9.0%。同期全国限额以上化妆品零售总额为3936亿元，同比下降4.5%。对比2018—2022年增速与占比情况，浙江省限额以上化妆品零售总额增速明显快于全国平均水平，且在全国的占比由2018年的5.6%逐步提高到

2022 年的 8.5%（见图 4-2）。

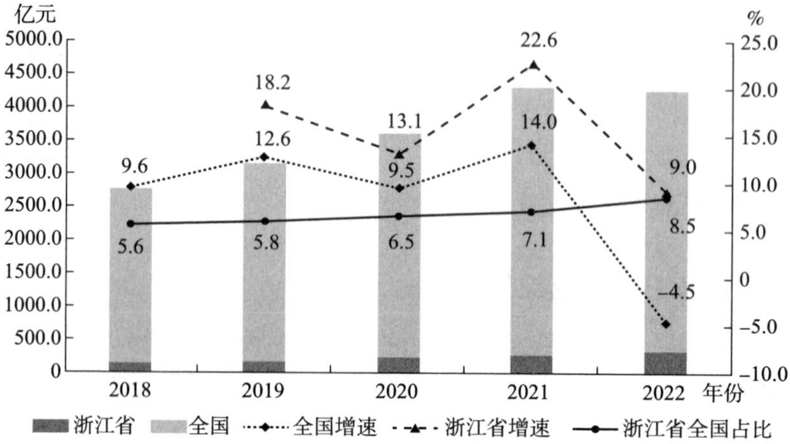

图 4-2　浙江省与全国限额以上化妆品零售总额及增速对比

资料来源：国家统计局、浙江省统计局。

（三）化妆品线上零售情况

浙江省化妆品线上零售额居各产业前列。浙江省是网络销售大省，浙江省电子商务促进中心数据显示，2019—2021 年，浙江省美妆护肤类化妆品线上零售额分别为 1554.5 亿元、1571.1 亿元和 1867.8 亿元，分别占各产业网络零售额的 7.9%、6.9%和 7.4%，连续三年居第五位，前四位分别是服饰鞋包、家居家装、3C 数码和母婴用品（见表 4-3）。

表 4-3　2021 年浙江省各产业网络零售额

排名	产业	网络零售额（亿元）
1	服饰鞋包	8038.7
2	家居家装	4398.2
3	3C 数码	3981.3
4	母婴用品	2169.4
5	美妆护肤	1867.8
6	食品保健	1421.3
7	运动户外	1102.5
8	生活服务	607.6
9	机车配件	462.1
10	文化娱乐	389.9

资料来源：浙江省电子商务促进中心。

四、化妆品进出口情况

浙江省化妆品的进出口贸易额位居全国前列。浙江省是对外贸易大省，杭州海关数据显示，2022 年浙江省美容化妆品及洗护用品的进出口总额为 279.1 亿元，同比增长 3.8%。其中进口额约为 197.0 亿元，同比下降 1.7%；出口额约为 82.1 亿元，同比增长 19.9%（具体见表 4-4~表 4-6）。金华市是浙江省化妆品出口主阵地，全市 95%以上的化妆品生产企业以出口代加工业务为主，出口国集中在非洲、中东、南美洲及“一带一路”沿线国家。浙江省化妆品进口主要集中在宁波、杭州口岸，且以欧洲、美国、日本、韩国的中高端美妆产品为主。

表 4-4　2020—2022 年浙江省美容化妆品及洗护用品进出口总额及占比情况

年份	全国（亿元）	同比增长（%）	浙江省（亿元）	同比增长（%）	全国占比（%）
2020	1694.6	53.5	254.4	23.3	15.0
2021	1926.5	13.7	268.9	5.7	13.9
2022	1870.1	-2.9	279.1	3.8	14.9

资料来源：海关总署、杭州海关。

表 4-5　2020—2022 年浙江省美容化妆品及洗护用品进口额及占比情况

年份	全国（亿元）	同比增长（%）	浙江省（亿元）	同比增长（%）	全国占比（%）
2020	1400.0	53.4	192.4	41.0	13.7
2021	1613.0	15.2	200.4	4.2	12.4
2022	1493.6	-7.4	197.0	-1.7	13.2

资料来源：海关总署、杭州海关。

表 4-6　2020—2022 年浙江省美容化妆品及洗护用品出口额及占比情况

年份	全国（亿元）	同比增长（%）	浙江省（亿元）	同比增长（%）	全国占比（%）
2020	294.6	54.0	62.0	-11.2	21.0
2021	313.5	6.4	68.5	10.5	21.9
2022	376.5	20.1	82.1	19.9	21.8

资料来源：海关总署、杭州海关。

五、代工生产企业情况

浙江省化妆品代工生产企业数量位居全国第二，发展均衡。化妆品产业与其他制造业一样存在大量的 OEM/ODM 企业，前者主要受品牌方的委托完成产品的生产加工，产品的设计和技术由品牌方提供，后者则受品牌方的委托完成产品的配方设计、技术研发和生产加工全过程，即要求代加工生产企业有一定的设计能力和技术水平。随着产业发展和监管法规体系的变革，越来越多的化妆品品牌方拥有自己的新品开发和技术研发能力，OEM/ODM 企业可以根据品牌方的要求参与部分产品开发工作，但主要还是从事产品的生产加工，因此化妆品产业对 OEM/ODM 企业的区分不再明显，逐渐统一称为“代工生产企业”。

根据浙江省健康产品化妆品行业协会统计，浙江省从事化妆品代工生产的企业有近 400 家，占比近 70%。主要集中在金华市，以彩妆类产品的出口代加工为主；其次是杭州市和湖州市，是护肤类产品受托生产企业的集聚地（见表 4-7）。与上海市相比，浙江省虽然国际知名品牌的受托生产企业数量偏少，但中型企业占比高，产业整体发展均衡，企业整体硬件条件和质量管理水平也位居全国前列。

表 4-7　浙江省部分化妆品代工生产企业

企业名称	所在城市	主要产品
娇时日化（杭州）股份有限公司	杭州	护肤类
杭州心悦化妆品有限公司	杭州	护肤类、彩妆类
杭州菲丝凯化妆品有限公司	杭州	护肤类、彩妆类
杭州雅妍化妆品有限公司	杭州	护肤类
浙江雅颜生物科技有限公司	宁波	护肤类
蝶柔化妆品（浙江）有限公司	嘉兴	护肤类
杭州赫梵茜化妆品有限公司	杭州	护肤类
杭州稞恩生物科技有限公司	杭州	护肤类
蔻诗曼嘉化妆品（中国）有限公司	嘉兴	护肤类、彩妆类
杭州优图碧化妆品有限公司	杭州	护肤类、彩妆类
浙江艾妍生物科技有限公司	绍兴	护肤类、彩妆类
湖州开森化妆品有限公司	湖州	护肤类
嘉兴市华盛化妆品有限公司	嘉兴	彩妆类
宁波爱诗化妆品有限公司	宁波	彩妆类
浙江颜雪化妆品有限公司	金华	彩妆类

续表

企业名称	所在城市	主要产品
浙江艳庄化妆品有限公司	金华	彩妆类
浙江蝶妃化妆品有限公司	金华	彩妆类
浙江久灵笔刷有限公司	丽水	彩妆类
浙江好妆化妆品有限公司	金华	彩妆类
金华百姿化妆品有限公司	金华	彩妆类
金华维尔美化妆品有限公司	金华	彩妆类
浙江美蜜科技有限公司	金华	彩妆类
湖州欧思兰化妆品有限公司	湖州	彩妆类
义乌市安科化妆品有限公司	金华	彩妆类
浙江晶辉化妆品股份有限公司	金华	彩妆类
浙江美雪化妆品有限公司	金华	彩妆类
湖州御梵化妆品有限公司	湖州	彩妆类
宁波普力丝日化制造有限公司	宁波	洗护类
宁波樱花炭语日化用品有限公司	宁波	洗护类
宁波普兰帝旅游用品有限公司	宁波	洗护类
诸暨市贝丝特日用化学有限公司	绍兴	发用类
温州市华顺美容用品厂	温州	发用类
浙江称心化妆品有限公司	台州	发用类
艾依诺科技有限公司	绍兴	气雾剂类
浙江绿岛科技有限公司	台州	气雾剂类

资料来源：根据公开资料整理。

六、产业人才情况

企业实现高质量发展靠科技创新，而人才是创新的第一资源，是高质量发展的重要基石，人才数量和质量是衡量一个国家和地区综合竞争力的重要指标。在企业中起决定作用和引领作用的关键岗位人才对于企业的发展有至关重要的作用。因此，我们专门针对企业重要部门中的关键岗位人才现状展开了调研。本节中的“关键岗位人才”是指企业高级管理人员以及在企业研发技术部、生产管理部、质量管理部、市场销售部几个重要部门担任中层管理职务（主管、经理、总监）的人员。

（一）从业人数

化妆品全产业链企业主要包括原材料供应商、生产商、品牌商、渠道商四类。根据调查统计，2021 年，浙江省化妆品生产企业在职员工规模约为 7 万人。此外，浙江省拥有化妆品品牌经营企业 2000 余家，化妆品包装材料类生产企业超过 2000 家，以及大量从事化妆品批发、专卖等的市场经营主体，保守统计，浙江省化妆品全产业链从业人员数量超过 65 万人。

（二）技术和管理人才需求缺口大

根据调查统计，浙江省化妆品生产企业对生产/质量管理人员需求最大，其次是资深配方师，对法规与标准人员、功效测评人员、检验人员及安全评估人员等的需求排在其后（见图 4-3）。

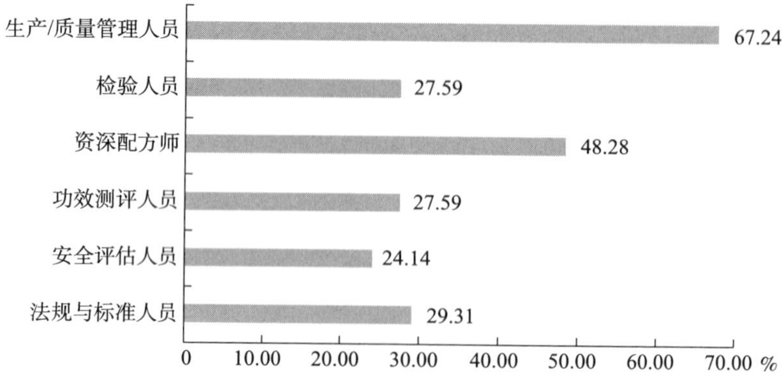

图 4-3　浙江省化妆品生产企业关键岗位人才需求占比情况

资料来源：浙江省健康产品化妆品行业协会企业问卷调查。

从调研样本数据来看，在所有受访企业中，关键岗位人才总数占员工总数的比例约为 18.1%；关键岗位人才空缺数占员工总数的比例约为 2.8%，占关键岗位人才总数的比例约为 15%。按照化妆品产业从业人员约 65 万人粗略计算，关键岗位人才总数约为 11.7 万，其中关键岗位人才空缺数约为 1.8 万。

（三）关键岗位人员结构现状

浙江省化妆品企业的关键岗位人员里，中级、高级专业技术人员占比有待提高。从调查数据来看，浙江省化妆品生产企业中本科及以上学历人员占比最高的三个部门依次是研发部、质量管理部和品牌管理部。其中，管理人员数量占比约为 13.01%，管理人员中本科学历占比约为 34.01%，硕士及以上学历占比约为 3. 82%；企业质量管理人员占比约为 3. 23%，质量管理人员中本科学历占比约为 45. 02%，硕士及以上学历占比约为 4. 05%；品牌管理部门人员整体受教育程度最高，大专以上学历人员占比达到 76. 54%。研发部门硕士及以上学历人员占比最高，为 12. 73%（见表 4-8）。由此可以看出，在浙江省化妆品生产企业关键岗位中，本科以上学历占比低于 50%，中级、高级专业技术人员数量占比少。

表 4-8　2021 年浙江省化妆品生产企业关键岗位人员学历分布情况

<table>
<tr><th rowspan="2">项目</th><th rowspan="2">样本数量（人）</th><th colspan="2">硕士及以上</th><th colspan="2">本科</th><th colspan="2">大专</th><th colspan="2">高中及以下</th></tr>
<tr><th>人数</th><th>占比（%）</th><th>人数</th><th>占比（%）</th><th>人数</th><th>占比（%）</th><th>人数</th><th>占比（%）</th></tr>
<tr><td>员工总数</td><td>19914</td><td>307</td><td>1. 55</td><td>1875</td><td>9. 42</td><td colspan="4">—</td></tr>
<tr><td>企业负责人</td><td>165</td><td>16</td><td>9. 70</td><td>56</td><td>33. 94</td><td colspan="3">大专及以下：93</td><td>56. 37</td></tr>
<tr><td>管理人员</td><td>2591</td><td>99</td><td>3. 82</td><td>881</td><td>34. 01</td><td colspan="4">—</td></tr>
<tr><td>质量管理人员</td><td>642</td><td>26</td><td>4. 05</td><td>289</td><td>45. 02</td><td colspan="4">—</td></tr>
<tr><td>质检人员</td><td>777</td><td>2</td><td>0. 26</td><td>180</td><td>23. 17</td><td>295</td><td>37. 97</td><td>291</td><td>37. 46</td></tr>
<tr><td>研发人员</td><td>1289</td><td>164</td><td>12. 73</td><td>469</td><td>36. 39</td><td colspan="4">—</td></tr>
<tr><td>品牌管理部门人员</td><td>865</td><td colspan="5">大专以上人数：662</td><td>76. 54</td><td>203</td><td>23. 47</td></tr>
<tr><td>高级专业技术职称人员</td><td>73</td><td colspan="8">占比：0. 37</td></tr>
<tr><td>中级专业技术职称人员</td><td>178</td><td colspan="8">占比：0. 90</td></tr>
</table>

资料来源：浙江省健康产品化妆品行业协会企业问卷调查。

浙江省化妆品企业的中层及高层管理人员趋于年轻化。从调查数据来看，化妆品企业关键岗位的部门级人员（包括主管、经理、总监）年龄分布最多的是 35～44 岁，占比达 64%；其次是 25～34 岁，占比达 28%（见图 4-4）。

高级管理人员年龄分布最多的也是 35～44 岁，占比达 68%，25～34 岁占比达 16%（见图 4-5），显示化妆品企业的高级管理人员明显趋于年轻化，这也与化妆品企业的时尚特性较为符合。

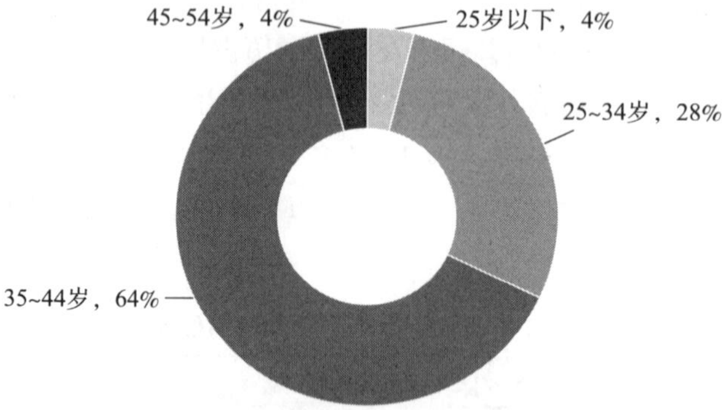

图 4-4　关键岗位的部门级人员年龄分布

资料来源：浙江省健康产品化妆品行业协会企业问卷调查。

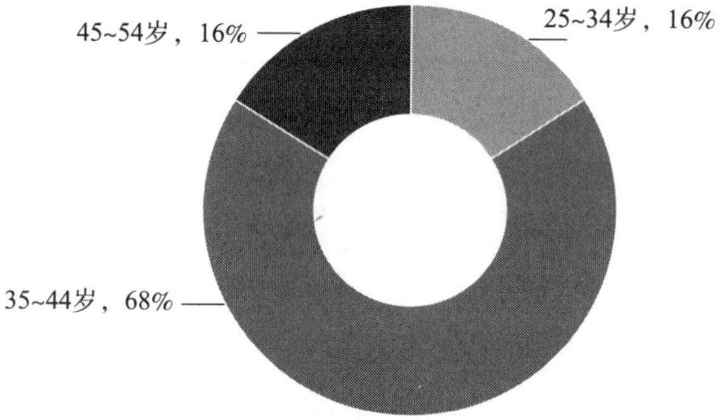

图 4-5　高级管理人员年龄分布

资料来源：浙江省健康产品化妆品行业协会企业问卷调查。

七、产业链发展情况

（一）原料

浙江省具备发展植物提取物类化妆品原料的良好基础。一是在来源植物的种植方面，浙江省有良好的自然条件和种植技术。浙江省植物资源丰富，在国家药监局公布的《已使用化妆品原料目录（2021 版）》中，浙江省的植物提取物类原料占 1/3 以上。浙江省现有植物资源覆盖了大部分该目录中的植物提取物类原料的来源种类。浙江省可用于化妆品原料来源的植物种类有一大部分属于药用植物，独特的地理位置和气候条件等造就了产地适宜、品种优良、产量高的药用植物优势，且多年来在各级政府部门的指导支持下，浙江省药用植物相关生产企业建成了完善的植物资源质量管理体系，对药用植物的主要化学成分、农药残留、重金属含量、有效物质含量等有严格的控制标准。例如白术，其根、茎等部位提取物是安全性高且可以起到抗皱、保湿等作用的化妆品常用原料，该原料是“浙八味”道地药材的一种，在绍兴、台州、杭州等市均有优良产区。同时，浙江省植物提取技术发展历史悠久。据统计，2022年浙江省以植物提取物业务为主的企业有120余家，占全国同类型企业的10%左右，产业基础优于全国大部分省份。但也存在发展“瓶颈”，提取及精制技术参差不齐，酸碱提取法、有机溶剂提取法等传统提取方式的技术壁垒低，行业集中度较低。为了更快地匹配化妆品应用领域的技术要求，部分企业近年来开始根据化妆品的产品特点在技术方面加大投入。

浙江省生物技术类原料已经崭露头角。生物技术类原料是以现代生物技术（包括基因工程、发酵工程、酶工程、细胞工程和蛋白质工程等）为基础，借助或利用微生物、细胞等生物体及各种组织（动物、植物）或液体，进行定向设计、生产加工，满足化妆品质量要求，用于化妆品领域的原料。我国《已使用化妆品原料目录（2021年版）》共收录8965种化妆品原料，可纳入生物来源原料种类的有430余种，约占总数的5%。其中，发酵工程来源原料以微生物发酵后的混合物或单体化合物为主，约有170种；酶工程来源原料包括酶水解工艺相关原料110余种、酶21种；细胞工程来源原料包括植物愈伤组织细胞等14种；蛋白质工程来源原料约有100种；其他菌类提取物、动物分泌物、动物器官提取物等约有20种，包括氨基酸、肽、蛋白质、酶、辅酶、多糖、维生素等各类生物活性物质，以及微生物发酵产物、植物愈伤组织培养物滤液、（动物）脐带提取物、（动物）胎盘蛋白等。一些具有多种来源的化妆品原料，比如原儿茶酸等同时有植物提取分离、化学合成和微生物发酵来源的原料未统计在内；由于资料不全以及相关制备技术的更新，还会有多来源原料暂未统计在内。

浙江省多家企业拥有特色的生物发酵类原料。生物发酵技术原料中有不少“明星”，例如，由葡糖杆菌属发酵生产的维生素C，在化妆品中起到抗衰老和美白的作用；由大肠杆菌发酵生产的甘氨酸甜菜碱，可作为化妆品非离子表面活性剂的原料；此外，采用发酵法获得的肽类原料凭借其优异的抗氧化、抗辐射、抗衰老方面的试验数据，也在化妆品中有广泛的应用，如重组胶原蛋白、溶菌酶、超氧化物歧化酶（SOD）等。浙江省有一批使用生物发酵技术生产化妆品原料的企业，如杭州纽龙生物科技有限公司，其利用生物发酵技术研发制备原料超氧化物歧化酶；浙江立恩生物科技有限公司，其研发制备了化妆品功效性原料格曼迪BA-2005B等。

浙江省生物多肽及合成肽类原料在全国具有较高知名度。生物肽及合成肽类原料是近年化妆品领域的热门原料，化妆品中最出名的合成肽类原料包括蓝铜肽、棕榈酰五肽-4、棕榈酰寡肽等。合成肽类原料在制备中需要精准的脱除、洗涤等工艺，从而将产生的杂质包括中间体、副产物、溶残等控制在合理且安全的范围内，因此生产该类原料的进入门槛较高。目前，浙江湃肽生物股份有限公司的合成多肽类原料在全国范围内已有一定知名度，且企业规模和营收均是浙江省化妆品原料企业的排头兵。该公司主打产品类型是美容多肽类原料，其产品功效覆盖了抗衰、修护、美白等多种化妆品核心功效，近年来与珀莱雅、丸美、百雀羚、上美集团等化妆品企业均达成了战略合作。此外，浙江崇山生物制品有限公司也是浙江省内一家专业从事全功能活性胶原研究和生产的国家高新技术企业、浙江省专精特新企业，其以生物合成及自然提取方法生产的全功能活性胶原已在化妆品、医疗器械等领域广泛应用。

香料香精原料是浙江省日用化工领域的传统产品。近年来，浙江省一些优势企业通过对传统香料香精产品进行技术改造和工艺优化，实现批量化和规模化生产，在工艺、技术、生产设备、分析检测设备、产品质量、原材料的选用配套等方面已达到国际先进水平。浙江省在合成香料香精方面具有一定的产业优势。浙江新和成股份有限公司是浙江省精细化工代表企业，早在2004年就已经上市，该企业2021年香精香料业务实现销售收入10.53亿元，核心香料香精产品二氢茉莉酮酸甲酯、覆盆子酮、柠檬醛等广泛应用于化妆品中。浙江绿晶生物科技股份有限公司始创于1994年，是一家集科研、生产、应用服务于一身的国家高新技术企业，连续10年获得“中国轻工业香料香精行业十强企业”，是酶法香料的首创者，产品主要涵盖乳化、液体、拌合型粉末、浆膏状等多类型香精。

浙江省部分化妆品原料骨干企业见表4-9。

表4-9　浙江省部分化妆品原料骨干企业

企业名称	所在城市	主要产品
杭州纽龙生物科技有限公司	杭州	重组蛋白类
浙江立恩生物科技有限公司	嘉兴	生物发酵技术类
浙江湃肽生物股份有限公司	绍兴	天然活性肽以及合成多肽类
浙江崇山生物制品有限公司	杭州	生物合成和提取全功能活性胶原
禾美生物科技（浙江）有限公司	嘉兴	天然活性肽以及合成活性肽类
浙江博聚新材料有限公司	丽水	化妆品级多效二元醇产品
浙江新和成股份有限公司	绍兴	香精香料

续表

企业名称	所在城市	主要产品
杭州西湖香精香料有限公司	杭州	日化香精
浙江阪慕大香精香料科技有限公司	杭州	冷扩香精油
嘉兴市中华化工有限责任公司	嘉兴	香兰素、乙基香兰素等
浙江绿晶生物科技股份有限公司	杭州	酶法香料
杭州林格贝科技有限公司	杭州	化妆品美白类原料、防腐剂、表面活性剂等

资料来源：根据公开资料整理。

（二）包装材料

浙江省化妆品包装材料产业集中度高，形成了明显的产业集聚区。化妆品包装材料主要包括瓶、罐、袋、盒、泡罩、管、膜及其相关配套。据统计，浙江省现有化妆品包材相关企业2000多家，主要集中在宁波、绍兴、杭州等市。宁波市包材相关企业有900多家，以生产经营塑料瓶、盖、软管、化妆笔、喷头等包材为主。其中，余姚市马渚镇化妆品包装产业发达，2022年全镇集聚了200多家化妆品包材企业，产值达60亿元，现有金马实业、银河日用品、丹丹喷雾、朗威包装等规模以上企业20多家。绍兴市现有包材相关企业600多家，以生产经营塑料软管、口红管、睫毛膏管、润唇膏管、彩妆配件等包材为主，其中上虞区集聚了该市最大规模的包材企业，如浙江锦盛新材料股份有限公司、绍兴万荣包装有限公司、浙江上峰包装新材料有限公司等业内知名企业。杭州市现有包材相关企业400多家，以生产经营玻璃瓶器、盖、纸盒、纸箱等包材为主，集聚了杭州三星玻璃、顶正包材、天港印刷、神彩印业等包材企业。近年来，湖州美妆小镇也集聚了一批化妆品包材企业，包括韩国最大的包材企业衍宇包材等（见表4-10）。

表4-10 浙江省部分化妆品包材骨干企业

企业名称	所在城市	主要产品
浙江金马实业有限公司	宁波	化妆品微型喷雾器、铝制品、塑料制品等
宁波杰立化妆品包装用品有限公司	宁波	化妆笔
余姚市银河日用品有限公司	宁波	化妆品喷雾泵、卸妆油泵、口红盖及各类塑料制品
余姚市丹丹喷雾器有限公司	宁波	化妆品全塑喷雾泵、香水喷头、卡片喷雾瓶及各种喷头、泵芯配件

续表

企业名称	所在城市	主要产品
朗威（宁波）包装科技有限公司	宁波	化妆品真空瓶、铝瓶、玻璃瓶、彩妆包材、泵头配件等
宁波劳仕塑业科技有限公司	宁波	化妆品用塑料瓶器及配件等
浙江锦盛新材料股份有限公司	绍兴	化妆品塑料包装容器
浙江阿克希龙舜华铝塑业有限公司	绍兴	化妆品口红管系列、香水盖及指甲油盖、铝制品和塑料及表面 UV 涂装制品等
浙江上峰包装新材料有限公司	绍兴	瓦楞纸箱、包装、印刷、纸浆模塑、纸模等
浙江欣昱科技有限公司	绍兴	化妆品的瓶盖、滴管、喷泵等
浙江万升化妆品包装有限公司	绍兴	膏霜瓶、乳液瓶、真空瓶以及其他类化妆品包装
浙江世宏实业有限公司	绍兴	化妆品铝制包装及配件
绍兴市宇航塑业包装有限公司	绍兴	美妆及清洁用品喷雾器、美发护肤用品液体分配器、各类塑料容器及瓶盖
绍兴万荣包装有限公司	绍兴	软管类包装
杭州三星工艺玻璃有限公司	杭州	化妆品玻璃包材
杭州翰泽实业有限公司	杭州	膏霜盖、香水盖、玻璃瓶喷泵等
杭州神彩包装印业有限公司	杭州	化妆品铝塑类包装

资料来源：根据公开资料整理。

浙江省化妆品包材产业能够紧跟美妆产业对包装形式的新需求、新趋势，快速开发制造出满足化妆品企业需要的新形式包装，如胶囊口红、迷你香水等产品所使用的迷你包装、精密滴管。浙江省包材企业重视研发投入和技术工艺创新，例如，浙江锦盛新材料股份有限公司和余姚银河日用品有限公司非常重视在技术研发上的投入和积累，部分技术已领先于全国同行。浙江锦盛新材料股份有限公司主要产品为化妆品塑料包装容器，按照产品用途又可以分为膏霜瓶系列产品和乳液瓶系列产品，公司已成功掌握精密切削加工技术、模具多型腔技术、高寿命模具制造技术及模具设计制造与产品成型等核心技术。余姚银河日用品有限公司主要产品有高端喷雾泵、卸妆油泵、口红盖及各类塑料制品等，其精密钢模和塑胶成型技术处于国内领先水平，其明星产品之一的喷雾泵就使用了公司独创的微孔喷头技术，雾化颗粒达到 30 微米，相当于人体毛孔的 1/3，扇面达到 60 度，能满足国际美妆品牌的技术要求。

浙江省包材企业除重视技术创新之外，在绿色环保领域也走在全国前列。企业注重节能环保，通过科技创新推出可降解包装材料，在产品生产中提升技术、改进工艺，最大限度地减少烟气排放和能耗。例如，余姚市丹丹喷雾器有限公司在2021年完成了所有弹簧泵的升级，使用塑料外置弹簧代替原有金属弹簧，使用塑料阀片代替原有的玻璃珠和钢珠，具有环保卫生、稳定性好、雾化细腻等特点，实现了化妆品喷雾器包装PP材料的完全回收和利用。杭州三星工艺玻璃有限公司借助德国先进技术，解决了玻璃蒙砂生产工艺中的废水排放问题。智能化改造是浙江省包材企业近几年的重要发展方向之一。以马渚镇为例，2016—2021年，马渚镇化妆品包装企业实施智能化改造项目数量累计达25个，其中1000万元以上项目有13个。宁波劳仕塑业科技有限公司的生产线上几乎看不到工人，只有机械设备在有序运作，从原料供应、生产制造到成品管理均实现了自动化操作，是马渚镇数字化赋能、推动化妆品包装企业高质量发展的缩影。

（三）品牌方、代运营企业

与受托生产企业相对应的即是委托方，又称“品牌方”，该类主体是化妆品品牌所有人，享受品牌市场利润的同时也是品牌产品的质量、安全和功效的主体责任人。代运营企业为品牌企业提供运营、销售服务，包括品牌推广、产品销售等。

浙江省化妆品品牌企业数量位居全国前列。最新的化妆品法规对化妆品品牌方提出了更严格的要求，化妆品品牌方必须在政府监管系统以注册人/备案人身份进行注册。国家药监局数据显示，浙江省注册人/备案人数量位居全国第三，仅次于广东省和上海市。2021年化妆品新法规体系实施后，浙江省化妆品品牌企业数量有所减少，但降幅小于全国大部分地区。

浙江省化妆品品牌企业孵化培育能力强。作为全国电子商务大省，浙江省丰富的互联网专业人才资源和特色品牌营销生态成为品牌快速孵化和成长的基础。据统计，截至2022年底，浙江省有化妆品品牌2500多个，占全国化妆品品牌数量的20%，仅次于广东省和上海市。

杭州市是国内化妆品代运营企业的集聚地。化妆品代运营企业主要从事美妆品牌的线上运营业务。2020年上半年，天猫公布的已注册服务商数量为1000家左右，从规模上看，有15家服务商年GMV规模超过20亿元，有26家服务商年GMV规模超过10亿元。全国美妆代运营企业综合排名靠前的企业主要集中在浙江省，包括丽人丽妆、杭州悠可、壹网壹创、如涵等，这些头部品牌运营服务商的客户几乎囊括了大部分知名美妆企业，如欧莱雅、宝洁、资生堂、强生、雅诗兰黛、欧诗漫、花西子、毛戈平等。

第二节 发展特点

一、产业区域化集群发展，生产企业数量稳居全国第二

浙江省化妆品生产企业数量稳居全国第二。国家药监局数据显示，截至2022年底，全国化妆品持证生产企业有5512家，其中浙江省有596家，仅次于广东省，位居全国第二。

浙江省化妆品产业已经形成具有品类特色的集群。比如，金华、义乌等市的彩妆类化妆品产业集群，宁波市的洗护类化妆品产业集群，杭州、湖州等市的护肤类化妆品产业集群，台州市的发用类化妆品产业集群，绍兴上虞、宁波余姚等地的化妆品包材产业集群，以及杭州市各类化妆品电商平台、美妆品牌运营中心、MCN机构集群。近年来，浙江省各地在化妆品特色产业集群的基础上，打造“美妆小镇”“杭潮美妆”“金义美都”“浙南美谷”等区域品牌。湖州美妆小镇成为全国美妆特色区域品牌的示范，覆盖化妆品生产、原料包材、检验检测等全产业链。

二、质量安全水平不断提高，树立“浙江制造”标杆形象

浙江省化妆品产业始终牢筑质量安全生命线，成为浙江美妆稳居全国化妆品产业第一梯队的基本保障。自2019年以来，浙江省化妆品监管部门强化化妆品飞行检查和抽检，省内生产产品抽检合格率维持在99%以上，化妆品抽检合格率稳居全国前列。在产品经营流通环节，浙江省安全监管与支持发展相结合的思路也一直走在全国前列，自2017年浙江省药监局正式推动实施“浙江省化妆品‘百千万’美丽消费示范工程建设”项目以来，不但生产企业的质量管理水平有了较大提升，而且化妆品品牌企业和经营商户建立了较为完善的质量管理体系。截至2021年12月，全省规范打造了92条示范街、776家示范商场、8784家示范经营单位，有力规范了化妆品市场秩序，成为浙江省创新化妆品经营领域治理方式的有效载体。作为化妆品电商平台销售大省，浙江省大力推进对网络经营化妆品的智慧监管，2019年对全省36家主要网络经营平台进行调查摸底，组织平台清理问题产品11.53万个、违法产品信息1.11万条、虚假资质信息9000余条，立案查处22起；与阿里巴巴公司签订化妆品“线上净网线下清源”合作协议，在全国率先建立网售化妆品准入“智慧审核”系统。

三、龙头企业示范，创新引领产业高质量发展

浙江省化妆品产业不但形成了产业集聚区，而且在各个细分品类培育了一批全国知名企业，对产业高质量发展起到了很好的示范引领作用。

在护肤品类中，在珀莱雅带动下的美妆小镇、欧诗漫的绿色工厂均为浙江省护肤品类的高质量发展起到了示范推动作用。珀莱雅现有 2000 多名员工，其 2022 年财报显示，报告期内公司实现营业总收入 63.85 亿元，同比增长 37.82%；净利润为 8.17 亿元，同比增长 41.88%，扣非净利润为 7.89 亿元，同比增长 38.8%。在珀莱雅的示范带动下，坐落于湖州的美妆小镇成为全国最早一批“美丽产业”集聚地。吴兴美妆小镇管理委员会公布的数据显示，截至 2022 年底，美妆小镇累计引进企业 293 家，计划投资 355 亿元。引进企业中包括韩国知名化妆品企业韩佛、亚洲最大包材企业衍宇、全球排名前十的法国香精企业乐尔福、英国皇室品牌泊诗蔻、台资企业绮丽华等行业佼佼者。美妆小镇将文化、旅游、社区三个核心板块深度融入产业构造中，聚力形成“四位一体”的全产业链格局。

在彩妆品类中，花西子和毛戈平成为国潮美妆与民族品牌的标杆。起步于杭州西子湖畔的彩妆品牌“花西子”创立于 2017 年 3 月，以“东方彩妆，以花养妆”为理念，针对东方肤质特点与妆容需求，以花卉提取物精华为核心成分，运用现代彩妆研发制造工艺，打造健康、养肤的彩妆产品。其产品几乎囊括了彩妆的所有品类，包括底妆、唇妆、定妆、眼妆、卸妆和美妆等。根据魔镜数据，2022 年“618”期间花西子高居天猫彩妆销售 TOP1，2022 年“双 11”期间花西子领衔一众国际品牌。在获取市场认可的同时，花西子在产品技术研发领域开始发力，2022 年 5 月 17 日，花西子母公司宣布旗下的 CMF 实验室正式揭幕并投入使用，这是国内首次有美妆品牌建立 CMF 实验室，包括消费者研究中心、化妆品科创中心、美容仪器研发中心、工业设计与 CMF 研发中心、东方美学与空间创新中心五大研发中心，计划在未来 5 年投入 10 亿元，发力多个基础研究领域。浙江省另一以彩妆为主的知名美妆品牌“毛戈平”由美妆艺术大师毛戈平先生于 2000 年创立，品牌针对东方女性不同的面部特征、肤质与肤色，提供多种产品及色彩解决方案。花西子和毛戈平品牌均成为杭州第 19 届亚运会官方赞助商。头部彩妆品牌良好的市场发展态势，对浙江省内彩妆品牌的发展产生了积极的影响，近年来彩棠、花知晓等彩妆品牌的市场占有率和知名度也不断攀升。

在牙膏品类中，浙江省既有年轻的互联网品牌“纳美”“极简生活”“牙小护”等，也有陪伴一代国人成长的民族品牌“纳爱斯”“皎洁”等。以纳

爱斯为例，2021 年纳爱斯销售额超 2.1 亿元，同时还成为第 19 届亚运会官方指定清洁洗护用品。纳爱斯注重基础科学研究和技术创新，2021 年成立了“纳爱斯口腔健康护理研究中心”，并与浙江大学医学院、浙江大学附属口腔医院、华西口腔医学院等科研机构建立了密切合作。纳爱斯是浙江省首家“工业产品绿色设计示范企业”，在绿色智能制造设备方面，其新建智能化制造系统，对系列产品生产线进行智能绿色化技术改造，购置皂基处理系统及高速智能皂体包装生产线，实现更为绿色高效的产品生产。自 2020 年以来，纳爱斯谋划生态资源的生态产品总值（GEP）转化，深度开发了丽水本地的资源，不但推出本品牌新的系列产品，而且为本地资源支持产业高质量发展开拓了思路。

在发用品类中，新老品牌注重产品质量安全，在技术领域不断创新突破，获得了消费者的广泛认可。浙江省的染烫发类品牌“章华”、防脱发类品牌“章光 101”、新锐品牌“Spēs 诗裴丝”在国内同类产品中具有较高知名度。浙江章华保健美发实业有限公司始建于 1980 年，2011 年公司投资 2.8 亿元在杭州市建立了 80346 平方米的新生产基地，生产车间采用德国工业 4.0 标准，达到国际领先水平。除核心品牌“章华”和“章华汉草”之外，公司还推出了“缇妃”“逻格蕴品”“花草晶”等多个新锐发用品牌。“Spēs 诗裴丝”2022 年的销售额近 10 亿元，在第一财经商业数据中心发布的《2023 国民头皮健康白皮书》上，“Spēs 诗裴丝”登上了“2020—2021 年线上头皮洗护品牌消费前十”榜单中的国货品牌 TOP1，跃居“控油蓬松功效品牌 TOP1”和“洗发膏品牌销量 TOP1”。在技术创新方面，章华公司 2019 年获得国家“高新技术企业”认证，2020 年获得“知识产权管理体系认证证书”以及由浙江省科学技术厅颁发的“浙江省科技型中小企业”证书。在配方和工艺方面获得两项国家知识产权局认可的发明专利证书。“Spēs 诗裴丝”的主打产品蓬松喷雾，从原料和工艺两个层面进行创新研发，采用微米级原料，结合改进工艺，最终产品是粒径更小、更细腻的复合高分子微球喷雾；“Spēs 诗裴丝”还创新研发出 45 度斜角雌阀喷头，实现了均匀细密的喷雾效果，使用后头发能恢复清爽润滑和快速蓬松，有效解决了同类产品存在的问题。

四、线上、线下销售渠道完善，网络销售领跑全国

浙江省完善的化妆品销售渠道，为市场规模的不断扩大提供了有力支撑。根据浙江省统计局数据，2019—2022 年浙江省限额以上化妆品零售总额增长率超过 20%，高出全国限额以上化妆品零售额平均增长率近 10 个百分点。在百货渠道方面，浙江省百货渠道的市场销售额领先于全国平均水平。2020 年

有超过七成百货企业的全年净利润为正。捷孚凯咨询（GFK）发布的内容显示，尽管化妆品线上销售在大幅提升，中高端品牌仍主要集中在百货渠道，2020 年化妆品百货渠道销售额达到 513 亿元，与 2019 年持平。由于人均消费能力强，浙江省设有美妆区的百货中心数量和美妆区销售表现均领先于全国平均水平，2020 年、2021 年浙江省百货渠道化妆品销售额分别约为 65 亿元和 77 亿元，其中杭州大厦、银泰百货跻身化妆品财经在线和中国百货商业协会共同评选的“2021 中国化妆品百货零售十强”。浙江省内美妆品类销售突出的百货商店还包括萧山银隆、金华第一百货、温州银泰世贸店、义乌银泰伊美店、湖州浙北大厦、台州耀达、绍兴国商、嘉兴江南大厦、诸暨雄风新世界、衢州东方商厦、舟山凯虹、舟山第一百货等。在 CS 渠道方面，浙江省起步较早，发展完善。对于国产品牌来说，过去不乏通过线下 CS 渠道红利建立品牌规模优势的例子，如珀莱雅、韩后、百雀羚、自然堂等。《化妆品报》发布的内容显示，2020 年浙江省有 12 家化妆品 CS 渠道企业跻身年度全国百强连锁，数量仅次于四川省。T3C 唐三彩是浙江省化妆品连锁店的代表，2015 年成为浙江省化妆品连锁 NO. 1 后开始大步迈向全国，成为全国范围内知名的化妆品零售连锁品牌。在批发市场方面，义乌（中国）小商品城已成为全球性的化妆品贸易中心。2020 年义乌国际商贸城的化妆品经营户有数千户，外销占比为 70%，产品主要销往欧美、东南亚、南美、中东、非洲等地区，拥有自主品牌并代理知名品牌，是浙江省最大的化妆品线下批发基地、全球重要的化妆品贸易中心。

浙江省是互联网大省，化妆品网络销售额领跑全国。创立于杭州的综合电商平台淘宝、天猫是化妆品线上销售主阵地。数据威（Ecdataway）发布的数据显示：2020 年三大主流电商平台淘宝、天猫、京东的美容化妆品创下了超过 4000 亿元的销售纪录，较 2019 年的 3500 亿元增长 14. 2%，但无论是 2019 年还是 2020 年，美容化妆品销售额占比都是天猫独大。星图数据显示，2022 年“双 11”期间“综合电商+直播电商”个护美妆 GMV 达到 822 亿元，占比 8. 2%，交易规模位列品类榜第四（见表 4-11）。

表 4-11　2022 年“双 11”期间“综合电商+直播电商”平台品类销售额 TOP10

品类	销售额（亿元）	销售占比（%）
家电	1566	15. 7
手机数码	1429	14. 3
服装	1389	13. 9

续表

品类	销售额（亿元）	销售占比（%）
个护美妆	822	8.2
鞋/箱包	646	6.5
电脑办公	542	5.4
食品饮料	519	5.2
家居建材	440	4.4
母婴玩具	401	4.0
运动户外	333	3.3

资料来源：星图数据。

五、化妆品产业转型升级，推动美妆品牌化发展

完善的化妆品上下游产业链生态是浙江省美妆品牌化发展的保障。经过30余年的产业化发展，浙江省构建了完善的化妆品产业链生态系统。截至2022年底，宁波余姚、绍兴上虞作为包材企业聚居地，不但供应国内日化企业，而且部分细分领域产品在全球范围拥有知名度。在化妆品原料方面，除植物提取物类原料外，浙江省是全国肽类原料产区，拥有肽类龙头企业和众多肽类加工中小企业。化妆品生产制造业稳居全国第一梯队，生产企业数量位居全国第二。杭州市拥有数量众多的品牌培育、推广、营销等相关的下游服务型企业，随着线上销售的崛起，部分品牌服务商已发展成为上市企业。

浙江省的互联网生态基础，为化妆品产业品牌化发展提供了优势条件。浙江省互联网生态资源丰富，在综合电商和直播电商的双加持下，珀莱雅、花西子、欧诗漫、毛戈平、彩棠、菜鸟和配方师、Spēs 诗裴丝、逐本、兔头妈妈等众多本土知名美妆品牌迅速崛起。《浙江省电子商务发展报告（2022年）》显示，2022年全省实现网络零售额27042.1亿元，同比增长7.2%，规模稳居全国第二。2022年，浙江省直播电商蓬勃发展，交易规模位居全国前列。全省累计直播超1055万场，交易规模达7785.2亿元，同比增长27.4%，高于全省网络零售增速（7.2%）20.2个百分点。全省直播电商交易规模占网络零售额的比重不断提高，由2021年的24.2%上升至2022年的28.8%。电子商务部门的监测数据显示，2022年浙江省商家在抖音平台的交易规模位居全国第一，占平台总交易额的22.2%。

六、“时尚之都”“电商之都”催生新兴美妆品牌

杭州市的时尚属性、电商基础、直播资源催生新兴美妆品牌快速成长。化妆品作为一个兼具日用品和奢侈品双重属性的品类，体现着人们对“美”的追求，是时尚产业的重要组成部分。化妆品的产品包装设计、品牌形象是其时尚品位的重要体现，杭州市集聚的时尚产业资源是美妆新兴品牌发展的有利条件之一。杭州市的时尚产业靠互联网的力量异军突起，获得了“全球电商看中国，中国电商看杭州”的江湖地位。

杭州市作为“电商之都”、直播电商产业和人才的聚集地，产业发展在全国遥遥领先。2022 年全市网络零售同比增长 5.5%，网络零售总额突破万亿元，达到 10496.3 亿元，占全省网络零售总额的 38.8%，位居全省第一。电子商务部门监测数据显示，杭州市共有电商平台 128 个，平台网店超 125 万家，“独角兽”企业有 39 家，“准独角兽”企业有 317 家。电商平台交易量和第三方支付能力全国第一。美妆品类是直播电商热销前三的品类之一，花西子蚕丝蜜粉饼、珀莱雅泡泡 SPA 面膜等美妆产品，借助直播力量，一度成为全网美妆品类当月销量第一。此外，新兴美妆品牌通过与头部主播合作，实现了打造爆款产品、迅速提升品牌知名度的预期。

第三节 发展优势

一、区位优势

（一）自然地理和人口分布

浙江省的自然地理条件有利于制造业发展，化妆品制造业也因此获益。浙江省陆域面积 10.55 万平方公里，是中国面积较小的省份之一。全省陆域面积中，山地占 74.6%，水面占 5.1%，平坦地占 20.3%，故有“七山一水两分田”之说。土地资源条件限制了浙江省种植业和农业的发展，这也是早期浙江人向制造业、服务业寻求发展之路的一大原因。浙江省统计局数据显示，2022 年全省生产总值为 77715 亿元，第一、第二、第三产业增加值分别为 2325 亿元、33205 亿元和 42185 亿元，第二和第三产业增加值占全省生产总值的比重超过 95%，制造业、服务业的发展为化妆品制造、经营服务产业的发展奠定了基础。

浙江省城镇人口的高密度分布为投资办厂、发展制造业提供了有利条件。

一方面，浙江省的宜居空间人口密度大，达到了每平方千米3000多人，因此在较小半径内有较多劳动力供给和较多商品需求；另一方面，浙江省人口普遍就地城镇化，且城镇化率高。浙江省统计局数据显示，2023年末全省常住人口为6627万人，与2022年末增加50万人。城镇人口为4919万人，农村人口为1708万人。城镇人口占总人口的比重（即城镇化率）为74.2%，与2022年相比上升0.8个百分点，城镇化率位居全国前列。

（二）交通运输条件

浙江省发达的陆空交通运输网络是其发展第二、第三产业的重要优势，也是化妆品产业发展的一大优势。浙江省地处我国东南沿海长三角南翼，东临东海，南接福建，西与江西、安徽相连，北与上海、江苏接壤，陆空交通便捷。浙江省运输厅数据显示，2020年浙江省综合交通网里程为14.2万公里、铁路运营里程为3211公里、高铁运营里程为1500公里、轨道交通运营里程为660公里、公路里程为12.3万公里、高速公路里程为5096公里。浙江省A类通用机场有11个、运输机场货邮吞吐能力达160万吨。

浙江省港口物流优势助力化妆品产业对外贸易的发展。浙江省已形成以宁波舟山港为主体，以浙东南沿海温州、台州两港和浙北环杭州湾嘉兴港等为两翼，联动发展义乌陆港和其他内河港口的“一体两翼多联”的港口发展新格局。浙江省各港口已与世界上100多个国家和地区的600多个港口通航。宁波舟山港是世界上最繁忙的港口之一，有“一带一路”航线80余条，全球前20名的集装箱班轮公司均已登陆宁波舟山港，全年航班近5000班次，运输量超过1000万标准箱。在国际货运中，海上运输具有运量大、运费低、对货物适应性强的明显优势，因此化妆品的进出口业务也大部分通过海运实现。海关数据显示，2022年全年浙江省美容化妆品及洗护用品进出口总额达279.12亿元，位居全国前列。

浙江省发达的快递业务降低了化妆品企业的产品配送成本，提高了产品配送效率。浙江省已基本建成省域、市域、城区3个“1小时交通圈”（国内1天送达、周边国家2天送达、全球主要城市3天送达，城乡1小时送达、省内2小时送达、长三角主要城市3小时送达）。浙江省邮政局数据显示，2022年全省快递业务量达229.0亿件，比上年增长0.5%。2022年8—12月，浙江省快递业务量占全国的比重分别为18.1%、20.2%、21.1%、21.8%和23.2%，呈快速提高态势。2022年12月，浙江省快递业务量增长10.6%，增速比全国（1.2%）高9.4个百分点。

浙江省便捷的交通也是化妆品产业吸引高端人才、满足产业用工需求的另一个优势条件。交通运输水平的高低直接影响个人获得资源的便利程度，便捷的交通为高端人才获取优质的学习和生活资源奠定了基础。浙江省是“用工大省”，便捷的交通条件为人口流动提供了便利条件。浙江省人力资源和社会保障局数据显示，2022 年浙江省引进 35 岁以下的大专学历以上人才 124 万人，引进博士 9059 人。在浙江省近 2556 万的流动人口中，省外流入人口和省内流动人口分别约为 1619 万和 937 万，占比分别为 63%和 37%。浙江省的外来人口和流动人口占比远超全国平均水平。

（三）长三角城市群和“一带一路”沿线区域

长三角城市群在人才、科技、供应链、市场等方面形成的区域优势为浙江省化妆品产业的高质量发展奠定了基础。浙江省是长三角区域的重要省份，杭州、宁波、湖州、嘉兴、绍兴、金华、舟山、台州是长三角城市群的主要城市，长三角是目前我国经济最活跃、潜力最突出的地区之一，以仅占全国 2.2%的区域面积，集中了我国约 20%的经济总量和 25%以上的工业增加值。以供应链为例，长三角城市群已形成完善的化妆品产业供应链体系，其中上海市是长三角化妆品产业的“研发创新中心”，集聚了化妆品产业的科研院所和高端技术人才；杭州市因其完善的互联网生态成为该区域的化妆品产业“品牌营销中心”；宁波市、绍兴市则可以为长三角区域的化妆品企业提供丰富、便捷的包材供应；金华市是长三角城市群中拥有化妆品代工生产企业最多的城市。

浙江省正在奋力推进“一带一路”重要枢纽建设，化妆品产业也借此推进产业升级。浙江省是“一带一路”重点圈定的 18 个省份之一，借“一带一路”建设之东风，浙江省化妆品产业正在通过以下方式“走出去”“引进来”：一是借助浙江省发达的电子商务优势，一批有基础实力的民族品牌和供应链企业已在国际电子商务平台进行宣传、推广、销售，如阿里巴巴、亚马逊、速卖通等。二是收购海外美妆品牌，拓展国际业务。如浙江单创品牌管理有限公司、浙江美蔻生物科技有限公司等。三是主动到国外投资建厂，深耕当地市场。

二、生产要素优势

（一）包材供应优势

浙江省化妆品包材产业发展态势良好。据统计，浙江省有化妆品包材企业 2000 多家，产品覆盖了玻璃瓶、塑料瓶、软管、配件、外盒等市场流通的主要化妆品包装类型。企业中既有一批在聚焦细分品类中达到国际一流技术水平的中型企业，也有一定数量的销售额在10亿元以上的上市公司。

浙江省化妆品包材已形成明显的集聚发展态势。绍兴市上虞区和余姚市是浙江省两大化妆品包材制造集聚区，此外，在杭州市余杭区及湖州市美妆小镇也有一批优质的化妆品玻璃包材、塑料包材及配件制造商。绍兴市上虞区以化妆品塑料包材制造为主。绍兴市统计局数据显示：2019年绍兴市规模以上日用塑料制品企业有164家，工业总产值达225.52亿元，规模以上企业工业总产量为36673吨，其中上虞区规模以上企业工业总产量达24904吨，占全市总产量的68%；上虞区的浙江阿克希龙舜华铝塑业有限公司和浙江欣昱科技有限公司是全国知名的化妆品塑料包装制品企业。余姚市以化妆品塑料包装容器和配件制品制造为主。宁波市统计局数据显示：2019年宁波市塑料容器制造企业有587家，塑料零件制造企业有2583家，两类产品工业总产值达131.30亿元，其中余姚市塑料零件制造和塑料容器制造企业共有882家，马渚镇化妆品包材规模以上企业有20家，产值达60亿元。金马实业、银河日用品、丹丹喷雾、宁波杰立等均为全国化妆品包装骨干企业。

（二）植物类原料资源优势

浙江省植物资源丰富，可用于化妆品的植物提取物种类繁多。浙江省药用植物约有1785种，包括著名的“浙八味”、新“浙八味”等中药材。植物提取物作为化妆品原料应用已经比较普遍，比如芦荟、白术、黄芪、人参、覆盆子、山茶等植物提取物类原料可以起到抗皱、平滑、保湿、美白等功效。

丽水市山茶油资源丰富，推动了当地油类护肤企业的发展。丽水市素有“浙南油库”之称，是全国的山茶油中心产区之一。全市现有山茶种植面积109万亩、茶油加工企业10余家、山茶专业合作社150多家。2018年，全市产山茶籽3.2万吨。从山茶籽中提取的山茶油具有抗氧化、抗敏、修护皮肤等功效，可作为高档护肤品、婴儿润肤油等产品的原料。

浙江省是我国实现铁皮石斛人工培育种植最早的省份，早在上世纪90年代，浙江省就率先实现了铁皮石斛的规模化种植和产业化开发，种植面积超过40000亩。在浙江省相关部门设立的铁皮石斛生产基地动态名录中，铁皮石斛生产基地100个，主要集中在温州、台州、杭州、金华等地区。种植基地面积在100亩及以上的基地数量就有48家，其中最大种植面积为3323亩。铁皮石斛茎提取物、铁皮石斛提取物均是化妆品原料，铁皮石斛中的原球茎粗多糖和原球茎纯多糖均能有效清除氧自由基和羟基自由基，具有抗氧化、提亮肤色的作用，铁皮石斛中富含多种氨基酸，氨基酸能够补充肌肤的营养和水分，具有良好的保湿作用。

（三）化妆品制造基础优势

浙江省化妆品生产企业数量、从业人员均位居全国前列。根据药品监督管理部门的数据统计，截至2022年底，浙江省化妆品生产企业数量居全国第二位，仅次于广东省。据调研，2019—2022年浙江省化妆品企业销售收入逐年递增，保守估计全省化妆品产业从业人员为65万余人，位居全国前列。

浙江省化妆品生产企业具有明显的品类区域集聚特性。不同品类化妆品企业形成产业集聚有利于知识和技术的交流与共享，企业之间更易形成密切的合作。此外，产业集聚区具有明显的人才优势，能有效缓解企业的用工压力，产业集聚区还可以推动区域经济发展。湖州市的“美妆小镇”是全国化妆品产业集聚区发展的优秀示范。除此之外，浙江省化妆品产业的几大集聚区已经形成，并发展出各自的优势特色。比如，金华市的“金义美都”是彩妆类化妆品产业集聚区，其企业数量、规模在全国化妆品特色集聚区中处于领先地位。

浙江省化妆品生产企业质量管理水平居全国前列，质量管理规范程度高。全省化妆品生产企业均建立了较完善的质量管理制度，配备符合法规要求的质量管理负责人和质量管理团队。2021年浙江省化妆品生产企业中管理人员数量占比约为16%，其中质量管理人员数量占比为3.94%，质量管理人员中本科学历人员数量占比约为56.30%，硕士及以上学历人员数量占比约为11.57%。根据浙江省药监局公布的数据，2022年省药品监督管理部门组织对浙江省90家化妆品生产企业进行飞行检查，所有企业在检查过程中的缺陷问题均在规定时间内整改到位。2022年在国家化妆品监督抽检工作中，未有通报浙江省化妆品企业产品不合格的情况。

浙江省化妆品生产企业厂房、设备等硬件条件在全国范围内具有明显优势。据统计，浙江省化妆品生产企业中建有30万级洁净车间的企业占比高达80%以上，2019年以来新开办的化妆品生产企业一半以上建有10万级洁净车间。在企业获得的体系认证资质方面，化妆品生产企业获得ISO 22716和GMPC体系认证的占比最高，有66%的企业获得了两者中至少一项体系认证。在设施设备方面，浙江省化妆品生产企业具有较高的自动化水平。在各类产品的生产过程中，自动称量系统、自动灌装机、自动分散机、自动包装机、自动贴标机等设备的应用非常广泛。

浙江省化妆品制造业拥有数个智能制造示范企业。珀莱雅、欧诗漫、纳爱斯、纳美等是全国范围内化妆品制造业的龙头企业，欧诗漫德清工厂先后获得浙江省绿色工厂、浙江省未来工厂培育企业等荣誉称号，纳爱斯丽水工厂是浙江省智能制造重点项目，纳美口腔清洁护理用品数字化车间获得浙江省数字化车间荣誉称号。在政策支持、示范企业的带动下，浙江省化妆品制造企业数字化水平逐年提高，部分中型规模企业也在质量管理、生产过程、物料与产品、销售等环节实现了数字化。

三、市场渠道优势

（一）具有完备的传统线下市场渠道

化妆品线下渠道有百货专柜、单品牌店、KA 渠道、CS 渠道、集中交易市场、美容院线渠道。在 CS 渠道成立初期，只有精品店模式、日化超市类店铺、名品低价模式 3 种，以及一些不成规模的夫妻店；现在演变为购物中心店（进口品店）、折扣店、前店后院、时尚小百货（生活方式类店铺）、单品牌店等品类店模式。

浙江省化妆品集中交易市场和 CS 渠道发展历史悠久、基础实力强。20 世纪 90 年代，随着经济的发展，化妆品集中交易市场和 CS 渠道首先发力。2010 年以后，随着电商渠道的崛起，各主流线下渠道受到较大的冲击，但 CS 渠道占比仍保持上升趋势。近 10 年，化妆品专营店渠道保持了 10%以上的较快增速。金华市化妆品企业的发展离不开义乌小商品城，该地区 90%以上的化妆品出口企业通过义乌小商品城与国际客户对接。义乌小商品城是全国知名的化妆品集中市场，凭借其物美价廉、应有尽有的鲜明特色，在国际上具有极强的竞争力。近年来，义乌小商品城在不断创新发展中向线上线下融合、进口出口联动、境内境外打通的跨国商贸层面迈进。

浙江省化妆品专营店发展迅速、与时俱进。《化妆品报》2020 年调研数据显示，在浙江省 23 家头部的化妆品专营店中，共有 1233 家（直营+加盟）连锁门店，2020 年总销售额达 17.26 亿元，平均每个连锁门店年销售额达 7461 万元，其中有 12 家在 2020 年跻身全国百强连锁门店，数量仅次于四川省。浙江省专营店渠道不仅在全国范围内强势，而且与时俱进，主动创造诸多零售新物种。此外，浙江省还诞生了区别于零售店和美容院的轻护店模式，即以项目的形式解决消费者皮肤问题的轻护理型店铺。

（二）电商渠道全国领先

浙江省化妆品电商平台销售额稳居全国前列。浙江省电子商务不仅起步早，发展得也出色。在全国电子商务网站 100 强中浙江省占 54 席。杭州市作为“电商之都”，拥有天猫、淘宝、网易、集商优选、贝店、贝购、时趣等知名电商企业。线上渠道是化妆品销售的主要阵地。

浙江省直播电商发展迅速，带动化妆品线上销售。在全国直播电商城市20强中，广州市、杭州市、北京市位列前三。《浙江省电子商务发展报告（2022年）》的数据显示，2022年全省累计直播超1055万场，交易规模达7785.2亿元，全省有直播相关企业超5万家，位居全国第二，仅次于广东省。浙江省电子商务相关部门的数据显示，2021年，护肤和彩妆分别以全品类12.1%和5.9%的占比位于全省直播电商交易总额排名的第二和第六（见表4-12）。全省直播电商销售额累计在10亿元以上的个人和企业主播共29个，其中花西子官方旗舰店、珀莱雅官方旗舰店、欧诗漫珍珠美肤、玉泽官方旗舰店等店铺均在浙江省企业直播销售榜单TOP30中。

表4-12 2021年浙江省直播电商交易总额品类排名TOP10

排名	品类	交易额占比（%）
1	男装女装	28.5
2	护肤	12.1
3	美食饮品	11.6
4	日用百货	7.5
5	手机数码	6.6
6	彩妆	5.9
7	珠宝配饰	5.7
8	厨卫家电	5.4
9	鞋帽箱包	4.9
10	母婴用品	2.8

资料来源：浙江省电子商务促进中心。

四、品牌培育优势

（一）浙江省具有美妆品牌培育的政策优势

2021年5月27日，浙江省发展改革委联合浙江省市场监督管理局印发《浙江省质量强省标准强省品牌强省建设“十四五”规划》，明确品牌矩阵要不断壮大，引导企业建立以质量为核心的品牌发展战略，挖掘一批有竞争力的“浙江制造”品牌，变制造为创造、变贴牌为创牌。截至2022年底，浙江省化妆品产业已经发布“浙江制造”标准30余项，包括了彩妆、护肤、洗护、儿童用化妆品、化妆品包材、化妆品原料等产品类型。2020 年 7 月 13 日，浙江省药监局联合省经信厅印发了《浙江省化妆品产业高质量发展实施方案（2020—2025 年）》，明确到 2025 年培育 5 个以上国际知名品牌，培育一批新锐品牌。在浙江省药监局的支持指导下，浙江省健康产品化妆品行业协会自 2019 年起连续三年组织“浙江美妆十大品牌”“浙江美妆十大新锐品牌”的评选活动，获得了媒体和公众的广泛关注，对宣传推广浙江本土美妆品牌起到良好效果（见表 4-13～表 4-17），2019 年“浙江美妆十大新锐品牌”暂缺。

表 4-13　2019 年“浙江美妆十大品牌”

品牌名称	企业名称	类别	城市
爱沃玛	浙江庆元欧迪实业有限公司	彩妆	丽水
珀莱雅	珀莱雅化妆品股份有限公司	护肤	杭州
蝶妃	浙江蝶妃化妆品有限公司	彩妆	金华
俊平	杭州耕香生物科技有限公司	护肤	杭州
绔姿	浙江久灵笔刷有限公司	彩妆	丽水
纳爱斯	纳爱斯集团有限公司	牙膏	丽水
欧诗漫	欧诗漫生物股份有限公司	护肤	湖州
艶莊	浙江艳庄化妆品有限公司	彩妆	金华
100 年润发	纳爱斯集团有限公司	洗护	丽水
章华汉草	章华化妆品科技有限公司	洗护	杭州

表 4-14　2020 年“浙江美妆十大品牌”

品牌名称	企业名称	类别	城市
珀莱雅	珀莱雅化妆品股份有限公司	护肤	杭州
花西子	杭州宜格化妆品有限公司	彩妆	杭州
艶莊	浙江艳庄化妆品有限公司	彩妆	金华
英树	浙江英树生物科技有限公司	护肤	杭州
爱沃玛	浙江庆元欧迪实业有限公司	彩妆	丽水
LAN	杭州兰禧化妆品有限公司	护肤	杭州
绔姿	浙江久灵笔刷有限公司	彩妆	丽水

续表

品牌名称	企业名称	类别	城市
公主家	浙江神首生物科技有限公司	护肤	宁波
宿系之源	浙江大美十网络技术有限公司	护肤	台州
长生鸟	浙江长生鸟健康科技股份有限公司	护肤	绍兴

表 4-15　2021 年“浙江美妆十大品牌”

品牌名称	企业名称	类别	城市
珀莱雅	珀莱雅化妆品股份有限公司	护肤	杭州
100 年润发	纳爱斯集团有限公司	洗护	丽水
纳爱斯	纳爱斯集团有限公司	洗护	丽水
Febble	浙江颜雪化妆品有限公司	彩妆	金华
公主家	浙江神首生物科技有限公司	护肤	宁波
淮树	兰树化妆品股份有限公司	护肤	湖州
欧诗漫	欧诗漫生物股份有限公司	护肤	湖州
希芸	杭州悦萱堂化妆品有限公司	护肤	杭州
养生堂	养生堂（安吉）化妆品有限公司	护肤	湖州
LAOZHONGYI	苍南老中医化妆品有限公司	护肤	湖州

表 4-16　2020 年“浙江美妆十大新锐品牌”

品牌名称	企业名称	类别	城市
网易严选	杭州网易严选贸易有限公司	护肤	杭州
极简生活	杭州纳美科技有限公司	牙膏	杭州
馥元纪	浙江蝶妃化妆品有限公司	彩妆	金华
山茶润	浙江山茶润生物科技有限公司	护肤	丽水
Morcancos	杭州春源贸易有限公司	彩妆	杭州
丽芙秀	浙江丽芙秀化妆品有限公司	彩妆	金华
Romantic Beauty 罗小曼	浙江欧诺化妆品有限公司	彩妆	金华
Girl 2 Girl	浙江雅思丽化妆品有限公司	彩妆	金华
Shicelle	安科化妆品（浙江）有限公司	彩妆	金华
Tate	浙江美蜜科技有限公司	彩妆	金华

表 4-17 2021 年“浙江美妆十大新锐品牌”

品牌名称	企业名称	类别	城市
宝兰汀	杭州心尔化妆品有限公司	护肤	杭州
菜鸟和配方师	杭州配方师科技有限公司	护肤	杭州
花知晓	杭州花知晓电子商务有限公司	彩妆	杭州
Coranrika	杭州贡盏科技有限公司	护肤	杭州
罗小曼	浙江欧诺化妆品有限公司	护肤	金华
润培	杭州涵仕生物科技有限公司	护肤	杭州
水芭莎	杭州水芭莎生物医药有限公司	护肤	杭州
牙小护	杭州小丕科技有限公司	牙膏	杭州
逐本	杭州舒彩网络科技有限公司	护肤	杭州
Evologie	杭州奥芮安托生物科技有限公司	护肤	杭州

资料来源：浙江省健康产品化妆品行业协会。

（二）浙江省具有美妆品牌培育和线上销售的电商平台资源优势

美妆电商平台形式多样，大体可分为综合电商平台、垂直电商平台、内容电商平台和品牌代运营等，主要有淘宝、天猫、京东、丽人丽妆、壹网壹创、若羽臣、小红书、抖音、快手等，淘宝、天猫、壹网壹创总部在杭州市，其他平台均在杭州市设有分公司或办事处（见表 4-18）。浙江省的电商平台生态圈为化妆品的线上销售和品牌孵化培育提供了有力支持。在线上销售方面，以 2021 年“双 11”为例，全网美妆护肤品类销售额达 547 亿元，同比增长 35.5%，其中天猫平台销售占比最高，销售额达 290 亿元，同比增长 38%。在新锐品牌孵化培育方面，2019 年起天猫针对美妆洗护品类组织“新锐品牌 CTB 创业大赛——寻找发光体”，大赛专为扶持广大新锐品牌而创立，连续两季共发掘了数百个美妆洗护新锐品牌，天猫为入选的新锐品牌商家们深度赋能，从直播到营销、从产品到品牌塑造，多角度深层次培养品牌自主创新能力。

表 4-18 我国主要电商平台企业基本信息

公司简称	成立时间	类别	主要产品	总部所在地
淘宝	2003 年 9 月 4 日	综合电商	美妆个护、家居、生活日用品	浙江省
天猫	2011 年 3 月 28 日	综合电商	美妆个护、家居、生活日用品	浙江省
京东	2007 年 4 月 20 日	综合电商	美妆个护、家居、生活日用品	北京市

续表

公司简称	成立时间	类别	主要产品	总部所在地
丽人丽妆	2010 年 5 月 27 日	品牌代运营	美妆个护	上海市
壹网壹创	2012 年 4 月 6 日	品牌代运营	美妆个护	浙江省
若羽臣	2017 年 11 月 28 日	品牌代运营	美妆个护	广东省
聚美优品	2009 年 8 月 5 日	垂直电商	美妆个护	北京市
悠可	2012 年 7 月 24 日	品牌代运营	美妆个护	浙江省
小红书	2013 年 8 月 2 日	内容电商	美妆个护、家居、服饰	北京市
抖音	2016 年 3 月 11 日	内容电商	美妆个护、家居、服饰	北京市
快手	2015 年 2 月 20 日	内容电商	美妆个护、家居、服饰、生活日用品	北京市

资料来源：前瞻产业研究院。

（三）浙江省具有美妆品牌孵化和线上销售的直播资源优势

商务部数据显示，2020 年重点监测电商平台累计直播场次超 2400 万次，累计观看人数超 1200 万，直播商品超 5000 万个，活跃主播人数超 55 万。根据毕马威、阿里研究院综合测算，2020 年直播电商整体市场规模达 1.05 万亿元（见表 4-19），渗透率为 8.6%。浙江省在电商直播带货基地建设、人才储备、政策支持等方面走在全国前列。浙江省电子商务促进中心的数据显示，截至 2020 年底新禾联创数字时尚产业园、四季青网红孵化基地等 15 个平台获选省级首批直播基地。2020 年我国直播电商百强地区分布在 16 个省份，浙江省最多，有 21 个（见图 4-6），其中杭州市滨江区、余杭区、萧山区和义乌市进入全国直播百强地区前十。浙江省直播产业的优势资源极大地促进了美妆品牌的市场销售，同时网红的私域流量对于新品牌获得消费者快速认可也起到很大促进作用。

表 4-19　2017—2020 年直播电商市场规模及增速

年份	市场规模（亿元）	增速（%）
2017	366	—
2018	1400	285
2019	4338	210
2020	10500	142

资料来源：毕马威、阿里研究院。

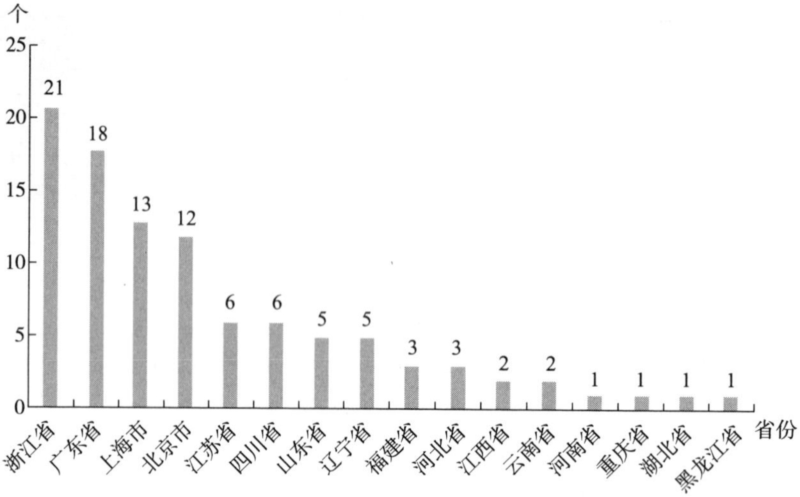

图 4-6　2020 年我国直播电商百强省份分布

资料来源：中国市场学会、阿里研究院、淘宝直播《直播电商区域发展指数研究报告》。

五、消费市场优势

浙江省居民可支配收入、人均消费水平位居全国前列，这也是美妆消费市场繁荣的优势条件之一。国家统计局数据显示，2022 年浙江省居民人均可支配收入为 60302 元，比上年增加 2761 元，增长 4.8%，比全国平均水平（36883 元）高 23419 元。浙江省城镇居民人均可支配收入为 71268 元，比全国平均水平（49283 元）高 21985 元；农村居民人均可支配收入为 37565 元，比全国平均水平（20133 元）高 17432 元。与此对应，2022 年浙江省居民消费支出增长平稳，消费支出水平位居全国第三。2022 年浙江省居民人均消费支出为 38971 元，比上年增长 6.3%。以上数据说明浙江省居民人均可支配收入、人均消费水平均位居全国前列，这是浙江省消费市场持续稳定增长的基础，也是其美妆消费市场繁荣的保障。

六、产业配套服务优势

（一）浙江省化妆品检验检测服务配套完善

2022 年 12 月 31 日，我国化妆品注册/备案检验机构共计 348 家，其中浙江省有 33 家，占全国总数量的 9.4%，居全国第二位，仅次于广东省（见表 4-20）。我国具备化妆品人体安全性和功效评价能力的检验机构有 57 家，浙江省有 5 家。在化妆品检验检测服务领域，浙江省虽然与广东省存在一定差距，但是化妆品注册或备案的常规项目均可以在省内找到相应的服务机构，也为浙江省化妆品产业的高质量发展奠定了基础。

表 4-20 我国主要省份化妆品注册或备案检验机构数量统计

省份	数量（家）	全国排名
广东省	108	1
浙江省	33	2
上海市	30	3
江苏省	27	4
北京市	21	5

资料来源：国家药监局。

（二）浙江省化妆品品牌代运营服务优势明显

品牌代运营服务是美妆品类市场销售中的重要一环，特别是 2005 年以后，美妆品类线上市场规模快速增长，其在众多产业中是使用电商服务比例最高的。2019 年我国美妆电商代运营市场规模为 416 亿元，同比增长 35.1%，2021 年已达到 650 亿元。浙江省作为全国电商最发达的省份，有美妆电商上游代表企业悠可、壹网壹创，美妆电商中游企业数量居全国之首，且主要聚集在杭州市。

（三）“电商之都”成为产业增长助推器

数字经济是浙江省“八大万亿产业”之一。浙江省商务厅发布的相关信息显示，2022 年浙江省实现网络零售额 27042.0 亿元，同比增长 7.2%，省内居民网络消费额达 13084.3 亿元，同比增长 6.6%；网络零售顺差为 13957.8 亿元。2022 年分产业看，美妆护肤类网络销售额为 1721.4 亿元，占比 6.4%，居全部产业中的第五位（见表 4-21）。

表 4-21 2022 年浙江省各产业网络零售基本情况

行业	网络零售额（亿元）	占比（%）
服饰鞋包	7307.3	27.0
家居家装	4838.9	17.9
3C 数码	4566.6	16.9
母婴用品	2068.0	7.6
美妆护肤	1721.4	6.4
食品保健	1539.0	5.7

续表

行业	网络零售额（亿元）	占比（%）
运动户外	1336.1	4.9
生活服务	551.2	2.0
文化娱乐	493.4	1.8
机车配件	438.1	1.6
其他	2182.0	8.2
合计	27042.0	100.0

资料来源：浙江省商务厅。

为鼓励直播电商的发展，浙江省、杭州市分别在2020年发布了《关于实施数字生活新服务行动的意见》《关于加快杭州市直播电商经济发展的若干意见》等相关政策，并在人才引进等方面出台了相关奖励政策，提出2022年，杭州市的目标是要挖掘1000个直播电商品牌，推动100名头部主播落户，培育10000名直播达人。杭州市各区直播电商政策汇总见表4-22。

表4-22 杭州市各区直播电商政策汇总

区域	政策	奖励
杭州市	在杭州市落地且排入全网销售前100的头部主播	100万~200万元
西湖区	被认定为市级以上、区级直播电商园区基地 总部入驻西湖区或在西湖区设立市级以上区域运营中心的企业 主营业务收入首次达到1亿元以上的直播电商企业	减免3年办公场地租金 50万~500万元
余杭区	直播平台通过直播方式年带货销售额达2亿~10亿元的企业	50万~200万元
滨江区	政策扶持共10条	打造直播产业集群， 引导MCN机构集聚

资料来源：根据公开信息整理。

浙江省人民政府新闻办公室2020年6月公布的数据显示，2020年我国MCN机构一举突破20000家，两年翻了近4倍，其中60%以上的MCN机构聚集在杭州市。谦寻、宸帆、如涵、遥望等头部MCN机构都在杭州市深耕。招商证券的调查报告显示，在我国排名前十的MCN机构中有6家位于杭州市，1家位于嘉兴市，剩余上海市1家、广州市1家、深圳市1家。

（四）物流快递业发达

物流快递业的持续快速发展，也是浙江省化妆品产业发展的重要优势。物流快递业作为数字经济的“黑马”和“新经济”的代表，在服务实体经济、降低流通成本、服务生产生活、支撑电子商务、促进消费就业等方面发挥了积极和不可替代的作用。“十三五”期间，浙江省邮政快递业降本增效，快递业务量年均增长 36.5%，最大日处理能力达 1.6 亿件，邮政快递服务网络全面覆盖，建制村直接通邮率和快递网点乡镇覆盖率均达 100%，国际网络通达范围扩大。发达的物流快递解决了多渠道销售与物流供应链协同的难题，使美妆企业可以快速响应高峰期的物流全链条资源需求，并实现完整的订单到账单的数字化、精细化的美妆物流管理。

第四节 发展瓶颈

一、市场方面

全球疫情及国际贸易形势的变化，对我省以出口代加工为主的化妆品生产制造业带来了一定的挑战。不少企业积极寻求转型之路：一方面转型国内代加工业务；另一方面也在探索发展自主品牌。但无论哪一方面都对企业的自身硬件条件、管理能力、专业水平提出了更高的要求。

美妆线上销售模式存在以下主要问题。一是美妆品牌线上市场集中度越来越高，中小品牌成长为新锐品牌的难度也越来越高，需要更加专业的品牌运营团队、更高成本的营销推广；二是随着直播带货的兴起，尤其是头部美妆博主/红人对产品销售情况的影响程度的加剧，不但使得美妆品牌的渠道和营销费用大幅提高，而且不利于美妆品牌自身产品价值的提升。

二、产业扶持政策方面

因化妆品定义为日用化学工业产品，所以会被有些地方政府或园区视作为化工企业或污染型企业，在环保、消防、应急管理等方面受到诸多限制。另外，作为传统的制造型企业，大部分企业很难得到政府的相关扶持政策。

三、生产要素方面

（一）土地紧张

浙江省各市地工业用地指标普遍紧张，用地成本高。但化妆品企业中，小微企业居多，税收贡献不多。因此，化妆品企业想要批地用于扩张或者新建厂房，都比较困难。即使当企业拥有自己土地时，其租赁或者购买费用都比较高，对一些企业尤其是中小微企业来说，压力都比较大。

（二）关键岗位人才紧缺

化妆品企业在人才紧缺的问题上主要体现为两个方面：一方面是专业人才难找，目前各大高校与技术专校很少有针对化妆品企业设立对口的专业目录与课程体系，企业在招聘的时候无法找到专业对口的人才，尤其在质量管理与质检等关键岗位，往往需要通过老员工来带新入职员工，提高了企业的用人成本；另一方面是在化妆品行业的研发、管理等高端人才引进困难，留不住，由于上述一些土地等生产要素成本过高，很多化妆品企业选址在用地成本相对便宜的地区，但是这些地区往往相应的医疗、教育、娱乐等配套建设不够完善，这些因素都会影响高端人才的选择，导致企业即使开出非常高的工资，在招募高端人才的时候往往仍然非常乏力。

（三）原料供应受限

浙江省的中高端化妆品产品原料主要由欧美企业供应，国内目前缺乏高端的原料供应商。而影响消费者选购化妆品中最重要两个因素：化妆品的功效与使用体验都绝大程度上取决于原料。国内对中高端的原料缺乏核心技术，无法满足符合生产企业的需求。但国际原料供应链容易受国际形势、经济情况影响，原料供应价格会周期性上涨，供应量会周期性受限，挤压了化妆品生产企业的利润空间，成为化妆品产业高质量发展的“卡脖子”难题。

四、技术创新方面

（一）研发意识不够

在浙江省，小微企业占全省企业数量很大的比重，这类企业往往只拥有一些基本部门设置，大部分没有设置研发部门，对研发的重视程度不高。大部分小微企业只能够维持现有的规模实现盈利，如果其未来想要扩大规模或者完成转型，将面临巨大的挑战。

（二）研发投入不足

企业在经营发展过程中的固定成本过高，比如土地费用，导致企业资金主要集中在一些固定资产上，现金流不足，企业想要在技术创新方面投入资金会极大程度上增加企业的现金流压力。另外一些中大型企业为了解决高端人才引进问题，特地将研发中心建立在杭州、上海等一线发达城市，虽然解决了高端人才引进问题，但是无疑增加了企业的管理与运营成本。

（三）缺少高层次研发技术人才

浙江省化妆品行业缺少高层次的研发技术人员。一方面没有形成高层次科技创新人才的培养体系。目前浙江省大专院校中设有化妆品专业的屈指可数，各地对化妆品专业的技能人才、职称评定工作没有开展相应的通道。截止 2023 年 4 月，全国共有 24 所普通高等学校共增设了 27 个与化妆品相关专业，其中 14 所学校增设了“化妆品技术与工程”专业，7 所学校增设了“化妆品科学与技术”专业，6 所学校增设了“香料香精技术与工程”专业。另外，在高层次研发技术人才的吸引力方面，与上海相比还存在一定差距。受上海丰富的人才资源优势的影响，杭州、宁波、金华、嘉兴等地部分化妆品生产企业的研发中心选择设置在上海。

表 4-23　截至 2023 年 4 月教育部新增普通高校本科专业备案中含化妆品专业情况

公布日期	年份	学校名称	专业名称	学位授予门类
2023 年 4 月 6 日	2022	广东医科大学	化妆品科学与技术	理学
		临沂大学		
		南昌工程学院	香料香精技术与工程	工学
2022 年 2 月 22 日	2021	厦门医学院	化妆品科学与技术	理学
		云南经济管理学院	香料香精技术与工程	工学
		齐鲁师范学院	化妆品技术与工程	
		郑州轻工业大学		
2021 年 2 月 20 日	2020	大连工业大学	化妆品技术与工程	工学
		长春工业大学		
		徐州工程学院		
		武汉纺织大学		
		柳州工学院		
		湖北科技学院	化妆品科学与技术	理学
		齐鲁医药学院		
		北京工商大学	香料香精技术与工程	工学
		河南农业大学		

续表

公布日期	年份	学校名称	专业名称	学位授予门类
2020年3月3日	2019	洛阳师范学院	化妆品技术与工程	工学
		湖南理工学院		
		安康学院		
		北京工商大学		
		广东财经大学华商学院	化妆品科学与技术	理学
2019年3月25日	2018	厦门医学院	化妆品技术与工程	工学
		肇庆学院		
		云南农业大学	香料香精技术与工程	
		广东药科大学	化妆品科学与技术	理学
2018年3月21日	2017	上海应用技术大学	化妆品技术与工程	工学
2017年3月17日	2016	上海应用技术大学	香料香精技术与工程	工学

资料来源：教育部。

第五章　浙江省化妆品产业监管情况

第一节　基本概况

一、化妆品注册备案

2022年，浙江省国产普通化妆品备案30667个、进口普通化妆品备案892个（见表5-1），全省获国家药监局注册的特殊化妆品有682个。截至2022年底，浙江省经备案的国产普通化妆品累计约5.39万个、进口普通化妆品累计4246个。

表5-1　2022年浙江省国产和进口普通化妆品备案数量分布情况　单位：个

	杭州市	宁波市	温州市	湖州市	嘉兴市	绍兴市	金华市	衢州市	台州市	舟山市	丽水市	合计
国产普通化妆品备案数量	4645	1553	216	1511	1122	174	19912	343	1036	1	154	30667
进口普通化妆品备案数量	615	101	32	10	46	4	27	0	1	49	7	892

资料来源：浙江省药监局。

二、化妆品生产

2022年浙江省新办化妆品生产企业54家，截至2022年底，浙江省共有化妆品生产企业596家（含牙膏生产企业12家）、化妆品注册人/备案人1407家、境内责任人256家（见表5-2）。

表5-2　浙江省化妆品生产企业、注册人/备案人、境内责任人分布情况　单位：家

	杭州市	宁波市	温州市	湖州市	嘉兴市	绍兴市	金华市	衢州市	台州市	舟山市	丽水市	合计
生产企业	65	36	12	33	11	25	372	11	21	2	8	596
注册人/备案人	621	114	62	49	41	40	400	21	36	9	14	1407

续表

	杭州市	宁波市	温州市	湖州市	嘉兴市	绍兴市	金华市	衢州市	台州市	舟山市	丽水市	合计
境内责任人	141	42	9	8	9	4	13	0	3	26	1	256

资料来源：浙江省药监局。

三、化妆品经营

化妆品线下经营包括专卖店、商场、超市、药店及美容美发店等业态，目前经营环节没有准入许可。经查询浙江省行政执法监管平台，营业执照中以“化妆品”为经营范围并且状态为存续的市场主体有71.4万家；化妆品集中交易市场有12家，其中义乌（中国）化妆品城是我国最大的外贸化妆品商城，内有化妆品经营户1000余家；化妆品电商平台有35家，以天猫、淘宝等为代表。据统计，2022年浙江省化妆品产业链生产企业的销售收入约为1080亿元，其中，化妆品生产企业销售收入约为720亿元、原料生产企业销售收入约为60亿元、包材生产企业销售收入约为300亿元。此外，浙江省化妆品品牌运营企业销售收入为500余亿元，全省美妆产业链产业规模达1580亿元。

第二节　安全监管

浙江省药监局坚持以习近平新时代中国特色社会主义思想为指导，全面贯彻省局党组各项决策部署，围绕“保安全、促发展、争一流”三大目标和“干好三六五、迈好第一步”的总体思路，扎实推进化妆品监管各项工作，保障公众用妆安全。

一、优化许可备案管理

浙江省共有化妆品注册人/备案人1407家，完成54家新开办化妆品生产企业许可，国产普通化妆品备案30667个，进口普通化妆品备案892个。针对化妆品监管法规全面重构的实际，浙江省药监局制定化妆品《生产协同监管实施细则》《经营使用协调监管实施细则》，出台《浙江省普通化妆品备案管理工作规程》《浙江省生产企业飞行检查工作规范》等配套文件，进一步明确省、市、县三级职责，构建省、市、县三级协调备案管理体系。实施化妆品生产许可延续告知承诺制，启动仅配制企业生产许可，优化许可证编号延用、省内增址变更等服务，严格“儿童”“眼部护肤类”特别标注。对化妆品备案管理、生产监管、经营监管实行“分类监管、动态调整、协同实施”，消除监管盲区，提升监管成熟度。

二、加强企业日常监管

浙江省药监局深化化妆品领域专项整治暨“药剑”行动，重点推进“线上净网线下清源”、儿童化妆品“金盾护童”专项行动，全省查办化妆品案件1688件，相关做法在《药品监管简报》刊发。共检查儿童化妆品生产企业73家次、母婴用品专卖店4913家次、商场1890家次、其他经营单位26513家次，责令整改儿童化妆品生产企业13家次、经营单位245家次。加强线上线下监管，一体推进监督检查、监督抽检、风险监测、不良反应监测、稽查办案“五驾马车”举措。2022年，组织省级飞检90家、市级飞检137家，年度累计下发整改通知90家；完成国家抽检821批次、省级抽检1901批次，实施国家风险监测200批次、省级风险监测158批次，检出不合格产品20批次、问题样品4批次，并完成2022年度不合格生产企业产品跟踪抽检；监测不良反应报告10770例，每百万人口达164.68例。浙江省药监局化妆品监督抽检、风险监测等工作得到国家药监局表扬。

三、积极推进放心消费

浙江省药监局为推进化妆品生产经营治理，提高美丽消费保障力度，以实施《条例》为契机，落实化妆品生产经营监管法定职责，监督化妆品生产经营主体落实法律义务，切实发挥对规范生产经营企业的引领作用，保障化妆品消费安全。在前期建设成效基础上，巩固成果、扩大战果，持续实施“百千万”美丽消费示范工程提升行动和“放心工厂”建设，创新工作方法，优化考评方式，印发创建工作方案、建设标准及评分细则，加强对各地化妆品“百千万”美丽消费示范工程提升行动和“放心工厂”培育情况的督查，通过考核验收，2022年度浙江省完成19个示范街区、243家示范商场和1343家示范经营单位建设，推动主流消费渠道持续规范提升。

四、加强体系创新监管

浙江省药监局构建“1+5+1”工作推进机制，制定了1个要点（化妆品监管工作要点），5张清单（重大改革清单、突破性抓手清单、重点任务清单、重大项目清单、基层实践清单），1份分工（化妆品监管重点工作责任分工）。在治理模式上，大力构建智治、法治、自治、共治“四治融合”

立体式监管。在工作架构上，搭建“双品牌引领+双行动载体+双领域示范”工作格局。在生产领域，培育“品质美妆·浙江制造”品牌，实施“浙江美妆”质量提升行动，推动“示范一批、提升一批、整治一批”；在消费领域，提升“品质生活·美在浙里”品牌，深化“美丽消费”规范提升行动，推动消费领域规范提升。在目标设定上，推动产业高水平安全与产业高质量发展良性互动，加快提升化妆品安全水平、治理能力和群众获得感。

构建“1+3+N+1”数字化改革工作体系，建设“浙江美妆在线”集成应用，打通注册备案、生产、经营三个环节。上线“浙妆抽检”应用，运转抽样任务2467批；上线生产企业“黑匣子”34家；在全国设立首家“化妆品网络监测中心”，创新建设省、市、县三级协同“化妆品电商平台数治在线”；深化化妆品数字监管理论研究和制度创新探索，做法得到相关领导批示肯定，多次在全国会议上介绍经验；切实当好药品监管全面深化改革“小切口”，在药品监管领域率先推进“综合查一次”“互联网+监管”“安全责任一条链”“主体责任清单”等改革，率先完成大综合一体化、行政执法事项规范精简、行政备案事项规范管理等改革任务，“互联网+监管”等基层创新做法在全国会议上做经验介绍。

五、推进系列宣传活动

浙江省药监局以“安全用妆，携手‘童’行”为主题，坚持“安全、节俭、精彩”原则，上下局所联动，线上线下结合开展“2022年浙江省化妆品安全科普宣传周”活动。打造“云话妆”等系列活动，扩大宣传周活动参与范围、覆盖面和社会影响力。制作展板、展架1605个，搭设展台100个，播放宣传片投放电子屏65324块，向公众发放宣传手册12.3万册、其他各类宣传资料30余万份；制作化妆品安全原创视频10053部，利用新媒体推送宣传周活动专题457篇（条），各类媒体刊发宣传周活动专题281篇，其中省级以上新闻媒体报道86篇；共举办公益讲座、现场咨询等公益宣教144场次；结合浙江省化妆品美丽消费“百千万”示范提升行动和专项整治“药剑”行动，在大型商超、化妆品经营示范街等地组织现场公益活动447场。宣传周活动有效提升了公众科学认识、理性消费、安全用妆意识，增强了公众的参与感和获得感。

第三节　服务发展

一、搭建品牌活动载体

浙江省药监局与行业协会联动，举办化妆品产业高质量发展大会，持续推进“浙江美妆”品牌建设，评选发布“浙江美妆十大品牌”，拓展打造“工厂品牌”。与主流新闻媒体联合连续3年开展“浙江美妆”主题宣传，通过媒体看浙江采风、美妆宣传片推广、户外LED屏和地铁推广、直播等多形式、多角度、立体式宣传浙江化妆品产业成果，得到新华社、《人民日报》、《浙江日报》等近20家中央、省、市级主流媒体的大力支持，《世界侨报》、华人网、欧洲新闻网等多家海外媒体同步发声，共计发稿百余篇，稿件转载转发量达千余次，受众面达数百万人次，用生动实践和鲜活故事大力宣传了浙江省美妆监管工作以及美妆产业发展。与地方政府及产业集聚区协同，打造“杭潮美妆”“金义美都”“浙南美谷”等区域品牌，着力推动化妆品区域集聚，进一步打响区域品牌，促进产业高质量发展。

二、构建长效服务机制

浙江省药监局在建立健全“监管—稽查”“监管—审评”联动机制和“行业协作机制”的基础上，结合党史学习教育，开展“三为”专题实践，常态化开展“三服务”活动，形成了组团服务、现场办公、在线赋能等工作机制。聚焦助力共同富裕，持续释放政策红利，发挥技术优势，建立“浙江省化妆品植物原料研究中心”“浙江省化妆品安全与功效评价中心”，为化妆品研发提供技术支撑。用好法规杠杆，规范注册人/备案人管理，实施普通化妆品年报“三清行动”（政策清朗、新平台清零、老产品清淤），注销取消“僵尸产品”3.2万个，有力夯实产业基础。组织编写《化妆品服务企业答疑手册》，对生产许可、注册备案和检验、标签标识、不良反应监测等方面问题予以全面解答，受到企业和监管人员广泛好评。

三、构筑浙妆“话语体系”

浙江省药监局争取国家药监局支持，在化妆品数字化监管、新模式监管、技术支撑等领域先行先试，牵头承担国家药监局化妆品网销监管、安评报告审查、仅配制企业生产许可、备案资料整理及技术核查意见管理规范等多个课题，积极参与化妆品监管实务教材和化妆品监管法规文件编写；依托行业协会开展化妆品功效评价标准制修订，发布团体标准 14 个；回应业界关切，谋划建设化妆品安全与功效评价中心、化妆品植物原料研究中心，“美妆小镇”获“化妆品教学基地”授牌，强化技术支撑。

四、扎实推进“放管服”改革

浙江省药监局构建省、市、县三级协同备案管理体系，各市局于 2022 年 6 月 1 日开始负责备案资料整理工作；实施化妆品生产许可延续告知承诺制，启动仅配制企业生产许可，优化许可证编号延用、省内增址变更等服务，严格特别标注。针对新冠疫情挑战，对化妆品备案管理和生产监管实行“四放宽一容缺一承诺”举措（放宽产品年报时限、备案信息补录时限、功效宣称摘要上传时限、质量安全负责人资格条件，备案资料容缺受理，生产许可延续告知承诺），强化政策赋能，助力企业纾困，帮助企业有效应对。制定《基层实践清单》，支持开展“全域数字化监管”“安全责任一条链”“双清单监管机制”“生产监管基层创新”“多元共治改革”“分级分类监管”等创新试点，激发基层首创意识，实现“一地创新，全省共享”。

五、精准服务产业发展

近年来，浙江省药监局联合省经信厅、省健康产品化妆品行业协会赴全省各地走访调研化妆品生产经营企业以及化妆品原料、包材企业 130 余家次，还组织部分市县人员赴上海市考察东方美谷化妆品产业园区，深入了解化妆品产业现状。一方面，持续编制《浙江省化妆品产业高质量发展报告》；另一方面，根据调研掌握的产业发展现状和问题，向省政府报送《关于打造我省千亿级美妆产业的建议》专报，首次提出按照“一个中心、两个基地、三大平台”谋划化妆品产业布局，与省经信厅联合出台《浙江省化妆品产业高质量发展实施方案（2020—2025 年）》，与吴兴区政府签署《打造化妆品创新监管和高质量发展示范基地合作协议》，与义乌市政府签署《共建浙江省化妆品监管创新与服务发展示范基地合作协议》，制定推进浙江美妆产业高质量发展的一系列举措，得到相关领导的充分肯定。目前，湖州市“美妆小镇”累计引进企业 190 家，其中化妆品及相关企业有 172 家，作为浙江省“十四五”期间化妆品产业唯一核心承载区，“美妆小镇”已成为全国三大化妆品集聚中心之一，杭州、金华、温州等市也在努力打造化妆品区域品牌。

第四节　技术支撑

一、化妆品备案审评情况

浙江省药品化妆品审评中心是省药监局化妆品技术审评工作的具体实施单位，承担全省普通化妆品备案工作。2022 年，浙江省国产普通化妆品新增备案号 30667 个，新增数量同比上升 12.6%；备案变更 7504 个，变更数量同比上升 2.5%；业务量主要集中在杭州市，约占全省的 72.8%。

（一）2022 年各市国产普通化妆品首次备案情况

2022 年国产普通化妆品首次备案申请涉及产品 31878 个，备案编号公示新增 30667 个，其中，杭州市 4645 个、宁波市 1553 个、温州市 216 个、湖州市 1511 个、嘉兴市 1122 个、绍兴市 174 个、金华市（义乌除外）10671 个、衢州市 343 个、舟山市 1 个、台州市 1036 个、丽水市 154 个、义乌市 9241 个（见图 5-1）。

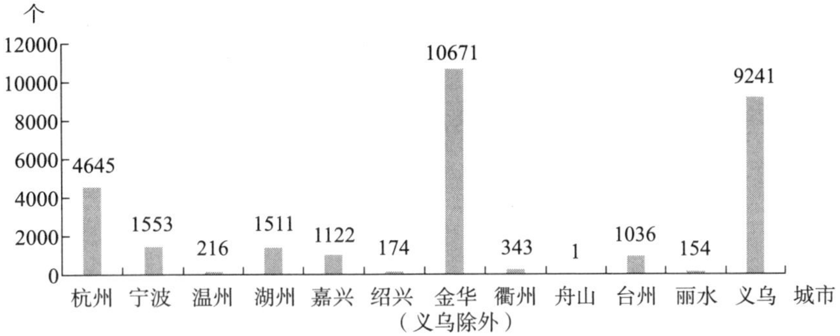

图 5-1　2022 年浙江省各市国产普通化妆品首次备案情况

资料来源：浙江省药监局。

（二）2022 年各市进口普通化妆品首次备案情况

2022 年进口普通化妆品首次备案申请涉及产品 918 个，备案编号公示新增 892 个，其中，杭州市 615 个、宁波市 101 个、温州市 32 个、湖州市 10 个、嘉兴市 46 个、绍兴市 4 个、金华市（义乌除外）12 个、衢州市 0 个、舟山市 49 个、台州市 1 个、丽水市 7 个、义乌市 15 个（见图 5-2）。

2018 年 11 月 9 日，国家药监局发布《关于在全国范围实施进口非特殊用途化妆品备案管理有关事宜的公告》（2018 年第 88 号），决定自 11 月 10 日起，进口非特殊用途化妆品统一调整为备案管理。其中，企业注册地在上海、浙江等前期已经开展试点的区域范围内的 11 个省市，由所在省市药监局负责备案；企业注册地在其他行政区域内的，向国家药监局申请办理备案。后续

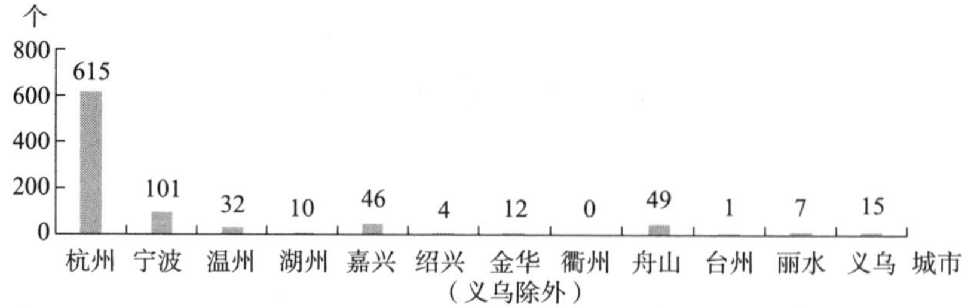

图 5-2　2022 年浙江省各市进口普通化妆品首次备案情况

资料来源：浙江省药监局。

通过国家药监局资质认定与考核，进一步推广到北京、山东、海南 3 个省市。截至目前，国家药监局已委托 14 个省市（北京市、天津市、辽宁省、上海市、浙江省、福建省、山东省、河南省、湖北省、广东省、海南省、重庆市、四川省、陕西省）开展进口普通化妆品备案工作。

进口普通化妆品备案是国家药监局委托事项，根据实际，浙江省在以省药品化妆品审评中心为技术支撑单位的基础上，先后在舟山、湖州、金华、义乌、宁波等市设立 5 个省级医药创新和审评柔性服务站，建立“一个中心+五个服务站”的进口普通化妆品备案体系。2022 年，浙江省进口普通化妆品备案品种达 892 个，受新冠疫情等影响，备案量同比降低 52%。备案产品集中在杭州市和宁波市，占全省备案量的 80%（见图 5-3）。

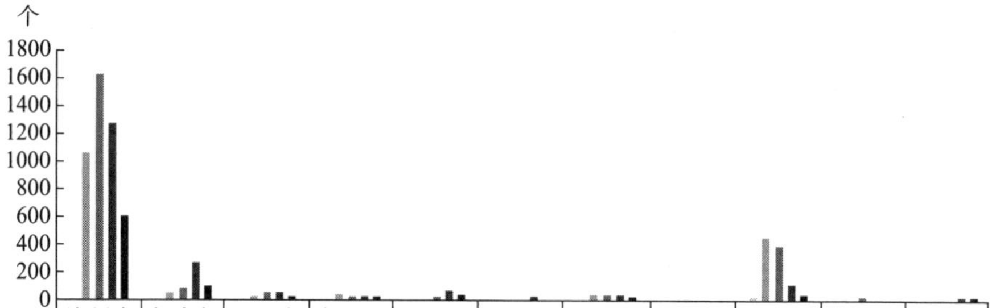

	杭州市	宁波市	温州市	湖州市	嘉兴市	绍兴市	金华市	衢州市	舟山市	台州市	丽水市
2018年	0	0	0	0	0	0	0	0	25	0	0
2019年	1053	60	24	37	16	0	47	0	456	4	0
2020年	1630	96	66	29	33	3	51	0	395	8	0
2021年	1276	275	63	14	74	7	40	0	115	0	9
2022年	615	101	32	10	46	4	27	0	49	1	7

图 5-3　2018—2022 年浙江省各市进口普通化妆品备案数量

资料来源：浙江省药监局。

二、化妆品监督检查情况

浙江省药品检查中心是省药监局化妆品监督检查工作的具体实施单位，全省市级市场监管部门均设药品检查分中心。按照分级分类监管、协同监管的工作要求，省市药品检查中心建立了高效协同的化妆品检查工作机制，有效提升了检查工作效能。

2022年，浙江省药品检查中心共选派90个检查组，抽调375人次检查员，共计264个检查日，对全省89家化妆品生产企业和1家化妆品备案人进行了飞行检查（见图5-4），并对5家从事委托生产的关联备案人进行了延伸检查。在90家次飞行检查中，检查组对发现的化妆品生产企业涉嫌违法违规的线索，第一时间移交稽查做进一步处理。

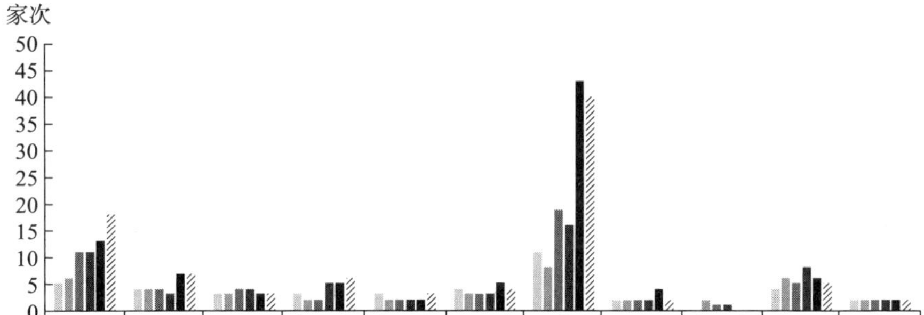

	杭州市	宁波市	温州市	湖州市	嘉兴市	绍兴市	金华市	衢州市	舟山市	台州市	丽水市
2017年	5	4	3	3	3	4	11	2	0	4	2
2018年	6	4	3	2	2	3	8	2	2	6	2
2019年	11	4	4	2	2	3	19	2	1	5	2
2020年	11	3	4	5	2	3	16	2	1	8	2
2021年	13	7	3	5	2	5	43	4	0	6	2
2022年	18	7	3	6	3	4	40	2	0	5	2

图5-4 2017—2022年浙江省对各市化妆品生产企业和备案人的飞行检查数量

数据来源：浙江省药监局。

三、化妆品抽检情况

化妆品监督抽检工作作为化妆品上市后监管的重要手段，纳入省级、市级年度工作，省、市两级均建立了技术支撑体系以服务行政监管。检验机构技术指标可以覆盖每年技术要求，并不断增长。截至2022年底，浙江省食品药品检验研究院已拥有化妆品CMA资质认定参数约600个，覆盖理化、微生物和毒理所有项目。

（一）监督抽检情况

2022年浙江省化妆品监督抽检工作计划抽检2715批次，覆盖面膜类、祛斑美白类、普通护肤类等18个类别，实际抽检2722批次（见图5-5），其中国家抽检821批次，省级抽检1901批次，抽检合格率为98.6%，共发现不合格产品37批次。不合格情况分析如下：①不合格样品类别主要为：染发类（氧化型染发）产品14批；洗发护发类产品10批、面膜类产品4批、洗浴类产品4批；彩妆类产品1批、普通美容修饰类产品1批、防晒类产品1批、宣称祛痘/抗粉刺类产品1批、指（趾）甲类（涂彩类）产品1批（见表5-3）。②不合格项目主要为：非法添加激素和抗感染类药物、染发剂和防腐剂超量使用、重金属超标、微生物超标、染发剂和防晒剂标签标识不一致。③不合格样品抽样场所分布：网店20批，生产企业6批，超市3批，零售连锁店1批，小商店1批，美容美发机构4批，集中交易市场2批。④不合格样品生产企业分布：国产样品36批，生产企业所在省份包括广东（27批）、浙江（8批）、福建（1批），进口样品1批，原产地为韩国。近年随着抽检模式不断创新，对重点场所和重点类别的抽检持续加强，并坚持广覆盖原则。浙江省化妆品的总体合格率稳步提升，整体风险可控，但从全年抽检工作来看，问题仍不断出现，如抽样环节发现产品未经注册或备案、产品与注册或备案信息不符、标签标识不规范、样品过期、美容美发机构自行配制或勾兑产品。网络经营者销售山寨产品及异常情况产品的现象较多，异常情况产品较线下抽样高10倍。检验环节发现的问题主要有：宣称祛痘/抗粉刺类产品非法添加抗真菌类药物，面膜类产品非法添加激素、微生物超标，指（趾）甲类产品检出有机溶剂，染发类产品超量使用染发剂，洗浴类和洗发护发类产品超量使用防腐剂，彩妆类和普通美容修饰类产品重金属超标，染发类、防晒类和彩妆类产品的标签标识问题较为突出。

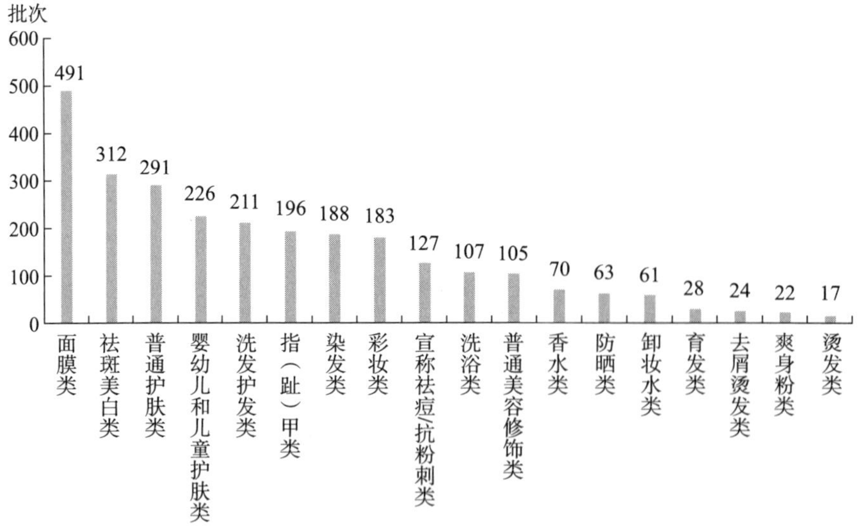

图5-5 2022年浙江省化妆品监督抽检具体产品类别

资料来源：浙江省药监局。

表 5-3 2022 年浙江省化妆品监督抽检不合格样品类别

抽检品种类别	总批次	合格批次	不合格批次	不合格率（%）
染发类（氧化型染发）产品	188	174	14	7.4
洗浴类产品	107	103	4	3.7
洗发护发类产品	211	201	10	4.7
彩妆类产品	183	182	1	0.5
防晒类产品	63	62	1	1.6
面膜类产品	491	487	4	0.8
普通美容修饰类产品	105	104	1	1.0
宣称祛痘/抗粉刺类产品	127	126	1	0.8
指（趾）甲类（涂彩类）产品	196	195	1	0.5

（二）风险监测情况

为监测和评价影响化妆品质量安全的风险因素，2022 年浙江省化妆品风险监测计划抽检 350 批次，覆盖祛斑美白类、淋洗类、睫毛类等 7 个类别（见图 5-6），实际抽检 358 批次，其中国家抽检 200 批次，省级抽检 158 批次，共发现 4 批问题样品。问题样品情况如下：样品类别主要为睫毛类 1 批和祛斑美白类 3 批；问题项目主要为检出比马前列素、氯倍他索丙酸酯和卤倍他索丙酸酯等激素；问题样品均抽自网络经营单位，其中天猫 1 批（经营单位）、淘宝 3 批（经营个人）。

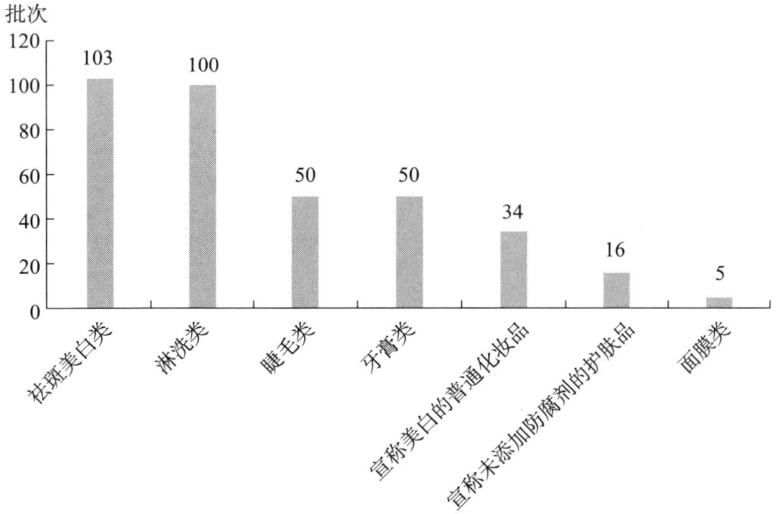

图 5-6 2022 年浙江省化妆品风险监测具体产品类别

资料来源：浙江省药监局。

同时，浙江省各市均开展了市级抽检工作，11 个市共抽检了 1347 批次产品，检出不合格产品共 40 批次，不合格率约为 3.0%。

四、化妆品不良反应监测情况

随着《化妆品监督管理条例》《化妆品不良反应监测管理办法》的实施，化妆品不良反应监测工作法规体系不断完善，浙江省的监测工作体系日趋成熟。依托“省中心—市级化妆品监管部门/市级药品不良反应监测中心—县级化妆品监管部门—基层单位”的四级化妆品监测模式+15 家省级化妆品不良反应监测哨点医疗机构的框架，有序推进化妆品不良反应监测工作。2022 年浙江省“国家化妆品不良反应监测系统”的注册机构数稳步增长，注册机构新增 432 家，同比增长 16.82%，其中化妆品注册人/备案人新增 202 家，境内责任人新增 23 家，医疗卫生机构新增 56 家。

化妆品不良反应是指正常使用化妆品所引起的皮肤及其附属器官的病变，以及人体局部或者全身性的损害。2022 年浙江省共收到化妆品不良反应/事件报告 10770 份，同比增长 9.74%，均为一般报告，每百万人口平均报告数为 164.68 份；报告质量评估平均分为 103.93，同比增长 2.42%。2022 年未收到严重和可能引发较大社会影响的化妆品不良反应/事件报告（见图 5-7、图 5-8）。

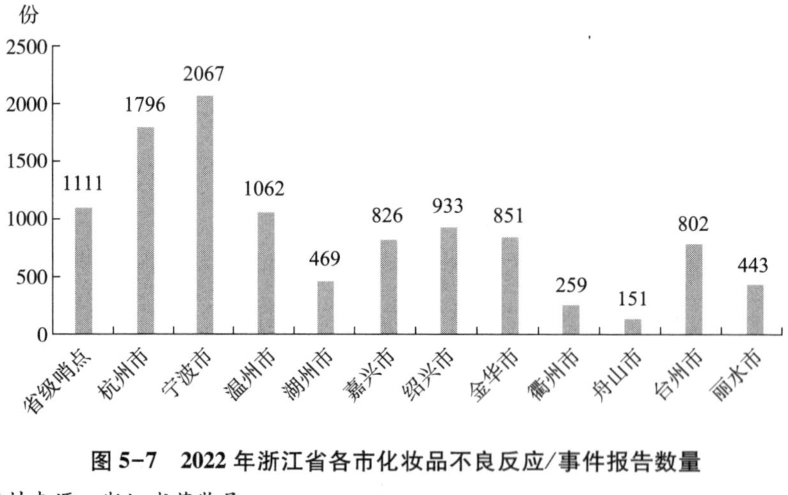

图 5-7　2022 年浙江省各市化妆品不良反应/事件报告数量

资料来源：浙江省药监局。

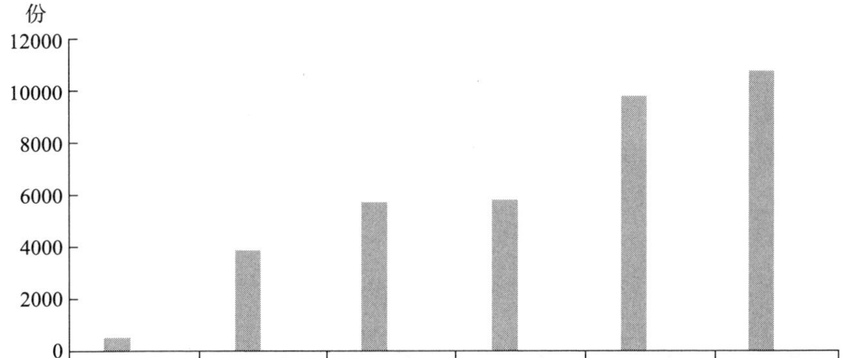

	2017年	2018年	2019年	2020年	2021年	2022年
一般报告	530	3878	5752	5826	9813	10770
严重报告	2	2	2	1	1	0

图 5-8　2017—2022 年浙江省化妆品不良反应/事件报告数量

资料来源：浙江省药监局。

浙江省药品监督管理局
执笔：林祥国

第六章　浙江省化妆品研发水平

第一节　化妆品企业整体研发水平

近年来，随着科技进步，化妆品企业推陈出新的步伐不断加快，化妆品的研发周期越来越短，这就对化妆品企业的研发水平提出了更高的要求。浙江省化妆品企业经过几十年的发展，从早期的委托生产模式逐渐转变为自主研发模式，自主研发的比例不断上升，研发实力不断增强，在化妆品原材料的研发应用、化妆品制剂研发、化妆品安全性评估、化妆品功效测试和提升等方面完成了大量的研发技术积累。

2022 年对浙江省 166 家化妆品企业的调研报告显示，浙江省化妆品企业已建立研发中心的比例为 57.2%，其中省级研发中心占 4.8%，市级研发中心占 7.8%。研发人员总数为 1289 人，平均每家研发中心有 7.77 人；硕士以上学历有 164 人，占比为 12.7%；本科以上学历有 633 人，占比为 49.0%。拥有专利 2228 个，参与省级以上科技项目 25 项。

化妆品类型主要包括基础护肤（包括护肤和洗护）、彩妆两类，企业按照化妆品类型分类统计如下。

基础护肤企业：企业数量共计 76 家，已建立研发中心的企业数量为 46 家，其中 7 家为省级研发中心，5 家为市级研发中心。研发人员总数为 772 人，平均每家为 10.16 人；硕士以上学历有 132 人，占比为 17.1%；本科以上学历有 380 人，占比为 49.2%。专利总数为 1796 个，平均每家企业有 23.6 个；参与省级以上科技项目 18 项。

彩妆企业：企业数量共计 90 家，已建立研发中心的企业数量为 40 家，其中 1 家为省级研发中心，8 家为市级研发中心。研发人员总数为 517 人，平均每家为 5.7 人；硕士以上学历有 32 人，占比为 6.2%；本科以上学历有 253 人，占比为 48.9%。专利总数为 432 个，平均每家企业有 4.8 个；参与省级以上科技项目 7 项。

根据调研结果，相比彩妆企业，浙江省基础护肤企业在研发人员数量、高学历人才占比、专利数量方面都有较大优势。由于基础护肤化妆品在基础研究水平、制剂水平、安全性和功效评估方面的要求都较高，所以研发难度更高，对人才的要求和需求也更高，研发的技术积累也更多。同时多数彩妆企业早期是以委托加工的形式起步的，待企业发展壮大后，才开始重视自主研发，所以相较于基础护肤企业存在起步晚的劣势。

总体来看，浙江省化妆品企业的研发能力在逐步提高，也涌现了一些代表性企业（见表6-1）。整个浙江省化妆品产业后续应着重提高研发质量、成果转化、产出/投入比例，进一步增强市场竞争能力。

表6-1 浙江省部分研发能力代表性企业

序号	企业名称	简介
1	珀莱雅化妆品股份有限公司	浙江省专利示范企业、高新技术企业。建立珀莱雅研发创新中心、省级企业研究院，拥有浙江省博士后工作站，获得225项专利，参与制定11项国家标准、3项行业标准
2	欧诗漫生物股份有限公司	省级重点企业研究院、国家农产品加工企业技术创新机构、省级企业技术研发中心、院士专家工作站和省级工业设计中心。建立珍珠美肤研发实验室，与多家知名高校合作。参与制定9项化妆品国家标准，获得专利147项
3	纳爱斯集团有限公司	国家高新技术企业、中国轻工业洗涤剂重点实验室、中国轻工业联合会科技进步荣誉企业，建立创新发展研究院，拥有多项专利，与世界500强企业建立战略合作伙伴关系，搭建生态产品设计平台促进绿色发展
4	浙江宜格美妆集团有限公司	建立综合研发中心，集产品研发、质量检验等多功能于一体；花西子东方美妆研究院正式成立，整合起国内外十余家顶尖美妆科研机构进行研发共创，公开发表或已进入实质审查阶段的专利有99项
5	养生堂（安吉）化妆品有限公司	建立研发中心，与厦门大学合作建立了厦门大学—养生堂联合实验室，专心致力于产业的关键、共性技术研究
6	浙江蝶妃化妆品有限公司	蝶妃企业研发（技术）中心已通过义乌市级研发中心、企业技术中心双认定，通过金华市级科学技术研究开发中心备案认定，主导烤粉、粉饼等浙江制造标准、浙江团体标准的制定；参与唇彩行业联盟标准的起草和编制，已拥有20多项专利
7	浙江艳庄化妆品有限公司	国家高新技术企业、浙江省科技型中小企业，研发中心被评为金华市高新技术研发中心，已获得多项发明专利
8	章华化妆品科技有限公司	国家高新技术企业、浙江省科技型中小企业，已获得多项发明专利

资料来源：根据公开资料整理。

第二节　化妆品原料研发应用水平

一、化妆品原料研发现状

全球化妆品原料研发水平可分为三个阵营（见表 6-2）：第一阵营是日本，以信越、日清奥利友、日光化学、味之素、住友、帝国化工等企业为代表，这些企业生产的化妆品原料纯度高、应用效果好、价格高昂。第二阵营是欧洲及美国的传统化学原料生产巨头，主要包括科莱恩、巴斯夫、赢创、帝斯曼、德之馨、禾大、道康宁、陶氏、亚什兰、路博润等，这些企业拥有雄厚的研发实力和经验，原料应用范围广、种类多，化妆品原料业务只占这些企业业务的一小部分。中国、韩国、印度同处第三阵营，由于起步晚，在研发水平、原料应用推广能力上和日本、欧美企业有一定的差距，典型的企业包括蓝星、丽臣、华熙生物、天赐新材、新和成、乐金化学、科隆工业、塔塔化学等，通常只在细分原料领域占据一定的市场份额。例如，浙江省的新和成主要生产维生素 E 类原料，赞宇科技专注于生产日化类表面活性剂。中国企业近年来在低端合成护肤油脂、保湿剂、单体活性物（提取）、防晒剂几类原料上具有过硬的研发和生产实力，在全球玻尿酸原料市场，中国企业占据优势地位。中国是全球最大的玻尿酸原料生产销售国，2018 年中国玻尿酸原料销量占全球总销量的 86%，发酵技术水平、产量以及质量均已达到国际先进水平，且全球玻尿酸原料销量排名前五的企业均为中国企业。

表 6-2　全球化妆品原料研发水平企业阵营

第一阵营	代表性企业
日本	信越（Shin-Etsu）、日清奥利友（Nisshin Oillio）、日光化学（Nikkol）、味之素（Ajinomoto）、住友（Sumitomo）、帝国化工（Tayca）
第二阵营	代表性企业
欧洲	科莱恩（Clariant）、巴斯夫（BASF）、赢创（Evonik）、帝斯曼（DSM）、德之馨（Symrise）、禾大（Croda）、瓦克化学（Wacker）、芬美意（Firmenich）、奇华顿（Givaudan）
美国	道康宁（Dow Corning）、陶氏（DOW）、亚什兰（Ashland）、路博润（Lubrizol）、国际香精香料（IFF）

续表

第三阵营	代表性企业
中国	蓝星、丽臣、华熙生物、天赐新材、新和成、赞宇科技、丰益油脂、科思化学、波顿香料、中狮化学、晨化股份
韩国	乐金化学（LG）、科隆工业（Kelon）、SK、金刚高丽化学（KCC）、Galaxy
印度	塔塔化学（Tata Chemicals）、India Glycols

资料来源：根据公开资料整理。

二、化妆品原料应用

化妆品的功效主要通过化妆品原料的功效实现，企业和消费者近年来对化妆品功效的关注度上升到一个新的层次。随着基础研究和科学技术的不断进步，企业不断加大原料功效的研究，逐渐推出以透明质酸、视黄醇等为代表的高功效成分和以烟酰胺、氨基酸类等为代表的多功效成分（见表 6-3），消费市场涌现“成分党”“功效党”等群体。当下消费者对化妆品成分功效的研究正在不断加深，在这种风潮下，更多企业将通过使用关注度较高、功效较强、安全性更好的成分来打造爆品，以吸引消费者。

表 6-3 热门功效类原料的代表性成分

功效类别	代表性成分
清洁功效类	氨基酸表面活性剂、烷基糖苷
保湿功效类	透明质酸、神经酰胺、泛醇、尿囊素、海藻糖、依克多因
美白祛斑类	维生素 C 类、烟酰胺、高安全性间苯二酚衍生物
抗衰紧致类	视黄醇、胜肽、玻色因、二裂酵母、腺苷
化妆品微生态概念类	酵母菌发酵原料、乳酸杆菌发酵原料
多功效成分	烟酰胺、透明质酸、神经酰胺、氨基酸类、β-葡聚糖、蛋白质类、维生素 C 类、植物提取物、微生物发酵原料

资料来源：根据公开资料整理。

（一）化妆品清洁成分原料应用现状

在清洁领域，氨基酸表面活性剂成为近几年炙手可热的成分。氨基酸作为小分子保湿剂，是皮肤里天然保湿因子的组成成分，由氨基酸衍生的氨基酸表面活性剂和皮肤有很好的亲和力，泡沫丰富，洗后皮肤洁净不紧绷。常见的氨基酸表面活性剂，如椰油酰谷氨酸钠、椰油酰甘氨酸钠、月桂酰谷氨酸钠，相较于传统的阴离子和非离子表面活性剂，以温和不刺激、防止过度清洁、避免伤害皮肤屏障等优异功效从众多化妆品清洁原料中脱颖而出。

烷基糖苷是新型高效、无毒、可生物降解的非离子表面活性剂，表面性能较好，表面张力低、起泡性强、泡沫稳定、润湿性好，对皮肤刺激性较小，安全性高，能迅速生物降解。因此，烷基糖苷在化妆品中的应用越来越多。

（二）化妆品保湿成分原料应用现状

在保湿领域，近年来最热门的原料是透明质酸、神经酰胺。

透明质酸也就是我们熟知的玻尿酸，是人体内的一种天然胶状物质，它的透明质分子能携带500倍以上的水分，是当今所公认的最佳保湿成分，在化妆品领域备受欢迎。目前已开发出透明质酸、水解透明质酸、透明质酸钠、透明质酸钠交联聚合物、乙酰化透明质酸钠等几类。

神经酰胺是一种天然存在于皮肤里的脂质，随着年龄增长，神经酰胺也逐渐减少，皮肤缺少它后就会变得暗沉干燥。它可以在皮肤表面形成一层防水屏障，不仅能帮助皮肤锁住水分，还能促进皮肤屏障自我修复及调控皮肤细胞状态。

（三）化妆品美白成分原料应用现状

在美白领域，近年来应用程度较高的美白成分包括维生素C类、烟酰胺，传统的美白成分如传明酸、曲酸等因效果或安全性问题已较少使用。美白主要有三类机制：一是对源头下手，抑制黑素的生成；二是对“运输过程”下手，抑制黑素小体向角质形成细胞的转运；三是对皮肤色素屏障下手，促进角质形成细胞和黑素的代谢脱落，很多美白精华、美白面霜产品宣传中有类似描述。

维生素C是一种抗氧化剂，可中和氧自由基，减少对酪氨酸酶的活化刺激；同时可阻碍酪氨酸酶的氧化反应，阻断黑素的合成，维生素C的抗氧化机制还可以起到抗皱和抗衰等作用。但维生素C存在稳定性差、渗透性差、高浓度刺激性等问题，虽然可以通过微囊包裹或脂质体来提高稳定性，通过合理的配方体系解决渗透性和刺激性的问题，但还是存在不少问题限制了其应用。所以维生素C衍生物陆续被开发出来，早期的维生素C衍生物如抗坏血酸磷酸盐、抗坏血酸葡糖苷，存在吸收率和转化率低、起效慢的问题。后期开发的维生素C衍生物较好地解决了以上问题。例如，四己基癸醇抗坏血酸酯的稳定性好，维生素C转化率较高，添加2%就能起到美白功效；3-O-

乙基抗坏血酸的稳定性好，美白活性、抗氧化性强，刺激性低。

烟酰胺是烟酸（维生素 B3）的一种生物活性形式，可抑制酪氨酸酶的活性，还可抑制黑素小体向角质形成细胞的转移，既可以干预黑素的合成，又可以干预黑素的转运过程，从而达到美白的功效。此外，当部分黑素不可避免地达到表层皮肤后，烟酰胺又能通过加速皮肤细胞的更新促进含有黑素的角质细胞脱落，进而实现从内到外改善肤质、净白肌肤的效果。科研数据显示，烟酰胺的功效不仅限于美白，还有控油、保湿、修护、抗皱等。

（四）化妆品抗衰成分原料应用现状

在抗衰领域，近年来应用程度较高的成分包括视黄醇、胜肽、玻色因、二裂酵母。

维 A 酸的抗衰作用一直不可忽视，但维 A 酸禁止用于化妆品，所以维 A 衍生物诞生了，其中视黄醇具有改善皮肤厚度和促进胶原蛋白生成的作用，在一定程度上可以减少皱纹，是对抗皮肤光老化的“好手”。视黄醇相对安全，可长期使用，不过它仍然有一定刺激性，使用时需要逐步建立耐受；同时其稳定性差，珀莱雅通过包裹技术开发超分子维 A 醇增加了维 A 醇的稳定性，在实际应用中取得了较好的抗皱效果。近年来新开发的羟基频哪酮视黄酸酯具有维 A 醇的优点，同时稳定性大大提高，具有先天的结合维 A 酸受体的能力，可直接与受体作用，不需要新陈代谢变化和生物降解成其他形式，能直接在皮肤上起作用，快速产生抗衰功效。

胜肽也被称为多肽、肽，它是一种氨基酸短链，是组成蛋白质的“原料”，性质稳定易渗透，多应用于抗皱抗衰老领域。胜肽较蛋白质分子量更小、渗透性更好，可改善皱纹、细纹、皮肤老化。肌肽是一种由 β-丙氨酸和 L-组氨酸组成的二肽，具有很强的抗氧化力，能有效清除各种氧自由基，同时具有抗羰基化和抗糖化作用，防止胶原蛋白因损伤和老化使皮肤失去弹性，达到抗衰的作用。乙酰基六肽-3 是神经递质抵制类胜肽，阻拦肌肉收缩的信号传递，使脸部肌肉放松，能减少肌肉的收缩，从而减少动态纹、表情纹的产生。棕榈酰四肽-7、棕榈酰三肽-1 是信号类胜肽，可以向细胞传递信号，刺激细胞合成胶原蛋白和巢蛋白，增加真皮层细胞外基质和基底层的强度，从而达到提拉去皱的效果。

玻色因（羟丙基四氢吡喃三醇）是欧莱雅跳出传统的抗衰体系，重新开发的一种抗衰成分，可以提高肌肤含水量、增加胶原蛋白的产生、稳健整体肤况、紧实肌肤，达到抗衰老的目的。由于其刺激性低、抗衰效果好，受到了市场的热捧。

二裂酵母是通过对双歧杆菌进行生物发酵获得的，常见的有二裂酵母发酵产物滤液、二裂酵母发酵产物溶胞物和二裂酵母发酵产物提取物，富含多种营养物质，可帮助细胞抵抗光老化和慢性光损伤，预防皮肤衰老。

（五）化妆品微生态成分原料应用现状

近年来，皮肤微生态已成为化妆品研发的主要方向。皮肤微生态系统是由各类微生物、皮肤表面的组织细胞及各种分泌物、微环境等共同组成的生态系统，它们共同维持着皮肤微生态平衡，在皮肤表面形成第一道生物屏障，具有重要的生理作用。皮肤微生态失衡后，皮肤异常敏感，反复长痘；皮肤屏障作用降低，易干燥、紧绷、发痒、水油失衡。SK-Ⅱ推出的“神仙水”（护肤精华露）是微生态护肤的第一款代表性产品，其中添加了核心成分半乳糖酵母样菌发酵产物滤液（Pitera）。十几年来，资生堂、欧莱雅、宝洁等化妆品巨头陆续对皮肤微生态投入研究。

（六）化妆品多功效成分原料应用现状

随着对化妆品原料基础研究的深入、功效研究手段的丰富，科研人员逐渐发现许多化妆品原料并非只有单一功效，而是具有多种功效。当前热门的多功效组分以烟酰胺、神经酰胺、维生素 C 等为代表，已广泛应用在化妆品中。

研究发现，添加 2%的烟酰胺可通过促进皮肤中神经酰胺的合成和加快角质细胞的分化来达到修护皮肤屏障的目的；烟酰胺达到 2%以上时，可以有效调节皮肤油脂分泌，达到控油的效果；烟酰胺是人体内一类重要物质 NAD/NADP 的前体，研究发现使用 5%的烟酰胺之后，皮肤中这类物质的还原形态 NADPH 含量会提高，进而提高皮肤从角蛋白到胶原蛋白等多种组成的合成速度，实现抗皱的功效。

透明质酸作为一种天然保湿成分，可以保持皮肤表层的含水量，避免角质层老化，减少皮肤皱纹，具有一定的抗皱作用。神经酰胺是非常高效的保湿剂，在锁水的同时还能修护皮肤屏障。维生素 C 对胶原蛋白的生物合成至关重要，可增加人体皮肤中胶原蛋白的生成，起到紧致和抗皱的作用。

三、化妆品原料的安全性研究

化妆品原料的安全性是当今市场的关注热点，化妆品配方研发趋势逐渐转向成分表简化、加大纯天然和环保成分比例、减少刺激性或致敏性成分的比例等。

（一）化妆品防腐剂的安全性

化妆品配方中添加的防腐剂能保护产品，使其免受微生物污染，延长产品寿命，确保其安全性，但传统的甲醛释放剂类、异噻唑啉酮类等防腐剂可能刺激皮肤，已较少应用了；其他的一些防腐剂也因科学认知水平进步，被发现具有安全性问题，逐渐被严格限制使用或禁用，如羟苯异丙酯、羟苯异丁酯等已被禁用。有些成分如辛酰羟肟酸、对羟基苯乙酮、辛甘醇、甘油辛酸酯等，本身就具备一定的抑菌功能，可以构建无防腐体系，在配方中的应用比例逐渐提升。近年来新开发的一些无防腐剂的原料，开始普遍采用纯生物发酵技术，在生产过程中为原料赋予强大的保质能力。

（二）化妆品香精的安全性

香精是化妆品中不可或缺的重要原料，可以使化妆品产生令人愉快的气味，从而掩盖产品基质的气味。香精在化妆品中用量较少，然而随着广泛应用，越来越多的消费者开始关心其安全性问题。据统计，1%~3%的欧洲人口接触加香化妆品可能出现香精变应性接触性皮炎。国际日用香料协会（IFRA）会定期发布香精在化妆品中的使用限制；欧盟法规规定香料中的26种致敏源物质必须在化妆品标签上予以标注。近年来专为敏感性肌肤开发的化妆品开始主打无香精配方。

（三）化妆品防晒剂的安全性

化妆品防晒剂引起的皮肤过敏问题，令防晒剂的安全性成了一个值得深究的课题。二苯酮-3在使用时可能造成接触过敏或者诱发光过敏，具有潜在的干扰内分泌的可能，安全性存在争议。例如二苯酮-3原使用限值为10%，欧盟消费者安全科学委员会（SCCS）在2008年给出结论，6%的二苯酮-3作为UV防晒剂在化妆品中使用和0.5%w/w浓度的二苯酮-3作为保护剂在所有化妆品中使用，不会造成人体健康风险，但不包括其造成的接触性过敏和潜在光过敏。防晒剂的种类很多，纳米防晒剂因具有许多优越性能，逐渐登上了防晒产品的舞台，但其潜在的安全性问题也逐渐显现。

（四）化妆品原料的环保性

近年来，化妆品原料的环保问题日益受到世界各国重视。例如，由于塑料微珠引起的环境污染和生态影响，各国相继开始禁用塑料微珠。国家发展改革委于2019年发文指出，含塑料微珠的日化用品到2020年12月31日禁止生产，到2022年12月31日禁止销售。塑料微珠的代替品研发受到重视，同时有机植物成分逐渐被纳入化妆品原料，这些成分在一定程度上能减少农药、化肥、生长调节剂等化学物质的使用，减少对环境的危害。

四、化妆品新原料的研究与上市应用

《化妆品监督管理条例》中明确指出，鼓励和支持运用现代科学技术，结合我国传统优势项目和特色植物资源研究开发化妆品，我国有丰富的特色植物资源，如洋甘菊、芦荟叶、甘草根、迷迭香、人参、积雪草、金盏花等，传统植物成分的应用百分比近年来逐步提升，在未来必将大幅提升。《化妆品新原料注册备案资料管理规定》的落地，打开了我国化妆品新原料申报的大门，武汉中科光谷绿色生物技术有限公司的N-乙酰神经氨酸和苏州维美生物科技有限公司的月桂酰丙氨酸成为首先备案成功的两个国产化妆品新原料。余姚莱孚斯本健康科技有限公司的β-烟酰胺单核苷酸也在2022年备案成功（见表6-4）。未来，化妆品新原料的研发和应用将会越来越多，化妆品的创新之路也会越来越宽。

表6-4　2021—2022年获得我国备案的化妆品新原料列表

序号	原料名称	备案号	备案企业
1	N-乙酰神经氨酸	国妆原备字20210001	武汉中科光谷绿色生物技术有限公司
2	月桂酰丙氨酸	国妆原备字20210002	苏州维美生物科技有限公司
3	β-丙氨酰羟脯氨酰二氨基丁酸苄胺	国妆原备字20210003	深圳市维琪医药研发有限公司
4	雪莲培养物	国妆原备字20210004	大连普瑞康生物技术有限公司
5	四氟丙烯	国妆原备字20210005	霍尼韦尔国际公司
6	月桂酰甲基羟乙基磺酸钠	国妆原备字20210006	英诺斯派化工（北京）有限公司
7	鲸蜡基二甘油三（三甲基硅氧基）/硅乙基聚二甲基硅氧烷	国妆原备字20220001	陶氏（张家港）投资有限公司
8	β-烟酰胺单核苷酸	国妆原备字20220002	余姚莱孚斯本健康科技有限公司
9	聚甲基倍半硅氧烷/三甲基硅烷氧基硅酸酯	国妆原备字20220003	格苒特工业公司
10	丙烯酰基二甲基牛磺酸钠/VP交联聚合物	国妆原备字20220004	科莱恩国际有限公司
11	双-鲸蜡硬脂基氨端聚二甲基硅氧烷	国妆原备字20220005	迈图（上海）贸易有限公司

续表

序号	原料名称	备案号	备案企业
12	红藜提取物	国妆原备字 20220006	百岳特生物科技（上海）有限公司
13	β-烟酰胺单核苷酸	国妆原备字 20220007	康盈红莓（中山）生物科技有限公司
14	水解透明质酸锌	国妆原备字 20220008	华熙生物科技股份有限公司
15	β-烟酰胺单核苷酸	国妆原备字 20220009	深圳市维琪医药研发有限公司
16	铁皮石斛原球茎	国妆原备字 20220010	大连普瑞康生物技术有限公司
17	寡肽-215	国妆原备字 20220012	深圳市维琪医药研发有限公司
18	苄基磺酰基 D-丝氨酰基高苯丙氨酸脒基苄胺乙酸盐	国妆原备字 20220014	帝斯曼维生素（上海）有限公司
19	藏猪脂	国妆原备字 20220015	四川鹿鸣丘高原生态农业科技有限公司
20	水解透明质酸钙	国妆原备字 20220016	华熙生物科技股份有限公司
21	反式-1-氯-3/3-三氟丙烯	国妆原备字 20220017	霍尼韦尔贸易（上海）有限公司
22	聚硅氧烷季铵盐-20	国妆原备字 20220018	丝而得公司
23	TMP 月桂基聚二甲基硅氧烷	国妆原备字 20220019	丝而得公司
24	聚二甲基硅氧烷/双-异丁基 PPG-20 交联聚合物	国妆原备字 20220020	陶氏（张家港）投资有限公司
25	羟乙基咪唑烷酮	国妆原备字 20220021	株式会社资生堂
26	哌啶丙酸	国妆原备字 20220022	株式会社资生堂
27	环己基甘油	国妆原备字 20220023	株式会社 Adeka
28	聚氨酯-34	国妆原备字 20220024	科思创德国股份有限公司
29	聚氨酯-48	国妆原备字 20220025	科思创德国股份有限公司
30	N-乙酰神经氨酸	国妆原备字 20220026	华熙生物科技股份有限公司
31	补骨脂酚	国妆原备字 20220027	赛胜公司
32	聚乳酸	国妆原备字 20220028	Lx Hausys 株式会社
33	酵母菌/珍珠发酵溶胞产物滤液	国妆原备字 20220029	浙江欧诗漫集团德清生物科技有限公司

续表

序号	原料名称	备案号	备案企业
34	醋酸杆菌/乳酸杆菌/酵母菌/茶叶提取物/蔗糖发酵产物滤液	国妆原备字 20220030	仙婷（广州）科技研发有限公司
35	聚硅氧烷季铵盐-26	国妆原备字 20220031	迈图（上海）贸易有限公司
36	棕榈酰二肽-18	国妆原备字 20220032	日产化学株式会社
37	双-二异丙醇胺-PG-丙基聚二甲基硅氧烷/双-异丁基PEG-14 共聚物	国妆原备字 20220033	陶氏（张家港）投资有限公司
38	月桂酰/肉豆蔻酰甲基葡糖酰胺	国妆原备字 20220034	科莱恩国际有限公司
39	水解马铃薯淀粉十二烯基琥珀酸钠	国妆原备字 20220035	诺力昂表面化学有限责任公司
40	山芙蓉根/茎提取物	国妆原备字 20220036	嘉文丽（福建）化妆品有限公司
41	全氟丁基乙基硬脂基聚二甲基硅氧烷	国妆原备字 20220037	埃肯有机硅（上海）有限公司
42	蝉花菌丝体提取物	国妆原备字 20220038	上海葡萄王企业有限公司
43	南极磷虾油	国妆原备字 20220039	中冠生物科技（珲春）有限公司
44	驴乳粉	国妆原备字 20220040	东阿阿胶股份有限公司
45	燕窝肽	国妆原备字 20220041	厦门市燕之屋丝浓食品有限公司
46	烟酰四肽-30	国妆原备字 20220042	深圳市维琪医药研发有限公司

资料来源：国家药监局。

五、浙江省化妆品原料企业的研发和生产现状

浙江新和成股份有限公司专注于营养成分、香料、高分子材料等功能化学品的研发、生产，服务全球 100 多个国家和地区，已成功跻身我国精细化工百强，主导产品广泛用于日化产品。

赞宇科技集团股份有限公司是一家省内专业从事表面活性剂和油脂化学品研发、生产和销售的高新技术企业，长期以来，公司凭借先进的理念、科学的管理以及技术和人才优势，坚持自主创新，已成为国内研究和生产表面活性剂、油脂化学品的龙头企业之一。产品主要包括以 AES、AOS、磺酸为代表的阴离子表面活性剂，以 6501、CMEA 为代表的非离子表面活性剂以及以 CAB、CAO 为代表的两性离子表面活性剂。

浙江传化化学集团是一家全球性的功能化学公司，拥有聚合物合成与改性、表界面控制等国内领先专有技术150余项，组织制定国家标准、行业标准110余项；拥有国家发明专利授权200余个，创新成果在行业遥遥领先，主要生产阴离子表面活性剂、非离子表面活性剂、两性表面活性剂、新型环保高效表面活性剂。

浙江湃肽生物股份有限公司专注于多肽类原料的研发生产，目前已有蓝铜肽、乙酰基六肽-8、九肽-1等40多种产品，合作企业包括珀莱雅、丸美、百雀羚等。

浙江杭州鑫富药业股份有限公司是一家高科技上市公司，是世界最大的维生素B5生产供应商，国内唯一的维生素原B5（泛醇）生产企业。

浙江圣效化学品有限公司为省级高新技术企业，是国内较大的防腐剂生产企业，产品包括尼泊金酯类、卡松、苯氧乙醇等原料。

浙江华康药业股份有限公司是一家从事多种功能性糖醇及健康食品配料研发、生产、销售的国家高新技术企业，获得国家企业技术中心认定，主导和参与木糖醇、山梨糖醇、麦芽糖醇等30余项国家标准、行业标准及团体标准的制定。公司的木糖醇产品被工业和信息化部评为“单项冠军产品”。

珀莱雅研发创新中心通过多年的研究，在天然微生物发酵技术（已获得3项国家授权发明专利）、载体技术（已获得31项国家授权发明专利）、天然产物结构修饰技术等方面获得丰硕科研成果。在合成生物学技术、功能性原料方面，先后与全球多个科技实验室达成独家战略合作且成立抗老护肤研究中心，共同研发全新专利成分及更加优质的配方。

欧诗漫通过多年研究，研发出珍珠多肽提纯技术，运用亚微米粉体技术、膜分离技术和物理无损提取技术提取以珍珠蛋白为主的活性组分，再利用高能机械力的作用打破珍珠蛋白疏水结构，最后应用国际先进的定向酶切技术制备出高活性珍珠原生多肽。它是一款易溶于水的珍珠多肽冻干粉，具有强大的内皮素拮抗作用，使用时能够作用于角质层、表皮基底层，在不影响细胞生长的基础上，从源头预防和遏制黑素的生成，是安全高效的珍珠美白护肤成分。

纳爱斯创新发展研究院不断加大对竹炭、茶叶等丽水市优质生态资源的深度开发，将其应用到产品中，开发了“竹炭·净白”牙膏、活性炭双效消臭等系列植物炭产品，以及提取茶籽精油的洗发露、茶洁护龈牙膏、抹茶洗洁精等茶系列产品，融合丽水市的生态优势、国际一流技术优势和纳爱斯的综合优势，推动“两山”转化不断提升层次、拓展空间、优化模式、提高效益。

花西子为了萃取、筛选花卉中益于肌肤的功效成分，跑遍全球的优质花卉原产地，研究多达64种花卉，并建立桂花、牡丹、莲花等11个联合花卉研究基地。公司还与多个原料商达成战略合作。2021 年 8 月，花西子母公司全新的综合研发中心正式投入使用，深耕以“以花养妆”为特色的自主配方研究，不断完善自有配方库。

第三节　化妆品制剂水平

一、化妆品制剂现状

一个好的化妆品经皮递送系统（Transdermal Delivery System，TDS）应使有效活性成分最大限度地留在皮肤中，而不进入血液循环，应尽量使载体中的活性成分透过角质层，在表皮和真皮内形成有效活性成分的贮存库，形成一个缓-控释放过程，从而可持久地对局部组织及细胞起到营养、保湿和保护的作用，提高其功效。经皮递送美容化妆品系统是经皮递送系统的一部分，其关键是提高化妆品的经皮速率和总量。目前有多种促进化妆品经皮吸收策略，如物理技术（离子导入、电穿孔），通过化学技术改变角质层细胞排列（超化学促渗、各类赋形剂），利用生物技术（透明质酸等）直接增加角质层脂质的渗透性，通过改变脂质代谢间接影响皮肤的通透性，纳米技术（脂质体、微胶粒）等。随着科学技术发展与学科交叉融合，为了解决传统化妆品中普遍存在的吸收率问题，化妆品企业普遍通过改善制剂技术来提高化妆品的经皮递送效率，常见的包括微乳化、脂质体、聚合物胶束、微胶囊等。

二、现有制剂技术简介

（一）微乳技术

微乳（Micro Emulsion，ME）是由粒径为 10~100 纳米的乳滴分散在另一不相溶液体中形成的热力学稳定、各向同性、透明或半透明的分散体系。通常由水、油、表面活性剂和助表面活性剂按适当比例自发组成。微乳粒多为球形，间或有圆柱形，大小比较均匀，始终保持透明，加热或离心也不能使之分层，属于热力学稳定体系。皮肤一般只能通过两条途径吸收，而皮肤最外层具有疏水性角质层，因而水溶性物质和大分子量物质通过表皮和毛囊皮脂腺吸收相当不易。传统工艺乳化得到的化妆品膏体内部结构为胶团状或胶束状，对皮肤渗透能力很弱，不易被表皮细胞吸收。应用微乳技术制备出粒子尺寸约 100 纳米的包含各种活性成分的乳液，并进一步加入现有的膏霜和露液产品中，能在工艺上避免高温，使不稳定或挥发性活性物在温和条件下以高浓度形态进入配方。微乳技术用到化妆品制造业中，可将化妆品中最具功效的成分处理成纳米级微小的结构，皮肤渗透性大大增加，皮肤对功能物质的利用率也随之大为提高。该技术的特点是能生产出一种生理学上安全、亲水和无防腐剂的产品，其中还可含有各种类脂和亲脂性活性物，具有良好的皮肤相容性，能增加产品的皮肤渗透作用，在不使用合成性成分和防腐剂的前提下，最大限度地延长保质期。

（二）脂质体制备技术

1986 年，法国兰蔻公司开发了世界上第一个脂质体化妆品 Capture，开启了脂质体化妆品应用的先河。脂质体是分子膜以同心圆的形式包封而成的、类似细胞膜的微球体，传统脂质体主要由磷脂和胆固醇组成，当两亲性分子如磷脂分散在水中时，亲水的头部朝外、尾部朝内，分别形成膜的内外表面层和中间层，这种特殊结构使得脂质体既能包裹脂溶性成分也可包裹水溶性成分。化妆品中所含有的活性成分往往光、热稳定性差，溶解性低，需通过包载技术提高其生物利用度。脂质体由于结构与人体皮肤结构高度相似，且具有良好的生物相容性，将生物活性物包封在脂质体中可保护其免受外界环境的影响，同时能够改善包封化妆品的生物利用度，降低不良反应，是一种有效的包载方法。根据双层分子膜的数量不同，脂质体可以分为单层囊泡（ULV）或多层囊泡（MLV）。囊泡的大小范围可以从 25 纳米至微米级别，其形状和大小取决于制备程序和工艺变量。由于传统脂质体稳定性和耐储存性欠佳，可变形性差，靶向不够明确，限制了脂质体的工业化生产及应用。如今脂质体技术更加成熟可靠，部分企业已逐步研发了长循环脂质体、前体脂质体等，以提高脂质体在人体内外的稳定性；同时研制了温敏脂质体、磁性脂质体等，以提高脂质体的特定靶向能力，通过增加致密细胞的穿透力，给化妆品产业提供了很多可借鉴的技术。

（三）类脂质体制备技术

类脂质体，又称非离子体（Nonionic surfactant vesicle），是在脂质体基础上发展起来的一种新型微粒传递系统。用单或双烷基链的非离子表面活性剂和胆固醇，经过水合成薄膜，可制成囊泡混悬液，该混悬液就是类脂质体。类脂质体的结构组成与脂质体相似，是非生物来源的载体，在体内的物理性质与脂质体相似。类脂质体的载体材料中不含磷脂，避免磷脂容易氧化变色、产生特殊气味等问题；生产和储存不需要特殊条件，具有生产工艺简单、制剂稳定、成本更低等优点，显示出优异的稳定性、皮肤渗透性和缓释性。部分浙江省企业已经将该技术应用于工业化大规模生产，有效降低了生产成本。

（四）聚合物胶束制备技术

聚合物胶束要由两亲性嵌段高分子聚合物组成，含有亲水端和疏水端，由于两端溶解性的差异，在水溶液中能够自发有序排列，组成外部亲水内部疏水的纳米级胶束结构，将成分包封于内核中。两亲性高分子聚合物可产生较低的胶束浓度，胶束结构在体内外都很稳定，生物相容性好；疏水性的内核可提高活性物的溶解度，延长有效成分作用时间，避免有效成分过快突释，降低毒副作用。同时，亲水性的外壳能对胶束起到保护和稳定的作用。相关研究发现，聚合物胶束还可通过在胶束表面修饰特异性配体，使得胶束具有主动靶向性。由于优异的性能，聚合物胶束在化妆品领域有较大的应用潜力，但仍存在聚合物胶束在人体代谢情况不明确、对环境和生态系统影响不明确等问题，且聚合物单体及工艺流程不同，会造成稳定性和安全性的差异。浙江省企业对此进行了大量的研究，积累了不少成果。

（五）微胶囊技术

微胶囊技术是一种微型封装技术，由聚合物包裹着活性物质内芯形成微小粒子，微胶囊的大小为 10～1000 微米。微胶囊技术的主要目的是包封活性物质，从而保证被封装物质的活性不受使用区域环境的影响，活性物质可以是固体、液体和气体。壳体的渗透性可以控制内部芯材的释放，以实现活性成分在特定环境中的长期释放、在另一种介质中缓慢释放或者完全不释放。近年来微胶囊作为一种新的剂型被越来越多地应用于化妆品中。多种化妆品原料由于微胶囊的包裹克服了各自的缺点和局限性，扩大了应用范围。例如，水杨酸经过微胶囊包裹减少了对皮肤的刺激性，微胶囊化的硫辛酸掩蔽了其不良气味等。微胶囊应用于化妆品中可以减少对皮肤的刺激，掩蔽不良颜色或气味，缓慢及控制释放，避免原料间反应。

三、制剂技术总结与展望

目前市场上的护肤品基本都含有大量营养成分，但如果皮肤不能吸收，反而会成为一种负担。如果化妆品的营养成分不能被皮肤完全吸收，皮肤表面积累过剩营养，非但不能起到延缓衰老的作用，还会加速皮肤的衰老。细菌在皮肤表面的生长繁殖可能会利用化妆品中含有的维生素、蛋白质和生物细胞营养物，进而导致皮肤感染。化妆品功效成分“传递技术”的研究在化妆品新品开发和发展策略中有举足轻重的地位，建立在传递系统基础上的美白、抗衰老等功效成分的开发与应用，更有实际意义。

载体技术可促进化妆品的形式创新及肤感提升，并满足功效诉求，能够实现化妆品的差异化，提升品牌技术含量与价值。但载体技术改变了活性物的经皮转运方式，需要特别注意安全性的问题，同时载体技术的研究成本较高，化妆品企业可以采用与其他公司合作的方式进行研究，学科交叉互融，共同开发出更多具有应用前景的载体技术，进一步推动化妆品产业的发展。

第四节 化妆品安全评估水平

一、化妆品安全评估的必要性

化妆品安全风险评估，是指利用现有的科学资料对化妆品对人体健康已知或潜在的不良影响进行科学评价。原料的安全性是化妆品产品安全的前提条件，化妆品一般可认为是各种原料的组合，应基于所有原料和风险物质进行评估，如果确认某些原料之间存在化学和/或生物学等相互作用，应评估其产生的风险物质和/或相互作用产生的潜在安全风险。化妆品安全风险评估能有效地反映化妆品的潜在风险，在一定程度上可以替代产品毒理学试验。

二、化妆品安全评估的发展

（一）国外化妆品安全评估法规的发展

在过去的一个多世纪中，化妆品产业迅速发展，许多国家和地区都出现了因使用化妆品导致的安全性问题，各国相继开始重视化妆品的安全性监管和评价工作。例如，1972 年法国 32 名婴儿因使用含有大量六氯双酚的爽身粉死亡事件，直接推动了欧盟制定《化妆品指令》，该指令于 2009 年修订为《化妆品法规》。

随着科技进步，化妆品安全评价的手段不断发展和丰富，目前欧盟、日本、韩国、东盟等国家和地区都相继发布了《化妆品安全性评价指南》，指导化妆品企业和原料企业对风险物质进行安全性评价。

（二）国内化妆品安全评估法规的发展

改革开放以来，我国化妆品产业迅猛发展，为规范化妆品管理，确保消费者安全，1989 年国务院颁布了《化妆品卫生监督条例》，于 1991 年 1 月 1 日正式施行。这是我国第一部关于化妆品卫生监督管理的政府法规。最新颁布的《化妆品监督管理条例》（2021 年 1 月 1 日实施）已在第一版的基础上大大完善了包括原料与产品、生产经营、监督管理、法律责任等各项内容，合计6章、80条，约有13000字。除《化妆品监督管理条例》外，国家还针对化妆品安全评价评估发表了1个办法、2个规定、2个技术文件新法规，包括《化妆品注册备案管理办法》（2021年5月1日实施）、《化妆品新原料注册备案资料管理规定》（2021年5月1日实施）、《化妆品注册备案资料管理规定》（2021年5月1日实施）、《化妆品安全评估技术导则（2021年版）》（2021年5月1日实施）、《化妆品安全技术规范（2015年版）》（2016年12月1日实施）。

依据新法规要求，申请特殊化妆品注册或者进行普通化妆品备案，应当提交“产品安全评估资料”。化妆品新原料安全性评估资料一般包括毒理学安全性评估资料和安全风险评估资料。自2022年1月1日起，必须依据相关技术导则的要求开展化妆品安全评估，提交产品安全评估资料。安全性评估资料可以是化妆品新原料注册人/备案人自行或委托开展的毒理学实验项目的实验报告和科学文献资料，以及国内外政府官方网站、国际组织网站发布的内容。

（三）化妆品安全评估毒理学试验技术发展

化妆品安全评估的核心是对配方中所使用的原料进行安全性评估，可以利用现有的毒理学数据，如果缺少相关的毒理学数据，则应根据需求开展必要的毒理学试验来支撑原料的安全评估。

毒理学试验有活体法、体外法、替代法、人体临床试验法四种不同的方法。1959年英国学者提出了3R原则，即动物试验减少（Reduction）、优化（Refinement）和代替（Replacement），再加上欧盟化妆品市场提出动物试验禁令，越来越多的替代实验被纳入考虑；我国的体外测试技术起步较晚，现有纳入国际标准与行业标准的检测方法20余种（见表6-5）。

表6-5　我国化学品/化妆品体外测试方法标准情况

检测方法（国际标准）	检测方法（行业标准）
《化学品体外3T3中性红摄取光毒性实验方法》（GB/T 21769—2008）	《化妆品体外替代试验实验室规范》（SN/T 2285—2009）
《化学物质分组和交叉参照法》（GB/T 24776—2009）	《化妆品急性毒性的角质细胞试验》（SN/T 2328—2009）
《化学品体外哺乳动物基因突变实验方法》（GB/T 21793—2008）	《化妆品眼刺激性/腐蚀性的鸡胚绒毛尿囊膜试验》（SN/T 2329—2009）
《化学品体外哺乳动物染色体畸变实验方法》（GB/T 21794—2008）	《化妆品胚胎和发育毒性的小鼠胚胎干细胞试验》（SN/T 2330—2009）

续表

检测方法（国际标准）	检测方法（行业标准）
《化学品皮肤吸收体外实验方法》（GB/T 27818—2011）	《进出口化妆品眼刺激性试验角膜细胞试验方法》（SN/T 3084.2—2014）
《化学品体外皮肤腐蚀经皮电阻实验方法》（GB/T 27828—2011）	《化妆品体外替代试验方法验证规程》（SN/T 3898—2014）
《化学品体外皮肤腐蚀膜屏障实验方法》（GB/T 27829—2011）	《化妆品体外替代试验良好细胞培养和样品制备规范》（SN/T 3899—2014）
《化学品体外皮肤腐蚀人体皮肤模型实验》（GB/T 27830—2011）	《化妆品皮肤刺激性检测重建人体表皮模型体外测试方法》（SN/T 4577—2016）
《化学品遗传毒性酿酒酵母菌基因突变实验方法》（GB/T 27831—2011）	《化学品体外皮肤腐蚀：人体皮肤模型试验》（SN/T 3527—2013）
《化学品遗传毒性酿酒酵母菌有丝分裂重组实验方法》（GB/T 27832—2011）	《化学品胚胎毒性测试植入后大鼠全胚胎培养法》（SN/T 3527—2013）
《化学品体外哺乳动物细胞微核实验方法》（GB/T 28646—2012）	《化学品皮肤致敏试验局部淋巴结法：BrdU-ELISA》（SN/T 3882—2014）
	《化学品体外皮肤刺激：重组人表皮试验》（SN/T 3948—2014）
	《化学品牛角膜混浊和通透性试验》（SN/T 4153—2015）

资料来源：国家标准化管理委员会。

（四）化妆品安全评估信息化技术发展

在化妆品安全评估中，为避免重复和不必要的毒理学测试，通常可以使用已有的、公开发表的化合物理化信息、毒理学数据和信息等进行安全性评估。由于国外毒理学已经发展了近百年，所以在化合物安全信息资源建设水平上大大领先于国内。

国外专业的化妆品安全评估主要来源于欧盟消费者安全科学委员会（SCCS）、化妆品原料评价委员会（CIR）、美国个人护理产品协会（PCPC）、国际日用香料协会（IFRA）、欧盟化妆品协会（CE）、家用清洁产品对人类和环境风险评估计划（HERA）等。

国外专业的化合物毒理学数据或安全评价报告主要来源于联合国粮食及农业组织（FAO）和世界卫生组织（WHO）下属的食品添加剂联合专家委员会（JECFA）、欧盟化学品管理局（ECHA）、欧盟食品安全局（EFSA）、美国环境保护署（EPA）、美国食品药品监督管理局（FDA）、澳大利亚国家工业化学品申报和评估计划（NICNAS）等。

三、化妆品安全评估存在的问题

近几十年化妆品企业数量骤增，但很多企业在化妆品原料安全评估方面的能力与现阶段法规的监管要求不匹配。同时我国化妆品安全评估起步晚，安全评估的技术支撑能力相对薄弱，安全评估人才储备较少。伴随着化妆品产业竞争加剧，产品开发速度加快，部分企业盲目模仿跟风，忽视产品安全性评估。一些委托生产的产品，委托双方对产品安全性评估的责任不明确，也不承担相应的责任。随着科技的发展，旧法规中的安全性评估相关要求不足以充分评估化妆品的安全性。以上原因导致因化妆品安全性引起的不良反应/事件不断增加。

四、浙江省化妆品安全评估发展现状

国内对于化妆品安全评估人员的需求巨大，根据相关调研报告，目前浙江省化妆品研发人员有 1200 人以上，其中具有医学、药学、生物学、化学或毒理学等化妆品质量安全相关专业知识、了解化妆品成品或原料生产过程和质量安全控制要求、具备 5 年以上工作经历的人员，绝大部分可以胜任化妆品安全评估工作，基本可以满足浙江省企业安全评估的需求。

化妆品安全评估人员应具备文献查阅、分析能力，能公平、客观地分析化妆品的安全性，并定期接受专业培训。针对以上几点要求，目前浙江省药监局正积极开展化妆品安全评估方面的法规宣贯和培训，帮助浙江省化妆品企业开展化妆品安全评估，提高企业注册备案实操能力，企业相关人员正逐步提高自身能力以达到化妆品安全评估人员的要求。

浙江省早在 2016 年就成为首批化妆品不良反应监测哨点，多年来致力于开展和完善化妆品不良反应监测和评价工作，2021 年国家药监局网站发布关于表扬年度化妆品不良反应监测工作有关单位的通报，表扬了浙江省 2021 年度的化妆品不良反应监测工作。

浙江省内部分代表性企业如珀莱雅、欧诗漫、玫琳凯等，自 2021 年开始逐步完善化妆品安全评估工作，建立和完善原料安全性和毒理学数据库，加强产品上市后不良反应监测和评价工作。

五、化妆品安全评估发展展望

随着《化妆品监督管理条例》的实施，对化妆品安全评估的要求会越来越高，消费者也会越来越关注化妆品的安全性。企业应提前做好充足准备，进一步提高化妆品安全评估能力和水平，重点加强原料安全性基础研究、原料毒理学数据信息化建设、安全评估人员培养、毒理学替代实验的应用等。

第五节 化妆品功效研究水平

一、化妆品功效法规发展

化妆品宣称（cosmetic claims）是对产品的描述性说明，其形式多种多样，涉及产品的功能、成分、特征等。包括安全相关宣称、客观功效宣称、主观功效宣称、文化宣称、原料组分宣称等。化妆品宣称是生产经营者向消费者推荐产品的重要窗口，是消费者了解产品的主要途径，也是行政管理部门的监管重点。

欧盟化妆品法规将化妆品宣称界定为通过标签、展台和广告，以文字、名字、商标、图案、数字或其他形式，明示或暗示地传递化妆品的产品特点或功能。美国联邦法律不要求提供上市前的化妆品宣称依据，但禁止虚假的广告宣称，企业应自行准备支持产品宣称的依据。日本将产品分为化妆品和医药部外品，相关宣称依照药事法规定执行。

我国化妆品法规对化妆品宣称的管理也有明确规定，《化妆品监督管理条例》进一步强化了对化妆品宣称的管理，其明确指出化妆品的功效宣称应当具有充分的科学依据，化妆品注册人/备案人应当在国家药监局指定网站公布功效宣称所依据的文献资料、研究数据或者产品评价资料，接受社会监督。2021 年 4 月 9 日，《化妆品分类规则和分类目录》和《化妆品功效宣称评价规范》正式发布，对化妆品功效分类和化妆品功效宣称评价工作进行了进一步细化，自此化妆品产业进入功效评价时代。

二、化妆品功效评价

（一）国外化妆品功效评价发展

化妆品功效评价是综合化学、物理学、生物学、皮肤科学、影像学等多门学科，采用科学的分析测试方法等，对化妆品功效进行有效评估的一种方法。

欧美等发达国家和地区的化妆品产业起步较早，凭借多年的皮肤科学研究、仪器设备和技术优势，其化妆品功效发展和监管始终走在世界前列。如今，其化妆品功效评价测试技术和相关评价仪器设备都发展得较为成熟。

在化妆品功效的无创性检测方法方面，欧美等发达国家和地区已发布多项指导方法和指南。例如，欧洲化妆品及其他商品有效性评估专家机构（EEMCO）针对皮肤生物物理学参数检测，发布了多项临床评价技术指南，包括皮肤颜色测试、光泽度测试、水分含量测试、皮肤屏障功能测试等，为评价化妆品宣称的美白、保湿、抗皱等功效提供支持。

目前，全球多个国家和地区建立了各类化妆品功效评价的标准方法。如在防晒类化妆品功效评价标准方法方面，已有日本化妆品工业联合会（JCIA）标准方法、韩国食品药品管理局（KFDA）测定方法及标准、美国食品药品管理局标准方法等。

（二）国内化妆品功效评价发展

我国对化妆品功效评价技术的研究日益深入，与国际先进技术水平的差距逐渐缩小。《化妆品功效宣称评价规范》规定化妆品功效宣称的依据包括人体功效评价试验、实验室试验、消费者使用测试、文献资料或研究数据。目前，我国针对防晒、保湿类化妆品建立了一系列功效评价方法和标准。工业和信息化部于 2011 年发布了《化妆品保湿功效评价指南》（QB/T 4256—2011）。《化妆品安全技术规范（2015 年版）》收录了防晒类化妆品防晒指数（SPF 值）的测定方法、长波紫外线防护指数（PFA 值）的测定方法以及防水性能测定方法。海关总署于 2019 年发布《防晒化妆品 UVA 光防护效果体外测定方法》（SN/T 5150—2019），国家药监局于 2021 年发布《化妆品祛斑美白功效测试方法》《化妆品防脱发功效测试方法》。

浙江省健康产品化妆品行业协会与珀莱雅于 2018—2019 年联合制定了《化妆品美白祛斑功效测试方法》（T/ZHCA 001—2018）、《化妆品控油功效测试方法》（T/ZHCA 002—2018）、《化妆品影响经表皮水分流失测试方法》（T/ZHCA 003—2018）、《化妆品影响皮肤表面酸碱度测试方法》（T/ZHCA 004—2018）、《化妆品影响皮肤弹性测试方法》（T/ZHCA 005—2019）、《化妆品抗皱功效测试方法》（T/ZHCA 006—2019）等团体标准；上海家化、上海上美等企业于 2019 年发布了《化妆品美白功效测试体外重组 3D 黑色素模型测试方法》；上海日用化学品行业协会组织制定了《化妆品改善眼角纹功效临床评价方法》（T/SHRH 018—2019）。

虽然我国在化妆品功效评价方面建立了一些方法标准，但仍局限于小部分类别产品，且标准化程度有待提高，未来需要各方共同完善提升。

三、国内化妆品企业功效测试发展

华熙生物专门组建了“分析检测”研发平台，具备了先进的检测技术和方法。如3D皮肤学模型方法，能够通过高通量筛选，赋能机理研究，缩短临床测试周期；还可通过预测模型，整合消费者反馈，在错综复杂的信息中分析出影响配方的关键因素，指导产品配方优化。

伽蓝集团于2014年开启“表观遗传学应用”，启动了对调控衰老的表观调节因子microRNA的研究，目前已应用于抗光老化、抗污染活性物的开发中。2017年，伽蓝集团携手法国皮肤实验室Lab Skin Creations，成功利用3D生物打印技术打印出亚洲人皮肤模型以供功效测试使用。

2021年6月，上海家化和巴斯夫签订了科技创新合作框架协议，将在创新领域进行深入合作，涵盖开发新的功效活性物和新剂型、传统中草药（TCM）现代化、皮肤功效机理研究和可视化、数字化智能设备和可持续发展等各个方面，同时聚焦3D皮肤细胞的功效评估、作用机理研究和超级计算机建模等领域。

2021年11月，薇诺娜与谱尼测试集团正式达成战略合作协议，双方将围绕化妆品检测领域开展深度合作，共同探索化妆品安全性与功效性的完美结合。

珀莱雅于2013年成立功效测试部门，目前已配备一体化视频和光学测量系统、VISIA面部图像分析仪、PRIMOS皮肤快速三维成像系统、德国CK皮肤测试仪等，可以进行多种化妆品功效测试。

欧诗漫研发中心于2013年建立功效实验室，目前已配备了多种皮肤测试仪器，具备多种化妆品功效测试能力。2016年建立体外测试平台，开发了多种动物替代的测试方法。2021年，欧诗漫化妆品品质与功效测试中心通过了中国合格评定国家认可委员会（CNAS）评审，在功效保湿测试、理化测试、微生物测试三个模块均具备了CNAS认可的测试能力。

花西子母公司于2021年成立东方美妆研究院，汇聚国内外10余家顶尖美妆科研机构，进行实用中药组方的开发与功效验证，保障配方的安全性、稳定性、功效性及妆效。目前已建立桂花、牡丹、莲花、金钗石斛、金盏花、桃花、金莲花等11个联合花卉研究基地，并研究了64种花卉，萃取、筛选其中益于肌肤的功效成分。

四、化妆品功效测试展望

在化妆品监督管理逐步规范、产业快速发展的同时，市场竞争也日渐激烈，产品细分趋势越发明显。产品细分的主要特征是功能细分，它对化妆品功效评价方法提出了更多、更高、更新的要求。生物芯片技术、基因技术、大数据应用等新型技术的推出，为化妆品功效评价方法的发展提供了可能。化妆品品类繁多、作用机理复杂，单一的评价方法难以全面、科学地验证化妆品功效。应当在了解化妆品功效宣称、有效成分、作用机制的基础上，有针对性地建立综合评价体系，从不同层面、不同角度对化妆品的功效进行系统评价和综合分析。随着社会经济的发展，人们对美好生活的需求日益增长，更加关注化妆品的安全、有效和实用性。生产经营者应迎接新的挑战，注重科研投入，注重产品安全与功效，加强功效原料和应用基础研究工作，功效宣称应有理有据，不断提高创新能力，从而建立良好口碑。

珀莱雅化妆品股份有限公司
执笔：孙淑蓉

第七章　浙江省化妆品标准化水平

标准是人类文明进步的成果。伴随着经济全球化深入发展，标准在便利经贸往来、支撑产业发展、促进科技进步、规范社会治理中的作用日益凸显。标准已成为世界“通用语言”，世界需要标准协同发展，标准促进世界互联互通。

第一节　化妆品标准化现状

浙江省委、省政府高度重视标准化工作，浙江省不仅是标准化战略的发源地和实践地，也是我国首个国家标准化综合改革试点省份。在化妆品标准化方面，浙江省于 2010 年成立化妆品标准化技术委员会，负责省内化妆品行业标准的技术归口工作。这些年浙江省企业及机构参与研制国家标准 44 项、行业标准 8 项、“浙江制造”团体标准 36 项、其他团体标准 31 项。

一、国家标准制定情况

我国现行的化妆品相关的国家标准有 188 项，其中浙江省企业参与制定了 44 项，占 23.4%，包括 4 项基础标准、12 项产品标准、4 项原料标准、24 项试验方法标准，共计 27 家企事业单位参与，具体见表 7-1。浙江省企事业单位主导制定的国家标准有 13 项，包括 8 项试验方法标准、3 项产品标准、2 项原料标准，具体见表 7-2。

表 7-1　浙江省企业参与制定的化妆品相关国家标准清单

序号	标准
1	《日用香精》（GB/T 22731—2022）
2	《精油 命名原则》（GB/T 14455. 1—2021）
3	《香料香精术语》（GB/T 21171—2018）

续表

序号	标准
4	《化妆品分类》（GB/T 18670—2017）
5	《珍珠粉》（GB/T 36930—2018）
6	《卸妆油（液、乳、膏、霜）》（GB/T 35914—2018）
7	《眼线液（膏）》（GB/T 35889—2018）
8	《剃须膏、剃须凝胶》（GB/T 30941—2014）
9	《香粉（蜜粉）》（GB/T 29991—2013）
10	《洗面奶、洗面膏》（GB/T 29680—2013）
11	《护肤乳液》（GB/T 29665—2013）
12	《唇彩、唇油》（GB/T 27576—2011）
13	《化妆笔、化妆笔芯》（GB/T 27575—2011）
14	《睫毛膏》（GB/T 27574—2011）
15	《润唇膏（啫喱、霜）》（GB/T 26513—2023）
16	《按摩精油》（GB/T 26516—2011）
17	《香料 第3部分：l-香芹酮》（GB/T 32090.3—2015）
18	《化妆品用原料 珍珠提取物》（GB/T 35915—2018）
19	《化妆品用原料 D-泛醇》（GB/T 33306—2016）
20	《精油 产品标签标识通则》（GB/T 42172—2022）
21	《化妆品中禁用物质林可霉素和克林霉素的测定 液相色谱-串联质谱法》（GB/T 41710—2022）
22	《精油 水分含量的测定 卡尔费休法》（GB/T 42022—2022）
23	《化妆品中恩诺沙星等15种禁用喹诺酮类抗生素的测定 液相色谱-串联质谱法》（GB/T 39999—2021）
24	《化妆品中11种禁用唑类抗真菌药物的测定 液相色谱-串联质谱法》（GB/T 40901—2021）
25	《化妆品中荧光增白剂367和荧光增白剂393的测定 液相色谱-串联质谱法》（GB/T 40900—2021）
26	《化妆品中限用防腐剂二甲基恶唑烷、7-乙基双环恶唑烷和5-溴-5-硝基-1，3-二恶烷的测定》（GB/T 39993—2021）
27	《化妆品中禁用物质藜芦碱的测定 高效液相色谱法》（GB/T 39927—2021）
28	《化妆品中8-羟基喹啉和硝羟喹啉的测定 高效液相色谱法》（GB/T 37644—2019）
29	《化妆品中邻伞花烃-5-醇等6种酚类抗菌剂的测定 高效液相色谱法》（GB/T 37544—2019）

续表

序号	标准
30	《化妆品中阿莫西林等 9 种禁用青霉素类抗生素的测定 液相色谱-串联质谱法》（GB/T 37626—2019）
31	《珍珠粉鉴别方法 X 射线衍射分析法》（GB/T 36923—2018）
32	《化妆品通用检验方法 颗粒度（细度）的测定》（GB/T 13531.6—2018）
33	《化妆品中 10 种禁用二元醇醚及其酯类化合物的测定 气相色谱-质谱法》（GB/T 35894—2018）
34	《眼部化妆品中硫柳汞含量的测定 高效液相色谱法》（GB/T 35946—2018）
35	《化妆品中螺旋霉素等 8 种大环内酯类抗生素的测定 液相色谱-串联质谱法》（GB/T 35951—2018）
36	《化妆品通用检验方法 乳化类型（w/o 或 o/w）的鉴别》（GB/T 35827—2018）
37	《化妆品通用检验方法 折光指数的测定》（GB/T 13531.7—2018）
38	《化妆品中甲醛含量的测定 高效液相色谱法》（GB/T 34822—2017）
39	《化妆品中镍、锑、碲含量的测定 电感耦合等离子体发射光谱法》（GB/T 33307—2016）
40	《化妆品中碘酸钠的测定 离子色谱法》（GB/T 32093—2015）
41	《眼部护肤化妆品中禁用水溶性着色剂酸性黄 1 和酸性橙 7 的测定 高效液相色谱法》（GB/T 31858—2015）
42	《化妆品中禁用物质维甲酸、异维甲酸的测定 高效液相色谱法》（GB/T 30940—2014）
43	《化妆品中食品橙 8 号的测定 高效液相色谱法》（GB/T 30938—2014）
44	《化妆品中联苯胺等 9 种禁用芳香胺的测定 高效液相色谱-串联质谱法》GB/T 30930—2014

资料来源：国家标准化管理委员会。

表 7-2 浙江省企事业单位主导制定的国家标准清单

序号	企业名称	国家标准
1	浙江长生鸟药业有限公司	《珍珠粉》（GB/T 36930—2018）
2	浙江方圆检测集团股份有限公司	《化妆笔、化妆笔芯》（GB/T 27575—2011）
3		《按摩精油》（GB/T 26516—2011）
4	欧诗漫生物股份有限公司	《化妆品用原料 珍珠提取物》（GB/T 35915—2018）
5	亿帆鑫富药业股份有限公司	《化妆品用原料 D-泛醇》（GB/T 33306—2016）
6	浙江长生鸟健康科技股份有限公司	《珍珠粉鉴别方法 X 射线衍射分析法》（GB/T 36923—2018）

续表

序号	企业名称	国家标准
7	杭州市质量技术监督检测院	《化妆品中甲醛含量的测定 高效液相色谱法》（GB/T 34822—2017）
8		《化妆品中碘酸钠的测定 离子色谱法》（GB/T 32093—2015）
9		《眼部护肤化妆品中禁用水溶性着色剂酸性黄 1 和酸性橙 7 的测定 高效液相色谱法》（GB/T 31858—2015）
10		《化妆品中禁用物质维甲酸、异维甲酸的测定 高效液相色谱法》（GB/T 30940—2014）
11		《化妆品中联苯胺等 9 种禁用芳香胺的测定 高效液相色谱-串联质谱法》（GB/T 30930—2014）
12	国家日用小商品质量监督检验中心	《化妆品中镍、锑、碲含量的测定 电感耦合等离子体发射光谱法》（GB/T 33307—2016）
13	宁波市产品质量监督检测研究院	《化妆品中食品橙 8 号的测定 高效液相色谱法》（GB/T 30938—2014）

资料来源：国家标准化管理委员会。

二、行业标准制定情况

我国现行的轻工领域化妆品相关行业标准有 56 项，其中浙江省企业参与制定了 8 项，占 14.3%，包括 7 项产品标准和 1 项原料标准（见表 7-3）。浙江省企事业单位主导制定的行业标准有 3 项，包括 2 项产品标准和 1 项原料标准。

表 7-3　浙江省企业参与研制的化妆品相关行业标准清单

序号	行业标准
1	《面膜》（QB/T 2872—2017）
2	《染发剂》（QB/T 1978—2016）
3	《润肤膏霜》（QB/T 1857—2013）
4	《护发素》（QB/T 1975—2013）
5	《洗甲液》（QB/T 4364—2012）
6	《指甲油》（QB/T 2287—2011）
7	《按摩基础油、按摩油》（QB/T 4079—2010）
8	《化妆品用原料 脂肪酰二乙醇胺》（QB/T 4949—2016）

资料来源：国家标准化管理委员会。

三、团体标准研制情况

全国团体标准信息平台显示，浙江省使用化妆品领域团体标准的社会团体主要有：浙江省品牌建设联合会、浙江省健康产品化妆品行业协会、浙江省日用化工行业协会、绍兴市上虞区化妆品包装行业协会和余姚市化妆品包装行业协会。其中，浙江省品牌建设联合会发布了“浙江制造”团体标准 36 项，浙江省健康产品化妆品行业协会发布团体标准 21 项，浙江省日用化工行业协会发布团体标准 4 项，绍兴市上虞区化妆品包装行业协会发布团体标准 5 项，余姚市化妆品包装行业协会发布团体标准 1 项。

（一）“浙江制造”团体标准

2014 年底，浙江省在全国率先打造首个区域性公共品牌“品字标”。“品字标”是代表浙江省制造业先进水平的区域形象标识，其中“浙江制造”标准的定位是“国内一流，国际先进”。标准的制定与实施将有助于提高省内企业质量管理水平，提高产品质量，形成融质量、技术、服务、信誉为一体，市场与社会公认的“浙江制造”区域综合品牌，加快省内制造业转型升级，推动“浙江制造”走向世界。

1. “浙江制造”标准体系建设工作

为加快“品字标”团体标准体系建设，同时为浙江省化妆品产业的“品字标”团体标准研制提供指导意见，浙江省化妆品标准化技术委员会于 2020 年编制并发布了《浙江省化妆品产业“品字标”团体标准体系框架指南》（见图 7-1）。该指南将化妆品按照功能分为清洁类化妆品、护理类化妆品、美容/修饰类化妆品、特殊化妆品及其他。

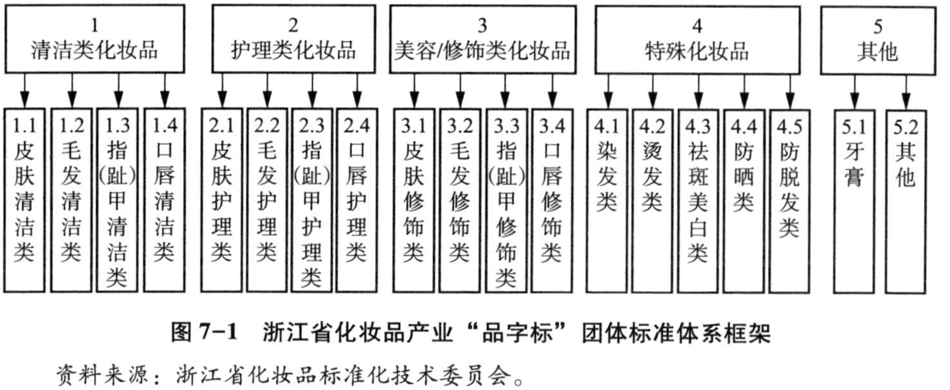

图 7-1 浙江省化妆品产业“品字标”团体标准体系框架

资料来源：浙江省化妆品标准化技术委员会。

清洁类化妆品是指以涂抹、洒、喷或其他类似方法，施于人体表面（如皮肤、毛发、指/趾甲、口唇等），达到清洁和修正人体气味、保持良好状态目的的化妆品。涉及的主要产品有洁面膏、洗面奶、卸妆水、卸妆油、剃须膏、沐浴乳、沐浴盐、洗手液、花露水、洗发水、洗发精华、洗甲液、唇部磨砂膏等。

护理类化妆品是指以涂抹、洒、喷或其他类似方法，施于人体表面（如皮肤、毛发、指/趾甲、口唇等），起到保养、修饰、保持良好状态作用的化妆品。涉及的主要产品有化妆水、护肤乳、肌底液、修护膏、面霜、面膜、精油、护发素、护甲水、润唇膏等。

美容/修饰类化妆品是指以涂抹、洒、喷或其他类似方法，施于人体表面（如皮肤、毛发、指/趾甲、口唇等），起到美化、修饰、芳香、改变外观、呈现良好状态作用的化妆品。涉及的主要产品有眼影、眉笔、腮红、粉饼、粉底、眼线笔、睫毛膏、气垫霜、香水、爽身粉、发蜡、指甲油、口红、唇线笔等。

特殊化妆品是指用于染发、烫发、祛斑美白、防晒、防脱发的化妆品以及宣称新功效的化妆品。涉及的主要产品有染发剂、烫发液、美白祛斑霜、素颜霜、隔离霜、美白化妆粉、美白精华、淡斑笔、美白乳、防晒霜、防晒喷雾、防晒露、防脱发精华等。

其他类化妆品主要包括牙膏等。

在该指南的指导下，2021 年浙江省化妆品标准化技术委员会在义乌市和湖州市“美妆小镇”组织召开了两场团体标准（“浙江制造”标准类）化妆品产业专场答辩，共有 29 家省内化妆品企业参加，上报项目达 33 个，共有 21 个项目通过立项答辩，通过率为 64%。

2. “浙江制造”团体标准制定情况

根据浙江省化妆品产业“品字标”团体标准体系框架内容，浙江省化妆品标准化技术委员会组织浙江省化妆品企业制定“浙江制造”团体标准。已发布化妆品领域“浙江制造”团体标准 36 项，涉及 5 个大类、8 个小类，其中清洁类化妆品标准 2 项、护理类化妆品标准 4 项、美容/修饰类化妆品标准 18 项、特殊化妆品标准 3 项、其他类化妆品标准 9 项，共计 31 家企业主导制定了“浙江制造”团体标准，具体见表 7-4。

表 7-4 已发布“浙江制造”团体标准清单

序号	大类	小类	“浙江制造”标准	主要起草单位
1	清洁类	皮肤清洁类	《儿童用沐浴剂》（T/ZZB 2519—2021）	优姿科技有限公司
2			《泡沫抑菌洗手液》（T/ZZB 2291—2021）	湖州高妍科技有限公司
3	护理类	皮肤护理类	《珍珠润肤膏霜》（T/ZZB 0198—2017）	欧诗漫生物股份有限公司
4			《珍珠护肤乳液》（T/ZZB 1068—2019）	欧诗漫生物股份有限公司
5			《珍珠化妆水》（T/ZZB 2891—2022）	欧诗漫生物股份有限公司
6			《舒缓保湿化妆水》（T/ZZB 2717—2022）	杭州雅妍化妆品有限公司
7	美容/修饰类	皮肤修饰类	《人体用香水》（T/ZZB 1622—2020）	浙江美之源化妆品有限公司
8			《细芯眉笔》（T/ZZB 2309—2021）	湖州尚色化妆品有限公司
9			《粉块眼影》（T/ZZB 2419—2021）	浙江颜雪化妆品有限公司
10			《眼线液笔》（T/ZZB 2555—2021）	宁波爱诗化妆品有限公司
11			《气垫粉底液》（T/ZZB 2515—2021）	浙江名妆化妆品有限公司
12			《木杆眉笔》（T/ZZB 3003—2022）	浙江久灵笔刷有限公司
13			《拉线眉笔》（T/ZZB 2962—2022）	义乌市圣蝶化妆品有限公司
14			《睫毛膏》（T/ZZB 2964—2022）	浙江美蔻生物科技有限公司
15			《固体眼线笔》（T/ZZB 2864—2022）	宁波爱诗化妆品有限公司
16			《眼线膏》（T/ZZB 2965—2022）	浙江妙欧化妆品有限公司
17			《化妆粉块腮红》（T/ZZB 2951—2022）	浙江百姿化妆品股份有限公司
18			《化妆粉块烤粉》（T/ZZB 2963—2022）	浙江蝶妃化妆品有限公司
19			《芦荟定妆水》（T/ZZB 2966—2022）	浙江颜雪化妆品有限公司
20		指（趾）甲修饰类	《有机溶剂型指甲油》（T/ZZB 0623—2018）	名仕科技股份有限公司
21			《可撕拉水性指甲油》（T/ZZB 2769—2022）	浙江雪芙蓉化妆品有限公司
22			《水性型指甲油》（T/ZZB 2950—2022）	金华市东方秀日化有限公司
23		口唇修饰类	《细芯口红》（T/ZZB 2301—2021）	湖州尚色化妆品有限公司
24			《液体唇彩》（T/ZZB 2961—2022）	安科化妆品（浙江）有限公司
25	特殊化妆品	祛斑美白类	《美白润肤膏霜》（T/ZZB 0948—2019）	珀莱雅化妆品股份有限公司
26			《珍珠美白面膜》（T/ZZB 1035—2019）	浙江长生鸟健康科技股份有限公司
27		染发类	《焗油染发膏》（T/ZZB 1955—2020）	浙江章华保健美发实业有限公司

续表

序号	大类	小类	"浙江制造"标准	主要起草单位
28	其他	—	《唇膏管》（T/ZZB 0096—2016）	浙江阿克希龙舜华铝塑业有限公司
29			《珍珠粉》（T/ZZB 0314—2018）	欧诗漫生物股份有限公司
30			《化妆品包装塑料真空瓶》（T/ZZB 1056—2019）	浙江锦盛新材料股份有限公司
31			《化妆品用珠光颜料》（T/ZZB 1956—2020）	浙江瑞成新材料股份有限公司
32			《香薰液》（T/ZZB 2273—2021）	湖州御梵化妆品科技有限公司
33			《化妆刷》（T/ZZB 2561—2021）	浙江卓尔雅美妆有限公司
34			《化妆品用原料 D-泛醇》（T/ZZB 2807—2022）	杭州鑫富科技有限公司
35			《化妆品级白油》（T/ZZB 2632—2022）	浙江正信石油科技有限公司
36			《化妆品包装用玻璃瓶》（T/ZZB 2708—2022）	杭州三星工艺玻璃有限公司

资料来源：浙江省化妆品标准化技术委员会。

3. "品字标"认证情况

共有31家化妆品企业通过了"浙江制造"团体标准认证，并获得了34张认证证书，具体见表7-5，涉及的产品有润肤膏霜、香水、美白面膜、染发霜、塑料真空瓶、指甲油、眼影、化妆刷、香薰液、口红、眉笔、粉底液等。

表7-5 "浙江制造"团体标准认证企业清单

序号	认证标准	认证企业	认证产品
1	《珍珠润肤膏霜》（T/ZZB 0198—2017）	欧诗漫生物股份有限公司	珍珠润肤膏霜
2	《人体用香水》（T/ZZB 1622—2020）	浙江美之源化妆品有限公司	人体用香水
3		浙江丽芙秀化妆品有限公司	人体用香水
4		义乌市爱之语化妆品有限公司	荒漠区玫瑰香水
5		浙江美蜜科技有限公司	人体用香水
6		浙江晶辉化妆品股份有限公司	特希露人体用香水（走珠式）
7	《美白润肤膏霜》（T/ZZB 0948—2019）	珀莱雅化妆品股份有限公司	珀莱雅极境海御白光塑霜（均衡型）
8	《珍珠美白面膜》（T/ZZB 1035—2019）	浙江长生鸟健康科技股份有限公司	珍珠美白面膜
9	《焗油染发膏》（T/ZZB 1955—2020）	浙江章华保健美发实业有限公司	章华生态焗油染发霜

续表

序号	认证标准	认证企业	认证产品
10	《化妆品包装塑料真空瓶》（T/ZZB 1056—2019）	浙江锦盛新材料股份有限公司	化妆品包装塑料真空瓶
11		宁波金雨科技实业有限公司	化妆品包装塑料真空瓶
12		余姚市银河日用品有限公司	化妆品包装塑料真空瓶
13		浙江万升化妆品包装有限公司	化妆品包装塑料真空瓶
14		浙江美集包装技术有限公司	化妆品包装塑料真空瓶
15		绍兴市锦升塑业有限公司	化妆品包装塑料真空瓶
16	《有机溶剂型指甲油》（T/ZZB 0623—2018）	浙江百姿化妆品股份有限公司	有机溶剂型指甲油
17	《粉块眼影》（T/ZZB 2419—2021）	浙江颜雪化妆品有限公司	干粉眼影
18			湿粉眼影
19		浙江蝶妃化妆品有限公司	粉块眼影（干型）
20	《化妆刷》（T/ZZB 2561—2021）	金华市丰硕化妆用品有限公司	化妆刷
21		浙江卓尔雅美妆有限公司	塑柄化妆刷
22			木柄化妆刷
23	《香薰液》（T/ZZB 2273—2021）	湖州御梵化妆品科技有限公司	香薰液
24	《细芯口红》（T/ZZB 2301—2021）	湖州尚色化妆品有限公司	细芯口红
25		安科化妆品（浙江）有限公司	细芯口红
26	《细芯眉笔》（T/ZZB 2309—2021）	湖州尚色化妆品有限公司	细芯眉笔
27		浙江美雪化妆品有限公司	细芯眉笔
28		义乌市圣蝶化妆品有限公司	细芯眉笔
29	《气垫粉底液》（T/ZZB 2515—2021）	浙江名妆化妆品有限公司	气垫粉底液
30	《可撕拉水性指甲油》（T/ZZB 2769—2022）	浙江雪芙蓉化妆品有限公司	水性丝绒磨砂指甲油
31	《舒缓保湿化妆水》（T/ZZB 2717—2022）	杭州雅妍化妆品有限公司	梵琳舒缓保湿精华水
32	《化妆品包装用玻璃瓶》（T/ZZB 2708—2022）	杭州三星工艺玻璃有限公司	化妆品用包装品
33	《化妆品用珠光颜料》（T/ZZB 1956—2020）	浙江瑞成新材料股份有限公司	化妆品用珠光颜料
34	《水性型指甲油》（T/ZZB 2950—2022）	金华市东方秀日化有限公司	水性型指甲油

资料来源：浙江省化妆品标准化技术委员会。

（二）浙江省健康产品化妆品行业协会团体标准

浙江省健康产品化妆品行业协会（简称协会）积极开展化妆品领域团体标准制定工作，尤其在功效领域的团体标准制定走在全国前列。目前，我国在化妆品功效评价方面建立了一些方法标准，主要针对防晒、保湿类产品，远不能满足化妆品企业对功效方法标准的需求，协会制定的团体标准成为重要的“补充剂”和“助推器”。

目前，协会共计发布化妆品领域标准 21 项，其中功效类团体标准 19 项、化妆品生产企业消毒技术规范团体标准 1 项、化妆品原料类标准 1 项，具体见表 7-6。

表 7-6　浙江省健康产品化妆品行业协会已发布团体标准

序号	标准
1	《化妆品美白祛斑功效测试方法》（T/ZHCA 001—2018）
2	《化妆品控油功效测试方法》（T/ZHCA 002—2018）
3	《化妆品影响经表皮水分流失测试方法》（T/ZHCA 003—2018）
4	《化妆品影响皮肤表面酸碱度测试方法》（T/ZHCA 004—2018）
5	《化妆品影响皮肤弹性测试方法》（T/ZHCA 006—2019）
6	《化妆品抗皱功效测试方法》（T/ZHCA 005—2019）
7	《染发类化妆品眼刺激性试验体外测试方法——牛角膜浑浊和渗透性试验》（T/ZHCA 007—2019）
8	《眼霜类化妆品眼刺激性试验体外测试方法——鸡胚绒毛膜尿囊膜血管试验》（T/ZHCA 008—2019）
9	《面霜类化妆品皮肤刺激性试验体外测试方法 重建皮肤模型体外刺激试验》（T/ZHCA 009—2019）
10	《染发类化妆品皮肤变态反应体外评价方法人源细胞系激活试验法》（T/ZHCA 010—2020）
11	《祛斑美白类化妆品皮肤变态反应体外评价方法人源细胞系激活试验法》（T/ZHCA 011—2020）
12	《化妆品生产企业消毒技术规范》（T/ZHCA 603—2021）
13	《化妆品美白功效测试 斑马鱼胚胎黑色素抑制功效测试方法》（T/ZHCA 012—2021）
14	《洁面类化妆品眼刺激性试验体外测试方法 重建人角膜上皮模型体外刺激试验》（T/ZHCA 013—2021）
15	《化妆品抗皱功效评价 斑马鱼幼鱼尾鳍皱缩抑制率法》（T/ZHCA 014—2022）
16	《化妆品紧致功效评价 斑马鱼幼鱼弹性蛋白基因相对表达量法》（T/ZHCA 015—2022）

续表

序号	标准
17	《化妆品舒缓功效评价 斑马鱼幼鱼中性粒细胞抑制率法》（T/ZHCA 016—2022）
18	《化妆品用原料 白桦树汁》（T/ZHCA 018—2022）
19	《化妆品去屑功效测试方法》（T/ZHCA 019—2022）
20	《化妆品修护功效测试 体外人源成纤维细胞迁移能力测试方法》（T/ZHCA 020—2022）
21	《化妆品紧致功效测试 体外人源成纤维细胞活性测试方法》（T/ZHCA 021—2022）

资料来源：全国团体标准信息平台。

（三）浙江日用化工行业协会团体标准

浙江省日用化工行业协会于 1992 年 10 月成立，由 1984 年成立的原中国洗涤用品工业协会浙江省分会和中国香料香精化妆品工业协会浙江省分会合并而成，是浙江省轻工行业中成立最早的协会。

浙江省日用化工行业协会为应对化妆品市场的快速变化，满足市场创新需求，制定并发布了《化妆烤粉》（T/ZJRHXH 0001—2021）、《粉底液（霜）》（T/ZJRHXH 0002—2021）、《化妆品用香精》（T/ZJRHXH 0007—2022）、《洗手片》（T/ZJRHXH 0009—2022）4 项团体标准，填补了国家标准和行业标准的空白。

（四）绍兴市上虞区化妆品包装行业协会团体标准

绍兴市上虞区化妆品包装行业协会于 2007 年成立，是由绍兴市化妆品包装设计、纸制品包装、塑料包装、金属容器、玻璃容器、陶瓷容器及包装原辅材料等企业组成的非营利性社会团体。

绍兴市上虞区化妆品包装行业协会结合本地特色，陆续制定并发布了膏霜瓶、塑料真空瓶、乳液瓶等团体标准（见表 7-7），规范了化妆品包材的质量，提高了竞争力，为浙江省化妆品产业高质量发展提供了有力的支撑。

表 7-7 绍兴市上虞区化妆品包装行业协会已发布团体标准

序号	标准
1	《化妆品包装膏霜瓶》（T/SYXB 0001—2021）
2	《化妆品包装塑料真空瓶》（T/SYXB 0002—2019）
3	《化妆品包装乳液瓶》（T/SYXB 0003—2021）
4	《化妆品包装泡沫瓶》（T/SYXB 0004—2021）
5	《化妆品包装口红管》（T/SYXB 0005—2021）

资料来源：全国团体标准信息平台。

（五）余姚市化妆品包装行业协会团体标准

余姚市化妆品包装行业协会于 2017 年成立，是由余姚市化妆品包装设计、纸制品包装、塑料包装、金属容器、玻璃容器、陶瓷容器及包装原辅材料等企业组成的非营利性社会团体。余姚市化妆品包装行业协会已制定并发布了《化妆品产品包装用喷头》（T/YYCPA 001—2018）团体标准 1 项。

第二节　标准化工作建议

一、积极推进国家标准和行业标准的制修订工作

国家标准、行业标准的水平代表了一个国家、一个行业的技术水平、经济发展水平。通过国家标准、行业标准的实施，企业可以整合和引导社会资源，激活科技要素，推动自主创新与开放创新，加速技术积累、科技进步、成果推广、创新扩散、产业升级以及经济、社会环境的全面、协调、可持续发展。

谁掌握了标准的制定权，谁就在一定程度上掌握了技术和经济主动权。因此，需针对浙江省化妆品产业特点，持续推进浙江省化妆品生产企业参与国家标准和行业标准的制修订工作。

二、积极推动团体标准的有效供给

团体标准在促进技术革新、规范市场秩序、引领产业发展中发挥了非常积极的作用。团体标准具有灵活、制定时间短、水平高等特点，逐渐成为国家标准和行业标准体系的有益补充。企业通过参与新产品、新技术团体标准的制定，能够使自己的产品生产有据可依，并且依据更加精准。此类团体标准虽为自愿采用，不具有强制性，但可以引领市场导向、加强企业自律。这些年，化妆品领域日新月异，新产品层出不穷，国家标准和行业标准由于制定周期长，很难适应快速发展的市场需求，因此，有必要加大化妆品领域团体标准的供给。

持续推进“浙江制造”团体标准制定，不断扩大化妆品“品字标”企业队伍。“品字标”作为区域公共品牌，是好企业、好产品、好服务的代名词。“品字标”为浙江省化妆品企业提供了一个提升品牌形象的重要契机，企业通过借力“品字标”，提高自有品牌的知名度和认可度。“品字标”以“国内一流、国际先进”的浙江制造团体标准为基础，要让更多化妆品企业成为“品字标”企业，不断完善“浙江制造”团体标准体系，加快制定各类型“浙江制造”团体标准。

三、积极参与国内外标准化活动

企事业单位应积极参加化妆品领域的各类标准化活动，如参加各级技术委员会和工作组，参与国家标准、行业标准、团体标准的制修订等，及时了解化妆品领域标准化发展的最新动态，提高浙江省在化妆品领域的话语权。加强对熟悉国际国内标准和技术规则的专业人才的培养，通过积极参与一系列国内外标准化活动，加强与国内外标准化技术组织的对接与合作，争取国内外重要标准化技术资源集聚，切实提高化妆品企业的标准化意识和水平，推动企业积极参与国内外重要标准化活动，争取在化妆品领域形成国际标准的突破，掌握国际话语权，提高浙江省化妆品标准的核心竞争力。

四、积极开展技术性贸易措施应对工作

以欧盟、美国、日本为首的化妆品产业发展较早的国家和地区，已形成了一套较为完善的化妆品安全体系，并且通过技术标准、技术法规和程序要求等相互配合的措施，构筑起立体的技术性贸易壁垒，以保护其国内市场，强化产业与技术在国际上的竞争地位。

技术性贸易壁垒是把技术、法规、标准和合格评定程序运用到贸易政策中，以达到阻碍进口和保护国内企业的目的。近年来，我国化妆品出口贸易发展迅速，但发达国家对化妆品建立的贸易性保护措施从根本上制约着我国化妆品进入其市场。

为有效应对发达国家的技术性贸易壁垒，以及国际贸易形势的新变化，保障我国出口化妆品的质量安全，维护“中国制造”的声誉，未来应从注重信息收集、强化理论研究、破解技术壁垒、推进质量提高等几个方面开展技术性贸易措施应对工作。

五、积极开展标准化人才的培养与标准宣贯

加强化妆品标准化人才的培养，不断扩大标准化人才队伍。企事业单位应重视标准化人才的培育，应为化妆品标准化人才的培养创造良好的条件，鼓励相关人员参与各类标准的制修订，参加各类标准化的培训，不断提高相关人员的标准化能力。

加强标准的宣贯，提高标准的实施应用水平。政府、科研院所、协会等应积极开展化妆品国家标准、行业标准、团体标准的宣贯，提高企业的标准化意识，推进化妆品相关标准的实施与应用。企业应及时跟踪各类标准的制定情况，加强标准的内部宣贯，让员工及时掌握最新的标准动态。

浙江省化妆品标准化技术委员会

执笔：周　江

第八章　浙江省化妆品检验检测水平

第一节　我国化妆品检验检测技术研究体系

改革开放以后，随着人民生活水平的提高，国内化妆品产业逐渐兴起，进口化妆品也开始出现在大家的视野中。为了确保化妆品的卫生质量和使用安全，加强化妆品的卫生监督管理，保障人民身体健康，原卫生部于 1987 年颁布了第一部化妆品强制性国家标准，自此拉开了化妆品检验检测技术研究的序幕。

经过多年的发展，我国已经具备一系列化妆品检验检测技术标准，并且每年都在更新完善。现有标准体系主要有化妆品安全技术规范体系、国标行标体系、团体标准体系等。我国化妆品检验检测技术研究机构主要有国家药监局下设的化妆品标准专家委员会、全国香料香精化妆品标准化技术委员会、化妆品行业协会、浙江省化妆品标准化技术委员会。

一、国家药监局组建的化妆品标准专家委员会

我国化妆品的主要监管部门为国家药监局，为树立科学监管理念，充分发挥专家在化妆品监管工作中的作用，国家药监局组建了与化妆品监管相关的专家委员会，其中就有化妆品标准专家委员会。2010 年 1 月 7 日，原国家食品药品监督管理局发布《关于成立化妆品标准专家委员会的通知》（国食药监许〔2010〕3 号），同年我国化妆品标准专家委员会正式成立，并将秘书处设在中国食品药品检定研究院。

化妆品标准专家委员会的主要职责是评审化妆品卫生标准草案，开展技术咨询等工作。具体包括提出拟定化妆品标准发展规划和拟定化妆品标准评审工作程序的建议；提出制修订标准年度工作计划的建议；协助做好有关化妆品标准规划、计划的实施工作；评审化妆品标准草案，提出评审结论；开展化妆品标准、检测方法技术咨询；参与化妆品标准宣贯和培训工作；收集、整理国内外有关化妆品标准信息，开展国际交流活动；为化妆品监管部门政策

法规的制定和决策、突发事件处理、重大疑难问题的解决，提供建议和技术咨询。

近年来，国家药监局组织起草了《化妆品中防腐剂检验方法》《化妆品中硼酸和硼酸盐检验方法》《化妆品中对苯二胺等 32 种组分检验方法》《化妆品中维甲酸等 8 种组分检验方法》《体外哺乳动物细胞微核试验》《化妆品祛斑美白功效测试方法》《化妆品防脱发功效测试方法》等 7 项检验方法，经化妆品标准专家委员会全体会议审议通过，予以发布，作为《化妆品安全技术规范（2015 年版）》修订或新增的检验方法，自 2021 年 5 月 1 日起施行。

二、全国香料香精化妆品标准化技术委员会

全国香料香精化妆品标准化技术委员会是经国家标准化管理委员会批准成立，并授权负责在香料香精化妆品等专业领域内从事全国性标准化工作的技术组织，下设两个分委员会，承担我国香料香精、化妆品国家标准的归口管理工作。

近年来，全国香料香精化妆品标准化技术委员会陆续制定了一系列化妆品、化妆品原料方面的国家标准及行业标准，其中包括《按摩精油》（GB/T 26516—2011）、《化妆笔、化妆笔芯》（GB/T 27575—2011）、《洗发液、洗发膏》（GB/T 29679—2013）、《护肤乳液》（GB/T 29665—2013）等系列化妆品产品国家标准，《润肤膏霜》（QB/T 1857—2013）、《爽身粉、祛痱粉》（QB/T 1859—2013）、《护发素》（QB/T 1975—2013）等系列化妆品产品行业标准。随着化妆品安全问题不断出现，禁用物质如糖皮质激素、抗生素等的检测技术研究迫在眉睫，标准研究重点开始转向禁用、限用物质检测方法研究，陆续出台了《化妆品中九种四环素类抗生素的测定　高效液相色谱法》（GB/T 24800. 1—2009）、《化妆品中四十一种糖皮质激素的测定 液相色谱/串联质谱法和薄层层析法》（GB/T 24800. 2—2009）等一系列禁限用物质的检测技术方法标准。2021 年发布了《化妆品中地索奈德等十一种糖皮质激素的测定 液相色谱/串联质谱法》（GB/T 40145—2021）、《化妆品中恩诺沙星等 15 种禁用喹诺酮类抗生素的测定 液相色谱-串联质谱法》（GB/T 39999—2021）等化妆品方法标准。随着化妆品功效相关法规出台，2011 年出台化妆品功效评价标准《化妆品保湿功效评价指南》（QB/T 4256—2011）。

三、化妆品行业协会

为了引导企业规范管理和诚信经营，加强自我管理，促进公平竞争，助

力规范发展，大部分化妆品产业较发达的省市都成立了专门的非营利性社会组织——化妆品行业协会，主要起到在企业和政府间的桥梁作用。

影响力最大的化妆品行业协会是中国香料香精化妆品工业协会（简称中国香化协会），成立于 1984 年 8 月 21 日，是经国家民政部批准，具有社会团体法人资格的国家一级工业协会。该协会是由香料香精、化妆品生产企业及其原料、设备、包装企业和相关科研、设计、教育等企事业单位和个人自愿组成的全国性、行业性、非营利性的社会组织，现有会员单位 1200 余家。除了中国香化协会，还有浙江省健康产品化妆品行业协会、杭州市化妆品协会等各省市级行业协会。

《中华人民共和国标准化法》指出，国家鼓励学会、协会等社会团体协调相关市场主体共同制定满足市场和创新需要的团体标准。近年来各行业协会积极组织，鼓励有能力的企业申报制定团体标准，填补国家标准和行业标准空白。据全国团体标准信息平台数据，截至 2023 年 9 月底，各化妆品行业协会组织制定发布的化妆品团体标准已达 267 项，涉及禁限用物质检测方法、化妆品功效评价、化妆品容器、化妆品企业管理规范等。

四、浙江省化妆品标准化技术委员会

浙江省化妆品标准化技术委员会经浙江省市场监管局批准，于 2010 年 11 月成立，秘书处设在义乌市标准化研究院和国家日用小商品质量检验检测中心。主要负责浙江省化妆品行业标准化的技术归口工作，并与国内外标准化组织建立联系和开展交流活动，参与国家、行业、团体标准的制修订等工作，配合主管部门进行未来几年标准化体系规划，负责国家标准和行业标准的协调、宣贯和解释，监督强制性标准的实施，收集反馈意见，开展技术咨询服务等。

第二节　我国化妆品注册和备案检验检测能力

一、我国化妆品注册和备案检验基本情况

随着我国化妆品法规不断健全，检测检测能力也在提高。化妆品检测检测能力已覆盖产品常规理化指标、毒理学检测、禁限用物质检测、产品功效评价，基本能满足我国政府监管需要和企业检测需求。检测是验证化妆品质量好坏最直接的手段，化妆品产业繁荣直接推动了化妆品检测市场的壮大。我国加入 WTO 后，外资检测机构凭借雄厚的资本实力和丰富的市

场运作经验进入我国检测市场，成为我国检测市场的重要部分，逐步形成国有、外资、民营检测机构三方共存的形式，满足不同层次、不同客户的服务需求。

近年来，化妆品法规不断出新，化妆品注册和备案检验要求不断规范，检验检测形势良好。按《化妆品注册和备案检验工作规范》（2019 年第 72 号文）规定，自 2019 年 11 月 1 日起，符合规定的检验检测机构，需通过化妆品注册和备案检验信息管理系统提交检验检测机构相关信息后，承担化妆品注册和备案检验工作。所有化妆品必须通过化妆品注册和备案检验后方可上市。2019 年，我国化妆品注册和备案检验机构有 153 家，至 2022 年 12 月 31 日，化妆品注册和备案检验机构已达 348 家。检验机构分布在广东、浙江、上海、江苏、北京、重庆、云南、西藏、新疆、天津、四川、陕西、山西、山东、青海、内蒙古、辽宁、江西、吉林、湖南、湖北、黑龙江、河南、河北、海南、贵州、广西、甘肃、福建、安徽 30 个省份，除了宁夏，其余省份均有。有超过六成的机构分布在广东、浙江、上海、江苏、北京 5 个省份，这基本上就是化妆品的几大主产区，与产业分布相契合，其中广东省的化妆品检验机构达到 108 家，浙江省达到 33 家，上海市达到 30 家，江苏省达到 27 家，北京市达到 21 家。具体见图 8-1。

按照检验机构具备的资质情况分，理化检验机构为 320 家，微生物检验机构为 318 家，毒理检验机构为 119 家，化妆品人体安全性和功效评价机构为 57 家。理化和微生物检验是化妆品检验最常规也是最早开展的检验项目，对一般检验机构来说技术条件门槛较低，具备相关检验能力的机构数量较多。毒理检验专业与理化微生物专业要求差异较大，检验需求相对理化微生物较少，检验机构仅占理化微生物机构数量的 30%左右。化妆品人体安全性和功效性评价起步较晚，功效评价机构数量还较少。

相关规范对理化检验机构、微生物检验机构、毒理检验机构、化妆品人体安全性和功效评价机构，在检测项目和检测方法上均有相应要求，必须严格按要求开展相关项目。

（一）理化检验机构

化妆品注册和备案检验涉及的理化检验指标是动态更新的，国家药监局根据化妆品相关法规或检测方法更新而调整。目前理化检验指标主要有：砷、铅、镉、汞、pH、石棉、二噁烷、3-亚苄基樟脑等 22 种防晒剂、对苯二胺等 8 种组分、亚苄基樟脑磺酸、二乙氨基羟苯甲酰基苯甲酸己酯、对苯二胺等 32 种组分、氧化锌、巯基乙酸、10 种 α-羟基酸、水杨酸等 5 种组分、二氧化钛、甲醇、二乙基己基丁酰胺基三嗪酮、苯基苯并咪唑磺酸等 15 种组分、

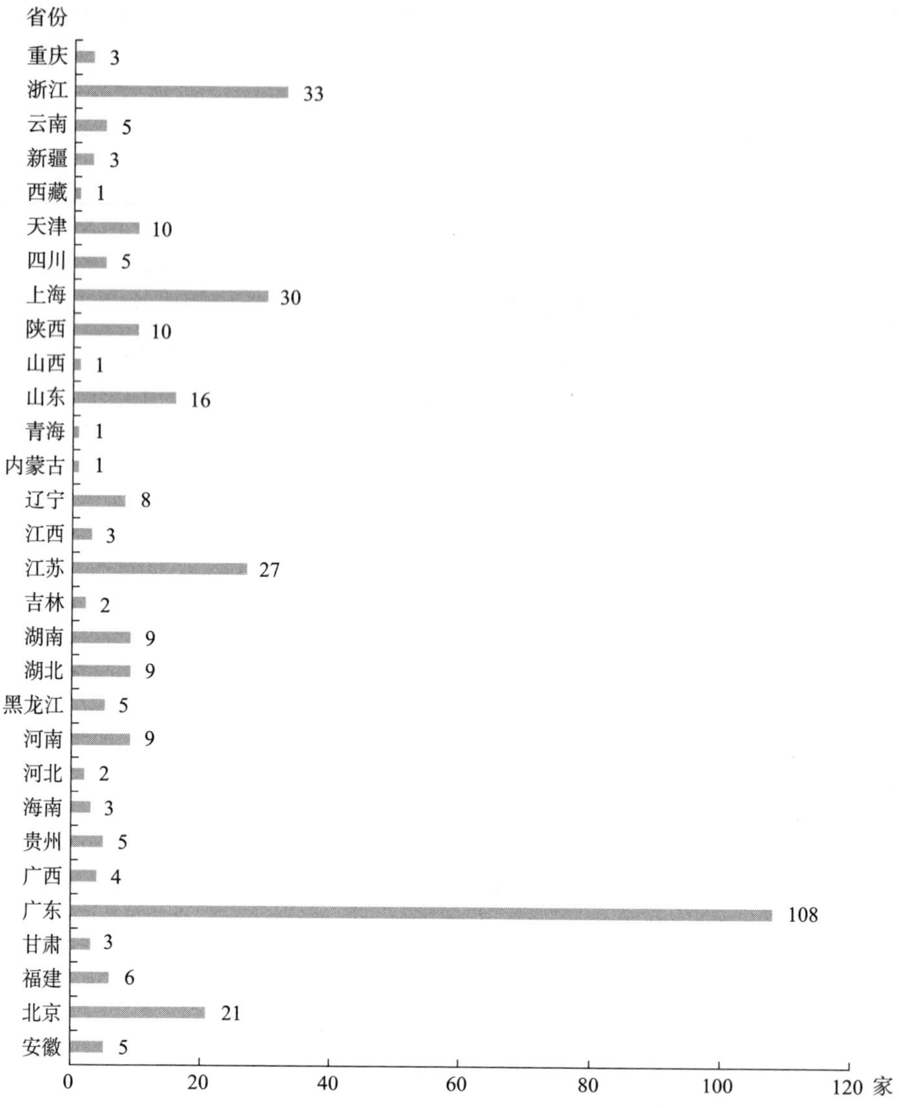

图 8-1 全国化妆品注册和备案检验机构分布

资料来源：国家药监局。

甲醛、二硫化硒、吡硫鎓锌等 19 个组分、游离甲醛、化妆品抗 UVA 能力等。从检验信息系统公布的信息来看，具备理化检测能力的机构数量很多，机构检测能力参差不齐。大多数省市级以上检验机构和综合性较强的民营机构的检测项目较齐全，部分民营机构或县市级检验机构的检测项目很少，无法承接防腐剂、防晒剂、染发剂等检测技术较高的项目。

（二）微生物检验机构

微生物检测包括对样品中微生物进行的定性分析或定量检测，要求设置生物安全责任人和生物安全监督员负责生物安全，实验室的建设、总体布局和设施应符合所开展微生物检测的要求。化妆品微生物检测项目主要是铜绿假单胞菌、金黄色葡萄球菌、菌落总数、霉菌和酵母菌、耐热大肠菌群5项，应依据《化妆品安全技术规范（2015年版）》进行检测。

（三）毒理检验机构

化妆品毒理检验分动物毒理检验和细胞毒理检验两部分。动物毒理实验室在取得《动物使用许可证》后方可申请毒理项目资质认定。细胞毒理实验室的要求同微生物实验室的要求类似，需要符合生物安全要求。细胞毒理检验项目包括化妆品毒理体外哺乳动物细胞基因突变试验、细菌回复突变试验、体外哺乳动物细胞染色体畸变试验；动物毒理检验项目包括皮肤刺激性/腐蚀性试验、急性眼刺激性/腐蚀性试验、皮肤光毒性试验和皮肤变态反应试验。

（四）化妆品人体安全性和功效评价机构

自2022年1月1日起，化妆品注册人/备案人申请特殊化妆品注册或者进行普通化妆品备案的，应当依据《化妆品功效宣称评价规范》的要求对化妆品的功效宣称进行评价，具有祛斑美白、防晒、防脱发、祛痘、滋养和修护功效的化妆品，应当通过人体功效评价试验进行功效宣称评价。化妆品人体安全性和功效评价机构应当配备2名以上（含2名）具有皮肤病相关专业执业医师资格证书的专职医生，有5年以上（含5年）化妆品人体安全性与功效评价相关工作经验的全职人员，建立受试者知情管理制度和志愿者管理体系，还应具备处置化妆品不良反应的能力。

我国化妆品人体安全性和功效评价起步较晚，大部分机构是近年新建的。截至2019年11月19日，具备化妆品注册和备案资质的人体安全性检验机构有3家，分别是广州莱德璞检测技术有限公司、上海市皮肤病医院、四川大学华西医院。截至2022年底，已有57家，主要分布在广东、上海、浙江、北京等14个省份（见图8-2），还有许多省份暂不具备化妆品人体安全性和功效评价能力。注册和备案涉及的人体安全性和功效评价检验项目有人体皮肤斑贴试验、人体试用试验安全性评价、防晒化妆品防水性能测定、化妆品防脱发功效测试方法、化妆品祛斑美白功效测试方法、防晒化妆品防晒指数测定、防晒化妆品长波紫外线防护指数测定等。

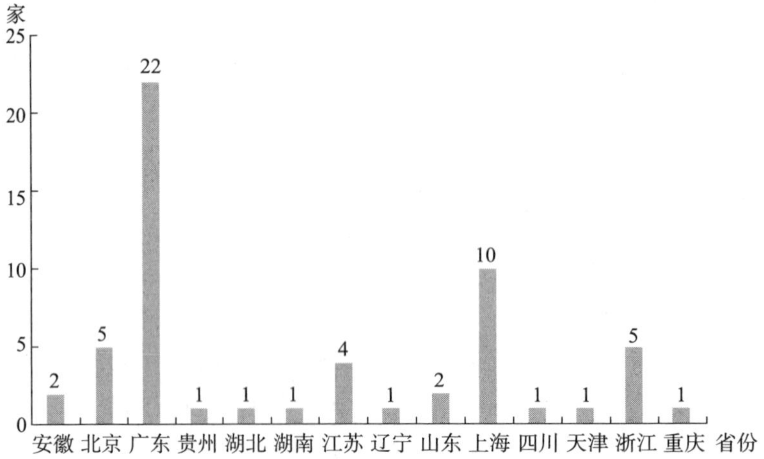

图 8-2　2022 年底各省份化妆品人体安全性和功效评价检验机构数量分布

资料来源：国家药监局。

二、化妆品注册和备案检验机构查询途径

化妆品注册人/备案人可以在国家药监局官网（https：//www. nmpa. gov. cn/）化妆品板块之化妆品查询端口查询化妆品检验检测机构情况。查询条件有检验检测机构名称、检验项目名称、编号，输入三者之一便可查询相关检验机构信息，如检验机构名称、地址、联系人、联系方式、该机构取得资质认定等。

国家药监局对化妆品注册和备案检验机构实行动态管理，国家或省级药品监管部门对检验机构定期或不定期组织开展监督检查或能力核查，如发现存在检验工作不规范等问题，将暂停其检验信息系统使用权限。化妆品注册人/备案人在申请注册或备案检验时应当严格落实主体责任，慎重选择检验检测机构，对产品注册或备案资料的真实性和科学性负责。

第三节　浙江省化妆品注册和备案检验机构基本情况

一、总体情况

浙江省化妆品检验检测机构以国有企业和民营企业为主。国有检验检测机构管理规范，技术装备较雄厚，人才实力较强，比如省市场监管局直属的浙江方圆检测集团、省药监系统下属的各食品药品检验院、海关系统的各市海关技术中心等。民营化妆品检测机构基本是近年新建的，主要分布在杭州市和金华市。民营企业的经营体制比较灵活，实行市场化运营，根据市场需求及时调整和扩大自身的检测范围，扩张能力较强。近年来，检验检测市场竞争愈演愈烈，充满活力，化妆品检验机构不断增加，总体服务水平不断提高。

截至 2022 年 12 月 31 日，浙江省化妆品检验机构有 33 家，其中杭州市 13 家、金华市 7 家、宁波市 4 家、绍兴市 2 家、温州市 2 家、湖州市、衢州市、台州市、舟山市、丽水市各 1 家（见图 8-3）。检验机构的地区分布与化妆品生产企业、化妆品注册人备案人所在地区分布基本一致。以上 33 家机构的检测能力覆盖理化检验、微生物检验、毒理学检验、化妆品人体安全性和功效评价，浙江省化妆品检验机构的能力可以满足浙江省化妆品产业发展需要。

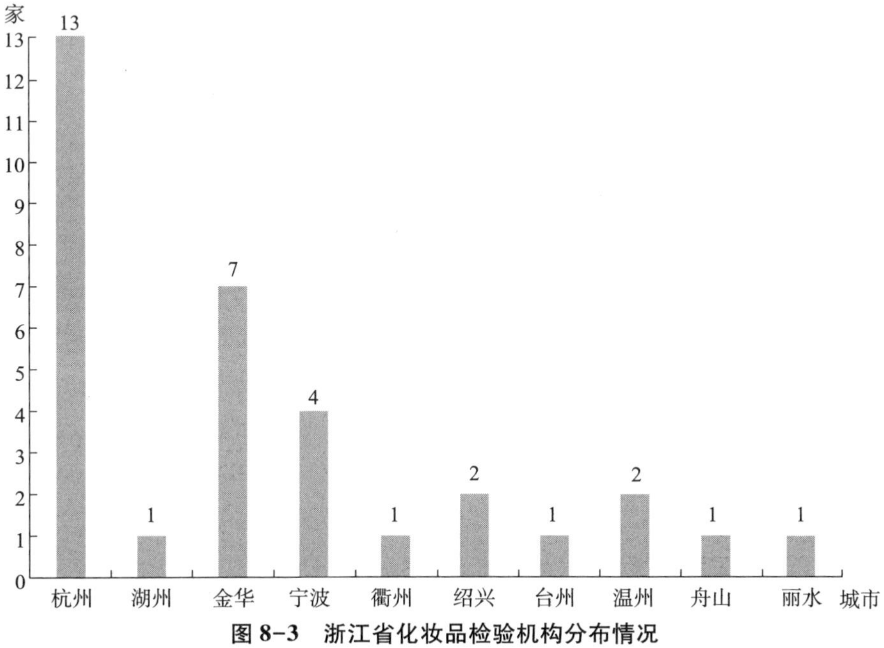

图 8-3　浙江省化妆品检验机构分布情况

资料来源：国家药监局。

二、浙江省内代表性检测机构介绍

从机构综合实力来看，浙江省化妆品检测能力较强的代表性检测机构有浙江方圆检测集团股份有限公司、浙江省食品药品检验研究院、浙江省疾病预防控制中心、浙江公正检验中心有限公司、杭州希科检测技术有限公司。

（一）浙江方圆检测集团股份有限公司

浙江方圆检测集团股份有限公司（简称方圆检测集团）是全国市场监管系统第一家事企分离改制的国有检测公司，面向社会提供检验检测、标准制定、产品认证、质量鉴定、培训咨询等技术服务。下设化工产品检验所、皮革制品检测部、食品检验所、建材产品检验所等 13 个检测部，承担全国休闲食品标准化技术委员会、全国皮革工业标准化技术委员会等 3 家省级以上标准化技术委员会秘书处工作，附设国家电子商务消费品质量检验检测中心（浙江）等 6 个国家质检中心和 5 个省级质检中心，拥有电器 CB 实验室，已与全球 52 家国际电工委员会成员国实现检测结果互认，是“浙江制造”国际认证联盟主席单位和“浙江制造”标准牵头制定单位。

近年来，方圆检测集团被认定为国家高新技术企业，相继获批省级高新技术企业研究开发中心、省级企业研究院；被评为浙江省中小企业公共服务示范平台和国家中小企业公共服务示范平台；是国家标准化管理委员会认定的第一批，也是长三角地区唯一的国家级标准验证检验检测点。

方圆检测集团是唯一由工业和信息化部授权的工业（化妆品）产品质量控制和技术评价实验室，拥有国家化妆品注册和备案检验资质，是浙江省食品药品应急检验检测实验室，是阿里巴巴、唯品会、网易质检服务合作商。检测实验场地约有 5000 平方米，仪器设备有 400 余台（套），设备原值 5000 余万元，关键设备均为全球靠前设备厂商品牌。方圆检测集团具有强大的专家技术团队，其中有正高级技术职称人员 6 人、高级技术职称人员 15 人，中级及以上职称人数占总人数的比重为 70%。协助监管部门成功处置各类化妆品质量安全突发事件，同时还积极致力于各项科研项目研究和标准制修订工作，主持完成省部级及厅局级项目 10 余项，起草或参与制修订化妆品国家标准、行业标准累计 20 余项，发表各类专业文章 50 余篇。其中国家标准《按摩精油》（GB/T 26516—2011）、《化妆笔、化妆笔芯》（GB/T 27575—2011）获 2012 年度杭州市技术标准奖励二等奖。

作为浙江省内化妆品及原料检测能力领先的实验室，方圆检测集团为政府监管部门提供技术支撑，为化妆品相关企业、消费者提供优质高效的检测、评价、咨询、培训、技术开发等一站式服务。具备化妆品理化检验、微生物检验、毒理学、化妆品功效评价等检验检测能力，通过 CNAS、CMA 资质认定参数 900 多项，其中理化指标几乎覆盖所有已出台的检测标准中所涉指标，是国内化妆品理化检测特别是高关注度的禁限用物质检测能力最强的机构之一。

（二）浙江省食品药品检验研究院

浙江省食品药品检验研究院（《中国现代应用药学》杂志社）的前身浙江省卫生厅药品检验所成立于1957年，至今已有60多年历史，隶属于省药监局，主要承担食品（保健食品）、药品、化妆品的各类检验、质量安全分析研究、标准制修订、相关技术研究、食品生产许可的技术审查工作，“四技”服务、科普宣传、学术推广、杂志编辑发行等工作。化妆品理化、微生物和毒理实验室面积达13000平方米，化妆品CMA资质认定项目总数达537项。

现为国家药监局化妆品风险监测工作组成员单位、化妆品复检机构、化妆品补充检验方法首批验证机构、化妆品注册备案检验机构。拥有国家药监局首家化妆品替代领域重点实验室，是全国化妆品体外试验技术培训基地，完成欧盟体外方法转移项目21个。参与化妆品标准体系建设，起草化妆品毒理学替代方法五年规划，完成儿童化妆品标准现状报告，参与化妆品用植物原料质量标准五年规划；参与国家药监局化妆品监管科学二期项目；主持化妆品安全技术规范修订项目3个；起草化妆品毒理学试验团体标准7个，立项体外功效评价方法团体标准14个，编写《化妆品安全技术规范（2015年版）》理化方法注释7个，复核中国食品药品检定研究院等起草的理化和毒理学方法11个，主持完成省部级及厅局级项目20项。

（三）浙江省疾病预防控制中心

浙江省疾病预防控制中心为浙江省卫生健康委员会所属公益一类事业单位，承担政府疾病预防控制技术管理与服务，是浙江省疾病预防控制工作的业务技术指导中心、检验检测中心。对外挂牌“浙江省公共卫生研究院”等，建成3个省级重点实验室、4个厅级重点学科（实验室）和1个厅级重点学科群。该中心通过国家实验室认可、国家级计量认证，获得实验室认可、实验室资质认定、食品检验机构资质认定“三合一”参数共计30类、1626项。先后获得国家和省级卫生计生行政部门认定的健康相关产品卫生行政许可检验机构、国家FDA保健食品注册遴选机构和化妆品卫生行政许可检验机构资格。

该中心的实验室按照《化妆品安全技术规范（2015年版）》开展化妆品的检测工作，获得化妆品资质认定项目327项，其中有微生物项目5项、理化项目306项、毒理项目16项。实验室多次参加中国合格评定国家认可委员会等组织的能力验证，均取得满意结果。

（四）浙江公正检验中心有限公司

浙江公正检验中心有限公司是专业从事化妆品等领域检测技术研究和服务的国家高新技术企业，前身为浙江省日用化工产品行业质量监督检验站。

单位下设国家轻工业香料化妆品洗涤用品质量监督检测杭州站，为第三方公正地位的法定检验检测机构，是省内较早通过计量认证（资质认定）和实验室认可的专业检测实验室之一、国家药监局国产非特殊用途化妆品备案检验机构、国家药监局特殊食品验证评价技术机构、浙江省消费者权益保护委员会指定实验室，被纳入国家药监局化妆品注册和备案检验管理信息系统。实验室通过了国家、省级资质认定和中国合格评定国家认可委员会国家实验室认可，所出具的检测报告获得国际实验室认可合作组织（ILAC）成员国和地区的认可。

实验室人员的研究技术和实验条件雄厚。技术人员队伍包含教授级高工 1 人、高工 13 人、工程师 44 人；用于化妆品检测分析的各类仪器均为进口仪器设备。

近年来实验室承担了国家自然科学基金项目、浙江省自然科学基金项目、浙江省公益科技计划项目、浙江省分析测试基金项目、杭州市科技发展计划项目 10 余项；获中国轻工业科学技术进步奖二等奖 1 项、中国轻工业联合会科学技术进步奖三等奖 1 项、浙江省科学技术进步奖三等奖 1 项、浙江省科学技术进步奖优秀奖 1 项、浙江省优秀新产品（新技术）三等奖 1 项、杭州市科学技术进步奖二等奖 1 项、浙江省自然科学优秀论文奖若干；主持或参与起草国家及行业标准 10 多项；发表科研论文近百篇，部分论文被 SCI 收录。

（五）杭州希科检测技术有限公司

杭州希科检测技术有限公司（简称希科检测）是瑞旭集团为促进集团检测事业快速发展而成立的子公司，现已成长为具有专业性、综合性、国际性的独立第三方检测机构。公司倡导“健康生命”理念，专业开展产品测试服务，涉及食品及其相关产品、化妆品、环境、消费品、工业品、化工等多个领域。希科检测已在爱尔兰、北京、南京等地设立了分支机构，正利用国际站点服务全球客户，帮助企业确认产品信息、质量及安全，规避国际贸易壁垒，提升品牌竞争力。

希科检测依据 ISO/IEC 17025 建立实验室管理体系，并持续有效运作，多个实验室都配备先进的检测仪器和设备，技术实力雄厚。凭借先进的设施配备、苛求专业的企业精神，希科检测不断自我革新，参拟国家标准并拥有多项实验室技术专利。

杭州希科日化实验室组建于 2015 年，检测项目覆盖化妆品、消毒产品等，实验室分为理化实验室、微生物实验室、毒理实验室、功效评价中心四大模块，占地总面积约为 2700 平方米。实验室配备了 200 多台（套）仪器设备。

希科检测已具备包含化妆品理化、微生物、毒理、人体功效评价在内共 350 余项 CMA 资质，同时也是化妆品注册和备案检验机构。

三、浙江省化妆品注册和备案检验机构名录

表 8-1 浙江省化妆品注册和备案检验机构名录

序号	编号	检验检测机构名称	地址	取得资质认定的检验项目
1	20190132	浙江省食品药品检验研究院	杭州市滨江区长河街道平乐街 325 号	汞，砷，铅，镉，pH 值，甲醇，甲醛，石棉，二恶烷，氧化锌，二氧化钛，巯基乙酸，游离甲醛，菌落总数，10 种 α-羟基酸，耐热大肠菌群，铜绿假单胞菌，霉菌和酵母菌，亚苄基樟脑磺酸，金黄色葡萄球菌，水杨酸等 5 种组分，皮肤光毒性试验，皮肤变态反应试验，细菌回复突变试验，对苯二胺等 8 种组分，对苯二胺等 32 种组分，皮肤刺激性/腐蚀性试验，3-亚苄基樟脑等 22 种防晒剂，急性眼刺激性/腐蚀性试验，二乙基己基丁酰胺基三嗪酮，化妆品抗 UVA 能力仪器测定法，苯基苯并咪唑磺酸等 15 种组分，二乙氨基羟苯甲酰基苯甲酸己酯，体外哺乳动物细胞基因突变试验，体外哺乳动物细胞染色体畸变试验
2	20190048	浙江方圆检测集团股份有限公司	杭州市杭州经济技术开发区下沙路 300 号	汞，防晒化妆品长波紫外线防护指数（PFA 值）测定，防晒化妆品防晒指数（SPF 值）测定，体外哺乳动物细胞染色体畸变试验，体外哺乳动物细胞基因突变试验，化妆品祛斑美白功效测试方法，二乙氨基羟苯甲酰基苯甲酸己酯，苯基苯并咪唑磺酸等 15 种组分，化妆品防脱发功效测试方法，二乙基己基丁酰胺基三嗪酮，急性眼刺激性/腐蚀性试验，3-亚苄基樟脑等 22 种防晒剂，防晒化妆品防水性能测定，人体试用试验安全性评价，皮肤刺激性/腐蚀性试验，对苯二胺等 32 种组分，吡硫鎓锌等 19 个组分，对苯二胺等 8 种组分，细菌回复突变试验，皮肤变态反应试验，人体皮肤斑贴试验，皮肤光毒性试验，水杨酸等 5 种组分，金黄色葡萄球菌，亚苄基樟脑磺酸，霉菌和酵母菌，铜绿假单胞菌，耐热大肠菌群，10 种 α-羟基酸，菌落总数，游离甲醛，巯基乙酸，二硫化硒，二氧化钛，氧化锌，二恶烷，石棉，甲醛，甲醇，pH 值，镉，铅，砷
3	20190049	浙江省疾病预防控制中心	浙江省杭州市滨江区滨盛路 3399 号	汞，砷，铅，镉，pH 值，甲醇，甲醛，二恶烷，氧化锌，巯基乙酸，菌落总数，耐热大肠菌群，铜绿假单胞菌，霉菌和酵母菌，亚苄基樟脑磺酸，金黄色葡萄球菌，水杨酸等 5 种组分，皮肤光毒性试验，皮肤变态反应试验，细菌回复突变试验，对苯二胺等 8 种组分，对苯二胺等 32 种组分，皮肤刺激性/腐蚀性试验，急性眼刺激性/腐蚀性试验，二乙基己基丁酰胺基三嗪酮，苯基苯并咪唑磺酸等 15 种组分，二乙氨基羟苯甲酰基苯甲酸己酯，体外哺乳动物细胞基因突变试验，体外哺乳动物细胞染色体畸变试验

续表

序号	编号	检验检测机构名称	地址	取得资质认定的检验项目
4	20190102	浙江公正检验中心有限公司	注册地：杭州市城头巷128号；实验室地址：浙江省杭州市临安区青山湖科技城星港路628号	汞，砷，铅，镉，pH值，甲醇，甲醛，二恶烷，氧化锌，α-羟基酸，二氧化钛，巯基乙酸，游离甲醛，菌落总数，10种α-羟基酸，耐热大肠菌群，铜绿假单胞菌，霉菌和酵母菌，亚苄基樟脑磺酸，金黄色葡萄球菌，水杨酸等5种组分，对苯二胺等8种组分，对苯二胺等32种组分，3-亚苄基樟脑等22种防晒剂，二乙基己基丁酰胺基三嗪酮，苯基苯并咪唑磺酸等15种组分，二乙氨羟苯甲酰基苯甲酸己酯
5	20190038	杭州希科检测技术有限公司	杭州市滨江区滨安路1180号4幢1层、3幢4层、3幢3层	汞，砷，铅，镉，pH值，甲醇，甲醛，石棉，二恶烷，氧化锌，二氧化钛，巯基乙酸，游离甲醛，菌落总数，10种α-羟基酸，耐热大肠菌群，铜绿假单胞菌，霉菌和酵母菌，亚苄基樟脑磺酸，金黄色葡萄球菌，水杨酸等5种组分，皮肤光毒性试验，人体皮肤斑贴试验，皮肤变态反应试验，对苯二胺等8种组分，吡硫鎓锌等19个组分，对苯二胺等32种组分，皮肤刺激性/腐蚀性试验，人体试用试验安全性评价，防晒化妆品防水性能测定，3-亚苄基樟脑等22种防晒剂，急性眼刺激性/腐蚀性试验，二乙基己基丁酰胺基三嗪酮，苯基苯并咪唑磺酸等15种组分，二乙氨基羟苯甲酰基苯甲酸己酯，化妆品祛斑美白功效测试方法，防晒化妆品防晒指数（SPF值）测定，防晒化妆品长波紫外线防护指数（PFA值）测定
6	20210308	必维检测技术服务（浙江）有限公司	宁波市鄞州区清逸路66号B座1层西、6层东、7层东、8层	汞，3-亚苄基樟脑等22种防晒剂，对苯二胺等32种组分，吡硫鎓锌等19个组分，金黄色葡萄球菌，霉菌和酵母菌，铜绿假单胞菌，耐热大肠菌群，10种α-羟基酸，菌落总数，二恶烷，甲醛，甲醇，pH值，镉，铅，砷
7	20210278	苍南县食品药品检验所（苍南县药品不良反应监测中心）	浙江省温州市苍南县灵溪镇公园山会龙门（山前路245号）	汞，砷，铅，镉，pH值，甲醇，菌落总数，耐热大肠菌群，铜绿假单胞菌，霉菌和酵母菌，金黄色葡萄球菌
8	20210277	浙江壹晟检测技术有限公司	浙江省义乌市江东街道青口工业区通宝路115号三期科研楼一楼西面	汞，砷，铅，镉，pH值，甲醇，二恶烷，菌落总数，耐热大肠菌群，铜绿假单胞菌，霉菌和酵母菌，金黄色葡萄球菌

续表

序号	编号	检验检测机构名称	地址	取得资质认定的检验项目
9	20210272	湖州市食品药品检验研究院	浙江省湖州市吴兴区蜀山路1899号	汞，砷，铅，镉，pH值，甲醇，甲醛，氧化锌，二氧化钛，巯基乙酸，菌落总数，10种α-羟基酸，耐热大肠菌群，铜绿假单胞菌，霉菌和酵母菌，亚苄基樟脑磺酸，金黄色葡萄球菌，水杨酸等5种组分，对苯二胺等8种组分，皮肤刺激性/腐蚀性试验，急性眼刺激性/腐蚀性试验，二乙基己基丁酰胺基三嗪酮，苯基苯并咪唑磺酸等15种组分，二乙氨基羟苯甲酰基苯甲酸己酯
10	20210271	中谱安信（杭州）检测科技有限公司	浙江省杭州市滨江区长河街道滨安路688号2幢4楼B层401室、402室	汞，砷，铅，镉，pH值，甲醇，甲醛，二恶烷，氧化锌，二氧化钛，巯基乙酸，菌落总数，耐热大肠菌群，铜绿假单胞菌，霉菌和酵母菌，亚苄基樟脑磺酸，金黄色葡萄球菌，水杨酸等5种组分，对苯二胺等8种组分，对苯二胺等32种组分，二乙基己基丁酰胺基三嗪酮，二乙氨基羟苯甲酰基苯甲酸己酯
11	20200232	绍兴海关综合技术服务中心	绍兴市越城区延安东路301号	汞，砷，铅，镉，菌落总数，耐热大肠菌群，铜绿假单胞菌，霉菌和酵母菌，金黄色葡萄球菌
12	20200217	衢州市食品药品检验研究院	衢州市荷四路339号	汞，砷，铅，镉，pH值，甲醇，甲醛，二恶烷，氧化锌，α-羟基酸，二氧化钛，巯基乙酸，菌落总数，耐热大肠菌群，铜绿假单胞菌，霉菌和酵母菌，金黄色葡萄球菌，水杨酸等5种组分，对苯二胺等8种组分，对苯二胺等32种组分，二乙基己基丁酰胺基三嗪酮，苯基苯并咪唑磺酸等15种组分，二乙氨基羟苯甲酰基苯甲酸己酯
13	20200210	台州海关综合技术服务中心	台州市椒江区中心大道369号	汞，砷，铅，镉，甲醇，甲醛，二恶烷，菌落总数，耐热大肠菌群，铜绿假单胞菌，霉菌和酵母菌，金黄色葡萄球菌
14	20200199	杭州普研标准技术服务有限公司	杭州市余杭区文一西路1500号4幢401室	汞，砷，铅，镉，pH值，甲醇，甲醛，二恶烷，氧化锌，二氧化钛，巯基乙酸，游离甲醛，菌落总数，10种α-羟基酸，耐热大肠菌群，铜绿假单胞菌，霉菌和酵母菌，亚苄基樟脑磺酸，金黄色葡萄球菌，对苯二胺等8种组分，对苯二胺等32种组分，3-亚苄基樟脑等22种防晒剂，二乙基己基丁酰胺基三嗪酮，苯基苯并咪唑磺酸等15种组分，二乙氨基羟苯甲酰基苯甲酸己酯
15	20200197	铼元（浙江）检测技术服务有限公司	浙江省义乌市北苑街道丹溪北路622号1楼（自主申报）	汞，砷，铅，镉，pH值，甲醇，甲醛，二恶烷，菌落总数，耐热大肠菌群，铜绿假单胞菌，霉菌和酵母菌，金黄色葡萄球菌

续表

序号	编号	检验检测机构名称	地址	取得资质认定的检验项目
16	20190168	浙江金正检测有限公司	浙江省义乌市贝村路 930 号	汞，砷，铅，镉，pH 值，甲醇，甲醛，二恶烷，氧化锌，二氧化钛，巯基乙酸，菌落总数，耐热大肠菌群，铜绿假单胞菌，霉菌和酵母菌，亚苄基樟脑磺酸，金黄色葡萄球菌，水杨酸等 5 种组分，对苯二胺等 8 种组分，对苯二胺等 32 种组分，二乙基己基丁酰胺基三嗪酮，苯基苯并咪唑磺酸等 15 种组分，二乙氨基羟苯甲酰基苯甲酸己酯
17	20190158	浙江省检验检疫科学技术研究院	浙江省杭州市萧山区建设三路 398 号	汞，砷，铅，镉，pH 值，甲醇，甲醛，二恶烷，氧化锌，α-羟基酸，二氧化钛，巯基乙酸，菌落总数，耐热大肠菌群，铜绿假单胞菌，霉菌和酵母菌，亚苄基樟脑磺酸，金黄色葡萄球菌，水杨酸等 5 种组分，对苯二胺等 8 种组分，对苯二胺等 32 种组分，二乙基己基丁酰胺基三嗪酮，苯基苯并咪唑磺酸等 15 种组分，二乙氨基羟苯甲酰基苯甲酸己酯
18	20190155	浙江中通检测科技有限公司	浙江省宁波市镇海区庄市街道毓秀路 25 号、浙江省宁波市镇海区庄市街道毓秀路 28 号	汞，砷，铅，镉，pH 值，甲醇，甲醛，石棉，二恶烷，氧化锌，二氧化钛，二硫化硒，巯基乙酸，游离甲醛，菌落总数，10 种 α-羟基酸，耐热大肠菌群，铜绿假单胞菌，霉菌和酵母菌，亚苄基樟脑磺酸，金黄色葡萄球菌，对苯二胺等 8 种组分，吡硫鎓锌等 19 个组分，对苯二胺等 32 种组分，3-亚苄基樟脑等 22 种防晒剂，二乙基己基丁酰胺基三嗪酮，苯基苯并咪唑磺酸等 15 种组分，二乙氨基羟苯甲酰基苯甲酸己酯
19	20190139	舟山市食品药品检验检测研究院	浙江省舟山市定海区北蝉新港开发区弘禄大道 49 号、浙江省舟山市普陀区东港街道新驰路 68 号普陀区大健康产业园 F 幢 4 楼	汞，砷，铅，镉，pH 值，甲醇，甲醛，石棉，二恶烷，巯基乙酸，菌落总数，耐热大肠菌群，铜绿假单胞菌，霉菌和酵母菌，金黄色葡萄球菌，水杨酸等 5 种组分，对苯二胺等 8 种组分，皮肤刺激性/腐蚀性试验，急性眼刺激性/腐蚀性试验，苯基苯并咪唑磺酸等 15 种组分
20	20190135	金华市食品药品检验检测研究院	浙江省金华市金东区丹溪东路 1086 号	汞，砷，铅，镉，pH 值，甲醇，甲醛，α-羟基酸，巯基乙酸，菌落总数，耐热大肠菌群，铜绿假单胞菌，霉菌和酵母菌，金黄色葡萄球菌，水杨酸等 5 种组分，对苯二胺等 8 种组分，皮肤刺激性/腐蚀性试验，急性眼刺激性/腐蚀性试验，苯基苯并咪唑磺酸等 15 种组分

续表

序号	编号	检验检测机构名称	地址	取得资质认定的检验项目
21	20190131	杭州市食品药品检验研究院	杭州市拱墅区石桥路永华街198号洄龙湖邸1、2、3幢	汞，砷，铅，镉，pH值，甲醇，甲醛，二恶烷，α-羟基酸，巯基乙酸，菌落总数，耐热大肠菌群，铜绿假单胞菌，霉菌和酵母菌，金黄色葡萄球菌，水杨酸等5种组分，皮肤光毒性试验，皮肤变态反应试验，对苯二胺等8种组分，对苯二胺等32种组分，皮肤刺激性/腐蚀性试验，急性眼刺激性/腐蚀性试验，化妆品抗UVA能力仪器测定法，苯基苯并咪唑磺酸等15种组分，鼠伤寒沙门氏菌/回复突变试验，体外哺乳动物细胞基因突变试验，体外哺乳动物细胞染色体畸变试验
22	20190113	义乌市产品（商品）质量检验研究院（国家日用小商品质量检验检测中心）	浙江省义乌市雪峰西路968号科技创业园13号楼	汞，砷，铅，镉，pH值，甲醇，甲醛，二恶烷，巯基乙酸，菌落总数，耐热大肠菌群，铜绿假单胞菌，霉菌和酵母菌，金黄色葡萄球菌，水杨酸等5种组分，苯基苯并咪唑磺酸等15种组分
23	20190066	义乌检验检疫综合技术服务中心	浙江省义乌市城北路299号	汞，砷，铅，镉，pH值，甲醇，甲醛，二恶烷，氧化锌，二氧化钛，巯基乙酸，游离甲醛，菌落总数，10种α-羟基酸，耐热大肠菌群，铜绿假单胞菌，霉菌和酵母菌，亚苄基樟脑磺酸，金黄色葡萄球菌，水杨酸等5种组分，对苯二胺等8种组分，二乙基己基丁酰胺基三嗪酮，苯基苯并咪唑磺酸等15种组分，二乙氨基羟苯甲酰基苯甲酸己酯
24	20190050	金华海关综合技术服务中心	金华市金东区宋濂路1000号	汞，砷，铅，镉，pH值，甲醇，甲醛，二恶烷，氧化锌，二氧化钛，游离甲醛，菌落总数，10种α-羟基酸，耐热大肠菌群，铜绿假单胞菌，霉菌和酵母菌，亚苄基樟脑磺酸，金黄色葡萄球菌，水杨酸等5种组分，对苯二胺等8种组分，3-亚苄基樟脑等22种防晒剂，二乙基己基丁酰胺基三嗪酮，苯基苯并咪唑磺酸等15种组分，二乙氨基羟苯甲酰基苯甲酸己酯
25	20190047	宁波海关技术中心	浙江省宁波市清逸路66号	汞，砷，铅，镉，pH值，甲醇，甲醛，石棉，二恶烷，氧化锌，二氧化钛，二硫化硒，巯基乙酸，游离甲醛，菌落总数，10种α-羟基酸，耐热大肠菌群，铜绿假单胞菌，霉菌和酵母菌，亚苄基樟脑磺酸，金黄色葡萄球菌，皮肤光毒性试验，皮肤变态反应试验，细菌回复突变试验，对苯二胺等8种组分，吡硫鎓锌等19个组分，对苯二胺等32种组分，皮肤刺激性/腐蚀性试验，3-亚苄基樟脑等22种防晒剂，急性眼刺激性/腐蚀性试验，二乙基己基丁酰胺基三嗪酮，苯基苯并咪唑磺酸等15种组分，二乙氨基羟苯甲酰基苯甲酸己酯，体外哺乳动物细胞基因突变试验，体外哺乳动物细胞染色体畸变试验

续表

序号	编号	检验检测机构名称	地址	取得资质认定的检验项目
26	20190031	浙江华才检测技术有限公司	浙江省诸暨市暨阳街道浣纱北路 48 号	汞，砷，铅，镉，pH 值，甲醇，甲醛，石棉，二恶烷，氧化锌，二氧化钛，巯基乙酸，游离甲醛，菌落总数，10 种 α-羟基酸，耐热大肠菌群，铜绿假单胞菌，霉菌和酵母菌，亚苄基樟脑磺酸，金黄色葡萄球菌，水杨酸等 5 种组分，对苯二胺等 8 种组分，吡硫鎓锌等 19 个组分，对苯二胺等 32 种组分，3-亚苄基樟脑等 22 种防晒剂，二乙基己基丁酰胺基三嗪酮，苯基苯并咪唑磺酸等 15 种组分，二乙氨基羟苯甲酰基苯甲酸己酯
27	20220318	宁波中盛产品检测有限公司	浙江省宁波高新区清逸路 66 号 043 幢 228 室	汞，砷，铅，镉，pH 值，甲醇，二恶烷，游离甲醛，菌落总数，耐热大肠菌群，铜绿假单胞菌，霉菌和酵母菌，金黄色葡萄球菌
28	20220319	杭州华妆科技有限公司	杭州市钱塘新区白杨街道 2 号大街 519 号 4-1401	人体皮肤斑贴试验，人体试用试验安全性评价，防晒化妆品防水性能测定，化妆品防脱发功效测试方法，化妆品祛斑美白功效测试方法，防晒化妆品防晒指数（SPF 值）测定，防晒化妆品长波紫外线防护指数（PFA 值）测定
29	20220334	杭州环特生物科技股份有限公司	浙江省杭州市滨江区江陵路 88 号 5 幢 1 楼	汞，砷，铅，镉，菌落总数，耐热大肠菌群，铜绿假单胞菌，霉菌和酵母菌，金黄色葡萄球菌
30	20220335	温州市质量技术检测科学研究院	温州市鹿城区丰门街道中国鞋都一期质检大楼	汞，砷，铅，镉，pH 值，甲醇，甲醛，二硫化硒，巯基乙酸，菌落总数，耐热大肠菌群，铜绿假单胞菌，霉菌和酵母菌，金黄色葡萄球菌，对苯二胺等 8 种组分，吡硫鎓锌等 19 个组分，对苯二胺等 32 种组分
31	20220348	丽水市质量检验检测研究院	浙江省丽水市莲都区中山街北 395 号	汞，二乙氨基羟苯甲酰基苯甲酸己酯，苯基苯并咪唑磺酸等 15 种组分，二乙基己基丁酰胺基三嗪酮，3-亚苄基樟脑等 22 种防晒剂，对苯二胺等 32 种组分，对苯二胺等 8 种组分，水杨酸等 5 种组分，金黄色葡萄球菌，亚苄基樟脑磺酸，霉菌和酵母菌，铜绿假单胞菌，耐热大肠菌群，10 种 α-羟基酸，菌落总数，游离甲醛，巯基乙酸，二氧化钛，氧化锌，二恶烷，甲醛，甲醇，pH 值，镉，铅，砷

续表

序号	编号	检验检测机构名称	地址	取得资质认定的检验项目
32	20220353	杭州颐唯实检测科技有限公司	浙江省杭州市滨江区西兴街道月明路560号1幢2号楼106室	人体皮肤斑贴试验，防晒化妆品长波紫外线防护指数（PFA值）测定，防晒化妆品防晒指数（SPF值）测定，化妆品祛斑美白功效测试方法，化妆品防脱发功效测试方法，防晒化妆品防水性能测定，人体试用试验安全性评价
33	20220364	通标标准技术服务有限公司杭州分公司	中国（浙江）自由贸易试验区杭州市滨江区长河街道滨安路1180号4幢36层、7幢1层106室、7幢2层202室、7幢4层401417室、7幢7层701~713室、1幢2号楼5层510~513室	汞，防晒化妆品长波紫外线防护指数（PFA值）测定，防晒化妆品防晒指数（SPF值）测定，化妆品祛斑美白功效测试方法，防晒化妆品防水性能测定，人体试用试验安全性评价，人体皮肤斑贴试验，金黄色葡萄球菌，霉菌和酵母菌，铜绿假单胞菌，耐热大肠菌群，菌落总数，镉，铅，砷

注：以上数据截止到2022年12月31日，实时数据信息以国家药监局官网发布为准。

资料来源：国家药监局。

浙江方圆检测集团股份有限公司

执笔：胡　丹

下　篇

第九章　浙江省各地市化妆品产业竞争力分析

第一节　杭州市化妆品产业竞争力分析

从服饰到美妆，杭州有着孕育“她经济”的天然优势。杭州先是在改革开放后成为国际美妆争抢的生产基地，后有珀莱雅、章华汉草等一批本土美妆品牌的崛起，如今又有毛戈平等品牌扛起了新国货浪潮的美妆大旗，并跻身国内头部化妆品品牌。毫不夸张地说，杭州美妆的更迭史，既是国产美妆的奋斗史，也是一部中国女性追求变美的历史。“胭脂彩夺孙源茂，宫粉首推孔凤春。北地南朝好颜色，蛾眉淡埽更何人。”这是清代《武林市肆吟》里对孔凤春宫粉盛行的描述。当时，杭城有闻名全国的“五杭”，分别是杭粉、杭剪、杭扇、杭烟和杭线，杭粉列首位。20 世纪 80 年代，杭州开始出现一批国际化妆品的代工厂。从 20 世纪 90 年代到 21 世纪初，萧山、余杭、临平、钱塘等辖区遍布化妆品工厂，生产链层层细分。随着杭州城市规划的变迁、化妆品供应链产能的成熟，越来越多的代工厂开始从 OEM 向 ODM 转型，自主品牌纷纷涌现，杭州已逐渐成为新兴美妆品牌的创新策源地和集聚地。

一、发展现状

近年来，杭州积极顺应美妆产业发展新要求，持续营造市场化、法治化、国际化的一流营商环境，紧抓消费升级契机，以创新驱动为引领，融入长三角，大力实施品牌战略，帮扶注册人/备案人和生产企业在杭州赢得高速发展，积极打造中国美妆版图新地标。杭州坚持打造国内外化妆品领域龙头企业，推动珀莱雅、玫琳凯、毛戈平、章华汉草、雅妍、纳美智康等一批国货精品向国际化、高端化发展，支持和鼓励有实力、有条件的本土企业走向国际市场，营造美丽新业态，形成集总部经济、研发设计、检验检测和市场营销于一体的化妆品产业链，打造国内领先、具有国际影响力的化妆品产业集群，为推进美妆产业高质量发展、打造产业发展新高地创造了优越的营商环境。

（一）产业概况

自2021年国家注册备案新平台上线以来，杭州已有850家企业注册人/备案人完成账户开设，排名浙江省第一；目前已有19053个普通化妆品（国产15197个、进口3856个）通过备案，627个产品取得特殊化妆品注册证。作为中高端护肤品制造集聚地，杭州有化妆品生产企业65家（见表9-1），位居浙江省第二。

表9-1 杭州市化妆品生产企业辖区分布情况

辖区	数量（家）	占比（%）
上城区	1	1.54
拱墅区	0	0.00
西湖区	3	4.62
滨江区	2	3.08
钱塘区	17	26.15
萧山区	3	4.62
余杭区	8	12.31
临平区	10	15.38
富阳区	3	4.62
临安区	6	9.23
建德市	1	1.54
桐庐县	6	9.23
淳安县	5	7.69
风景区	0	0.00

资料来源：杭州市市场监管局。

国内庞大的消费人口对于化妆品的消费频次和消费档次不断提高，推动化妆品产业在迭代更新中不断成长。国内美妆产业于2017年后增速明显加快，规模不断扩大，场景化营销手段日趋多元，如直播网购、创新跨界等，展现巨大的发展活力。雄厚的电商优势也让杭州的美妆产业具备了极高的成长性，杭州美妆“产业集群+电商”的集聚效应得到进一步释放，形成了较强的产业规模效应。据阿里平台数据显示，2021年杭州的彩妆+护肤线上销量合计2554.5亿元。在全国直播电商城市20强中，杭州位列前三，主播数量与直播电商带货能力均高于其他城市。

（二）发展特点及优势

杭州近年来持续引进中高端化妆品生产、研发设计项目及文化创意、电子商务等配套项目，积极打造集研发设计、智能制造、检验检测、展示体验及交易功能于一体的美妆产业链，监管部门持续优化营商环境，助力企业创新发展，有力推进了化妆品企业集聚发展，形成了具有杭州韵味的特色鲜明的化妆品产业集群。杭州的美妆品牌涵盖护肤类、洗护类、染发烫发类及牙膏类产品，美妆的各条赛道上都有杭州美妆品牌的身影。化妆品产业已成为杭州时尚产业的核心内容和生命健康产业的重要组成部分。

从 2021 年 6—9 月的专项调研获悉，杭州作为中高端护肤品制造集聚地，一般企业以 OEM、ODM 方式代加工生产产品为主，生产自主品牌产品的企业占比为 54%；生产的产品以护肤类为主，占生产品种的 87. 5%；洗护类和彩妆类企业占有一定比例，涉及生产儿童化妆品类产品的企业占 4. 2%。杭州化妆品企业生产的产品以内销为主，75%的产品在国内市场销售；生产出口产品的企业的出口对象地区以欧美和东南亚为主，其中欧美占比为 66. 7%，东南亚占比为 33. 3%。

对于国产美妆而言，杭州具有总部区位优势，吸引了越来越多的品牌企业来创业，化妆品产品备案品种数量近年来持续增长。成立于 2003 年的珀莱雅化妆品股份有限公司已拥有各类专利 225 项，自有品牌覆盖大众精致护肤、彩妆、高功效护肤等领域。毛戈平化妆品股份有限公司凭借技术实力与完善的管理体系获得故宫文创授权，致力于打造中国高端美妆品牌，在全国 80 多个城市近 300 家商场与国际一线品牌并驾齐驱。作为时尚美妆产业新地标的杭州，在得到社会较高认同的同时，也吸引了众多国际国内品牌运营公司的加入，销售模式首先为直营和经销代理，其次为电商代运营，多数兼而有之，直营企业占比为 62. 5%，经销代理企业占比为 58. 3%，电商代运营企业占比为 29%。

近两年虽然受到新冠疫情冲击，但杭州化妆品销售市场增长强劲，产业规模呈现较好发展态势，依靠“电商之都”的优势和便利，集聚了众多的化妆品自主研发、生产、代加工和营销企业，化妆品类电商销售增速明显加快。杭州拥有化妆品网络销售平台 21 个，拥有天猫、淘宝、网易、有赞、喵街等电商企业。据天猫发布的相关数据，2020 年有超过 3000 个美妆商家在天猫开店，其中 2000 多家是国货新品牌，占比近 80%。随着电商红利不断显现，美妆类产品成为转化率最高的品类之一。消费产业链的变迁，让许多杭州之外的美妆品牌将其电商运营和直播模块设置在杭州，可以说，从产品链到营销链，杭州在打造生态体系上具有天然优势。

（三）发展趋势

随着生活水平的不断提高，消费者对美的需求正在持续释放，化妆品产业更为细分，消费者在产品的用途、成分和品牌定位上的偏好更加突出，美白、祛斑、保湿、防晒、补水等功效概念的市场认同度较高，环保产品、有机产品也备受追捧，将成为未来化妆品市场的发展热点。当前杭州化妆品企业正日益加强这方面的研发，在重点调研的24家企业中，有净化车间和研发中心的企业占比达95.8%，建立功效实验室的企业占比达16.7%。据了解，许多企业正在建设和提高功效评价能力，未来这个数据将继续上升。随着美妆产业规模的不断扩大，多元化的营销手段应运而生。

商务部研究院发布的数据显示，当前中国“90后”“00后”开始成为消费主力，他们热爱尝鲜、热衷线上消费，成为国产美妆崛起的最强动力。消费需求的迭代，正驱动整个美妆产业不断创新变革，但《化妆品监督管理条例》《化妆品生产经营监督管理办法》《化妆品生产质量管理规范》《化妆品网络经营监督管理办法》等法规规章的正式实施，对化妆品规范生产经营的监管要求进一步提高，品牌竞争压力、人工成本上升等对于化妆品企业而言既是挑战也是机遇。

二、政策支持

近年来，杭州积极服务赋能产业，优化营商环境，既当好产业的监管者，也做好产业的引路护航人，推动产业持续健康发展。

（一）强化政策支持

2008年，杭州市政府发布了《杭州十大特色潜力行业发展规划（2007—2020年）》《关于培育发展十大特色潜力行业的若干意见》等5份文件，实现从“杭州制造”向“杭州创造”“杭州服务”“杭州创意”的跨越；2020年，发布了《关于加快杭州市直播电商经济发展的若干意见》，提出到2022年，全市实现直播电商成交额10000亿元，对消费增长年贡献率达到20%，培育和引进100个头部直播电商MCN机构，建设100个直播电商园区（基地），挖掘1000个直播电商品牌（打卡地），推动100名头部主播落户杭州，培育10000名直播达人，进一步创新商业消费模式；2022年，为充分发挥新电商对经济复苏的积极作用，加速激发消费市场活力，鼓励企业做大做强，优化新电商发展环境，发布了《杭州市人民政府办公厅关于促进杭州市新电商高质量发展的若干意见》；2023年，又发布了《支持合成生物产业高质量发展的若干措施》，支持化妆品新原料的研发生产并给予资金资助，推动化妆品产业加强新技术、新原料的研发创新。

（二）加强服务赋能

持续强化法规培训指导。杭州为强化国家药监局连续发布的相关条例及一系列配套规章制度的宣传，提前筹划，应急疏导，及时解答企业在对接新法规过程中遇到的疑难问题，全程主动对接帮扶困难企业。同时，利用化妆品宣传周等，结合新出台法规及时进行多种形式宣贯，共开展分级分类线上、线下培训 33 场次，积极引导企业精准对接新法规的要求，适应化妆品监管形势要求，提高化妆品质量安全管理水平，促进整个产业平稳过渡，推动产业持续健康发展。持续优化营商环境，深入落实浙江化妆品产业高质量发展的若干举措，积极开展“走亲连心三服务”和“企业大服务大走访”活动，通过走访服务企业、召开政企座谈会等举措倾听企业诉求，加强政策指导和技术帮扶。做好国产普通化妆品备案、生产企业许可及到期换证、备案人质量体系构建等指导服务。目前，化妆品生产企业许可及国产普通化妆品备案事项已下放杭州，有利于进一步指导服务企业。

（三）突出质量引领

一是深化化妆品“百千万”示范工程。强化对示范单位的培育指导和检查规范，打造示范样板，真正形成品牌效应明显、高端要素集聚的美妆特色街区，优化消费环境。杭州共创建了 2 条示范街、30 家示范商场、200 家示范经营单位。二是强化品牌建设引领。着力培育杭产美妆新生品牌，有 4 个品牌入选浙产十大美妆品牌，分别是珀莱雅、花西子、英树、LAN，还有 3 个十大新锐品牌，分别是网易严选、极简生活、MORCANCOS，进一步提升了杭产美妆品牌的知名度。三是深入实施质量提升行动。杭州在全省率先试点实施化妆品注册人/备案人“首席质量官”制度，延伸监管触角，通过产业质量提升行动，推动化妆品产业高质量发展。通过监管部门帮扶、第三方“体检”等路径，完成对 50 家化妆品企业质量管理体系的检查指导提升，推动企业不断完善质量管理体系。

（四）创新数字监管

先行先试，浙江省率先试点化妆品安全智慧监管“黑匣子”建设。杭州作为首批试点启动化妆品安全智慧监管“黑匣子”应用建设工作，以产品“质量链”为抓手，从信息化管理系统中选定获取生产过程的关键参数，建立数据仓，采集化妆品生产数据。化妆品安全智慧监管“黑匣子”建设按照“一盒管数据、双向管安全、风险可预警、过程可追溯”的要求，通过政企联合和数据赋能，打造数字化的“驻厂监督员”，有效发挥数智管控风险最大效能，以新监管服务新业态，有助于解决化妆品监管力量不足的难题，减少现场监督频次，实现“无事不扰、小事预警、大事严查”的智慧监管模式，共同构筑起化妆品安全防火墙。

（五）强化宣传教育

杭州率先在全省发布行业自律倡议宣言，并发布六类化妆品生产经营主体责任清单，组织媒体进实验室、进企业实地探访，举办线上、线下公益培训讲座，开展网络知识竞赛，制作多个小视频展播，并开展科普展板宣传，发放宣传手册，通过深入式、聚焦式、立体化、全方位、持续性的宣传教育活动，广泛开展教育引导，引领行业协会、新闻媒体等积极参与化妆品安全治理，有效提升了消费者对化妆品安全的认知，在全社会营造了“安全用妆”的良好氛围。

三、发展对策与建设

早在2007年，杭州就将化妆品列入十大特色潜力产业打造之列，提出了最大限度地转化潜在资源优势，走品质化、国际化发展之路，培育优质品牌。杭州紧紧围绕助推化妆品产业高质量发展目标，聚焦创新赋能，以推动相关条例及配套规章制度贯彻实施为契机，积极探索创新，以数字化改革为契机，提质扩面化妆品“黑匣子”工程建设，推进企业智能化升级，积极服务扶持企业，优化提高化妆品品质，积极推动化妆品产业跑出高质量发展加速度，切实保障人民群众用妆安全，努力建成化妆品产业高质量发展示范区。

一是持续优化营商环境。积极争取更多的国家和省级事权事项下放杭州，进一步优化营商环境，持续激发企业创新活力。按照风险管控原则，对化妆品生产经营企业实行分类监管，协同实施，确保监管责任与属地责任有机统一、有序衔接，逐步建设以信用监管为核心、协同监管和数字监管双重赋能的新型监管机制，不留监管盲区，保障化妆品质量安全。

二是持续优化产业布局。以龙头企业为引领，集聚高端要素，完善产业链条，提升产业优势，吸引更多知名化妆品企业总部落户杭州，积极引导企业坚持科技、环保、绿色的发展理念，在新技术、新原料、新工艺、新产品等领域实现突破，实现产业升级和产品创新，持续激发企业创新动能，形成特色鲜明、更具竞争力的化妆品产业态势。

三是持续培育美妆品牌。积极培育美妆十大品牌，丰富“浙产美妆”和“国产美妆”品牌，打造“杭潮美妆”品牌效应，积极开拓海外市场，带动更多杭产美妆“走出去”，在国际舞台上绽放独特魅力，擦亮“杭潮美妆”金名片，不断提高品牌影响力。

四是持续强化规范管理。推进企业智能化升级，鼓励企业充分应用5G、区块链、云计算、人工智能等新一代信息技术，实现数字化研发、智能化生产、智慧化管理。深入贯彻相关条例要求，与国际先进水平接轨，强化产业监管，加强飞行检查，深化“抽检分离”改革和不良反应监测体系建设，开展美妆质量提升行动和美丽消费示范工程，推进“线上净网线下清源”精准治理，推进智慧监管的应用，为产业创新和高质量发展保驾护航。

杭州市市场监督管理局
执笔：周 云

第二节 宁波市化妆品产业竞争力分析

一、发展现状

宁波化妆品产业的历史可以追溯到20世纪80年代。改革开放以后，宁波化妆品产业快速发展，从无到有、从小到大、从弱到强、从简单粗放到科学发展，形成了一个初具规模、内生动力强劲、外延溢出效应明显的产业架构。伴随浙江省全力推动本土化妆品高质量发展、培育优质浙产美妆品牌的大潮，宁波涌现了浙江姬存希化妆品有限公司、浙江神首生物科技有限公司、宁波爱诗化妆品有限公司、浙江雅颜生物科技有限公司等一批优质企业。

据统计，2016—2022年，宁波持有《化妆品生产许可证》的企业从17家增长到36家。2022年，宁波化妆品生产企业销售收入约为45亿元，化妆品包材生产企业销售收入超120亿元；销售收入亿元以上的企业有6家，10亿元以上的企业有2家；累计进口化妆品金额41.8亿元，占浙江省进口总额的近50%。

（一）化妆品企业的数量及分布情况

宁波化妆品生产企业的分布呈现明显的产业集聚现象，主要分布在余姚和慈溪。在余慈地区，化妆品产业链结构较完善，上下游配套产业服务与设备较齐全。

宁波化妆品生产企业从2016年的17家增长到2022年的36家，增速超过100%。这与近年来政府的“放管服”“最多跑一次”等惠企政策不断推进落地密不可分。从生产不同类别化妆品企业的数量与分布上看，宁波化妆品生产类别主要有护肤类、彩妆类、洗护类、发用类四大类，数量结构比约为2∶3∶10∶2。从中可以看出洗护类企业与彩妆类企业在宁波化妆品生产企业中占主体地位，累计占比超过70%；护肤类化妆品生产企业与发用类化妆品生产企业相对较少，约占20%。

从宁波化妆品生产企业获批的生产单元来看，拥有一般液态单元许可生产资质的企业占比约为 83%，拥有膏霜乳液单元许可生产资质的企业占比约为 83%，拥有蜡基单元许可生产资质的企业占比约为 18%，拥有粉单元许可生产资质的企业占比约为 15%，拥有气雾剂及有机溶剂单元许可生产资质的企业占比约为 10%。

（二）化妆品产品情况

从生产不同种类化妆品的企业数量与分布上看，宁波化妆品类型主要有洗护类、彩妆类、护肤类三大类。其中，洗护类产品占主体。

1. 洗护类化妆品

洗护类产品以洗发、护发、沐浴类产品为代表。2022 年，宁波洗护类产品总销售收入约为 10 亿元，占全市化妆品销售总收入的 20%左右。企业生产产品多以酒店洗护用品为主，而且以国外品牌代加工为主，出口销售额远大于国内销售额。

2. 彩妆类化妆品

2022 年，宁波彩妆类生产企业的总销售收入在 15 亿元左右，占全市化妆品销售总收入的 30%左右。代表性企业有以眉笔类产品为主的宁波爱诗、以指甲油产品为主的宁波美特丽等。

3. 护肤类化妆品

伴随着互联网经济和“她经济”的发展，宁波涌现了浙江姬存希、浙江神首等重点品牌化妆品生产企业。依靠发达的电子商务平台，这些化妆品生产企业注重研发、拥抱网红直播，为发展奠定了坚实的基础。

二、特点优势

（一）宁波出口贸易具有区位优势

宁波港是国家大型港口，更是浙江省乃至华东地区海运远洋贸易的集散地和物流中心，这就为宁波化妆品出口额和进口额稳步提升创造了得天独厚的优势条件。

（二）余姚包材产业协同效应明显

随着余姚塑料的发展，余姚化妆品包装产业从“转型期”进入“升级发展期”，第一批从事日化用品包装生产的企业已具有一定规模，开始向化妆品包装产业转型，产品种类丰富，附加值高，化妆品包装产业的溢出效应开始助推化妆品产业稳步发展，化妆品产业链有序延伸，产品结构逐步改善，产值不断扩大。余姚化妆品包装产业相对集聚，配套服务体系比较健全，产业优势和成本优势明显，在采购、生产、装配等配套环节均有正向溢出。

（三）进口美妆真品示范区潜力无限

2020年3月，浙江省进口普通化妆品备案宁波受理点落户保税区，宁波推进保税区进口美妆国际贸易平台建设的步伐不断加快。新引进进口企业200家，进口普通化妆品备案数量跃居全省第二。2021年，宁波上线进口美妆溯源平台，推行“防伪溯源”二维码，实现进口普通化妆品“源头可追溯、数据可集成、信用可查询、品质有保证”。通过溯源式、科学化、渗透式的监管手段，实现“全链条、全闭环”一体化监管，实现了数字赋能。2022年，宁波累计进口化妆品金额达41.8亿元，占全省进口额的近50%。

三、现有问题

（一）政策影响

新版《化妆品监督管理条例》及一系列配套法规的出台，加强了对化妆品产业的监管，使得产业更加规范化、标准化、专业化，保证了化妆品质量安全，保障了消费者健康，促进了化妆品产业健康发展，但同时也给化妆品企业施加了巨大压力。

（二）人才紧缺

化妆品企业的人才紧缺问题主要体现在两个方面：一方面是专业人才难找，企业在招聘时无法找到专业对口的人才，尤其是质量管理与质检等关键岗位；另一方面是化妆品产业的研发、管理等高端人才引进困难，留不住。很多企业选址在用地成本相对便宜的地区，但是这些地区相应的医疗、教育、娱乐等配套建设往往不够完善，这些因素都会影响高端人才的选择，导致企业即使开出非常高的工资，在招募高端人才的时候仍然非常费力。

（三）技术创新不够

宁波的化妆品生产企业以中小型为主，研发投入严重不足，甚至大多数企业没有真正意义上的研发部门，更谈不上高端人才的引进。企业负责人、管理人员、质检人员有超过一半学历在大专及以下，极大地影响了企业的技术创新和质量管理水平的提高。

四、发展对策与建议

（一）构建产业高质量发展保障体系

加强化妆品质量管理工作需要从贯彻落实化妆品生产质量管理规范入手，

对化妆品产业链的原料采购、制造过程、销售渠道建立追溯体系，进行严密准确的监管。开展化妆品美丽消费示范工程，推进“线上净网线下清源”精准治理，建设数字监管平台。推进“信用+”监管，全力打造化妆品创新监管服务示范区。

（二）构建优质企业梯度培育体系

兼顾不同规模企业的状况，引导中小企业向“专业化、精细化、特色化、新颖化”方向发展，培育一批“隐形冠军”企业。遴选一批具有发展潜力的化妆品小微企业作为重点培育对象，推动其规模扩大。逐步淘汰一批条件差、管理不善又不愿意投入的企业，真正实现优胜劣汰。围绕供应链整合、创新协作、数据应用等产业发展关键环节，推进企业协同发展。

（三）加强企业研发创新能力

鼓励、推动化妆品企业持续加强研发投入，创新外观造型、优化配方、改良技术工艺，突破思维边界，朝着细分化、差异化方向发展。建立以企业为主体、市场为导向、产学研结合的研发体系。落实高新技术企业所得税优惠政策和财政奖励资金，推动化妆品企业积极申请高新技术企业认定，争取更大发展空间。

（四）加强化妆品包装产业聚集型基地建设

紧紧围绕余姚包材产业，大力发展纸制品包装、塑料包装、玻璃包装等，推进包装产品从低端向中高端发展。通过美博会、美妆峰会等平台，加强化妆品包装企业与知名化妆品企业合作。加强包装产品全生命周期管理，力求实现可持续发展。

（五）加强高技能人才队伍建设

依托海内外浙商、海外人才联络机构等资源，加强化妆品产业领军人才及关联领域高端人才的引进。以浙江职业药科大学为依托，推动职业技能提升行动，强化高技能人才培养。鼓励化妆品企业与学校合作，推动产学研融合发展，促进化妆品产业链、教育链、人才链、创新链有机衔接融合。

宁波市市场监督管理局
执笔：卢　杰

第三节 温州市化妆品产业竞争力分析

一、发展现状

温州有化妆品生产企业12家。生产单元涉及一般液态企业9家，膏霜乳液企业8家，气雾剂单元、有溶剂单元、蜡基单元企业各2家，粉单元企业1家。其中，规模相对较大、产品有一定市场优势、具备研发能力、销售额在5000万元以上的优势企业有2家。

温州化妆品生产企业注册国产特殊化妆品两类9个产品，其中祛斑美白类有5个，育发类有4个；注册国产普通化妆品有519个产品，涉及普通护肤类、普通美容修饰类、指甲类及洗发护发类等11类。具体见表9-2。

表9-2 温州市化妆品生产企业产品情况

<table>
<tr><th>类别</th><th>合计</th><th>产品分类</th><th>数量</th></tr>
<tr><td rowspan="2">国产特殊化妆品（个）</td><td rowspan="2">9</td><td>祛斑美白类</td><td>5</td></tr>
<tr><td>育发类</td><td>4</td></tr>
<tr><td rowspan="5">国产普通化妆品（个）</td><td rowspan="5">275</td><td>洗发护发类</td><td>67</td></tr>
<tr><td>面膜类</td><td>33</td></tr>
<tr><td>普通护肤类</td><td>161</td></tr>
<tr><td>洗浴类</td><td>9</td></tr>
<tr><td>彩妆类（宣称有隔离效果的普通化妆品）</td><td>5</td></tr>
<tr><td rowspan="6">国产普通化妆品（个）</td><td rowspan="6">244</td><td>爽身粉类</td><td>2</td></tr>
<tr><td>指甲类（涂彩类）</td><td>76</td></tr>
<tr><td>婴幼儿和儿童护肤类</td><td>1</td></tr>
<tr><td>宣称祛痘/抗粉刺类</td><td>15</td></tr>
<tr><td>普通美容修饰类（如口红、唇彩、眉笔、眼影等）</td><td>141</td></tr>
<tr><td>卸妆水类</td><td>9</td></tr>
</table>

资料来源：温州市市场监管局。

非生产型企业化妆品备案达43家；境内责任人有10家，取得普通化妆品进口备案文号71个。

按市场主体登记系统搜索，温州化妆品经营单位有65583家（查询条件：经营范围包括化妆品销售、批发、零售）；美容服务机构有12550家，理发机构有 22957 家；酒店有 2425 家，宾馆有 1443 家。

根据相关数据，温州有线下化妆品经营单位 27003 家，其中美容美发单位有 4645 家，母婴店有 902 家，商场超市有 477 家，化妆品专营店有 445 家，其他含化妆品的食杂、便利店等有 16465 家。另外，根据网络经营监督管理办公室数据，温州有持营业执照化妆品网络经营店 278 家。

二、特点优势

温州申报的平卧菊三七提取物正式通过国家药监局化妆品植物新原料备案。这是自《化妆品监督管理条例》颁布施行以来，浙江省首个通过国家药监局备案的化妆品植物新原料，标志着温州在打造化妆品全产业链条上又迈出了重要一步，将为相关企业赢得更大的竞争优势和可观的经济效益，国内化妆品原料供应市场上也将出现具有浙江省辨识度的植物新原料，进一步助力浙江省国潮美妆崛起。

温州是浙江省植物多样性最丰富的地区之一，为其开发利用化妆品植物原料提供了天然条件。2023 年以来，温州市市场监管局积极落实三个“一号工程”，推动打造“温州特色化妆品原料开发基地”，建立海峡两岸化妆品领域“大健康”战略合作机制，开展栀子花、铁皮石斛、平卧菊三七、中药复配方等特色化妆品植物原料的科研立项，全面深化“美丽经济”项目培育。此次获得国家药监局化妆品新原料备案的平卧菊三七提取物具有很好的抗氧化功效，非常适合在化妆品中应用，温州市市场监管局在获悉温州古木生物科技有限公司有研发计划后，多次进行走访帮扶，通过比对国家药监局《已使用化妆品原料目录（2021 年版）》中 8972 种已使用化妆品原料，发现平卧菊三七及其提取物均未列入，研发成功将填补化妆品植物原料应用的空白。

温州化妆品产业在国民经济中所占比重微小，产业发展滞后，但温州亦有其独特的发展优势。

（一）打造时尚高端消费

温州在 1600 多年历史长河演进中形成的“闯”“创”“实”“容”的瓯越文化，为这片土地赋予了“敢为天下先”的精神。温州向来以民营经济发达、民间资本雄厚、民间融资活跃著称，形成了以民本经济为主要特征的“温州模式”，赋予经济发展强大的活力。近年来，随着政府打造“中国时尚消费之都”规划的提出，化妆品消费作为时尚消费的题中之义，势必迎来新的发展契机。

（二）实施浙南美谷建设计划

温州医科大学与温州质量检测科学研究院强强联合，组建由院士领衔的技术团队，以“产学研”协同创新为驱动，实施浙南美谷建设计划。长期目标是建立集“国际视野、互动科技、精致时尚、绿色环保”为一体的复合型“研发+检测+转化+交流”化妆品研发检测中心和互动平台，打造化妆品区域品牌；近期目标是建成集检测、科研于一体的标准化化妆品质检中心，检测范围基本覆盖化妆品全类目，为化妆品研发和上市注册提供技术支撑。

（三）提升苍南印刷包装技术

苍南龙港印刷业伴随着“中国第一农民城”建设而发展，经过近40年的快速发展，形成以包装印刷为主，专业门类齐全、配套设施完善的现代印刷产业体系。先后荣获“中国印刷城”“中国印刷材料交易中心”等多张国字号金名片，有很高的国内知名度。领先的印刷包装技术为化妆品包装形象设计创造了更多可能。高端上档次的包装，对于化妆品这种时尚消费品的重要意义不可低估。

（四）温商资源无所不在

温州地处长三角和海西经济区两大国家经济区的交汇点，拥有海港、国际机场、铁路、高速公路等海陆空对外立体交通网络。遍布国内外的200多万温商，形成了遍布全球的温州商会网络，素有“有人的地方就有温州人”的说法。丰富的温商资源、敏锐的市场感知力，能够更快更敏捷地紧跟国内外化妆品市场的风向变化，为企业快速调整生产方向、跟进世界潮流提供平台。

三、发展对策与建议

温州化妆品生产企业在区域布局上呈现点状散布特点，未形成产业集群，上下游配套无法实现，从根本上限制了产业发展。现有企业人才缺乏，无论是生产管理水平提升，还是产品更新换代，都不能提供相应的人力资源支撑，企业处在勉强维持状态，难以实现更新发展。生产产品普遍停留于低端低价阶段，日渐丧失市场竞争力。企业发展眼光不够长远，工艺简单，设备简陋，研发投入少，品牌意识差。针对存在的问题，谋求化妆品产业发展，需要把握一些契机。

一是优化营商环境。加快政府职能转变步伐，深入推进行政审批制度“放管服”改革，建立政府职能部门与企业之间“零距离”沟通渠道，使政府职能部门主动服务经济、服务企业，进一步优化营商环境，持续激发企业创新活力。逐步建立以信用监管为核心、区域协同监管和数字化“智治”监管双重赋能的新型监管体系，落实监管责任与属地责任的有机结合，不留监管盲区，保障化妆品质量安全。

二是借势筑巢引凤。借助打造时尚消费之都的契机，写好“浙南美谷”这篇文章。以壮大产业整体规模为方向，引进知名、大型化妆品企业，实现产业规模短期内快速提升。同时积极培育美妆品牌，引导帮扶现有企业持续激发创新动能，努力在新技术、新原料、新工艺、新产品等领域寻求突破，推进产业升级和产品创新，提高市场竞争能力。

三是强化规范管理。深入贯彻《化妆品监督管理条例》要求，持续优化生产企业监管机制，突出生产许可质量管理和生产企业飞行检查，遵循双随机原则，强化闭环管理，推进企业管理水平提档升级。整合备案管理、日常监管、检验检测、监测评价、稽查执法等，开展风险分析研判，不断完善风险管控体系。

四是推进社会共治。督促指导相关行业协会进一步增强自律意识，强化督促和引导，促进产业健康发展。创新智慧监管，积极探索“互联网+”在化妆品监管领域的运用，为公众提供更加科学、权威、便捷的化妆品信息服务。进一步做好科普宣传工作，加强化妆品科普宣传和消费者教育，引导公众科学、理性消费，提高公众安全用妆的能力和水平，营造健康有序的发展环境。

温州市市场监督管理局
执笔：郭宁剑

第四节　绍兴市化妆品产业竞争力分析

绍兴化妆品市场规模逐步扩大，企业数量和企业效益稳步增长。2020—2022 年连续 3 年在化妆品生产领域、流通渠道的抽检合格率为 100%，达到市场满意、企业满意、群众满意三个满意。

一、发展现状

（一）生产领域

2023 年绍兴有化妆品生产企业 30 家，较 2022 年新增 3 家；其中诸暨有 18 家，占比为 60%。新增设生产车间 8 个，共计投入 2 亿元，产业类型和品种较齐全。

绍兴有化妆品原料生产企业 4 家，其中 3 家为原料药生产企业；另有多家药企正在研发生产化妆品原料，以嵊州、新昌、上虞为主。

绍兴有化妆品铝塑包材生产企业 200 多家，主要分布于越城和上虞，其中注册资本大于 500 万元的企业有 46 家，此外还有个体工商户 60 余家。

（二）流通领域

绍兴共有化妆品生产企业 198 家，经营企业数同比增长 46.7%，加工产品达 500 多种；化妆品经营店有 20439 家（含超市、商场），美容美发店有 7200 余家。无化妆品经营范围但从事化妆品销售的小杂货店数量近 60000 家，主要分布在诸暨、上虞、越城等地。

（三）网销领域

绍兴化妆品经营网店/网站数总计 209 家，其中电商平台店铺有 170 家，微信小程序有 31 家，本地交易网站有 5 家，企业自建官网有 1 家，微信公众号有 2 家。诸暨网络市场中经营化妆品的网店数排名第一，为 81 家，占比达 38.76%；柯桥排名第二，为 46 家，占比达 22.01%；越城排名第三，为 40 家，占比达 19.14%。

二、特点优势

绍兴化妆品产业主打珍珠、多肽美容养颜品牌，地域经济带动和促进化妆品产业发展成效明显。化妆品包材、化妆品原料、化妆品生产企业、网络销售平台、美容美发、商场超市全循环形成产学研一体化发展的产业链模式。

（一）主打地域珍珠品牌

“世界珍珠看中国，中国珍珠在诸暨。”绍兴诸暨是全球最大的淡水珍珠养殖、加工、研发和交易中心，仅以珍珠及其衍生产品为主要原料的化妆品生产、经营企业就有近百家，在绍兴、上海、杭州等市建有多家国家级珍珠研发分中心、院士博士后工作站，深入研发珍珠对皮肤的美容养颜作用。以地域特产融入化妆品产业文化，完美地体现了珍珠价值，带动了很多企业家不断投入，形成绍兴珍珠经济的新生产业。2021 年，长生鸟品牌入选年度浙江省十大美妆品牌，胡庆余堂入围“2020 胡润全球珍珠企业创新品牌榜 50 强”。

（二）包材产品形成规模

绍兴化妆品包材产业始于 1984 年，已经在全国甚至全球占有较高的份额。目前共有化妆品包材生产企业 200 多家，其中上市企业有 1 家，营收达亿元企业有10多家，营收达5000万元以上企业有40余家，主要生产粉瓶系列盒盖、香水、护肤品系列瓶盖、唇膏系列外壳等8大类25个系列、4500个品种、3000项规格的产品，产品50%以上远销欧美、东南亚国家和地区，与迪奥、雅诗兰黛、欧莱雅、资生堂等众多国际大牌建立了战略伙伴关系，其中仅高端口红管一项在全球的市场占有率就达约30%，是该产业内的“单打冠军”。

（三）药企转化用妆原料

以生产药品原料药为主、生产化妆品原料为辅是绍兴化妆品产业发展的特色之一。植物醇、维生素E油、维生素A结晶、生育酚等为原料药的前段中间体，经过高科技研发，添加维生素等产品，合成化妆品香精原料，销售给全国各地化妆品生产企业。以多肽原料药物研发为主、衍生美容肽原料及化妆品生产为辅的上市企业迅速崛起，充分发挥多肽美白保湿美容的功效，填补了国内多肽原料生产的空白，所生产产品已逐步取代进口多肽原料，并成为世界各地化妆品美容肽原料供应商。

三、政策支持

绍兴积极实施高端装备、新材料、电子信息、现代医药四大新兴产业的培育发展战略，并把培育发展现代医药产业作为四大重点之一，大力发展医用美容产业。

（一）创新招商引资模式

创新招商引资模式，积极开展精准招商、以商招商、委托招商、机构招商等，组建专业招商团队，积极引进医用美容产品制造企业，培育本地医用美容产品制造企业和生命美丽健康产业园。

（二）积极推进招才引智

一是积极“招才”，重点是引进化妆品制造领域高端人才，同时加大对企业特需的非高学历技术骨干和高级技能人才的奖励激励。二是积极“引智”，在全国大中专院校、科研院所科研成果中择优选智，引入风投和政府跟投或补贴机制，抓好引智项目申报和引智成果示范推广，促进智力成果转化。

（三）加大政策支持力度

产业转型升级政策。鼓励化妆品制造企业实施股份制改造或全球范围内并购重组，积极推进国内上市，推进优势企业转型升级、做大做强。

财政贡献奖励政策。研究制定财政贡献奖励或补助、销售费用税前扣除等政策，对高新技术企业和建立市级研发中心、与科研院校合作开发的企业施行财政补助。

制定本地产品目录。鼓励本地医疗机构和单位优先使用绍兴自产医用美容产品，将本地医疗机构本地自产医用美容产品的使用量纳入有关考核办法中。

（四）完善产业发展平台

一是完善园区建设平台，加快提升平台载体效应，依托诸暨医美产业基地等加强产业园区建设，完善生产性服务配套，推动产业集聚化集群化发展。二是搭建资源共享平台。由政府相关部门牵头，组建全市化妆品行业协会，整合企业软资源，实现政策、研发、平台、销售、环保治理等信息共享，主导和推动产业发展。

四、发展瓶颈与对策建议

（一）发展瓶颈

绍兴化妆品产业整体向好，但仍然存在一些制约瓶颈，电商营销跟不上潮流，人才缺失制约发展，产业园区少、规模小，难以实现聚核效应。

产业园区不够完善。绍兴大部分化妆品生产企业比较独立，交流往来不够密切，缺乏合作和资源共享意识。本地的 168 家化妆品品牌经销商主要依靠上海市、广东省等的企业进行生产、灌装、代加工，舍近求远。绍兴的湃玥、长生鸟产业园区初具雏形，浙江湃肽二期扩建项目新增土地 41049 平方米，长生鸟产业园区面积达 33000 余平方米。企业之间需要发挥整合效应，实现优势互补。

电商平台建设滞后。电商平台已成为当前重要的化妆品销售渠道，但绍兴大部分化妆品生产企业还停留在传统销售模式，很多企业渴望与电商平台对接，苦于渠道不通畅、信息闭塞，无法跟上潮流抢占市场先机。也有部分企业一直在努力打造“网红产品”，逐步和珍珠等产品联动，形成网销“新特色”。

人才培养难以持续。《化妆品监督管理条例》规定：化妆品企业应设立质量负责人，而质量负责人必须具备相关专业大专以上学历，且具有 5 年以上相关质量管理经验。目前只有化妆品生产企业设立质量负责人，上百家委托代工经营企业缺少质量负责人。2021 年，有多家生产企业的质量负责人发生了变更，人才流动难以避免。企业急需大量的专业人才，高薪难聘已成普遍现象。

（二）对策建议

绍兴化妆品产业还处于发展初期，面对市场日新月异的变化，要抓住发展机遇，相互促进，坚守品牌理念，拓宽销售渠道，加强人才管理，高质量促进产业链发展。

融合网销平台和传统销售。引导企业加强与电商平台的对接，了解最新信息，抢占市场先机，融入地域文化，构建网销“新特色”。

建立专业的人才培训基地。打造政企交流平台，以企业帮扶企业，以企业带动企业，实现企业、政府、社会三方共赢，增强企业自主规范管理的意识，提高自身发现问题、解决问题的能力；强化协会监督和行业自律，以行业管企业，以行业促发展。

整合集聚产业形成产业链。引导形成以多肽产品和珍珠产品为原料、品牌一体的产销链，谋划原料药企业延伸增项化妆品原料生产。合理设计规划产业园区配置，将研发、生产、灌装、代加工、销售等全链条纳入园区建设中。

绍兴市市场监督管理局
执笔：张　斌　邓俊斌

第五节　湖州市化妆品产业竞争力分析

湖州位于浙江北部，东邻上海、西衔南京、南接杭州，处于长三角一体化区域发展的核心地带，青山绿水、人杰地灵，素有文化之邦与清丽之地的美誉。好风景孕育新经济，近年来，湖州把握时尚前沿，打造时尚创新样板，以吴兴美妆小镇为龙头的化妆品产业在精心培育中迅速崛起，成为我国化妆品产业集群发展、跨界合作的代表与窗口，吸引了全国乃至世界越来越多的目光。

一、发展现状

（一）化妆品生产企业和备案人情况

湖州现有化妆品生产企业 34 家，其中“十三五”期间新增 16 家，2021 年新增 4 家，2022 年新增 6 家。其中，吴兴区有 20 家、南太湖新区有 4 家、德清县有 3 家、安吉县有 3 家、南浔区有 2 家、长兴县有 2 家，年销售额千万元以上的企业有17家。许可单元情况为一般液态单元有29家、膏霜乳液单元有28家、粉单元有11家、蜡基单元有9家、气雾剂及有机溶剂单元有3家、牙膏单元有1家。另有委托生产型化妆品备案人11家。

国产化妆品产品注册备案情况是现有国产特殊化妆品331个，其中祛斑美白类有248个、防晒类有66个、染发类有14个、育发类有3个；国产普通化妆品有1731个。

（二）化妆品境内责任人情况

湖州有化妆品境内责任人9家（专指经营进口普通化妆品，不含经营进口特殊化妆品）。自2019年5月省药监局在湖州设立“进口非特化妆品备案受理点”以来，出具进口普通化妆品受理凭证104张。

（三）化妆品经营单位情况

化妆品经营无须许可。经模糊统计，湖州约有化妆品经营单位30820家，其中大、中、小型各类商超约有15220家、美容美发机构约有13080家、宾馆约有2520家。

（四）化妆品生产配套企业情况

化妆品生产配套企业涵盖化妆品研发、原料、净化、包装、设计、咨询、物流、销售等，主要集中于美妆小镇，约有配套企业160余家，供应链基本形成，产业链具有相当规模。

二、特点优势

（一）国际影响力持续扩大

美妆小镇坚持国际化战略，借力产业资源和专业优势，推进可持续发展，先后与29个国家的政府机构或行业协会签订了战略协议，设立法国、韩国两大海外招商引才办事处。2020年，美妆小镇参加法国360化妆品展会、韩国美容博览会、中国美容博览会、中国香料香精化妆品行业年会等国内外重大展会。此外，美妆小镇高规格举办浙江省化妆品产业高质量发展大会暨第六届化妆品行业领袖峰会，连续两年承办中国国际进口博览会配套活动，国家及省市重要领导莅临出席。峰会的永久会址落户美妆小镇，美妆小镇持续释放着强劲的竞争力。

（二）产业凝聚力持续提升

湖州紧抓消费升级及长三角一体化发展机遇，大力发展化妆品产业。美妆小镇坚持产业立镇不动摇，推动产业链专业化、市场化，培育形成了方向明确、精准聚焦、错位发展的特色产业集群，入驻项目涵盖化妆品生产研发、包装设计、物流仓储、营销服务等，化妆品全产业链已经成形。美妆小镇汇聚了国内化妆品龙头企业珀莱雅、韩国知名化妆品企业韩佛、亚洲最大包材企业衔宇等一大批国内外高质量美妆企业，成功打造浙江中韩产业园，基本奠定美妆小镇领军的企业群。继珀莱雅之后，泊诗蔻、喜美恩、威宝、欧思兰等一批有品牌影响力的化妆品生产企业先后入驻产业国，发展态势迅猛。除美妆小镇外，鲁沃夫公司、华埠公司在安吉先后设立厂区，兰树公司在德清新建厂区，嘉亨公司、林泽公司在南浔投资筹建厂区，全市各区县呈现齐头并进的蓬勃发展态势。

（三）名企头部效应持续显著

湖州化妆品生产企业近年来生产销售总额均近百亿元，占全省相当份额。2022 年，年销售额在 10 亿元以上的企业有 2 家，年销售额在 1 亿元以上 10 亿元以下的企业有 5 家；欧诗漫入选浙江省“未来工厂”培育名单；欧诗漫和珀莱雅两大品牌入选“2019 浙产美妆十大品牌”；同年，欧诗漫和珀莱雅两大厂区被授予浙江省“化妆品生产质量管理实训基地”。

（四）单元品类持续丰富

从产业主体来看，湖州有注册人/备案人、受托生产企业和境内责任人；从产品类别来看，涵盖特殊化妆品与普通化妆品，其中包含儿童化妆品；从许可项目来看，遍及一般液态、膏霜乳液、粉、蜡基、气雾剂及有机溶剂、牙膏六大单元。科技发展促使新剂型、新业态不断涌现。与此配套的化妆品原料生产、包材生产等上下游企业以及外围的净化、物流、法规咨询等企业快速增长。

（五）产学研融合持续加深

美妆小镇促进政企校合作，与华东理工大学、江南大学、大连理工大学、浙江工业大学 4 所高等院校达成合作，共建创新研究中心，落户美妆科创中心，打造创新创业基地，2020 年被评为“省产教融合示范基地”。湖州着眼于研发及高技能人才培养，成功引进“国省千”、领军人才、海外工程师等各类人才 19 人，为美妆小镇高质量发展保驾护航。建立化妆品检测研发中心，集化妆品检测、研发、认证、咨询等服务于一体。发挥美妆小镇美妆健康协会作用，帮助解决化妆品产业原辅材料、设备方面及研发、生产、销售中遇到的各种问题，协助美妆小镇履行美丽公约，落实企业主体责任，推进化妆品产业做大做强。

（六）配套化服务持续完善

美妆小镇牢牢锁定“美妆产业集聚中心、美妆文化体验中心、美妆时尚博览中心”的目标定位，建设运营“卡美啦”网红直播基地，引进网红直播带货，挖掘消费者需求，设计产品创新点，推广美妆产品，增加产品成交量；举办首届美妆直播大赛，建立美妆直播培训基地，持续培育直播人才，助推产销融合。连续三年举办国际玫瑰文化旅游节，依托万亩玫瑰园打通从美妆原料种植、产品研发生产到消费旅游体验的全链平台，促进当地群众致富增收，实现一枝玫瑰的“多道香味”；创新旅游模式，推动三大产业高度融合发展，将生态红利转化成高质量发展的绿色动能。

三、政策支持

（一）建设中国美妆小镇“时尚谷”

2020 年 9 月，湖州市自然资源和规划局发布《湖州“五谷丰登”规划》，推出五个“创谷”，其中包含阳山“时尚谷”。“时尚谷”以美妆小镇为基石，以时尚设计和产品发布为牵引，植入“时尚+”概念，致力在美妆小镇发现美、创造美、传播美，擦亮城市品牌。规划新增建设用地，产业、生活、生态 3 个片区共 26. 18 平方千米，重点设计 4. 76 平方千米的核心区，塑造“成色、靓色、底色”时尚三色，打造“花园里、水岸边、五谷间、三岛环、未来居、时尚地标”的时尚风潮地。建成主干路呈环、次干路呈支、慢行路呈网的快慢融合的交通网络，新增一个轻轨站点，为美妆小镇快速接入长三角提供重要交通支撑。

（二）建成国家药监局高级研修学院化妆品教学基地

2021 年 5 月，国家药监局高级研修学院化妆品教学基地授牌仪式在杭州举行，在浙江省药监局、湖州市市场监管局、吴兴区市场监管局与美妆小镇共同努力下，全省首家国家药监局高级研修学院化妆品教学基地正式落户美妆小镇，院长向美妆（湖州）实业投资集团有限公司授牌，此举为推动湖州化妆品监管体系和监管能力现代化提供了有力支撑，贯彻长三角一体化发展战略，构建支撑长三角地区医药产业高质量发展的人才“蓄水池”。

（三）建成全省化妆品创新监管与高质量发展示范基地

2020 年 9 月，浙江省 2020 年首届药品安全科学监管与创新发展峰会在杭州召开，湖州吴兴区政府与浙江省药监局签订“化妆品创新监管与高质量发展示范基地”建设合作协议，美妆小镇被确定为全省“化妆品创新监管与高质量发展示范基地”。由此，美妆小镇成为全省化妆品产业规划“一中心、两基地、三平台”中的基地之一，浙江省药监局将在打造高质量品牌培育体系、高水平监管服务体系、高层次人才培育体系、高标准技术创新体系等方面给美妆小镇提供全方位支持。

（四）设立全省进口普通化妆品备案受理点

2019 年 5 月，湖州市市场监管局被确定为浙江省药监局进口普通化妆品备案受理点，作为全省五家进口普通化妆品备案受理点之一，其强化业务学习，提高备案能力，倡导服务理念，注重申报前指导。湖州市已开设进口普通化妆品境内责任人备案账号 10 个。

（五）建成全省首家化妆品行业监管所

2020 年 6 月，在湖州市市场监管局与吴兴区市场监管局共同努力下，美妆小镇挂牌成立全省首家化妆品行业监管所，办理上级行政检查发现问题的整改督促、国产普通化妆品备案后检查、化妆品不良反应搜集上报等监管服务事项。化妆品行业监管所坚持边组建、边学习、边规范，职责逐渐厘清，运行日益规范，服务能力日渐提高。

（六）建成全省首家基层化妆品行政许可受理点

2020 年 11 月，湖州市市场监管局于美妆小镇设立“化妆品行政许可受理点”，承办美妆小镇化妆品生产企业登记事项的变更及受理许可事项的变更，受理点设于化妆品行业监管所内，由专人负责，湖州市市场监管局授权开设审批系统账号，将便企服务延伸至基层，让企业办事“少跑腿”，增加获得感。

四、发展对策与建议

湖州化妆品产业存在持续发展能力有待提高、从业人员水平有待提高、品牌培育力度有待加大等问题，针对这些问题，提出以下对策建议。

（一）营造发展环境

坚持“政府引导、企业参与、行业联动”的运作模式，成立美妆小镇管委会，进行全面、综合化管理，依托相关协会，优化企业配置结构，促进企业走持续发展路线。加快建设美妆博物馆、人才公寓、四星级酒店等基础设施，正式启动美妆奥特莱斯、美妆微总部、文体中心、美妆小镇高端商住体、美妆小镇国际产业园等一大批高端配套项目，开放运营芸台书舍、美妆小镇职工之家、美妆购物体验中心等公共配套设施，打造形态更美、功能更优的美妆小镇生活圈，实现美丽生活、美丽经济、美丽生态“三美”融合。

（二）建设人才队伍

锁定人才培养长远战略，加强高技能人才队伍建设。美妆小镇引进浙江育英教育集团，与法国高等美容美发学院、意大利香氛学院联合办学，打造专业服务美妆产业的应用技术大学，专业培育美妆技术人才，为入驻企业建立起人才培育、难题攻克、项目孵化、成果转化的桥梁，全力构建“产学研”一体的创新创业基地。

（三）培育自主品牌

面对“美丽经济”持续升温、“90 后”和“她经济”成为新的增长点、消费需求多元化个性化、线上销售迅速发展的趋势，把握时代机遇，以科技为依托、创新为驱动、质量为保障，创立和发展自主品牌，加大产品研发力度，推进产品迭代升级，形成较大的市场竞争优势，以充分享受品牌附加值，实现高质量发展和可持续发展。

（四）提高服务水平

政府部门持续深化“三服务”举措，坚持需求导向、问题导向和效果导向，抓创新服务、前瞻服务和精准服务，最大限度精简办事流程、缩减办事时间，打通服务企业“最后一公里”。以低小散整治、旧厂区改造、低效企业提质为抓手，更大力度盘活和利用低效用地和闲置土地，全面提高美妆小镇企业投资强度、产出密度、效益高度和环保力度。

湖州市市场监督管理局

执笔：沈　敏

第六节　嘉兴市化妆品产业竞争力分析

一、发展现状

截至 2022 年底，嘉兴持证化妆品生产企业有 11 家，以 ODM/OEM 为主，生产类别主要有一般液态单元的护发清洁类、护肤水类、啫喱类，膏霜乳液单元的护肤清洁类、护发类，粉单元的散粉类、块状粉类，气雾剂及有机溶剂单元的有机溶剂类和蜡基单元的蜡基类，以及牙膏单元；有 6 家企业拥有发明、实用新型、外观设计等专利总数 110 件。2022 年全市化妆品总产值约为 1.5 亿元。

辖区内有 3 家重点的化妆品原料研发和生产企业：禾美生物科技（浙江）有限公司专注于创新型生物活性肽原料的技术研发，已申请 50 余项与生物活性肽相关的自主知识产权，推出具有完全自主知识产权的天然活性肽原料以及合成活性肽单体原料 10 余款，年产能约为 10 吨，总产值约为 6000 万元；嘉兴市赞宇科技有限公司是专业从事表面活性剂研发和生产的高新技术企业，年产能达 20 余万吨，产值约达 10 亿元。浙江立恩生物科技有限公司研发生产拥有自主知识产权的格曼迪®系列化妆品原料，既有基础化妆品原料，也有抗敏、抗皱、祛痘、防脱发等功效宣称原料，2022 年产值达到 1000 万元。

据注册登记信息不完全统计，嘉兴有各类纸箱、塑料等包装材料生产经营单位 3000 余家。

嘉兴有化妆品注册人/备案人 55 家，通过普通化妆品备案 3367 个，以委托生产为主。2022 年，南湖区有 3 家化妆品品牌运营企业，其中部分企业与浙江清华长三角研究院合作研发产品。全市化妆品经营主体包括化妆品各批零商超、美容美发机构等，通过营业执照注册登记信息可查询到 3 万余家；通过淘宝、京东等主要电商平台搜索到网络经营商户 200 余家。2022 年社会消费品零售总额达 2342.7 亿元，同比增长 3%，电商零售（包括化妆品类）高速增长。

嘉兴有五县（市）二区及两个经济功能区，建设工业（产业）园区近 60 个，其中南湖新区、平湖经济开发区、海宁产业园、海盐产业园等的招商引资包括电子商务、日用化工、轻工业等涉及化妆品产业链的因素。具体见表 9-3。

表 9-3　嘉兴与化妆品相关的工业园区参考类别

序号	地区	园区数	参考类别
1	嘉善	17	文化创意、电子商务、医疗医药、仓储物流
2	平湖	9	轻工业、医疗医药、日用化工、电子商务
3	海盐	8	医疗医药、轻工业
4	海宁	9	电子商务、轻工业
5	桐乡	7	医疗医药、仓储物流
6	南湖	4	文化创意、贸易行业、电子商务
7	秀洲	5	医疗医药

资料来源：嘉兴招商网络平台 2020 年展示信息。

二、特点优势

（一）产业特点

企业生产模式以 ODM/OEM 为主。生产品类包括护肤类、洗护类、彩妆类等，较为齐全，部分企业拥有先进的生产设备，具备一定研发能力，获得多项发明、实用新型和外观设计专利，并有进一步扩大产能的准备。接受委托生产的品牌包括国际国内的一些知名品牌，如雅诗兰黛、欧莱雅、百雀羚等，以杭州、上海等长三角区域的品牌运营商为主。

企业规范生产的意识不断增强。随着《化妆品监督管理条例》《化妆品生产经营监督管理办法》《化妆品注册备案管理办法》等法规规章的实施，化妆品生产企业“质量安全第一”的责任人意识进一步增强，建立完善的质量管理体系，对生产全过程实施标准化控制，在质量监督抽检中未发现不合格产品。

化妆品消费市场更趋繁荣。嘉兴城乡居民收入保持全省前列，2022 年城镇居民人均可支配收入为 72096 元、农村居民人均可支配收入为 46276 元。随着人们消费水平不断提高，化妆品消费市场规模持续扩大。据不完全统计，全市化妆品经营主体达到 30000 多家。通过全省化妆品“百千万”示范经营单位创建活动及化妆品法规宣传力度持续加大，化妆品经营者不断提高管理水平，化妆品放心消费市场建设取得一定成效。

（二）发展优势

长三角区位优势。嘉兴地处浙江省东北部，长三角杭嘉湖平原腹心地带，与上海、杭州、宁波、绍兴、苏州等城市相距均不到 100 公里，位于沪杭、苏杭交通干线中枢，交通便利，区位优势明显。嘉兴以长三角一体化发展为契机，可接受上海、环杭州湾、环太湖三大经济圈交集的辐射，在土地资源、人力成本等方面具有相对优势，实现品牌商位于上海、杭州，生产地位于嘉兴，承接大城市的溢出效应，嘉兴化妆品生产企业已有增长趋势。

产业供应链优势。在原料方面，赞宇科技生产经营脂肪醇聚氧乙烯醚硫酸钠（AES）、α-烯烃磺酸盐（AOS）、脂肪酸二乙醇酰胺（6501）、烷基苯磺酸（LAS）等多个品种的绿色新型表面活性剂，作为日化领域洗涤及个人护理产品的主要原料，是国内产业规模较大、综合竞争力较强的表面活性剂供应商，合作企业包括联合利华、宝洁、立白、上海家化等国内外知名日化企业。在包材方面，嘉兴包装材料生产企业众多，纸箱纸盒、塑料、玻璃等材料均有生产，能为化妆品提供各类包材。在仓储物流方面也有明显优势，嘉兴地处平原，交通运输发达便利。

营商环境不断优化。嘉兴大力助推“营商环境最优市”建设，创新设立了一个全天候、全范围受理，覆盖全市范围的高能级服务体系，招商引资力度进一步增强。承接浙江省药监局下放的化妆品生产许可等事项，在企业新开办方面靠前服务，为企业厂房设计、质量体系建立、人员培训等提供咨询服务，让企业少走弯路，审批环节实现全程网办，缩短审批时限，提高效率。

三、政策支持

2020 年 8 月 21 日，嘉兴市委、市政府出台了《关于营造更好发展环境支持民营企业改革发展的若干意见》。2021 年 4 月 2 日，《嘉兴市人民政府办公室关于继续实施惠企政策促进经济稳中求进的若干意见》（嘉政办发〔2021〕16 号）从优化公平竞争的市场环境、保障民营企业发展空间、降低民营企业负担、畅通融资渠道、鼓励民营企业创新发展、保护民营企业合法权益、健全企业服务体系等方面提出了 27 条具体措施，多管齐下，进一步激发民营企业的活力和创造力，促进嘉兴民营经济高质量发展。例如，平湖部分化妆品生产企业在用地、厂房等资源方面得到当地政府的优惠政策支持。2021 年，嘉兴市委、市政府出台《〈关于加快推进制造业高质量发展的若干意见〉的通知》（嘉委办发〔2021〕48 号），围绕“制造强市、数字赋能”两大战略，在长三角核心区全球先进制造业基地、数字经济高地和高质量外资集聚先行区建设上有重大突破，提出聚焦生命健康等五大新兴产业，壮大化工新材料等五大优势产业集群，构建产业链、供应链、创新链、生态链、政策链“五位一体”的产业集群发展生态。南湖区政府也出台了《关于加快推进制造业高质量发展的政策意见》，支持生物医药产业发展。

《嘉兴市人民政府办公室关于加快生物医药产业高质量发展的若干意见》（嘉政办发〔2021〕15 号）及《关于印发〈嘉兴市本级加快生物医药产业高质量发展的若干意见实施细则（修订版）〉的通知》（嘉经信产业〔2023〕21 号）引导企业做优做强。例如，嘉兴市禾美生物科技（浙江）有限公司实验室首次取得 CNAS 认证，按项目实际设备投入的 20%给予资金补助。

四、发展对策与建议

（一）打造化妆品产业集聚地

嘉兴化妆品产业集中度偏低，没有形成产业聚群，园区规划还不利于引进优质企业。因此，需要进一步引导公众正确认识化妆品产业，鉴于其落地更快、见效更快的优势，提高招商引资的优先度，在嘉兴化妆品产业整体规模不大的基础上，尽可能地发挥产业集聚效应。

（二）发挥知名品牌企业的引领作用

嘉兴引进知名品牌的企业还不多，品牌竞争力不足；企业缺少技术及高端人才，创新力、市场运营能力不足。应进一步引进知名、大型化妆品生产、品牌运营企业，实现产业规模快速扩大，提升嘉兴化妆品产业的知名度。

（三）提高化妆品产业创新力

将现代科技融入化妆品产业，特别是在高端化妆品方面谋求创新，研究推动多学科深度融合，将科技产品和时尚文化产品融入化妆品开发设计。原料商、化妆品工厂及包装企业要从绿色发展、健康发展、产品创新和原料升级出发，注重研发能力，推动各个环节全面升级，走高质量发展之路。

嘉兴市市场监督管理局

执笔：刘　曦

第七节　金华市化妆品产业竞争力分析

金华一直是化妆品大市，与全国化妆品产业同步发展，依托义乌国际商贸城逐步壮大。近年来，受城镇化快速发展、新生代消费理念转变和新型销售模式兴起等因素推动，化妆品产业保持快速发展的势头，金华成为浙江省最大的化妆品生产加工基地，拥有全省最大的化妆品综合批发市场，承担与世界各地的化妆品贸易往来，基本形成了一条涵盖化妆品生产、销售（线上、线下）、物流的完整产业链，并逐步形成了区域集聚规模。2022 年，金华化妆品产业的监管工作取得长足发展，全市未发现非法添加等严重违法行为，未发现化妆品安全事件，金华制造化妆品的质量安全水平和市场形象总体较好。

一、发展现状

金华化妆品产业以彩妆口红、眼影、粉饼、指甲油、眉笔、睫毛膏、香水等为主，是浙江省最大的化妆品生产加工基地，也是全国三大化妆品产业集群中最有活力的生产制造基地和全球重要的化妆品贸易中心。

（一）生产经营指数

持证生产企业数量。全市现有持证化妆品生产企业357家，占全省比重的62.42%；2022年新增化妆品企业26家，占全省比重的48.15%，企业总数和新增企业数量均居全省第一。近年来，化妆品产业逐步受到各级政府重视，初步形成了以义乌国际商贸城带动辐射周边产业集聚的格局。义乌义亭美妆创业园、东阳化妆品小微创业园、金义片区浙中吉成国际智享美谷产业均已初具雏形，入园企业近百家。

备案人及境内责任人数量。全市现有备案人400家，境内责任人实现零的突破，增至13家。

经营使用单位数量。根据浙江省行政执法平台数据，全市现有在册化妆品经营单位（含美容美发、专卖店、日化、商超等）15余万家，拥有全省最大的进出口化妆品批发市场。

（二）产品备案指数

国产普通化妆品备案情况。2022年，全市新取得备案产品19912个，占全省比重的64.93%，排名全省第一。

进口普通化妆品备案情况。2019年，金华、义乌两地承接进口普通用途化妆品的备案受理工作，金华成为全国非自贸区的首家市级受理点，义乌成为全国首家县级受理点。2022年，完成27个进口产品的备案受理工作。

（三）质量安全指数

监督抽检和风险监测。化妆品市级监督抽检实现零的突破，产品合格率高。从2016年起，设立市级化妆品专项监督抽检经费，组织对化妆品生产企业全覆盖监督抽检和风险检查。2022年监督抽检及风险监测达548批次，合格率达98.72%，不合格产品处置率达100%。

化妆品不良反应监测。化妆品不良反应监测指标实现零的突破，从2018年起，市卫健委确定12家市级化妆品不良反应监测哨点医院，把化妆品不良反应监测延伸到医疗机构。2022年全市完成化妆品不良反应监测报告923例，报告案例达130.7例/百万人口，超额完成国家药监局下达的50例/百万人口的任务。金华连续三年获评“全省化妆品不良反应监测考核优秀单位”。

企业主体责任落实。强化化妆品生产企业停复产、年度自查报告和产品召回等制度落实，进一步防控风险，倒逼企业落实主体责任。2022年，生产企业年度自查报告率为100%，企业停复产报告和产品召回执行率为100%。

二、特点优势

（一）产业特点

彩妆制造业发展强劲。金华80%以上的化妆品生产企业从事彩妆的生产加工，是全国最早的彩妆产业发展基地和国际贸易往来集散地，并带动了配套企业和电商的飞速发展。生产主体体量逐年增大并蓬勃发展，拥有2家全国产量最大的香水生产企业。

外贸出口是主渠道。金华70%以上的化妆品生产企业从事外贸出口生产，其“以贸带工、以工促贸、工贸结合”特征明显，产品主要销往美国（30%）、欧盟（20%）和中东（20%）等国家和地区，近年来每年的出口产值保持10%左右的增幅。借助“一带一路”倡议的东风，主动拓展国际市场，积极培育自主品牌，从原来的100%代加工转变为30%自创品牌。多家企业在世界各地注册自主品牌并在当地建立连锁销售终端。

电商平台助推产业变革。化妆品是日用消费品，伴随电商的兴起，受国际国内形势影响，金华出口型化妆品企业积极布局国内市场，促进国际国内经济双循环，生产、销售、物流呈现联动飞速发展态势。

产品质量安全可控。金华连续三年对化妆品开展监督抽检和风险监测工作，共抽检3268批次，合格率为99.21%，其中生产环节合格率为99.51%。金华多家企业参与了化妆品中重金属“镉”检验标准，眼线液（膏）国家标准和指甲油、洗甲液行业标准的制定工作，争取产品质量和安全标准的话语权。

（二）发展优势

产业集群发展基本成形。金华化妆品生产企业数占全省总数的60%以上，数量超江苏和上海两地，其中80%以上的企业从事彩妆生产，是全国彩妆主产区之一。义乌先后被中华全国工商业联合会美容化妆品业商会授予“全国最大的香水及彩妆生产基地”和“CBC全国化妆品产业基地”荣誉称号。

上下游产业链配套完备。金华彩妆产业的迅猛成长，有效带动了化妆品原料、包材、印刷、塑胶等配套企业的发展。相关配套企业达400家左右，年产值达80亿元左右。依托义乌发达的销售网络、便捷快速的物流，基本形成了一条涵盖化妆品生产、销售（线上、线下）、物流的产业链。

销售网络覆盖全球。义乌国际商贸城是国内最大的外贸化妆品企业窗口，有化妆品经营户1400余家，彩妆类产品销往全球，成为浙江省最大的化妆品出口基地。其中，外销约占70%；内销约占30%，以省内及邻近省市为主，约15%为淘宝等网商采购。依托小商品市场联结国内外，接轨生产与采购、品牌与分销，形成强大的国际影响力和辐射力优势，在国际彩妆市场占有一席之地。

营商环境优越。建立化妆品全程预约服务制度，有效对接省局委托下放的许可事项，节约企业成本，提高审批效率。重视人才培养，健全质量管理体系，以提高化妆品产业的综合竞争力。开办关键人员培训班，牵头行业协会与省内高校开办了全国首个在职化妆品专业大专班（三年制），破解了化妆品产业从业人员无学历和有学历无从业经验的难题，满足了化妆品生产许可要求。

三、发展对策与建议

金华的化妆品生产企业基本通过商贸自由发展而成，缺少清晰明确的产业规划，研发中心、人才队伍和检测平台等无法集聚，加上缺少龙头企业引领，化妆品产业虽聚集却未能形成规模，处于体量大、产值低阶段，发展后劲有待加强。近年来，金华市委、市政府加大对化妆品产业园区规划调研，旨在打响“金义美都”新名片。

（一）全面打造“金义美都”新名片

力争把“金义美都”作为培育全市化妆品产业的集中品牌和统一口号。把化妆品产业列为全市重点培育项目，出台相关政策扶持措施。积极争取承办浙江省化妆品高质量发展大会，组织开展化妆品高峰论坛（峰会）、化妆品博览会，组织化妆品企业参加全国知名展会，不断提高金华化妆品产业的知名度和美誉度，加大新闻媒体宣传推介力度，把金华打造成全省乃至全国化妆品产业的发展高地。

（二）积极推进彩妆产业园发展

金华彩妆产业已初具规模，地方特色鲜明，产业链相对完善，包装、印刷等配套齐全，推进建设“金义美都”彩妆产业园，一次规划，分期实施。

（三）优化投资环境助推产业发展

结合“最多跑一次”和“无证明城市”创建，实施园区全程跟踪服务。出台入园优惠政策，建立亩产税收奖励扶持制度，在土地规划供给过程中，对环保、安全生产等同步实施规划，综合协调。进一步优化投资环境，集聚本地企业，吸引外地及国际知名化妆品企业入园，提高金华化妆品产业综合竞争力。

（四）集聚人才提高产品质量品牌

在现有优惠政策基础上，给予更多招商引资、人才引进、税收等专项优惠政策。鼓励市场化、社会化多元资本参与支持化妆品产业，鼓励金融机构提高园区内企业信用贷款和保证担保贷款比例，以专利权、商标权等知识产权质押和应收账款质押等作为信用结构开展融资业务，增强园区综合竞争力。建立健全人才引进奖励机制，在人才引进和扶持政策上向化妆品产业倾斜，组织开展相关人才培训的，按照规定予以企业职工职业培训补贴。重视金华彩妆品牌建设，扶持建立健全相关化妆品标准化、规范化、规模化建设的机制体制，引导企业加大研发和技改投入，支持科技创新突破，鼓励组建国家级、省级企业技术中心和设计中心，鼓励兼并重组，培育金华彩妆品牌。

金华市市场监督管理局

执笔：杨武军

第八节　衢州市化妆品产业竞争力分析

一、发展现状

2015 年 1 月，衢州共有化妆品生产企业 9 家，同年 7 月，新增 3 家，仅半年时间增长率高达 33.3%。2016 年 12 月，根据原国家食品药品监督管理总局 2015 年第 265 号公告，衢州 4 家化妆品生产企业许可证到期，不再符合 2016 年 1 月生效的《化妆品生产许可检查要点》，未予以换证，生产企业减少到 8 家。2018 年衢州新增生产企业 2 家；2019 年新增生产企业 3 家，到期未换证企业 1 家；2020 年企业数量又恢复至 12 家；2021 年新增生产企业 1 家，注销企业 1 家；2022 年注销企业 1 家。2022 年的 11 家化妆品生产企业与 2015 年的 12 家相比，硬件设施、人员配备、守法意识、企业规模、产值产能都有了长足的进步。从过去的脏乱差、小打小闹的小作坊式工厂，变成了现在的有自有品牌、自有技术、通过多项体系认证、与多家知名品牌合作的有较强竞争力的企业。衢州化妆品企业数量变化见图 9-1。

二、发展特点

在衢州的 11 家化妆品生产企业中，8 家以出口为主，3 家以内销为主，出口企业占比为 72.7%。在获批许可单元类型中，一般液态单元有 3 家，膏

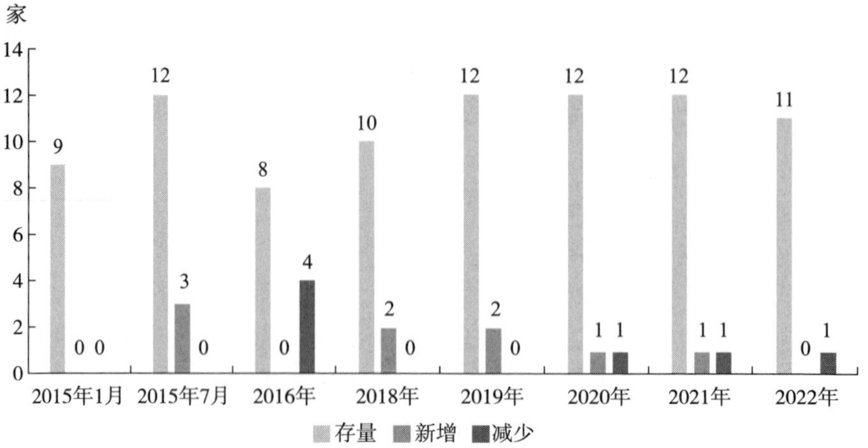

图 9-1　衢州化妆品生产企业数量变化

资料来源：衢州市市场监管局。

霜乳液单元有 3 家，粉单元有 5 家，气雾剂及有机溶剂单元有 2 家，蜡基单元有 8 家，牙膏单元有 1 家。全市许可单元类型齐全，拥有蜡基单元的企业占比为 72.7%，排名第一；其次是粉单元，占比为 45.5%；膏霜乳液单元和一般液态单元各占比 27.3%；气雾剂及有机溶剂单元、牙膏单元分别只有 2 家和 1 家。具体见图 9-2。

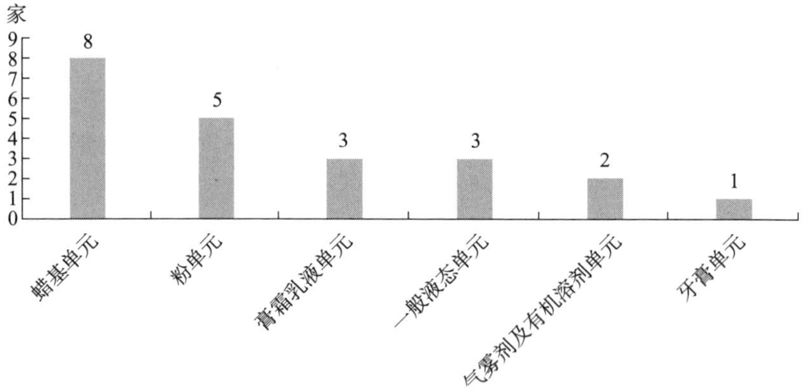

图 9-2　衢州化妆品生产企业获批许可单元情况

资料来源：衢州市市场监管局。

从化妆品生产企业辖区分布来看，智造新城有 4 家，龙游县有 3 家，柯城区有 1 家，江山市有 2 家，常山县有 1 家，衢江区和开化县无生产企业。主城区生产企业共有 5 家，占比有 45.5%，产业集聚明显。具体见图 9-3。

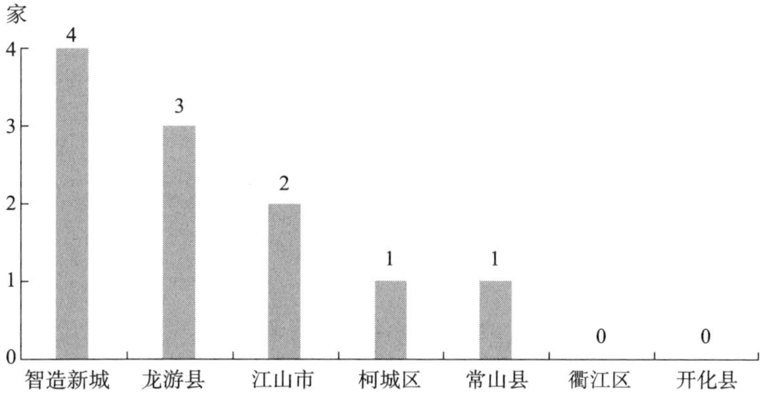

图 9-3 衢州化妆品生产企业地区分布

资料来源：衢州市市场监管局。

三、发展优势

（一）交通优势

衢州位于浙闽赣皖四省边际，南接福建南平，西连江西上饶、景德镇，北邻安徽黄山，东与省内金华、丽水、杭州三市相交，历来是浙闽赣皖四省边际交通枢纽和物资集散地，素有“四省通衢、五路总头”之称。境内航空、铁路、公路、水运齐全，是全省首个县县通高铁（动车）、高速公路的地级市，区位优势凸显。2018 年正式加入杭州都市圈，加速杭衢同城化、一体化。优越的地理位置为其化妆品原辅料、内外包材、成品集散提供了便利的交通和运输条件。

（二）环境优势

衢州是一座生态山水美城。全市出境水水质保持Ⅱ类以上，连续 7 年夺得浙江省治水最高荣誉“大禹鼎”，市区空气质量优良率（AQI）达 96.4%。优质的水资源大大节约了化妆品生产企业对水处理系统的投入，特别适合一般液态和膏霜乳液单元的生产。清新的空气减少了企业空气净化系统的资金投入，特别适合对空气洁净度有要求的生产企业，如生产眼部化妆品、婴幼儿护肤类化妆品、牙膏等的企业。

（三）营商优势

衢州是一座创新活力之城。以“最多跑一次”改革为“牛鼻子”，撬动全方位、各领域、深层次改革，努力打造中国营商环境最优城市。在 2018 年、2019 年全国营商环境评价中，衢州在各地级市中均列第一位；在国家发展改革委发布的《中国营商环境报告2020》中，衢州被评选为15个标杆城市之一。同时，衢州市政府大力发展美丽经济幸福产业、数字经济智慧产业，为化妆品生产企业落户衢州提供了招商引资政策优惠以及优良的政务行政体系服务。

四、政策支持

（一）招商引资政策

为新引进的化妆品产业出台一系列扶持奖励政策，包括综合贡献政策、项目用地政策、投资奖励政策、收购兼并政策、高管奖励政策、“一事一议”政策。

（二）人才激励政策

以人才引领创新驱动，实施以下12条激励政策：一是给予人才项目配套激励，二是支持人才项目落地，三是加大人才平台资助，四是鼓励人才晋升，五是发放人才津贴，六是实施购房补助，七是实施租房补贴，八是支持人才创业，九是支持企业引才，十是优化人才服务，十一是支持重点领域建设，十二是支持培育乡村振兴特色人才。

（三）促进大商贸高质量发展政策

鼓励化妆品经营企业提质增效。对年度主营业务收入达到一定额度的企业，新引进的市外商贸企业在成立之日起3年内首次实现统计入库且年销售额达1亿元的，年度销售额（营业额）实现正增长且增长额排名各类别前五的批发、零售企业，给予5万~50万元的奖励。

物流产业提升发展，为化妆品集散提供便利。鼓励物流企业提质增效，对首次被评定为国家5A、4A、3A级物流企业，年度主营业务收入达到一定额度的企业，开展集装箱多式联运业务的企业给予相应补助。

健全快递业末端网络建设和智能化改造，为化妆品电商发展提供便利。对政策施行后开始新建并投入运营具有收寄业务的快递末端网点，经邮政管理局备案且供5个以上快递品牌企业使用的快递末端网点，推广应用自动分拣、智能搬运和装卸、智能投递等智能自动化机器装备的快递企业分别给予一次性补助。

给予获省政府质量奖的企业补助，鼓励化妆品企业做优做强。建立争创省政府质量奖种子企业、潜力企业、优势企业的梯度培育库，对提出申报并通过省政府质量奖资料评审的、通过省政府质量奖现场评审进入候选授奖名单的、最终获得省政府质量奖创新奖的、最终获得省政府质量奖的企业分别给予一次性相应补助。

奖励信用示范企业，鼓励化妆品企业诚信经营。对首次获得浙江省信用管理示范企业以及首次公示为浙江省3A级守合同重信用企业的单位，给予一次性奖励。

搭建外贸服务平台，支持化妆品企业走出国门。支持企业组织、参加境内外经贸合作活动，支持国际联络机构、线上贸易综合展示服务平台建设。支持开展线上线下产业对接、招商推介、贸易投资洽谈、高端论坛、展博览会等“一带一路”重大国际经贸合作活动。对参与活动企业给予一定补助。

扶优扶强“小微企业”，将化妆品企业“扶上马送一程”。对于首次被认定为省级小微企业成长之星的企业，给予一次性奖励。

鼓励电商企业提质增效，支持化妆品企业拓展网络市场。对纳入统计、当年度网络零售额达5000万元以上且保持正增长的电商企业，分别给予10万~30万元的奖励。

推进新零售业态发展，支持化妆品企业拓展经营新业态。大力发展直播电商、新零售等新兴业态。对首次列入省级新零售示范企业名单、省级重点培育电商平台的企业，分别给予20万元的一次性奖励。获评国家级、省级电商直播基地的企业和获评国家级、省级公共直播间的企业，分别给予运营主体5万~20万元奖励。

（四）推进创新驱动加快经济高质量发展政策

贴息补助，为化妆品企业注入资金活力，切实解决企业融资难问题。新增中小微企业、绿色企业和绿色项目贷款贴息；对企业获得专利权质押贷款、购买专利保险的，给予经费补助。

政府为化妆品企业购买服务。政府以购买服务的方式，向符合条件的中小微化妆品生产企业发放中小微企业服务券，领取企业可凭券在相关专业服务机构购买服务。

鼓励化妆品企业创新。向符合要求者发放创新券，予以创新补助。

予以标准化战略奖补，鼓励化妆品企业积极参与相关标准制修订。对主导和参与制修订国际标准、国家标准、行业标准的企业，分别给予3万~100万元的奖励。

鼓励扩大有效投资。对化妆品生产企业重大智能化改造项目、重大投资项目、一般技改项目、企业技改地方综合贡献奖励予以补助。

推动数字化转型。对被新认定为国家级、省级信息化类试点示范的企业，分别给予50万元、30万元奖励。

信息技术应用项目奖补。支持企业应用物联网、大数据、云计算、人工智能等信息技术及购置工业机器人，达到标准的给予补助。

企业挂牌上市奖补。对成功在国内A股以及境外上市的企业给予奖励。

科技攻关项目奖补。对紧扣数字美丽经济、幸福产业培育发展，开展关键核心技术攻关的企业予以奖补。

年度研发费用投入奖补。对符合条件的企业予以奖补。

小升规企业奖补。对主营业务收入首次达到2000万元及以上的化妆品生产企业给予12万元奖励。

五、存在问题与发展对策

（一）存在问题

产业配套不完善。衢州化妆品生产所涉及的原辅材料、内包材、外包材供应不足，导致企业在采购这些物资时，可能需要投入更多的资金成本。

关键人员留不住。2021年1月1日，新修订的《化妆品监督管理条例》开始实施，对质量安全负责人提出了更高的要求，同时要求注册人/备案人设立质量安全负责人，导致质量安全负责人在全国范围内奇缺。衢州属于浙江省欠发达地区，人才流失现象较为严重。多家企业因质量安全负责人离职而停产。

研发能力不强。产品以接受国外客户订单为主，企业自身缺少相应研发人员，同时在研发上的投入意愿不高，自有品牌少，产品缺乏竞争力。

（二）发展对策

产业孵化。政府出台相应政策，筑巢引凤，鼓励化妆品上下游产业链发展，降低企业生产成本。

人才引进。政府发放各种人才红利，吸引人才落户衢州。

深入帮扶。打造一流营商环境，为企业提供各种政策咨询、图纸审核、前期指导，让企业省时省力，少走弯路，早日投产。

衢州市市场监督管理局
执笔：姜玉英

第九节 台州市化妆品产业竞争力分析

截至2022年底，台州持有《化妆品生产许可证》的企业共有20家，其中国产特殊用途化妆品生产企业有4家。按地域分布，椒江区有1家，黄岩区有8家，路桥区有1家，临海市有4家，温岭市有1家，玉环市有1家，天台县有1家，三门县有1家，台州湾新区有2家，另有委托生产化妆品备案企业17家。按产品类别分，主要为染发类产品，共有国产特殊化妆品有效批件243个，分布在黄岩和温岭；国产普通化妆品备案934个，主要包括指甲油、粉饼、沐浴露、洗发水、喷雾等，集中在椒江、黄岩、临海、三门等地。

一、发展短板

（一）企业规模偏小

台州20家在产的化妆品生产企业以中小微企业为主，规模以上企业有7家，占比为35%，多数企业以生产中低档产品为主，特别是一些专供出口的粉饼类、染发类产品，基本都通过义乌销往中东、非洲等地的发展中国家，工艺简单，设备简陋，研发投入少，技术力量薄弱，品牌意识差。

（二）销售渠道单一

台州大多数化妆品生产企业没有属于自己的销售网络，销售渠道主要集中在义乌小商品市场，通过义乌市场的代理将企业的产品销售到全国各地。不少粉饼类化妆品生产企业的粉饼产品也用于出口，销往中东、非洲、印度等地的发展中国家，出口额占到企业销售总额的70%~80%。

（三）产业升级缓慢

台州化妆品生产企业主要生产护肤、发用类产品，特殊化妆品也只局限于染发和除臭产品，而染发类产品则主要出自浙江章华保健美发实业公司等规模企业。其他企业的品种不全，在国内市场打不开局面，是导致产业升级缓慢的主要原因。特殊化妆品上市前的注册时间长、费用高，企业负担重，小企业很少涉足。

二、发展优势

（一）强基础，为后续发展做保障

通过严监管、优服务，台州化妆品产业底色向好发展。主要表现在三个方面：一是厂房设施得到进一步加强。原取证单位有2家进行新建、4家改扩

建，其余厂家在硬件设施上均做了改善，更加符合化妆品生产质量规范要求。二是关键岗位人员持证上岗。按照《化妆品监督管理条例》要求，严把质量安全负责人关口，对不符合要求的进行更换，共更换企业5家。检验员须经培训合格后才能上岗，直接接触产品人员持有效健康证上岗。三是严把产品放行关。加强产品放行管理，要求质量安全负责人认真履职，产品放行前要认真审核生产记录、产品检验记录，保证产品质量可追溯。

（二）立标杆，营造高质量发展氛围

染发类产品以浙江章华保健美发实业公司为龙头，抢占标准制高点，牵头制定焗油染发霜浙江制造团体标准，并通过浙江品质标认证。气雾剂类产品以浙江绿岛科技有限公司为龙头，该公司计划投资8亿多元，新建现代化厂区，打造肌肤护理品牌，2023年底可投产。洗护类产品以浙江竹之语生物科技有限公司为龙头，该公司新建一栋8层厂房，生产面积达8000平方米，主要生产洗发水、沐浴露、洗手液等洗护类产品，2022年底可投产。台州市比得胶粘剂有限公司也已建成新厂房，主打产品甲油胶在国内同类产品中具有一定的知名度和较高的市场占有率。

三、发展方向

建园区，助推产业高质量发展。根据《浙江省化妆品产业高质量发展实施方案（2020—2025年）》《2022年助力药械产业高质量发展专项工作方案》，拟在椒江区创建具有台州特色的“互联网+智慧化名品名妆”化妆品产业谷——“台州美妆e谷”，具体设想及优势如下。

一是以染发剂、粉饼、沐浴液等集聚产品为基础，在人员素质、产品研发、厂房设施、规范生产等方面引导企业转型升级，努力打造区域品牌，促进“台州美妆”消费。二是帮扶“大美”“欧野”等辖区网销化妆品品牌电商企业和“名媛名妆”等知名连锁经营企业做强做大，提高市场美誉度和占有率。出台产业政策，引导鼓励企业投资兴办实体经济，在台州建立生产基地，直接为网销和线下市场供货。三是引入未来工厂理念。四是拟构建化妆品原料生产基地。依托台州原料药国家生产基地的优势，建设化妆品化工原料研发和制作基地。以台州地产水果、绿植为原料，创建植物综合提取基地。五是对接互联网，充分发挥“浙江省化妆品网络监测中心”作用，提高台州化妆品网销监管在全国的知名度和影响力。集生产、销售、直播于一体，打造台州美妆未来城、网红打卡地、美妆直播城。

台州市市场监督管理局

执笔：陈　印

第十节 丽水市化妆品产业竞争力分析

一、发展现状

丽水现有化妆品生产企业 8 家，2022 年全市化妆品工业产值为 20 亿元。纳爱斯集团是中国日化的领军企业，“纳爱斯”“100 年润发”等品牌在国内同类品牌中位居前列，入选“2019 浙产美妆十大品牌”。浙江庆元欧迪实业有限公司成立于 1978 年，专业制笔 40 余年，通过不断的研发创新，该公司生产的眉笔、化妆笔等产品质量已达到韩国化妆品质量水平，远销几十个国家和地区。浙江久灵笔刷有限公司成立于 1999 年，是一家专业生产销售中高档化妆笔及彩妆产品的企业。

（一）龙头引领，产业集聚

纳爱斯集团是中国日化的领军企业，是“大国品牌”先行者，连年荣登“中国制造业企业 500 强”“中国轻工业百强企业”。纳爱斯化妆品的产值贡献超 10 亿元，拥有“伢牙乐”“纳爱斯”等知名化妆品品牌，在国内同类品牌中位居前列，具有较高品牌识别度和市场认可度。产品已覆盖家居洗护、织物洗护、口腔护理、个人护理等多种领域。集团制定发布“千亿级生态产业集群规划”，提出打造“全链生态产业体系”，实现与各区域生态特色相结合，实现与三大产业的供需精准对接。

（二）硬件完善，基础扎实

丽水经济技术开发区设立于 1993 年，2014 年升级为国家级经济技术开发区，是丽水“一带三区”市域发展核心区，总面积为 217 平方千米。丽水的青山绿水是发展化妆品产业的环境基础。在“十四五”开局之年，开发区更是把化妆品产业的发展纳入未来五年的发展规划中，明确提出“加快化工产业提质发展，加大新产品应用开发”。

（三）项目丰富，紧盯靶点

美国国际香精香料公司（IFF）是美国最大的香精香料公司，也是纳爱斯集团在香精香料方面的主要合作伙伴之一，已与丽水经济技术开发区签订战略合作意向协议，将在开发区建设合成香料项目。这是开发区为化妆品产业园所做的基础配套项目。

（四）建设平台，全链覆盖

浙江大学智控研究中心项目将落地丽水经济技术开发区。该项目将建设一个 P3 实验室，在建设抗体分子设计研究平台、生物精准测试分析平台、负压动物实验平台、实验动物繁育平台的同时，将建设具有国家资质的医药和化妆品评价中心。该中心在承接国内化妆品、进口化妆品等资质评价的同时，可直接服务于开发区的化妆品产业园。

二、发展优势

（一）生态环境优势显著

丽水被誉为“浙江绿谷”，享有“华东氧吧”“浙南林海”等美誉，在全国 280 多个地级市中，首获“中国长寿之乡”殊荣。生态环境状况指数连续 17 年位居全省第一，生态环境质量公众满意度连续 10 年位居全省第一。森林覆盖率高达 81.7%，被列入国家级生态示范区。市域负氧离子水平达三级以上，环境空气质量指数优良率高，是全国空气质量十佳城市中唯一的非沿海、低海拔城市。

（二）优质且充沛的水资源

丽水的河流水系发达，水网密集，境内河流主要有瓯江、钱塘江、椒江、飞云江、闽江和赛江，被称为“六江之源”。地表水国考省考断面Ⅰ类至Ⅲ类比例达到 100%，行政区域河流交接断面水质达标率为 100%，集中式饮用水水源地水质达标率为 100%，饮用天然水各项指标均符合世界卫生组织确定的“长寿地区优质饮用水标准”。优质的水资源不仅可降低化妆品生产企业的水处理成本，还可成为功效性化妆品的重要原料。

（三）丰富的特色植物和中药材资源

丽水的中药材种植面积为 30.50 万亩（位居全省第一）。中药材品质优良，颇具特色，主要品种有三叶青、浙贝母、灵芝、百合、薏苡仁、食凉茶、黄精、莲子、菊米、皇菊、华重楼等。遂昌、缙云分别被评为“浙江中药材产业基地”和“浙江米仁产业基地”，龙泉灵芝、龙泉灵芝孢子粉为国家地理标志保护产品。丽水拥有家种和野生中药资源 2478 种，是浙西南“天然药园”和“华东药用植物宝库”，为发展特色天然护肤、洗护化妆品产业提供了原料。丽水山茶资源丰富，栽培历史悠久，素有“浙南油库”之称。全市现有山茶面积 109 万亩，2021 年产山茶籽 3.6 万吨。从山茶籽中提取的山茶油具有抗氧化、抗敏、修护皮肤等功效，可作为高档护肤品、婴儿润肤油等产品的原料。

（四）广布全球的华侨资源

丽水现有华侨华人 33 万人，分布在世界 120 多个国家和地区。在丽水有大批华侨从事化妆品的经营销售，进口商品城中集聚了来自世界各地的化妆品。部分华侨利用丽水的资源优势，与国际大品牌合作在丽水设立化妆品生产企业。

（五）新零售平台优势

在丽水开发区的核心区，建有 3 万平方米的化妆品加速器，为项目产业化提供孵化平台；与浙江大学合作，共建医药和化妆品评价中心，为产业发展提供服务；引进了京东云、华峰工业互联网项目，在万侨国际中心建有网红直播基地，能有效发挥直播经济、新零售平台优势，拓展化妆品销售渠道。

三、政策支持

（一）优惠的政策支持

丽水高度重视生命健康与时尚产业，已陆续出台了《丽水市健康产业发展规划（2015—2025 年）》《丽水市政府关于加快推进中医药健康发展的实施意见》《丽水市生态工业五大主导产业集群（1315 特色产业链）提升工程行动方案（2022—2026 年）》《丽水经济技术开发区关于促进时尚产业链发展的若干意见》等政策文件。在“十四五”开局之年，丽水把化妆品产业纳入发展规划，并为入园企业提供最优惠的政策，包括土地优惠政策、外资招引政策、科技人才政策、总部经济政策、私募基金政策等，还有生物医药、机器人产业及其他先进制造业的产业政策等，对重大项目可以实行“一事一议”。

（二）特色的招商服务模式

丽水经济技术开发区在上海张江高科技园区内建设了 2. 1 万平方米的产业园，设立了“丽水上海科创飞地”，用于培育和引进生物医药、化妆品等企业。上海张江高科技园区集聚了一批国际国内知名化妆品企业，开发区将发挥上海飞地的区位优势、集聚优势、人才优势，以“研发在上海，落地生产在丽水”的运营模式进行项目招商，最终形成“孵化+加速+产业集聚”的产业链梯度发展体系。

（三）强有力的用地保障

用地紧缺已成为浙江省乃至全国化妆品产业发展的“卡脖子”因素，但丽水开发区已规划建设了大健康生命科技走廊，其中有大量土地用于建设化妆品产业园。在用地紧缺的背景下，开发区拟通过“腾笼换鸟”换出化工用地，用于发展化妆品原料产业。

四、发展对策与建议

（一）夯实基础，扶优扶强现有存量企业

围绕纳爱斯集团“千亿级生态产业集群规划”，发展壮大纳爱斯天然洗护化妆品项目，进一步扩大企业的品牌影响力。引导维康药业、贝尼菲特等企业发挥生命健康产业优势，发展功效型化妆品。

（二）吸引本省及长三角、珠三角区域重点企业入驻

积极对接引进“浙江美妆十大品牌”、“浙江美妆新锐品牌”、长三角区域知名品牌企业。针对上海奉贤“东方美谷”、苏州工业园区用地紧张现状，主动对接计划外迁的二线、三线化妆品企业来丽水建设 OEM/ODM 基地。通过国家药监局、上海市药监局、浙江省药监局，主动对接、重点引进国内知名天然护肤和洗护化妆品等企业在丽水建设智能生产基地和特色植物原料种植、精加工基地。

（三）打造人才支撑体系

充分发挥“上海、杭州科创飞地”优势，加快引进长三角设计、研发、品牌、市场等领域高层次人才，服务丽水化妆品产业发展。与浙江药科职业大学、丽水学院、丽水职业技术学院等加强合作，培育急需人才和本土人才。

（四）谋划化妆品植物原料研究中心，出台特色植物原料标准

加强与中国食品药品检定研究院、浙江省药监局、浙江省食品药品检验研究院等的汇报沟通，深化合作研究，力争在丽水建设浙江省化妆品植物原料研究中心分中心，同时推动以龙泉山茶润公司为代表的化妆品用植物原料标准研究，进一步推动科研院所、生产企业联合制定标准（国家标准或行业标准），增强市场话语权，为建立植物原料基地夯实基础，扩大丽水化妆品产业影响力。

（五）强化产业链配套

继续引进化妆品原料、包材、装备制造业等关键配套企业，为全产业链发展提供支持与保障。重点引进化妆品塑料容器、泵头等高端包装材料企业，打造集研发设计、模具开发、智能制造为一体的化妆品包材配套基地。

（六）设立政府“美妆产业发展基金”，扶持创业投资发展

由政府设立“美妆产业发展基金”，通过政府引导基金对化妆品项目的投入，发挥政府的示范效应，吸引更多的社会资金、民间资本进入化妆品领域。通过少量财政资金的“种子”作用，撬动金融和社会资本，扩大基金对项目投入的规模。

（七）加强品牌建设，不断提高影响力和美誉度

借鉴“丽水山耕”品牌培育经验，打造“丽水丽妆”公共品牌。加强与浙江省健康产品化妆品行业协会、品牌运营公司等的联系，积极为企业牵线搭桥，全力指导企业开展品牌建设、拓宽营销渠道、增加现代营销模式，提高企业品牌知名度和市场占有率。

丽水市市场监督管理局
执笔：艾勇丰

第十一节　舟山市化妆品产业竞争力分析

一、发展现状

2022 年，舟山共有化妆品生产企业 2 家，产品均为普通化妆品，年产值约达 50 万元；委托生产的、仅持有国产普通化妆品备案号的备案人有 5 家，受托生产企业多为广东、杭州等地企业；化妆品经营单位有 6000 余家；进口普通化妆品境内责任人有 26 家，累计发放备案凭证 1030 张（有效备案凭证为 390 张）。

二、特点优势

舟山作为海岛城市，整个化妆品产业呈现经营单位多、生产企业少的局面。在化妆品产业链中生产环节较为薄弱，委托生产是舟山化妆品备案人的主要选择；舟山化妆品经营单位多以商场专柜、超市、小型化妆品店为主，2018 年进口普通化妆品备案试点成功落地浙江省自贸区后，也吸引了一批进口化妆品企业落户舟山。

随着甬舟铁路项目快速推进，舟山交通难、运输成本高的境况将有所改观，其丰富的海洋资源为开发具有海洋特色的化妆品原料提供了机遇，也将

为发展具有海洋特色的化妆品带来曙光，进而打造具有海洋特色的化妆品产业全链条，走出一条美丽的蓝色发展道路。

三、政策支持

在化妆品产业发展日新月异的大环境下，舟山作为国家级新区、自贸试验区、综合保税区，具有政策叠加优势，能够为制度改革创新提供支持；同时，舟山港综合保税区作为海关特殊监管区域，能够为制度创新提供范围可控的压力测试，便于控制改革产生的风险。为推动化妆品产业发展，创造良好的营商环境，舟山市政府发布了《舟山市推进“进口非特”化妆品产业发展三年行动计划（2018—2021 年）》，提供优惠的产业扶持奖励，全面支持化妆品企业做大做强。

四、发展对策与建议

舟山具备良好的地理位置和优越的码头条件，能够为进口产品提供海上综合交通运输服务，然而陆上交通仍是一大短板，造成其生产经营成本的增加，特别是原料、产品运输成本高，限制了企业发展。根据第七次人口普查数据，舟山常住人口仅为 115 万，市场规模较小，化妆品产业发展缓慢。除了上述“硬件”问题，还有企业自身的“软件”问题。舟山化妆品生产企业的研发投入不足，缺乏创新意识，对树立自身品牌缺少认识，导致产品缺乏市场竞争力，这也是企业进一步发展的障碍。

发展有海洋特色的化妆品及原料，建立有海洋特色的全产业链，是舟山化妆品产业的发展方向。舟山拥有丰富的海洋资源，渔业捕捞能力强，随着加工技术不断提高，一些原本只用于食品加工的成分也可以进一步加工成化妆品原料，如以鱼类为原料生产的各类氨基酸成分等。

此外，在产业竞争如此激烈的当下，酒香也怕巷子深，企业应转变思路，多与同行交流，学习成功案例，在保证产品质量的前提下，学习销售新思路，建立品牌新形象。

舟山市市场监督管理局
执笔：王小洁

第十章　浙江省化妆品产业骨干企业（部分）

第一节　珀莱雅化妆品股份有限公司

一、企业基本情况

珀莱雅化妆品股份有限公司成立于2003年，总部位于杭州市西湖区留下街道西溪路588号珀莱雅大厦，企业类型为其他股份有限公司（上市）。公司主要从事化妆品的研发、生产和销售，旗下拥有“珀莱雅”“悦芙媞”“彩棠”等品牌。近年来公司推行大单品策略，已打造出红宝石精华、双抗精华、双抗小夜灯眼霜、彩棠修容盘等多款明星单品。

二、企业发展成就

公司现有2000多名员工，2020年实现营业收入约37.52亿元，净利润达4.76亿元。根据国家统计局统计数据，2020年化妆品类零售总额达3400亿元，公司主营产品市场占有率超过1%。

公司拥有国家授权发明专利86项、实用新型专利32项、外观专利107项，合计225项。参与制定3项行业标准、9项国家标准和11项团体标准，核心技术人员在国内外核心期刊发表文献56篇。

公司践行绿色生产理念，打造拥有国家一级排放标准的污水处理系统，处理后的“废水”可用于洗塑料栈板，冲洗卫生间，厂区清洁、园区绿化、鱼池养殖等；建成太阳能辅助加热系统、烟道预热回收系统、蒸汽冷凝水回收系统，每月可节省天然气16000余立方米。建立空压机热能回收系统，每天可生产热水40吨，每年可节约155吨标准煤。实施中水回收系统，将纯水生产工艺淘汰后的中水及洗瓶机的水进行回收再利用，每月可减少生产用水量2000吨。2017年，厂房屋顶安装了光伏发电装置，有效利用光能，年发电量达200多万度，生产基地也用上了“绿色电”。公司引进全球前沿技术与装备，配备精密智能称量管理系统、顶级乳化设备、全自动水乳霜灌装线等，以高效智能的自动化设备，满足市场蓬勃发展的需求。同时，引进拥有自主知识产权的码垛机器人（串联机器人）、分拣机器人（并联机器人）、抓取机器人（桌面机器人）等智能设备，大幅提高生产效率，努力成为我国民族化妆品产业核心竞争力的“生力军”，真正拥有与国际品牌媲美的“芯”动力。

公司秉承“诚信感恩”之心，维护员工合法权益，为员工搭建成长平台，力所能及地帮助员工平衡工作与生活；积极参与行业标准制定，加强合作，以自身技术与经验优势推动行业健康快速发展；同时，公司始终以奉献社区为己任，投入资源和精力改善民生，主动承担社会责任，将公司发展与和谐社会相关联。

三、企业特色

珀莱雅湖州生产总部占地 11.6 万平方米，以国际一流花园式化妆品工业城标准建设，厂区环境优美，绿化面积达到 40%。厂房按照 GMP 医药企业标准设计和建造，生产区域空气洁净度达到 10 万级。采用先进的化妆品生产设备，遵守严格的 GMPC 化妆品生产规范，为市场需求提供快速、高效、柔性的供应保障能力。同时，公司不断自我修炼，提高化妆品制造的创新能力和技术水平，致力于成为中国智造的中坚力量。

公司自有品牌已覆盖大众精致护肤、彩妆、高功效护肤等美妆领域，近年来推行大单品策略，打造具备品牌心智的代表性明星单品，从而提高客单价和复购率，增强品牌黏性。如打造了红宝石精华、双抗精华、双抗小夜灯眼霜、彩棠修容盘等大单品。

公司销售模式以线上渠道为主，线下渠道并行。构建了覆盖日化专营店、商场超市、单品牌店、电子商务等的多渠道销售网络。

公司深入推进与业务匹配的人才供应链机制，精准选人，快速识人，高效用人，逐步建成一支拥有强大的战斗力、学习力、自驱力，并拥有具有创业激情的年轻化团队。倡导“高投入、高绩效、高回报”的“三高”绩效文化，建立“定目标、盯过程、拿结果”的绩效管理体系。

四、企业优势

公司致力于构建新国货化妆品产业平台，主要从事化妆品类产品的研发、生产和销售。旗下主要拥有“珀莱雅”“悦芙媞”“彩棠”等品牌。公司自有品牌已覆盖大众精致护肤、彩妆、高功效护肤等美妆领域。

公司采用以自主生产为主、OEM 外协工厂代加工为辅的生产模式，拥有自建护肤/洗护工厂、彩妆工厂。

公司采用以自主研发为主、产学研相结合为辅的研发模式。与巴斯夫中国、亚什兰中国等全球领先的原料供应商保持研发合作关系。

公司积极推进供应链管理数字化，依靠信息化平台和大数据分析提高企业竞争力。在供应链领域先后搭建了 SAP ERP 系统、WMS 系统、产品追溯系统、生产称量系统、SRM 系统、APS 系统和 MES 系统，通过这些信息系统的建设提高了供应链运营效率，降低了供应链成本，提高了企业效益。

公司员工中拥有本科及以上学历者达 800 余人，占公司总人数的 28%左右。公司与上海应用技术大学国际化妆品学院签订产学研合作协议，在人才培养、科学研究、科技创新、人员培训等方面进行全面合作。

公司核心竞争力主要体现在：打造以“产品、内容、运营”等为主线的前中后台高效协同的自驱型组织，构建从上到下保持一致的“文化—战略—机制—人才”运营管理体系，以文化为牵引、战略为导向、机制和人才为两翼，保证战略目标执行到位。

第二节 欧诗漫控股集团有限公司

一、企业基本情况

欧诗漫控股集团有限公司创立于 1967 年，地处世界人工养殖珍珠发源地——浙江德清，以人类健康美丽为己任，专研珍珠养殖、珍珠科技等领域已逾半个世纪，是世界唯一集珍珠养殖、珍珠饰品、珍珠化妆品、珍珠医药保健品、珍珠文化旅游等于一体的综合性集团，已经发展成全球生产规模最大、产业链最全、渠道布局最广、品牌知名度最高的珍珠产业龙头企业，2020 年其化妆品主营业务销售额达 32 亿元。以欧诗漫为代表的“浙江德清淡水珍珠传统养殖与利用系统”（德清珍珠系统）是我国重要的农业文化遗产。

二、企业发展成就

欧诗漫集团下属 9 家控股子公司，是国家首批农业产业化重点龙头企业和全国农产品加工业示范基地。欧诗漫是世界最大的珍珠深加工企业，连续多年被评为“中国化妆品行业十强企业”、国家高新技术企业、国家电子商务示范企业。欧诗漫商标为中国驰名商标。

欧诗漫肩负“扬珍珠文化、树百年品牌”的发展使命，勇于探索，与时俱进，通过实施欧诗漫大珍珠品牌战略，扎实推进“技术、渠道、品牌”三大转型升级，拥有省级重点企业研究院、国家农产品加工企业技术创新机构、省级企业技术研发中心、院士专家工作站和省级工业设计中心，是浙江省淡水珍珠深加工工程技术研究中心依托单位。

作为民族品牌崛起的开拓者与引领者，欧诗漫以未来工厂为标准，制定专业规划，搭建创新体系，投入专项资金，加速实施产业数字化战略。园区按照4A级工业旅游景点和智慧工业园区标准，建设欧诗漫珍珠博物院、珍珠研究院、珍珠设计院、GMP生产车间和现代物流中心。其中，珍珠博物院有6200平方米、珍珠研究院有8000平方米、珍珠设计院有2500平方米。工厂按照GMP标准建成护肤品生产线32条、保健品生产线9条。为实现高质量发展，欧诗漫全球取经引智，联合阿里云、博拉科技、金蝶科技、观远数据、北京自动化研究所有限公司等多家国内外头部（知名）企业，以数字化思维和数字化工具来重构生产体系中信息流、产品流、资金流的运行模式，重建产业价值链和生态系统。

三、企业特色

欧诗漫在50多年的发展历程中，不断创新迭代，换挡提速，走出了独具特色的发展道路。欧诗漫围绕珍珠精深加工产业，利用前沿技术，深入挖掘珍珠及其副产物的美容与保健功效，解决制约产业发展的关键共性技术难题，延长珍珠产业链，增加产品附加值，产品涵盖化妆品（现有近20个系列）、珍珠健康养颜品、珍珠饰品，每款产品中均有4%～10%的活性珍珠美容素成分，被誉为“珍珠美学专家”。欧诗漫美白产品连续9年被评为我国化妆品美白品牌Top1。

在运营上，欧诗漫聚焦渠道、聚焦终端、聚焦消费者、聚焦痛点，深耕线下渠道，有20000多个终端网点遍布全国。同时，欧诗漫把电商渠道（天猫、京东、唯品会、拼多多、达人直播、企业自播）作为打造超级单品的主要阵地，推动品牌电商一体化。其中，直播电商2021年销售额突破10亿元。通过品牌和超级单品拉动全渠道的销售。线下渠道以创新型的思维模式，利用新技术、新零售、新模式实现精细化运营，全年开展200场以上珍珠文化巡演动销活动，大大拉升了线下渠道的声量和信心。

四、企业优势

近年来，欧诗漫以珍珠为核心，以发展趋势和市场洞察为导向，以“年轻化、数据化、科技化”为抓手，以“大电商战略”和“产品力战略”为支撑，以科技创新、品类创新、产品创新为杠杆，推动管理敏捷化、组织年轻化、渠道生态化、营销数字化、供应柔性化、运营精细化，实现品牌升级、渠道升级、营销升级，致力于成为世界一流的健康美丽企业。

作为中国驰名商标和民族品牌的引领者，欧诗漫持续输出其差异化品牌形象和价值观。公司与湖南卫视、浙江卫视、东方卫视、优酷网、腾讯视频、爱奇艺、今日头条等一线媒体加强战略合作，并于2009年携手中央电视台成功举办《同一首歌》大型演唱会，开创日化企业文化营销先河。2017年，欧诗漫又与东方卫视共襄“2017东方卫视中秋晚会暨欧诗漫50周年盛典”，大大提高了企业竞争力和品牌影响力。欧诗漫将继续丰富营销传播渠道和手段，扩大品牌合作圈层和范围，与具有影响力的社会名流、艺术家、顶级达人深度合作，全面提升品牌价值。

欧诗漫以“高品质、高标准、高服务”为运营目标打造供应链，加大投入提高信息化水平，改造生产工艺和生产线，提高产品整体质量控制水平，实现管理数据化、生产自动化、仓储物流智能化、信息传送网络化、企业管理现代化、供应链接生态化。利用整个生产流程的数据采集、数据互联、数据分析、数据赋能，打造敏捷化、个性化、信息化的产业链，提高市场反应速度和供应链响应速度，不仅促进了产业的协同发展，而且大幅提高了企业效率，人均生产效率提高45%，能源利用率提高18%，运营成本降低24%，产品研制周期缩短31%，产品不良率降低24%。在供应商方面，欧诗漫与100多家领先的原料和包材供应商建立了良好稳固的合作关系，把提高制造中心与供应商和渠道之间的资源整合能力、强化供应商管理作为主要内容，增强了公司采购体系的整体竞争力。

在研发上，欧诗漫每年把销售收入的3.5%用于科技性与功能性领域，实现功能类产品、科技类产品、新品类的开发突破，不断注入科技新元素，实现产品升级。欧诗漫硕士以上的研发人员有30余人，高级工程师有3人，与比利时皇家医学院、欧洲科学院、法国科学院院士合作珍珠功效成分提取分离及产业化应用。主导或参与起草国家标准16项、浙江制造团体标准12项，拥有157项技术专利（发明专利89项，国际专利25项）。

大方无隅，行衍不息。欧诗漫致力于成为一个“行业领先、社会尊崇、世界知名”的魅力企业，为打造和实现“百亿目标”和“百年品牌”而不懈努力。

第三节　浙江宜格美妆集团有限公司

一、企业基本情况

浙江宜格美妆集团有限公司成立于2017年3月，位于浙江省杭州市。花西子是浙江宜格美妆集团有限公司的核心品牌之一，其以“东方彩妆，以花养妆”为理念，针对东方肤质特点与妆容需求，以花卉提取物精华为核心成分，运用现代彩妆研发制造工艺，打造健康、养肤的彩妆产品。

公司拥有3300平方米的综合研发中心和东方美妆研究院，以国内外顶级技术和原料资源打造“东方彩妆”，其产品“爆款率”非常高。蜜粉、蜜粉饼、东方妆奁、同心锁口红、雕花口红、苗族印象系列、傣族印象系列等明星产品受到国内外消费者的喜爱。

二、企业发展成就

（一）发展规模

2020年，花西子全渠道销售额达33.5亿元，且在天猫彩妆类目销售额排名第一。天猫海外数据显示，2020年“双十一”期间，花西子位列国货美妆海外销售榜首，来自100多个国家和地区的消费者在天猫购买了花西子的产品，其中苗族印象系列彩妆在11月1日一天的成交额就超百万元。

2021年3月，花西子正式开启自己的出海之路，同心锁口红上线首日便挺进了日本亚马逊口红销售榜小时榜前三。另外，花西子蜜粉、高光等产品也相继挤进亚马逊销售榜小时榜前十。

2021年5月，花西子海外官网上线并陆续开通日本、美国、欧洲等地的物流。花西子已远销海外43个国家和地区，其中美国、澳大利亚、欧洲是其主要市场。

（二）研发设计

截至2021年12月6日，花西子母公司公开发表或已进入实质审查阶段的专利有99项，在国货美妆品牌中名列前茅。

花西子用4年的时间，挖掘独有的中国传统文化和东方美学，将传统文化与现代时尚进行融合，打造具有花西子特色的产品，从原料配方、工艺材质、品牌主色、字体等维度，塑造基于花西子品牌定位的独特性和专属性。

传递东方美学是一个系统性工作。它渗透到花西子团队的DNA中，花西子产品开发和设计团队深入研究中国传统工艺，彩妆师团队潜心研究中国妆容……公司上下都秉承相对一致的文化DNA去塑造产品和品牌，努力让更多消费者看见东方美学的魅力。

例如，花西子西湖印记系列产品。2019年，花西子以西湖十景为灵感来源，将景色中的代表元素还原到热门产品上，推出西湖印记定制系列产品。该系列上线后，引发了日本网友对中国彩妆的讨论，话题一度占据日本推特热搜榜第七位。

再如，花西子的民族定制系列产品。在迪拜举办的世博会上，作为中国馆指定彩妆产品，傣族印象定制系列向来自全球各地的参观者展现了东方美。2021年10月，花西子萃取傣族特色花植精华，创新研制产品配方，并结合傣族文化中的孔雀图腾与传统花丝工艺，历时两年打造了傣族印象系列产品。这是继2020年苗族印象系列产品后，花西子再次以民族文化为灵感，打造配方、工艺、妆容等多方共创的民族特色美妆产品。

在产品配方上，花西子傣族印象系列所有产品均融入了新研配方——四象活颜傣方™。该配方是花西子联合太和康美研发团队共同研发打磨而成，萃取四种傣族经典花植提取物：密蒙花、金钗石斛、七叶一枝花及莲花，润泽抗氧，妆养合一。在产品设计上，花西子携手工艺美术大师袁长君，以傣族孔雀图腾、中国传统花丝工艺为设计灵感，结合现代工艺技术，让华美灵动的傣族孔雀“落”于产品之上。在妆容设计方面，花西子携手明星彩妆师王嘉进行妆容共创，以傣族印象为灵感，打造兼具自信气质与时尚感的孔雀妆、花养妆，演绎民族之美。

2020年11月，花西子推出了第一个民族系列产品——苗族印象。苗族印象系列产品以非物质文化遗产技艺苗银、苗绣、蜡染为创意源点，创新性地将錾刻工艺与东方微雕技术结合，在产品上复刻苗族制银工艺；将苗绣上古老的“蝴蝶妈妈”图腾与花草元素刻入产品之中，以内外兼修的彩妆为载体，展示苗族文化，让文化多元之美走进千家万户，走向世界舞台。

（三）社会责任

2020年1月28日，花西子向武汉市慈善总会捐赠100万元，以根据新冠疫情防控需求，用于医用物资采购及病患救治等。

2021年3月18日，花西子百花计划之苗族女童助学项目捐赠仪式及爱心探访活动在贵州省雷山县郎德镇报德小学顺利举行。此次助学行动共计捐助100余万元，为雷山县家庭相对困难的一至九年级苗族女童提供教育助学金。

2021 年 4 月 28 日，由花西子母公司浙江宜格美妆集团有限公司发起设立的非公募基金会“浙江省宜格慈善基金会”正式在浙江省民政厅注册成立。其宗旨与理念为：“弘扬美，传播爱。致力于弘扬慈善之美，让美从颜到心；致力于帮扶弱势群体，传播爱的力量。”

2021 年 5 月 8 日，花西子联合浙江省宜格慈善基金会与滴水公益推出“花西子女性守护热线”，旨在为处于心理困境中的女性提供帮助。

2021 年 7 月 21 日，花西子联合浙江省宜格慈善基金会，向河南灾区捐赠价值总计 300 万元的现金及物资。同时，宜格慈善基金会的救灾人员连夜从杭州市启程，与海豚应急救援队奔赴灾区一线，为受灾群众采购、运输赈灾物资。

2021 年 10 月，花西子在援助希望小学综合楼的基础上，在云南省玉溪市文化局、教育局、玉溪市青少年发展基金会等部门的指导下，与非物质文化遗产传承人共同完成“民族文化课堂”课程开发，推动当地小学首次将民族非物质文化遗产纳入日常教学，助力当地民族非物质文化遗产传承。

三、企业特色

“以花养妆”的花西子于全球遍寻优质花卉原产地，目前已研究多达 64 种花卉，萃取、筛选其中益于肌肤的功效成分，建立了桂花、牡丹、莲花、金钗石斛、金盏花、桃花、金莲花等 11 个联合花卉研究基地。

花西子母公司浙江宜格美妆集团已建立了从产品研发到销售的全过程质量管理体系，并已通过 ISO 9001 质量管理体系认证。融合东方彩妆研发生态体系，“这里将诞生更多的花西子标准”。

在产品的打造过程中，花西子将中国文化、花养文化、人文艺术、传统技艺融入产品之中。例如，花西子同心锁口红——东方式浪漫存在于日复一日的关怀中，正是这些细微而平凡的举动透露出深厚的爱意，才成就了独有的东方式浪漫。基于这份东方独有的浪漫情愫，花西子推出了极具视觉张力与工艺创新的同心锁口红。

花西子致力于打造健康养肤、妆养合一、内外兼修的产品。重视用户和产品是花西子取得成功的根本原因，也是其未来接受不同经济周期挑战的底气所在。

四、企业优势

（一）品牌优势

以彩妆为载体，以文化为媒介，向世界传递东方文化与东方之美。这对花西子来说是超越销售额的使命和价值。

花西子用4年的时间挖掘出独有的中国传统文化和东方美学，将传统文化与现代时尚融合，打造出具有花西子特色的产品，从原料配方、工艺材质、品牌主色、字体等维度，塑造花西子品牌。

（二）研发技术优势

花西子自有的3300平方米综合研发中心集产品研发、质量检验和CMF等多功能于一体，持续发力创新专利技术与原料研发，深耕以“以花养妆”为特色的自主配方研究，不断完善花西子自有配方库。这意味着花西子引领打造的“东方彩妆研发生态体系”加速完善。

（三）供应链资源优势

花西子整合全球顶级技术、原料来打造“东方彩妆”，其技术、原料供应链遍布全球。目前已与国内外多个原料商达成战略合作。

第四节 纳爱斯集团有限公司

一、企业基本情况

纳爱斯集团有限公司前身为成立于1968年的地方国营丽水五七化工厂，1993年实行股份制改造，2001年组建集团，现拥有员工近20000人，在全球建有9个生产基地，设有50多家销售分公司。公司位于有“中国生态第一市”之称的浙江省丽水市，是中国日化产业的领军企业。

二、企业发展成就

按多品牌发展战略，纳爱斯全方位构建各具特色的品牌体系，产品覆盖家居洗护、织物洗护、口腔护理、个人护理，现拥有健康时尚的口腔清洁护理品牌“纳爱斯”、高端科研级口腔护理品牌“健爽白”、儿童快乐成长好伙伴口腔护理品牌“伢牙乐”、植物养护创领者的个人洗护品牌“100年润发”、重视家文化的除菌清洁品牌“雕牌”、天然洗护创领者的高端洗护品牌“超能”等十多个知名品牌，产品远销70多个国家和地区。先后获得中国驰名商标、浙江省著名商标、中国名牌产品、浙江名牌产品、浙江出口名牌等荣誉称号。自1996年起，纳爱斯主要经济指标始终居行业首位，在“中国制造业企业500强”“中国轻工业百强企业”等榜单中，连续十多年居首位。

纳爱斯秉持“大爱无疆”情怀，积极开展各项公益活动。2020年，面对突如其来的新冠疫情，纳爱斯快速响应国家号召，第一时间主动联系中华慈善总会捐赠了价值2000万元的抗疫资金和物资。2021年，在河南洪灾的救援中，纳爱斯再度捐赠价值千万元物资并组织专业力量赴灾区一线进行高效救援。纳爱斯在“如水”文化中践行了社会责任，彰显了企业担当。

三、企业特色

纳爱斯始终致力于“实业报国”，以“只为提升您的生活品质”为宗旨，秉持“环境友好、安全健康”理念，以科技创新为驱动，持续引领并满足消费需求，推动企业高质量绿色发展。旗下“超能”“雕牌”“纳爱斯”“妙管家”等品牌的主要产品在国内最具权威的绿色产品认证——中国绿色产品“洗涤用品”类领域通过认证，纳爱斯成为首家通过认证的企业；另有八大品牌16款产品入选中国轻工业联合会发布的《升级与创新消费品指南》，成为轻工业创新发展的风向标。

“纳爱斯”和“100年润发”入选“2019浙产美妆十大品牌”，其中纳爱斯牙膏作为中国首家以添加“维生素C、维生素E营养成分”为市场切入点的口腔护理产品，精选天然、健康、安全的优质原料，产品线功效覆盖减轻牙龈炎、美白、抗牙齿敏感、预防蛀牙、清新口气等。“100年润发”开创天然植物精华洗护发先河，以“润养东方美”为品牌理念，专注研究东方发质需求，传承植物养护智慧，以现代科技为自然能量注入全新灵感，针对性解决头皮和头发问题，经过数十年匠心沉淀，打造秀发植物养护健康调理体系，以天然植物氨基酸科学配比多种植物精华成分，植物养头皮，润发不油腻，焕活秀发原生之美。

纳爱斯是首家“工业产品绿色设计示范企业”，并率先开展了产品全生命周期绿色管理，所搭建的生态产品设计平台更是起到了带动上下游一起绿色发展的作用。纳爱斯谋划本地生态资源GEP转化，深度开发了丽水的本地资源，先后推出了“竹炭·净白”牙膏、活性炭双效消臭等系列植物炭产品，还开发了提取茶籽精油研制而成的洗发露及茶洁护龈牙膏、抹茶洗洁精等茶系列产品。在绿色智能制造设备方面，纳爱斯新建智能化制造系统，对系列产品生产线进行智能绿色化技术改造，购置皂基处理系统及高速智能皂体包装生产线，实现更为绿色、高效的产品生产。

四、企业优势

纳爱斯在杭州市建成国际科创园，立足智慧城市，打造国际一流研发中心，拥有首个“中国轻工业洗涤剂重点实验室”。总工程师系行业知名专家、国家科学技术奖评委，技术带头人入选浙江“千人计划”评审专家库。此外，纳爱斯拥有国内外先进检测分析仪器，在业内有较大优势。长期以来，纳爱斯通过与国内知名科研机构及大学合作，实现各方资源的聚集和融合，并持续通过科技创新攻克了不少“卡脖子”难题，突破瓶颈技术工艺，拥有多个国内领先、国际先进水平的自主知识产权核心技术，参与了多项国家标准和行业标准的制定，连续多年获得“轻工业行业科技创新先进集体”。

在管理机制上，纳爱斯打造“以奋斗者为本”的平台，激发奋斗者的价值创造，拓宽奋斗者的发展空间。企业内部以“责权对等、公平竞争”为基本原则，强化干部责任意识和使命担当，让负责任、干实事的干部发挥才干、体现价值。纳爱斯是“技能人才自主评价的引领企业”，通过公平公正的平台和科学合理的机制，充分发挥好企业在高技能人才培养和评价工作中的主导作用。

纳爱斯坚持“长跑”理念，与合作伙伴在秉持“合作、分享、共赢”的原则基础上，结成同舟共济、荣辱与共的利益共同体，持续强化“扶强扶优”的机制建设，向遵守规则的诚信者、做大市场的贡献者和实现共同事业的奋斗者倾斜发展成果，持续共创共赢美好未来。

第五节　浙江艳庄化妆品有限公司

一、企业基本情况

浙江艳庄化妆品有限公司成立于 1989 年，前身是浙江省义乌市洪亮日用化妆品有限公司，1997 年变更为浙江艳庄化妆品有限公司。公司注册资金为 3300 万元，现有员工 400 余人，是一家集研发、生产、销售为一体的知名化妆品企业。公司坐落于富有“国际贸易的海洋”之称的中国义乌国际商贸城附近，交通便利（距国际商贸城仅 5 分钟车程）。主要生产口红、唇釉、睫毛膏、化妆粉块、指甲油、洗甲水、护手霜、卸妆水等十余个品类彩妆化妆品。拥有“艷莊”“妮美”等多个国内品牌及“黛丽雅”等国际品牌。

二、企业发展成就

公司坚持走中高端品牌发展路线，在我国彩妆市场享有一定的知名度与美誉度，拥有亚洲最大的甲油生产基地，同时也是东南亚著名的彩妆生产基地之一。

公司建有现代化标准厂房、GMPC 无菌车间，质量管理体系通过欧盟 ISO 22716 认证，引进了世界一流的自动化生产线及韩国先进生产设备。同时，公司配备专业的新产品策划与研发技术中心，下设蜡基研发室、化妆粉块研发室、有机容器研发室、理化检验实验室。检验实验室引进气质联用（GC-MS）色谱、气相色谱仪、水分测定仪等检测功能齐全的设备 30 多台，是对国家提出的产业转型升级等政策最好的响应。

公司坚持走自主创新之路。2003 年，公司实验室被评为金华市“市级研发中心”。2007 年，公司研发的艳庄牌指甲油荣获国家发明专利，且在同年被认定为“浙江名牌产品”。2009 年，公司“艷莊”商标荣获“浙江省著名商标”。2018 年、2019 年连续两年公司被评为“化妆品生产企业质量信用评定 A 级企业”。2019 年公司被评为浙江省科技型中小企业，2020 年公司被评为安全生产标准化企业、国家高新技术企业，2021 年公司研发中心被评为金华市高新技术研发中心。同时，公司多次获得“义乌市工业企业 50 强”“纳税大户”“产值超亿元企业”等荣誉，被义乌市人民政府评为“义乌市劳动关系和谐企业”。

公司深知企业的发展离不开社会各界的支持以及政府培育的良好营商环境，离不开和谐社会这一沃土的滋养，积极捐资扶贫帮困，在慈善事业、公益事业等领域作出了突出贡献，深受社会各界好评。公司董事长杜洪良先生一直坚持做慈善，是义乌市慈善总会理事会理事，同时兼任廿三里街道慈善协会副会长。2018 年，公司被爱心联盟慈善基金会授予副理事长单位。

三、企业特色

为满足国家不断升级的对化妆品产业监督管理要求及客户、消费者多变需求，公司严格执行 ISO 22716 国际质量体系及有关标准，在 2009 年进行全面 GMPC 改造，又在 2020 年进行了年增 2600 万支各类化妆品的车间技改项目，打造了符合美国、欧盟 GMPC 双认证标准生产基地，拥有 10 万级无菌车间，并实施 6S 管理，生产采用封闭管道化物料管理等一系列措施。公司严控产品质量关，设置了原料化学分析室、半成品稳定性检测室、包材半成品兼容性检测室等用于原料检测、配方检测、包材测定、制程监控，保证了产品品质。

公司依托技术研发中心，在整合国际、国内先进原料技术的基础上，分析不同肤质爱美女士的特质，研发出敏感肌肤同样适用的彩妆产品。一直以来，公司产品以其出众的品质备受客户和消费者的青睐。同时，在研发新产品、新配方时，不断引进国际上的先进配方，大大提高了公司产品的内在品质和市场竞争力。在国内市场上，公司自主研发了大量针对国内消费者的产品。在国际市场上，结合新冠疫情常态化的全球形势，公司将原有客户资源和网络拓客相结合，积极维护与开拓海外市场，从贸易商、渠道商到品牌商不断渗入，实现了公司品牌全球化。公司产品以可靠的品质、合理的价格、热情的服务、良好的信誉赢得国内外客户的好评，远销世界各地。

经过不懈努力，公司通过自主创新走上了可持续发展道路。在发展过程中，公司注重自主知识产权的核心技术保护，新申请发明专利 5 项、实用新型专利 3 项，已申报实用新型专利 5 项，并且在 2020 年通过知识产权管理体系认证。公司共荣获 80 多项专利。

四、企业优势

通过 30 多年的研发、生产、营销、服务等沉淀积累，公司已在彩妆领域形成了完整的创新研发体系、技术配方体系、质量控制体系、上下游供应链体系，知名度、美誉度不断增加，全球销售网络日趋成熟。

公司拥有信息化、智能化生产车间，引进了一系列先进自动设备和绿色环保节能技术，于 2019 年、2020 年新建符合全自动投料灌装与数字化改造要求的化妆品有机溶剂配料车间、膏霜配料车间、膏霜与香水灌装车间。

作为浙江省科技型企业、国家高新技术企业，公司依托自身的研发团队，不断攻克技术难关，每月都研发新产品数款。产品采用最新的妆效技术，使用绿色节能环保材料，保证品牌产品掌握市场的主动权。

公司拥有完整的供应链体系，整合供应链上下游，形成了一个资源利用共同体，风险共担，有利于分摊风险。拥有以客户为中心的服务至上的态度。通过整合供应链中的各个环节，达成成本优先的战略，实现对客户价格需求的快速反应，以提高客户的满意度，获取竞争优势，做到与上下游企业共赢。

公司的发展离不开人才，公司建立了适应发展需要的多人才通道。人才培训体系、人才任职资格等级、薪酬激励等政策吸引了优秀人才加入公司共同发展。

诚信赢天下，创新开局面。艳庄人相信，自律、诚信、承诺、聚焦、全力以赴才是成功者的法则，客户满意就是艳庄人的工作标准。在起伏的彩妆浪潮中，艳庄人坚持品质制胜并不断自我超越，经过 30 多年的拼搏努力，公司正一步步向着“引领中国彩妆市场、成为世界领先级的美妆智造企业”迈进！

第六节　章华化妆品科技有限公司

一、企业基本情况

章华化妆品科技有限公司成立于 2011 年 1 月 5 日，位于杭州市钱塘新区长福杭路 827 号，属于公司制企业，主营业务包括洗护和烫染领域的产品生产、批发和零售。公司旗下有多个品牌，核心品牌有“章华”和“章华汉草”，章华生态染发霜是公司的明星产品，蕴含多种毛发护理成分，能够有效遮盖白发，在保证发色通透饱满的情况下让头发更加顺滑有光泽。

二、企业发展成就

2011 年章华化妆品科技有限公司正式注册成立，注册资本达 2.25 亿元，并在杭州市大江东产业聚集区新建了现代化生产基地，厂区建筑面积达 80346 平方米，销售收入过亿元，销售区域主要在东部沿海地区，向内陆延伸发展。旗下拥有“章华汉草”“缇妃”“逻格蕴品”“花草晶”等多个品牌。

公司获得了两项国家知识产权局认可的发明专利证书，分别是“一种具有紫外线保护、护色护发效果的植物组合物的制备以及应用”“环保型护发染发剂及其制备方法”，还获得了外观专利若干。2019 年公司获得国家“高新技术企业”认证，2020 年获得“知识产权管理体系认证”证书，以及由浙江省科学技术厅颁发的“浙江省科技型中小企业”证书。

章华科技现代化生产基地是按照标准建造的 10 万级净化车间，拥有智能生产控制系统、全自动灌装生产线等。生产车间相互独立，分为染发烫发车间、洗发护发车间。原料计量、配制、灌装等均采用自动化设备，并通过了 GMPC 认证。公司拥有 100 余种在线产品，年产洗发水 6000 吨、护发产品 4000 吨、沐浴液 2000 吨、染发产品 4200 吨以上。

公司提供了大量的工作岗位，帮助大学生以及社会人员积极就业。公司始终坚持将用户满意作为一切工作的出发点和落脚点，以“绿色健康、时尚自然”为永远追求的目标。公司积极承担起社会责任，真正做到想用户所想、急用户所急，全心全意为用户服务。

三、企业特色

公司拥有两栋独立的 10 万级净化生产车间，分别为染发烫发车间和洗发护发车间，形成了富有美感的对称式建筑结构。此外，厂区内还建有独立办公楼、公寓式的员工宿舍、健身房等。园区内覆盖大面积绿植，环境优美，力求打造高标准花园式工厂。

公司产品主要针对烫染和洗护两大领域。其中，在烫染领域，产品蕴含多种毛发护理成分，能够有效遮盖白发，在保证发色通透饱满的情况下让秀发更加顺滑有光泽；在洗护领域，根据市场方向和受众需求，有针对性地研发了洗发水、精华素、发膜和沐浴露等产品。

产品主要采用“线上+线下”的销售模式，线上主要利用电商平台进行网络营销，公司在天猫上有“章华旗舰店”和“章华汉草旗舰店”，同时在小红书、抖音等新媒体平台上也有专业号店铺；线下进驻各大商场超市、个人护理精品店等主流渠道，实现了全渠道、全人群、全方位的覆盖。

公司依法建立有股东大会、董事会、监事会和经理层的公司法人管理结构，最高管理者为总经理，下设营销管理中心、计划物控中心、生产管理中心、行政人事中心、技术研发中心五大中心，以及采购部、财务部等职能部门；公司监事会执行监事功能。这种管理模式能够节约管理成本，利于信息流通，提高办事效率。

四、企业优势

近年来国货品牌崛起，“章华”也是其中之一。公司紧跟市场动向，不断研发升级产品，在提升效果、丰富功能的同时传达品牌价值，增强用户对品牌的忠诚度和关注度。

公司从各个方面进行评价，将供方分为“A、B、C、D”级，通过供方分级管理，促进合作共赢。公司与核心供方加强信息共享、技术交流等，建立长期稳定、持续发展的共生形态；与主要供方形成长期稳定的供应关系，优化供应链效率，实现经济采购。

建立集在岗培训、短期脱产培训于一体的全方位、多层次的培训开发系统，采取参加国内与国际培训相结合的人才开发方式；组建内部培训讲师团，充分利用内部资源，挖掘人才潜能；同时利用高校师资培育企业人才，为人才的培养提供平台，使员工与企业共同成长。

第七节 浙江蝶妃化妆品有限公司

一、企业基本情况

浙江蝶妃化妆品有限公司成立于 1996 年，位于国家级国际贸易综合改革试验区义乌市北苑工业园区景二路21号，是浙江省知名的彩妆OEM/ODM企业、浙江省化妆品生产质量管理示范企业、浙江省药品职业检查“双百尖兵”实训基地。公司先后获得国家工商总局“守合同重信用”单位、国家高新技术企业、省级科技型中小企业、“浙产美妆十大品牌企业”等荣誉。公司董事长在义乌市改革开放40周年大会上，被义乌市政府授予“民营经济发展代表人士”荣誉称号。

二、企业发展成就

公司注册资金为3228万元，现有员工1000余人，占地面积达4.8万平方米，拥有符合GMP标准的研发中心、制造中心、检验检测中心和仓储物流中心。公司致力于粉饼、眼影、腮红、粉底霜、口红、唇彩等彩妆产品的研发、生产、销售和服务。公司产品远销欧美，与屈臣氏、迪士尼、雅芳等世界五百强品牌企业深度合作，国际市场销量持续增长。同时，公司也是“义乌市工业企业五十强”企业、“义乌市工业亩产效益综合评价A类企业”，入选2020年度金华市级隐性冠军培育企业。

公司注重产品标准化管理，主导烤粉、粉饼等浙江制造标准、浙江团体标准的研究；参与唇彩行业联盟标准的起草和编制。公司已拥有20多项发明、实用新型等专利技术和屈臣氏欧洲金奖产品等诸多国际水准产品。蝶妃企业研发（技术）中心已通过义乌市级研发中心、企业技术中心双认定，通过金华市级科学技术研究开发中心备案认定。

公司先后从韩国等地引进具有国际先进水平的全自动硅胶模口红生产线、全自动单色（多色）压粉机、全自动粉组装生产线等先进生产制造系统，应用ERP管理系统和MES生产制造执行管理系统，是历年化妆品生产企业质量信用评定A级企业。公司年包装产能约为1.2亿盒。

三、企业特色

公司追求匠心精神，重视品质，被浙江省药监局授予化妆品生产质量管理实训基地（示范企业），还被浙江省药监局药品检查中心认定为浙江省药品职业检查“双百尖兵”实训基地。公司通过第三方独立实验室认证，对产品进行高标准、严要求的质量把控。实验室具有CMA资质和提供一般化妆品备案检验服务资格。

公司主要生产粉类、蜡基类、膏霜乳液类、一般液态四大单元产品，产品远销欧美，与世界五百强品牌企业深入合作。在国内，公司是“橘朵”“菲鹿儿”“百雀羚”等彩妆品牌的代工制造基地。

公司在做好品牌代工的同时，积极推动国内国外双循环经济发展，建立和培育自主品牌，通过头部主播助推自我品牌成长，并与阿里巴巴、京东等平台合作推广品牌形象，打造超级工厂。

公司通过持续改善生态，强化企业核心竞争力，使公司成为在国际上具有竞争力的专业化妆品制造商之一。同时，公司在“制造+互联网+服务”的制造业转型升级模式指引下，通过数字化、智能化、平台化企业组织建设的推动，更好地满足顾客需求，践行社会责任，为产业赋能。

四、企业优势

（一）品牌优势

公司注重品牌建设，在国内国际双循环的背景下，加快品牌建设步伐，“蝶妃”入选“2019 浙产美妆十大品牌”，“馥元纪”入选“2020 浙江美妆十大新锐品牌”。公司的产品和品牌得到了市场认同。

（二）生产制造优势

公司重视智能制造的改造和提升，构建了以 ERP、MES、PLM 为核心的数字化平台，以销售为核心，建立了研发、销售、采购、仓储、生产的全过程信息管理体系，融合系列全自动美妆智造设备，发挥倍增效益，打造具有国际先进水平的美妆数字化车间、美妆智造生产基地。

（三）研发技术优势

公司致力于打造省级高新技术企业研发中心。公司会聚优秀国际美妆研发人才和法规管理团队，及时准确收集、分析和转化相关国际标准；依托尖端科技和多年对欧美产品的研究经验，建立了庞大的化妆品配方数据库。

（四）供应链资源优势

公司通过和国际知名原料商形成战略合作关系，获得最新的技术信息、最新的原料配方，提高公司技术配方的核心竞争力和拓展国际市场的能力。

（五）人才优势

公司拥有稳定的管理技术团队，引进海外工程师建立珈创研究所。在产学研方面，公司长期与江南大学、浙江工业大学义乌研究院、浙江药科职业大学等科研院校开展校企合作。

第八节　浙江久灵笔刷有限公司

一、企业基本情况

浙江久灵笔刷有限公司成立于1999年，是一家集产供研于一体的专业生产销售中高档铅笔、化妆笔以及彩妆系列产品的企业，旗下拥有“尼奥尼”“飞雁”“少年派”“绔姿”等品牌。公司坐落于被誉为“中国生态第一县”的丽水市庆元县的竹口镇工业园区。竹口镇被称为“中国铅笔小镇”，是中国铅笔生产企业的集聚地，铅笔产量占国内铅笔总量的25%。浙江久灵笔刷有限公司是庆元县最早研发、生产和销售铅笔的企业之一，产销量始终稳居全县前列。

二、企业发展成就

公司建筑面积为45000平方米，拥有专业生产铅笔各类设备500多台，铅笔年生产能力为3.2亿支。公司现有职工320人，其中各类专业技术人员有50人，各级管理人员有60人。

公司董事长沈世正多次被评为“庆元十佳优秀厂长（经理）”“庆元县突出人才贡献者”，同时他还是庆元第十四届、第十五届人大代表，2012年被评为全国铅笔委员会委员，同年被中国制笔协会评选为“中国制笔行业突出贡献者”，2013年被浙江省中小企业协会选为“浙江省优秀企业家”。

公司早于2005年就开始推行系统化、规范化管理，先后通过了ISO 9001、ISO 22716、GMPC、FSC等体系认证。公司拥有浙江省著名商标、丽水市著名商标，先后获得浙江省3A级“守合同重信用”企业、国家高新技术企业、中国制笔行业示范企业、丽水市高新技术企业、浙江省科技型企业、庆元县“小巨人培育”企业、转型升级示范企业、爱心企业、工业十强企业等荣誉。

三、企业特色

公司起步于铅笔的生产和销售，是知名的铅笔制造企业，现为中国制笔协会常务理事单位、庆元县铅笔协会会长单位和国家铅笔行业标准起草单位。公司坚守“用心服务、真诚相待”的客户理念，加强品质管控，坚持品质第一、顾客至上，致力于满足每一位客户的要求。公司多年来持续创新研发眉笔、口红、唇彩、眼影、粉饼等彩妆产品，打造完整且丰富的彩妆产品线，全线引用国际一流技术监测系统，保持与世界同步的工艺创新技术，不断提高企业独特的核心竞争力。

四、企业优势

公司是国内知名的铅笔制造企业，也是知名的木杆化妆笔制造企业。公司拥有专业的研发团队，实验、检验、化验中心及相应的检验检测设备，专业的各类彩妆产品生产线，各种先进的自动化生产设备，以及符合 GMPC 要求的 10 万级净化生产车间。公司的研发中心位于上海市，并组建了一批由资深研发人员组成的研发团队，团队成员从业时间均在 15 年以上。公司所有的产品开发在实验室进行专业测试，严格把关。公司作为 OEM/ODM 代工生产型彩妆企业，与国际著名彩妆品牌保持长期战略合作，目前产品已出口至美国、英国、日本、韩国、德国等国家。

第九节　浙江英树生物科技有限公司

一、企业基本情况

浙江英树生物科技有限公司成立于 2014 年，总部坐落于杭州市萧山区钱江世纪城。公司自创立以来，不断推出护肤系列产品与专业彩妆产品，研发上市了透明质酸保湿修护肌底液、光感透亮肌底精华露、白梅花肌底净澈赋颜蜜等 100 多个单品，赢得了消费者的口碑与支持。

二、企业发展成就

公司是一家集产销研为一体的美妆创新科技型企业，年销售收入超 10 亿元。公司一直以自主研发创新为核心力量，大力提升科研实力并成功入选浙江省 2020 年第一批高新技术企业，截至 2021 年 4 月，公司持有已公示专利 73 项，包括外观设计、实用新型、发明授权等。公司全面实现信息化管理，自主开发了英树生活平台，实现全渠道数据互通。

公司在杭州市、上海市、日本成立三大研发中心，专注于打造精华面霜类、美容饮品类产品，为公司的产品开发、迭代更新、原料选材和功效验证提供了最大限度的支持。公司在全球甄选顶尖原料供应商伙伴，共同研发纳米核心靶向输送技术 DEEP INFUSO®。

2017 年，公司在上海市斥资打造 20000 平方米高科技生产基地，保证高质高效的生产。2021 年，公司在杭州市设立全新的 10 万级洁净度智造工厂。

公司坚守对环保的承诺，主动承担企业社会责任。致力于保护环境、守护生态，希望最大限度减少品牌对生态的影响。提出 INGS® 英树 3R 理念。Reduce（减耗），反对过度包装，减少塑料使用；使用 PCR 回收材料，包装无塑封薄膜。Recycle（循环），使用环境友好回收纸箱，以及 FSC 森林认证来源纸张；采用大豆油墨印刷，分解后可完全融入自然环境。Render（给予），助力阿拉善 SEE 生态协会，于腾格里沙漠种下 10 万棵梭梭树。面对自然，公司选择更少索取、更多给予。

公司先后为新冠疫情和河南灾情捐赠百万元；参与“免费午餐”项目，并连续 5 年为山区儿童捐款，助力贫困儿童实现梦想，守护民族可期未来；远赴西双版纳，参与保护亚洲象种源繁育及救助项目捐赠，助力濒危物种延续，守护生物多样性。

三、企业特色

公司一直坚持 Clean Beauty 的核心研发理念，坚持相较于国家标准更为严苛的产品研发标准。不添加对人体和环境有害的成分，产品上市前均通过乳酸刺痛和斑贴测试。

公司有集团化全渠道发展的生态电商。自成立以来，除了持续裂变的社群渠道，还陆续拓展单品牌店、天猫旗舰店、京东旗舰店、小红书旗舰店、英树管家 App、英树生活 App 等多渠道。线上、线下统筹发展，同步打通，实现全网全线覆盖，还拥有自己的多元化品牌矩阵，以全链路建设提高品牌集团化效应。除了主品牌“英树”，公司旗下还有健康食品品牌、时尚彩妆品牌、美容饮品品牌、母婴品牌等。

公司总部设有四大管理中心和四大事业部，分别为行政管理中心、供应链管理中心、市场管理中心、IT 管理中心、管家事业部、电商事业部、社交电商事业部、UG 电商事业部。为了保证产品的研发水准和全方位的人才赋能，公司还自建英树杭州研发中心和英树大学，在产品研发、销售管理、人才赋能上形成强大的管理体系。

四、企业优势

（一）品牌优势

英树专注于亚洲女性肌肤问题，根据细微的肌肤需求精准研发。利用专利技术和科学工艺，遵循科学自然的护肤理念，将源自全球各地的珍贵自然原料转化为安全高效的护肤配方。

（二）生产制造优势

公司在杭州市建立了化妆品生产基地，采用先进的制水设备和创新的微渗流高压均质设备，建立了全流程安全监控的5道检验工序，保证了产品的质量安全。

（三）研发技术优势

公司以自主研发中心为主，以国内外知名原材料研究机构、国内外高校科研单位为辅，拥有杭州研发中心、日本森田康健研究所等自主研发中心，同时与国际知名研发机构及全球优质原料商保持密切合作，拓展多维发展方向，共享前端科研成果。

（四）供应链资源优势

为了实现电商业务的全面发展，公司自建完整的产品供应链、专业物流仓储团队和20000平方米的物流仓库，和百世物流合作建立物流系统，实现对电商发展的完美支撑。得益于公司强大的供应链和商业模式，公司未来可以做到为用户反向定制，为代理商精准引流，为客户提供更多有价值的产品。公司正在形成自己的商业生态闭环。

（五）人才优势

英树大学是专门为英树人创办的综合型知识平台，秉承“求真尚美，知行合一”的校训，致力于培养顶级美业人才，让更多人接受系统性培训，拓宽经营新思路，赢得市场和未来。

第十节　杭州耕香生物科技有限公司

一、企业基本情况

杭州耕香生物科技有限公司成立于2012年，注册地址在上城区采荷街道，是一家集护肤品研发、生产、销售于一体的专业化妆品公司。公司旗下包括产品品牌“JUNPING”（俊平）和自媒体账号“俊平大魔王”。其中，产品品牌“JUNPING”于2017年完成2000万元Pre-A轮融资。主打产品橙净无忧氨基酸洁面慕斯累计销量达100余万瓶。

二、企业发展成就

公司自2012年诞生至今，始终致力于为更多人带来健康的美，凭借这一坚定信念，研发包含洁面慕斯、卸妆油等几十款热销产品。公司在天然产物有效成分的分离提取技术上也有深入研究，成立了研发实验室，并于2021年申请了国家高新技术企业，已通过专家评审等待正式公示。公司期望通过技术升级，进一步推动护肤产品的迭代。

三、企业特色

公司自成立以来一贯坚持以“为每一个人带来健康的美”为企业发展核心理念。在产品上，主张天然健康的护肤之道，致力于寻找天然、科学、有效的肌肤问题解决方式。在原料端，公司与全球20处种植园签订契约，确保产品原料皆来自优质产区。同时，公司通过淘宝“FAC花间密语俊平品牌店”、天猫“俊平旗舰店”、京东“俊平旗舰店”、小红书“俊平JUNPING官方品牌店”等线上直营店铺，为消费者提供优质产品及服务。

四、企业优势

（一）品牌优势

“JUNPING”品牌通过线上自媒体、直营店铺及自媒体账号“俊平大魔王”等与消费者建立了较为深厚的联系，“俊平大魔王”在全网拥有2000多万粉丝，为品牌开创了直接触达消费者（DTC）的商业模式，有效打破了产品和消费者之间的距离，为品牌培育了忠实客群。

（二）产品研发优势

“JUNPING”品牌在全球溯源高品质天然香原料，将芳香疗法融入护肤产品，并与浙江工业大学、德国德之馨、日本特科诺宝等30多家国际尖端生物科技研究机构、实验室深度合作，将天然高科技萃取成分与芳香物质相结合，调配成令人身心愉悦的护肤配方。同时，“JUNPING”品牌的产品配方坚持Clean Beauty原则，不使用对内分泌有干扰的成分、对皮肤有刺激性的成分、对环境不友好的成分和石油化学衍生物成分。

第十一节 浙江神首生物科技有限公司

一、企业基本情况

浙江神首生物科技有限公司成立于2017年，总部位于宁波智慧园，是一家集轻创业平台、新零售电商平台、超级品牌打造、商业贸易于一体的多元化企业，核心品牌为高端护肤品牌“公主家”，旗下明星产品有舒润皙颜弹润面膜、水润亮颜保湿晶露、焕活生机修护乳液、舒颜净透洁面凝胶、焕彩皙颜精华液等。

二、企业发展成就

公司在宁波智慧园拥有两栋独立办公大楼，并在杭州博地中心成立分部负责旗下电商平台“公主购”的运营。公司员工超500人，年商品交易总额（GMV）达数十亿元。主营产品舒润皙颜弹润面膜、水润亮颜保湿晶露单品的年销量均已超过10亿元。

公司鼓励经销商自主创业，解决了一批人的就业问题，并积极承担社会责任。2019年，公司向贵州省正安县捐赠大额帮扶资金，帮助正安县修建公路，成功帮助其脱贫摘帽。2020年，公司向浙江省红十字会捐款100万元，且积极捐物，帮助商家和用户抗击新冠疫情，公司创始人荣获“2020抗疫英雄”称号。同年，公司旗下的电商团队开展了“地道中国味”直播助农活动，先后帮助各地果农卖空20万斤黄河滩枣、125吨“湖北水果”、12.6万斤赣南脐橙以及6万斤四川特产水果，得到当地政府及果农的真挚感谢。2021年，公司第一时间向遭受洪灾的河南省捐款100万元。

三、企业特色

公司产品销售渠道为私域电商和社交电商，具体为社群、电商平台“公主购”及微信小程序等。企业深耕私域领域，建立强大的流量池，控制营销成本，转而将资金投入产品开发和优化升级。

企业采用信息化管理和风险管理模式，建立健全企业管理制度，并建立品控、风控、售后等优质风险管理团队，严格管控从供应链到发货每个环节，把控企业风险，保证产品质量和品牌口碑。

四、企业优势

公司产品采用从韩国、法国等地进口的珍贵自然原料，结合国人的肤质进行研发，严格把控产品品质，力求给用户最好的体验。企业始终坚持与知名化妆品研发机构及工厂进行战略合作，进而保证产品具备市场优势。

公司OEM工厂博然堂拥有技术研发、生产制造等全链条供应链，拥有一支资深研发工程师团队，在保湿、抗衰、修护等功效化妆品研发方面具有较强实力，在生产技术及配方体系上拥有大量储备。

第十二节　浙江大美十网络技术有限公司

一、企业基本情况

浙江大美十网络技术有限公司于2015年成立于浙江省台州市，是一家从事护肤品研发、设计、生产、销售及运营的公司，拥有独立的供应链、仓储、合作种植生产基地。公司主体由上海研发中心、杭州品牌运营中心、安徽化妆品工厂、台州电子技术运营中心组成，核心品牌“宿系之源”于2017年上线，以精简成分和高效配方为核心，现拥有肌肤调理系列调节派、纯露系列、原浆系列等产品。2021年，公司总部迁至杭州市。

二、企业发展成就

公司“宿系之源”天猫旗舰店成立之初，仅7个月时间总销售额就突破1亿元，荣获天猫2020年“极速破亿新国货Top1”，明星产品纯露已售约800万瓶，受到广大消费者的喜爱。2021年，公司“宿系之源”品牌入选“2020浙江美妆十大品牌”。

三、企业特色

“宿系之源”品牌始终坚持自然醇正、公开透明的产品成分和来源，树立“精简护肤”的理念。

公司坚持环保理念，拒绝过度包装，减少油墨印刷和污染物排放。核心成分源自环球一线护肤品牌原材料工厂，专注于研究、制造和开发用于修护整体肌肤问题的护肤品牌。

四、企业优势

（一）生产制造优势

2019 年，公司与台湾全丽集团在安徽省宣城市合资建立 20000 平方米的护肤品工厂，涵盖 17 条生产线，拥有 10 万级洁净车间，已取得美国 GMPC 认证以及 ISO 22716 国际质量体系认证，最高产值可达 10 亿元。自建生产线有配套齐备的专业实验室及各类仪器，可满足全球各大品牌的需求，以及全球各大品牌的质量测试。在生产方面拥有强大的弹性，可以提供大规模制造与初期的小批量试验性制作。公司还计划投入更多实验室研发项目，创新团队，提高新品、新原料的研发能力，专注专利及知识产权的开发；提高和稳定品牌竞争力，也为品牌的持续发展提供坚实保障。

（二）供应链优势

为保证原料的纯正，公司陆续签约全国各大型农场基地，专门培育生产所需要的植物种苗。2016—2019 年，公司在供应链上投入大量资金，自建工厂，把控核心原料及原料来源，做到真正把握产品品质和供应。

（三）研发技术优势

公司与世界领先的化妆品研发以及生产机构韩国科玛、全球排名前十的工厂韩国科丝美诗签订合作协议，并联合江南大学、伯德研究院研发专项独有成分及配方。同时，伯德创研研发中心技术经理、IFSCC 国际化妆品化学家学会联盟会员、中华全国工商业联合会美容化妆品业商会“优秀工程师”、华南理工大学教授、化妆品技术研究会副会长等都是公司专业研发团队的成员，拥有强有力的专业人才支持，保障品牌力的实现。

第十三节　杭州兰禧化妆品有限公司

一、企业基本情况

杭州兰禧化妆品有限公司成立于 2019 年，是一家集产品研发、视觉设计、市场营销、电商运营、用户服务、仓储物流于一体的专业化妆品公司。公司核心品牌是“LAN”（蘭），明星产品是水感卸妆油、时光凝萃精华油等。

二、企业发展成就

2017年，LAN卸妆水荣登全网卸妆水品类TOP1，累计成交550万瓶。2018年，LAN品牌入选淘宝新锐品牌、淘宝年度直播优秀合作品牌。2019年，LAN品牌入驻天猫，全网累计粉丝达200万人。同年12月，水感卸妆油上市，仅4个月时间就位列天猫卸妆油品类销量TOP1。2020年，水感卸妆油累积销量破200万瓶，LAN品牌年销售额破2亿元。

2020年8月，时光凝萃精华油获多位明星推荐，单品成交额破千万元。2020年，公司获得A轮融资。2021年，公司获得B轮融资。

三、企业特色

公司秉持为更多用户提供更适合自己的产品的初心，始终将“消费者的诉求”放在产品开发的首位，着力打造优质的品牌视觉和服务关怀，以时间和匠心不断沉淀，通过口碑赢得市场认可。

公司倡导Clean Beauty，拥有极高的安全标准，坚持多个环节的可持续发展。公司与生机种植农场合作，推动可持续种植，不使用转基因、濒危野生植物，不推崇动物实验。在环保可持续方面，采用森林管理委员会（FSC）认证的纸张包装，并用大豆油墨印刷。

四、企业优势

（一）品牌优势

LAN品牌获得《ELLE》《时尚芭莎》等多个一线杂志认可；获得众多网红明星及专业机构推荐；线下与杭州多家排名Top10的设计师民宿开展合作，以提供护肤套装的形式，填补了民宿中护肤产品的缺失。

2020—2021年，LAN品牌入选“2020浙江美妆十大品牌”，登上“界面新闻2021新颜榜”，参加了时装2021年度美妆大赏，获得了2021年ELLE绿色美力之星、2021金妆奖·年度创新营销品牌奖、2021金妆奖·年度卸妆油等多个奖项，并进入毕马威2021年度新国货50榜单。

（二）研发技术优势

公司坚持科学有效、精净高能的开发理念。以皮肤科学理论为基础，以用户需求为导向，建立一套科学严谨的护肤体系。从新成分的探索到创新剂型的设计，再到质地肤感的升级，都坚持科学配方和安全有效。产品成分精净，不添加禁用成分，做到透明的研制标准、产品的可追溯标签、真实的效果验证。

2020 年，公司建立了自主研发室，成立了科学护肤传播中心，开拓了从基础研究到应用研究的自主研发体系，并建立自主感官测评团队，保障产品的高品质。

（三）供应链资源优势

公司与美国亚什兰、日本日清食品株式会社等 30 余家国际知名原料供应商达成密切合作，并与全球多个国家的精品农场进行合作，从源头甄选植材，遵守严苛的世界有机种植标准。

第十四节　浙江长生鸟健康科技股份有限公司

一、企业基本情况

浙江长生鸟健康科技股份有限公司创建于 2006 年，位于“中国珍珠之都”诸暨市山下湖珍珠特色小镇。公司以珍珠精深加工为主，是一家专业从事珍珠及其衍生产品研发、生产、销售的国家高新技术企业和省级农业龙头企业。

二、企业发展成就

公司拥有专业的珍珠相关化妆品和保健食品制造工厂，厂房位于诸暨市山下湖镇，占地面积达 46000 平方米，有多个纯净水制备车间、两个 GMP 标准厂房、三个外包装厂房、一个综合实验室及仓库。

公司拥有珍珠系列护肤品领域授权专利 17 项，其中发明专利有 13 项，实用新型专利有 4 项。公司推出的珍珠美白面膜创新性地将传统的珍珠应用到化妆品中，是一种中药型渐成面膜，以流传千年的传统珍珠粉精华为基础，以现代化的面膜工艺为载体，形成了一套具有传统特色的现代化珍珠化妆品。

公司在谋求发展的同时，不忘回馈社会，承担相应的社会责任，积极支持公益事业。公司近年来累计向社会捐款 100 多万元；连续多年赞助诸暨市慈善总会事业；每年冬天来临之际，为环卫工人送上护手霜，支持环卫工作。

三、企业特色

公司产品涉及化妆品、保健品、食品及药品，均从原料的选取、工艺及设备、特殊要求、检测能力、理化与卫生等指标方面对产品的生产加工进行严格把控。公司牵头起草两项与珍珠相关的国家标准，先后通过了质量管理体系认证标准、浙江制造“品”字标认证、珍珠行业首个“有机产品”认证。公司产品以优良的品质赢得极好的声誉，曾荣获第 59 届世界小姐中国赛区浙江大赛唯一指定护肤品。

公司先后通过 ISO 9001、ISO 14001、ISO 45001 等管理体系认证，并于 2018 年导入卓越绩效。公司重视品牌建设，以优异的产品、可靠的质量、周到的服务赢得业内普遍赞赏和顾客的长期信赖，产品深受国内外用户的好评。

依托电子商务和互联网各大平台，公司建立起线上的销售网络，不仅有官方网站、天猫旗舰店、微商代理等分销平台，还在杭州市建立自己的营销中心，保持独特的“制造+自建销售渠道”经营模式。

四、企业优势

公司在珍珠粉加工技术方面处于世界领先水平，拥有珍珠粉制备工艺国家发明专利。公司计划继续对珍珠粉加工工艺进行深入研究和挖掘，研发珍珠发酵技术、热凝胶包裹活性肽复合技术、珍珠活性成分提取技术等，为相应的新产品开发设计 1~2 条数字化生产线，并开发面膜数字化生产线。

公司积极引进液相色谱仪、气相色谱仪、分光光度计等一系列国际珍珠美白面膜领域公认的高端检测设备，确保公司的测试技术与国际接轨。

公司拥有一支 30 人的高素质研发团队，由罗贤俊博士领导的核心团队获得 2020 年度省级领军型创新团队。

第十五节　浙江庆元欧迪实业有限公司

一、企业基本情况

浙江庆元欧迪实业有限公司的前身为浙江省浙南铅笔厂，建立于 1978 年，是浙江省第一家铅笔制造企业。公司于 2003 年进军化妆品产业，于 2020 年投产医疗器械产业，已成为一家集产品设计、生产、销售于一体的综合性企业。

二、企业发展成就

公司在浙江省庆元县和浙江省宁波市建有两大生产基地，配备 10 万级标准净化无尘车间和一流自动生产设备，建立了科学的管理体系，形成了安全、科学、全自动化的生产流程，不断升级企业的创新力。公司搭建了从原材料到成品的全产业链，日产铅笔 100 万支、眉笔 35 万支，集合供应链优势，在多个国家和地区有一定的品牌知名度和影响力。

公司旗下拥有浙江欧迪进出口有限公司、宁波市双同文具有限公司等多家企业；产品覆盖文具、化妆品、医疗器械三大领域，远销亚太及欧美等地区，并在多国享有一定的品牌影响力。公司已成为国内最大的眉笔出口企业之一。

三、企业特色

公司在 40 余年发展历程中，自主创设了“爱沃玛”“诗彩娜”“俏迪”等众多美妆畅销品牌，并不断推陈出新，保持与世界同步的工艺创新技术，持续研发创新眉笔、眼线笔、眼影、口红、唇彩、指甲油等彩妆系列化妆品，打造完整丰富的产品线。

在 2016 年巴西奥运会上，演唱者使用的正是公司的彩妆，淋雨也不花妆，中央电视台财经频道、《丽水日报》等各级媒体对其进行了报道。

2016 年 12 月 20 日，公司作为供给侧结构性改革的代表性企业，由《经济信息联播》进行了专题报道，让“爱沃玛”品牌登上了更大的国际舞台，并使其被更多的国内外消费者所熟知。

2019 年，受中国香料香精化妆品工业协会邀请，公司入围“中国香料香精/化妆品行业史”编纂委员会委员名单，“中国香料香精/化妆品行业史”成为向建国 70 周年、建党 100 周年献礼的《中国工业史·轻工业卷》的一个组成部分。

公司成功入围由浙江省健康产品化妆品行业协会组织开展、浙江省药品监督管理局支持指导的“2019 浙产美妆十大品牌”和“2020 浙江美妆十大品牌”。

第十六节　杭州网易严选贸易有限公司

一、企业基本情况

杭州网易严选贸易有限公司成立于 2016 年 4 月，注册在杭州市滨江区。公司以“严选好物，用心生活”为品牌理念，为消费者提供一站式、全品类、全方位的美好生活解决方案，现已覆盖居家生活、服饰鞋包、个护清洁等八大品类。网易严选是网易旗下受“新中产”喜爱的生活方式品牌，网易严选美妆品类是布局细分消费品类且发展迅速的业务模块，专注从用户最本真的美妆需求出发，全链路把控产品配方和研发，用心满足国人个性化需求，让美变得更加简单。

二、企业发展成就

网易严选通过简约、实用、舒适的美学设计，不断优化产品使用感受，为“新中产”家庭带来更美好的生活。自成立以来，网易严选逐步从“新中产”喜爱的购物平台发展成为生活方式品牌，借助“独有的爆品制造理论”“全渠道体系”等逐渐迈向成熟，不断强化“品质+服务”两大核心竞争力，以品质商品、优质服务赢取消费者的信任，探索跨界融合、线上线下融合、创意营销的方式，促进市场新消费。

网易严选“严选模式”创新卓有成效，赋能中国制造，助力供给侧结构性改革，塑造具有世界影响力的中国品牌，得到了社会各界的充分肯定与认可。2018 年 12 月，商务部发布了“中国之造”品牌工作计划“2018 传承与创造”主题公益宣传片。该计划是商务部为提高中国品牌在全球市场知名度与美誉度，助力中国企业产品和服务品质创新提升的品牌行动，网易严选作为代表性电商品牌受邀参与该计划。2019 年网易严选荣获浙江省第一批新零售示范企业，2020 年 1 月成功入选商务部全国首批线上、线下融合发展数字商务企业，同年成为国家级先进制造业与现代服务业融合发展试点企业。

网易严选搭建合理的技术人才梯队，实现了在数据科学、人工智能、数字化供应链、线上线下融合等领域的技术和能力积累，推动科研技术在实际零售业务场景中落地运用，为网易严选新零售业务发展提供强大的技术支撑。同时，网易严选设立网易再顾科技研发中心，获得发明专利 5 项、实用新型专利 11 项、产品外观专利 200 余项，拥有软件著作权 23 项，取得了多项核心领域的突破，使企业在竞争中处于明显的优势地位。

在环保方面，网易严选的商品设计简约，并上线自主研发的包装推荐系统，利用可再生材料优化包装设计和材质，在为商品提供妥善保护的同时，做到绿色环保。在公益方面，网易严选启动品牌共创脱贫计划，从严选模式中提取“造血因子”，从品牌赋能、商品开发、品质共创三个方面探索了一套科学、可持续、可复制的精准消费扶贫模式。

三、企业特色

网易严选美妆个护品类上线以来，自主开发顺应消费需求的新品超 150 款，经过迭代升级和优化，有近百款在线热销品。网易严选美妆个护品牌核心沉淀出肌初修护系列、原生焕颜系列、鎏光金棕系列、植萃赋活氨基酸系列等核心爆品系列，每个系列都有其特定的营销卖点和目标用户群，能充分满足线上丰富的人群和差异化个性化需求。

网易严选美妆与世界领先的 ODM 生产制造企业进行战略合作，主要包括科丝美诗、科玛、莹特丽等头部制造商，凭借严苛的生产标准、多项专利技术、一流的工艺水准，共同铸就网易严选美妆个护品牌的实力品质。同时，网易严选所开发的商品均经过权威检测机构（SGS）认证，让消费者拥有更加安全放心的消费体验。

网易严选美妆产品的开发遵循“严选好物，用心生活”的品牌理念，护肤品使用 EWG 绿色等级成分，坚持不添加尼泊金酯类防腐剂，不添加酒精、人工色素，不添加任何气味中和剂等，是敏感肌也可以使用的安全产品。从以消费者需求为根本的产品企划方案到产品配方打磨，再到坚持严选美学极简的设计风格，让实力配方、真实有效的品牌文化宗旨得到真真切切的贯彻，从而赢得消费者对网易严选美妆产品的信赖与喜爱。

四、企业优势

网易严选秉承一贯的严谨态度，深入世界各地，严选供应商、产地、设计、材质、工艺，全链路把控质量，确保好的商品体验，用心满足国人消费需求。网易严选美妆产品定位为“高效专业实力配方真实有效经济美学”，充分发挥强大的供应链优势和大数据集成优势，感知市场，精益化生产，缩短产销环节，降低成本，为用户带去高性价比的好产品。

网易严选从创立之初就注重对人才的培养，成立了一支素质过硬的品控团队，引进来自世界 500 强企业的人才，已达百人规模，其中拥有本科及以上学历者超过 70%，拥有研究生学历者超过 20%。这些品控人才采用“专业背景+专线跟进”的工作模式，每条品类线都会指定一群拥有资深背景的人员组成质控团队，负责从选品到上架期间产品全生命周期的质量管理。在整个供应链体系建设方面，通过人工智能算法持续提高仓配履约效率，提高库存补货的准确率，从而提高库存周转率，实现降本增效。

网易严选正在积极申请子品牌商标 YXBEAUTY 的注册，未来该品牌将会以垂直化妆品品牌形象展现在消费者面前，稳固树立网易严选美妆的品牌心智和形象。网易严选美妆个护品牌将以品牌整体为发展根基，持续升级，实现长期主义价值。

第十七节 杭州春源贸易有限公司

一、企业基本情况

杭州春源贸易有限公司成立于 1995 年，位于杭州市钱江新城 CBD 核心区，是国内较具影响力的综合性美妆代理及营销企业。

公司秉承“品质至上”的经营理念，立足全球美妆市场，采取“代理品牌+自有品牌”双重布局的运营模式，建立起覆盖日韩、欧美等多个国家和地区的全球化品牌矩阵。目前已拥有数十个国际品牌的独家总代权，并成功创建了 MORCANCOS（摩肯）、AYIRES（爱俪偲）等自有品牌。

二、企业发展成就

公司不断探索数字化营销新路径，建立起全场景、全渠道、全链路的新型营销模式，推动进口美妆在中国市场的品牌化运营，并相继成立子公司杭州喆仁贸易有限公司、杭州德恒品牌管理有限公司，成长为国内较具影响力的综合性美妆集团。

发展至今，公司旗下员工有 150 人，线下零售网点总数逾 10000 个，销售网络涵盖中国大陆所有县级行政区和绝大多数城镇，深度覆盖各大 CS 渠道、KA 渠道、百货商场及特殊渠道，建立了全方位、立体化、多渠道的线下营销网络。同时，公司积极布局线上渠道，与天猫、淘宝、京东、唯品会、云集、小红书等各大主流电子商务平台达成了良好合作关系，建立了覆盖全网的分销体系，真正实现了全渠道、全空域网络覆盖。

公司董事长身为杭州文成商会会长，肩负传承浙商精神的社会使命，以身作则积极投身公益事业，多次组织会员企业家参加慈善捐款、防疫抗灾物资捐赠、扶贫救困等公益活动，累计捐出各类公益慈善资金 300 多万元，用感恩和行动传递着一个优秀企业家的责任与使命。

三、企业特色

（一）工厂特色

本着对卓越品质的追求，公司采取产品研发的全球性战略，和全球顶尖的美妆供应链达成了战略合作，在韩国、日本等建立了具有全球研发创新能力的产品研发中心，采用国际一线品牌生产线，拥有多项国际品质认证，打造美肤兼养肤的零负担健康美妆。

依托强大的供应链优势，公司臻选全球顶级原料，以高科技为导向，从妆感、功效、安全性等各方面保障产品性能，将前沿彩妆理念与成熟科技融入产品精髓，通过全方位多角度性能测评，追求质感与色彩的完美平衡，赋予肌肤外妆内养的极致呵护，带领消费者体验融合奢华养肤的完美彩妆。

（二）产品特色

作为植物养肤型彩妆的典范，摩肯品牌以“妆养合一”的理念为研发基础，臻选活性养肤精华融入彩妆成分，融合尖端创新科技，打造妆养相融的顶级配方。

在成分与技术双效加持下，摩肯打造出摩肯小蜜粉、水润隔离霜、臻采粉底液、多色散粉等一系列明星爆品，形成以面部底妆为王牌、色彩类产品为主的产品阵营，奠定了摩肯“底妆之王”的地位，在渠道与终端获得了良好的市场反馈。

凭借卓越的品质和口碑，摩肯品牌屡次登榜《时尚芭莎》，荣获《瑞丽》年度养肤美妆大奖，并于2019—2020年连续两年斩获中国化妆品蓝玫奖。

（三）销售渠道/方式特色

深耕中国市场11年，公司始终把线下渠道作为发展根基，建立了全渠道、全覆盖的线下营销网络。发展至今，实体零售网点逾5000个，覆盖全国超30个省市及地区，与各大主流CS渠道及美妆新物种、潮流店、集合店广泛合作。

线下传统渠道与新兴渠道同时发力，根据品牌定位和渠道的匹配程度，在强化建设优势渠道的同时，开拓更多新渠道，纵深挖掘市场容量。公司的合作客户既有唐三彩、妍丽、莎莎、橙小橙、名媛名妆、泊伊美汇、粉色、浓妆淡抹等老牌百强连锁，也有THE COLORIST（调色师）、ONLY WRITE（独写）、MISS Ⅱ等美妆新物种、集合店。

（四）管理特色

渠道的推力和消费者的拉力是解决终端动销两个大的方向。在做好产品和营销的同时，也要注重渠道动销、专业服务等，才能形成营销合力。为此，公司制定了灵活的渠道策略，针对不同渠道需求，定制个性化的策略和柜台形象。同时，公司拥有成熟专业的终端服务团队，为门店提供多元化的培训，助力门店动销。

为了提升终端消费者的服务体验及价值感，公司创立更具品牌附加值的体系，并定制化生产投放化妆棉、美妆蛋、化妆镜、体验试用装等多元化的助销物料，提供给门店消费者试用和体验，提高用户回店购买产品的主动性，最大限度提高终端销售转化率。

四、企业优势

随着美妆消费需求不断升级，产品安全性、功效以及产品成分愈加受到关注。公司在原料和技术创新方面一直处于领先地位，能够敏锐地把握市场趋势，以高科技为导向，开发独家专利技术及成分，从功效、纯度、安全性等各方面保障产品性能，为产品研发提供强大的技术支撑，不断强化养肤型彩妆的品牌概念。其中最具代表性的水剂神经酰胺成分，渗透性较普通神经酰胺成分提高数倍，可在极大提高妆容贴合度的同时，起到修复肌肤屏障的作用。摩肯底妆系列主打的独家 X-Fine 技术，能够将粉体处理得更加细腻均匀，并防止粉体凝聚，解决了彩妆颗粒感强、浮粉、卡粉等痛点。

经营进口品对供应链的稳定性和库存管理有着更高的要求，货品的稳定供给决定着门店的命脉。公司强大的供应链拥有稳定的产能和抗风险能力，全链条的产品保障体系保证了快速高效的市场反应及稳定畅通的产品供应。敏锐的潮流把控能力、快速的市场反应能力、高效的生产周期为公司定期上新提供了坚实的后盾，保障产品每季定时上新的速度和质量，源源不断地为品牌注入新鲜血液。

第十八节　杭州纳美科技有限公司

一、企业基本情况

杭州纳美科技有限公司成立于 2005 年，是集科研、开发、生产、营销于一体的国家高新技术企业，主营中高档口腔护理产品。自成立以来，公司聚焦口腔护理，坚持品牌化战略，扎根市场，精耕细作，从单一品牌“纳美”发展到“极简生活”“纳美宝贝”等多个品牌。

二、企业发展成就

公司首创抗菌牙刷。2008 年组建牙刷研发团队完善牙刷技术体系。2012

年销售额突破 1 亿元，组建直营团队和配方类研发团队。2014 年在国内首创小苏打牙膏上市，2018 年公司销售额突破 10 亿元，市场份额快速增长，纳美牙刷全渠道份额第三、大卖场份额第一，纳美小苏打牙膏的市场份额名列全国前十。2020 年纳美科创园落成。

公司崇尚技术创新是第一生产力，其工厂智能化及生产制造自动化水平在国内化妆品产业处于领先地位。作为高质量发展的推动者，公司在工厂厂房、生产线设计之初即投入大量资金，以全局性的战略思维引进数字化先进管理系统，重视高效质量管理，促进质量管理和技术创新有机结合，提高产品和服务质量。公司已陆续获得了杭州市高新技术企业、浙江名牌产品、全国卫生产业企业管理协会风雨同舟金鼎奖、浙江美妆十大新锐品牌、区科学技术进步奖等多项殊荣和认可。公司通过自主研发申请了国家专利 39 项，其中发明专利 9 项、实用新型专利 6 项、外观专利 24 项；在申请的专利中，已授权专利有 27 项，其中发明专利 4 项、实用新型专利 6 项、外观专利 17 项。

公司通过增加项目投资、延伸产业链、提高产能、增加灵活用工等手段，着力增加就业岗位，解决当地闲置劳动力就业问题，增员增效。饮水思源、回报社会是民营企业应尽的社会责任。在实现高质量发展的同时，公司累计向民生、扶贫、教育等慈善公益事业捐款 500 多万元，帮扶 3500 多人次，通过树立良好的企业形象，获得了较好的美誉度和信任度，从而达到企业可持续经营的目标。

三、企业特色

公司设有独立的纳美口腔健康研究中心，专业从事新型口腔护理清洁用品的研发和工艺技术的革新。通过对抗菌技术、生物分离提取和超细功能材料等的研究，开创了我国第一款抗菌注胶软毛牙刷，在国内首先将食品级小苏打应用到牙膏中，并形成了纳美抗菌牙刷、纳美小苏打牙膏等热销产品。

纳美工厂是口腔护理领域的专业数字化生产工厂，集口腔研发、设计、实验室、工程、制造和物流仓储于一体，具备全面的一站式口腔护理方案解决能力。公司已经投入运营 SAP 系统、WMS 系统、MES 系统及 SCM 系统，实现了数字化仓库、机器人搬运、线上叫料、电子订单、牙膏配方自动化投料、自动化运行、电子化记录、数据跟踪和分析等功能。

四、企业优势

（一）品牌优势

公司秉承单一品类多品牌战略，相互补充共同成长，实现品牌专业化布局和规模效应。2021年，公司联名“屁桃君”“国家宝藏”“猪猪侠”等重磅IP，打造更多“超级单品”。

（二）生产制造优势

公司拥有自己的数控加工中心、大型注塑车间、高速植毛机等自动化设备，具备牙刷自主设计、自主制造模具、自主生产的全流程开发及制造能力。

（三）研发技术优势

纳美研究中心拥有符合生物安全防护二级标准、专门用于口腔清洁用品研究开发的P2实验室，采用科技项目立项，并与部分国内知名科研院所、国家级检测中心以及跨国性原料供应商建立了良好的合作关系。

（四）供应链资源优势

公司坚持采购一流的材料，和多家全球顶尖的原料供应商建立了长期战略合作关系。自动化、数字化的仓储物流系统全面打通SAP系统、WMS系统、SMC系统和MES系统，实现了自动叫料和自动搬运，极大地提高了物流的正确率、准时率和效率。

（五）人才优势

公司注重人才引进，截至2021年11月，公司拥有博士1人、硕士4人、本科生109人，拥有高级职称2人、中级职称11人，公司人才结构专业、年龄层次合理。公司始终坚持“技术研发为核心”的经营理念，切实加强技术创新和技术人才开发，努力保持产品在业内的领先地位。

第十九节　安科化妆品（浙江）有限公司

一、企业基本情况

安科化妆品（浙江）有限公司成立于2012年，是浙中地区知名的彩妆企业之一，位于世界小商品之都义乌市。公司具有良好的生产条件，包括标准化的生产车间，还拥有丰富的化妆品生产经验。目前主要持有SHICELLE、ANKO等核心品牌，主打产品覆盖口红、唇彩、唇釉、润唇膏、眼线液、眼线膏、睫毛膏、粉底液、粉膏、遮瑕膏、粉饼、腮红、眼影、烤粉饼、烤腮红、眉粉等20多个种类。

二、企业发展成就

公司生产面积近30000平方米，员工有200多人，年销售额达6000万元以上。产品远销美国、英国、乌克兰、俄罗斯、巴西等国家，受到国外用户的高度认可。

公司获得国家高新技术企业、浙江省科技型中小企业、安全生产标准化企业、长三角放心消费单位、工业亩产效益综合评价A类企业、化妆品生产企业质量信用评定A级企业等多项荣誉。SHICELLE品牌被评为“2020浙江美妆十大新锐品牌”。

多年来公司一直保持良好的发展趋势，为社会创造物质财富和精神财富，在本地化妆品产业中名列前茅。积极参与地方经济建设，努力提高税收，主动参与社会公益事业，每年为当地解决200余人的就业问题，始终坚持以人为本，在发展企业的同时，尽心尽力地履行社会责任。

三、企业特色

公司不但具有良好的生产条件和丰富的化妆品生产经验，更是引进意大利、韩国等国的先进生产设备。公司拥有很强的技术研发团队，在国内拥有多个研发室、理化检验室、微生物培养室等，并与浙江省内多所知名院校建立校企合作研发机制。公司已经通过多项国际认证。

公司始终遵循国内的法律法规，同时根据出口需要遵循欧盟相关的化妆品法规等，严格规范生产，出口产品均通过ITS或SGS的检测。以先进的生产设备和雄厚的技术力量为依托，以严格的管理和品质控制为保证。从采购原材料时对原材料供应商的臻选、原材料安全性的把关，到产品的生产制作，再到后期制成品检验等各道流程都经过严格的把关和评估，造就了卓越的品质。

四、企业优势

面对竞争激烈的美妆市场，公司始终秉持鼓励创新、追求卓越、不断进取的经营理念，从多方面把握市场变化，迎接市场挑战，不断满足市场需求，注重提高客户的满意度，持续提高产品质量、服务质量、专业水平。

公司位于世界小商品之都，具有完善的一体化供应链，可以提供快速的按需定制服务，具备全面的供应链执行能力。

公司的生产面积近30000平方米，拥有200余人的团队，具有良好的生产条件和丰富的化妆品生产经验，技术力量过硬，可以提供一站式OEM/ODM服务。

第二十节　浙江美蜜科技有限公司

一、企业基本情况

浙江美蜜科技有限公司成立于2015年，是一家集研发、生产、销售于一体的的化妆品企业，产品包含香水、个人护肤品、洗手液、彩妆。公司位于浙江省义乌市，注册资金达1000万元，建筑面积达20000平方米，现有员工180余人。公司开发了“诗蜜儿”“身体物语”等多个自主品牌。

二、企业发展成就

公司已拥有1000余项注册商标，其中包括400多个国际注册商标，拥有35项发明专利、10余项实用新型专利、500余项外观专利、2000余项著作权。先后荣获国家高新技术企业、浙江省科技型中小企业、金华市专利示范企业、金华市商标品牌示范企业等称号，入选“2020浙江美妆十大新锐品牌”，通过了省级清洁生产审核。

凭借过硬的生产技术和产品质量，公司品牌产品远销欧美、中东、东南亚等地区的80多个国家。在海外30多个国家开设品牌专卖店，国内市场占有率也不断提高。截至2020年底，公司的海外市场销售收入达到1亿多元。

三、企业特色

公司拥有国内一流的自动化乳化、香水制作、灌装及配套的生产及检验检测设备，有15条自动流水线。公司拥有500平方米检验室、10万级GMP净化生产车间。公司拥有全面管理程序、严格细致的操作流程，实行精细化管理，采用ERP软件、MES生产制造管理系统。

公司研发技术团队中具有大专以上学历和中级以上职称的专业人员15人、本科以上学历技术人员10人，具有专业经验的研发工程师可针对市场需求，快速研发出合格的产品。研发支出占到公司销售收入的3%，每年研发、设计及成功生产300多款新产品来适应市场和客户的需要，有力带动市场销售量，其中香水和洗手液的销量每年增速为20%。

四、企业优势

（一）品牌优势

公司 DEAR BODY 品牌已经在海外拥有一定的知名度，产品的主要消费群体是海外中青年。公司在南美洲、东南亚等地区投入了大量的广告，在网络渠道上投入了广告进行产品宣传，提高了品牌的知名度。

（二）生产制造优势

公司在生产过程中严格执行工艺技术管理文件规范，有完善的关键质控点，确保品质有效管控、产品质量安全和风险可控。公司推行“两化”，加强公司制造过程中的数据分析与现场精细化、可视化管理。在精益生产方式的指导下，公司制造产能可达到 30 万支/日。可实现精准的小时生产计划，可接受客户订单个性化产品定制，保证按期、按质、按量完成，让客户满意。以精细制造逐梦“匠心品牌”。

（三）供应链资源优势

公司有 100 多家优质的供应商，与多家供应商签订了战略合作伙伴协议，保证关键部件的保质保量供应。每年定期对供应商进行考核，并建立了优胜劣汰机制。

（四）人才优势

公司具有品质、研发、生产管理等各类专业人才，他们有丰富的从业经验，其中大专以上学历人才占 40%，国内双一流本科学历及中级以上职称的高级技能性人才占 15%。公司每年不定期对员工进行外培深造学习，构建有品质感的企业组织，充分发掘人的潜能，提升公司人才的竞争优势。

第二十一节　浙江丽芙秀化妆品有限公司

一、企业基本情况

浙江丽芙秀化妆品有限公司创立于 1996 年，位于浙江省义乌市，是一家专业研发、生产香水的化妆品企业。

二、企业发展成就

公司具有先进的生产工艺、雄厚的研发实力、优秀的人才队伍、完善的管理模式和成熟的营销渠道，历经20多年的发展，已成为全球香水专业研发和行业一站式服务的领航者，享誉欧洲、中东、南美及非洲市场，赢得了广大消费者的青睐。

“品质是企业生存的基础，创新是企业发展的灵魂”，公司始终坚持不断吸收外部先进管理经验和方法，结合公司实际，将之转化为一套完整的质量保障体系，先后通过了GMPC认证和ISO 22716认证。

三、企业特色

公司位于浙江义乌佛堂工业园，建有70000平方米通过GMPC认证的厂房以及生产、研发检测全套设备和精密仪器。设有符合香水恒温、保湿、避光条件的专业配置生产区域。原料用水采用最先进的科技二级反渗透装置，水的纯净度可达全球任何标准。50条半自动包装流水线适合各种款式的香水标准化包装。具有专业素养的500位员工确保每天加工香水30万瓶或香水礼盒20万套，保质、保量、保交期。

四、企业优势

公司研发中心组建了40多人的精英团队，专业从事香水、香水礼盒套装的OEM/ODM研发，能熟练提供平面3D设计效果图和各种香水瓶造型设计、各类工艺运用、开模打样，满足客户所需，优化产品品牌。

公司拥有30多个有10年以上专业背景的人才组成的质量控制团队，掌握全球各地各项质量标准的检测和质量保证体系。确保产品本体及相关配件与包装素材选用均达到客户所需质量标准。

第二十二节　浙江山茶润生物科技有限公司

一、企业基本情况

浙江山茶润生物科技有限公司成立于2014年，坐落在著名的青瓷之都、宝剑之邦、灵芝之乡，森林覆盖率高达84.2%的中国生态第一市——浙江省龙泉市。

公司于2017年建成10万级洁净生产车间，并于同年取得化妆品生产许可证。公司以自有品牌“山茶润”为出发点，将有机山茶油作为主要原料，自主研发婴童洗护产品和成人洗护产品婴童护臀膏、婴童润肤乳、婴童洗发沐浴露、婴童抚触油、婴童屁屁修护膏、山茶护肤油、嫩肤护手霜、茶籽粉洗发水。2021 年，“山茶润”品牌被评为“2020 浙江美妆十大新锐品牌”。

二、企业发展成就

公司自成立以来，一直秉承“传承、安全、健康”的经营理念，采用“公司+合作社+农户”的生产模式，建立 2000 多亩油茶种植合作基地和 500 多亩公司自有油茶基地。2015 年，公司投资 800 多万元，按照“欧盟食品卫生标准”要求，采用现代先进的茶油压榨工艺和设备，建设年产 600 吨高端山茶油生产线和质量检测中心。

公司在生产过程中，严格遵守国家法律法规，分别通过了 HACCP 体系认证和双有机认证，即山茶油种植基地有机认证和山茶油精深加工的有机产品认证，产品的质量达到欧盟出口标准。在经营中，公司采用线上、线下多渠道结合的销售模式，主营天猫旗舰店、拼多多和海拍客母婴平台。

公司与浙江大学、浙江省食品药品检验研究院、丽水市农业科学研究院进行技术合作。将公司自主生产的山茶油作为原料进行研究，从源头开始，科学分析原料各项指标，确保品质符合国家标准，以严苛的生产态度为商家和消费者提供品质保障。

第二十三节　浙江欧诺化妆品有限公司

浙江欧诺化妆品有限公司成立于 2008 年。自创立以来，公司一直秉承“诚信、感恩、高效、专注、创新、发展”的核心价值观，带领一代代欧诺人顽强拼搏，砥砺前行，终将一家名不见经传的小型加工厂打造成集自主研发、生产、销售于一体的现代化企业。

公司拥有占地面积 10 余亩的现代化标准生产厂房，配备现代化自动灌装生产线，自 2017 年至今投入近千万元引进韩国全自动生产设备，同时引进“高精尖”检测系统和科学的管理体系，通过多项管理体系认证，获得了“浙江省成长之星企业”“消费者信得过企业”称号，且连续多年获得义乌市企业质量信用“A 级企业”荣誉称号。

公司经过多年的沉淀，针对产品实施个性化设计开发，产品向多元化拓展延伸，生产的一系列口红、唇彩、睫毛膏、眼影、腮红等彩妆产品畅销海外。

2018 年，公司核心团队前往韩国，与韩国庆熙大学科研技术团队对未来的产品趋势进行了深入研讨并达成战略合作，持续提供技术研发及配方支持。

2020年，公司开设子公司杭州慕朵科技有限公司，与国内多名知名彩妆师合作，全新定义升级品牌“罗小曼”，秉持初心，研发不断，打破传统桎梏，快速定位国内市场。

第二十四节　浙江雅思丽化妆品有限公司

一、企业基本情况

浙江雅思丽化妆品有限公司成立于1993年，位于浙江省义乌市，主要从事彩妆类（粉类、蜡基类、指甲油类）和护肤类化妆品的研发、生产、销售，旗下拥有多个品牌。

二、企业发展成就

公司拥有30亩集化妆品生产销售与仓储于一体的生产基地，生产区域按照花园式化妆品标准厂房建设，厂区环境优美，绿化面积达到30%，现有员工300多名，2020年实现营业收入10892万元。公司拥有多项专利，被认定为国家高新技术企业，参与了两项彩妆类行业标准制定，填补了化妆品行业标准的空白。

三、企业特色

公司生产车间按照GMP医药企业标准设计和建造，生产区域空气洁净度达到10万级。采用先进的全自动化妆品生产设备，生产规范通过了国际GMPC、ISO 22716、GMP 211和国内ISO 9001、ISO 14001等认证，为公司的产品质量上一个新台阶提供了双重保障。

四、企业优势

公司贯彻“质量第一”的产品理念，于2017年全面导入ERP数字监管系统，将公司各个生产环节用标准参数和数据串联在一起，完善了整个产品追溯链；在2018年对公司生产厂房进行全面升级改造，打造符合国际化妆品标准的10万级生产厂房，并在同年引进全自动定量充填设备，以及口红类、唇彩类全自动生产线，以高效智能的自动化设备，大幅提高生产效率，满足市场蓬勃发展的需求。

公司致力于构建化妆品研发、生产销售团队，现有大专学历以上的员工30余人，占公司总人数的10%左右。公司还从台湾大学引进产品研发人员，与江南大学、九江学院等高校进行互动，在产品研发、人才培养、人员培训等方面进行全面合作。

第二十五节　杭州彗搏科技有限公司

一、企业基本情况

杭州彗搏科技有限公司成立于2017年5月27日，是一家由多位海归学者及华人科学家创办的国家高新技术企业。公司业务范围涵盖医药美护活性物、医疗器械、科学试剂及技术服务等。

二、企业发展成就

公司团队因荣获杭州创客天下海外高层人才创新创业大赛欧洲区第一名及全球总决赛二等奖，受邀落户杭州市萧山区，注册资本达1000万元。公司为国家高新技术企业、浙江省科技型中小企业及杭州市“雏鹰计划”企业，Vitalitin®维粒新® X31系列产品属业内首创，在线粒体靶向护肤市场居领导地位。

公司在业内搭建了第一个线粒体靶向研发平台——Vitalitin® Platform维粒新®研发平台，这是一个关于靶向线粒体发现、设计、研发的前沿性创新医药美护平台。平台推出的首款线粒体靶向修复抗衰产品——Vitalitin®维粒新® X31系列，实现了线粒体的立体式全面激活，提高细胞能量及活力，达到根源性抗衰等功效。该系列产品相继荣获InnoCosme2019“年度创新原料奖”及PCT2020“荣格技术创新奖”，并已经应用于国内头部品牌。公司合作的ODM/OEM工厂包括业内冻干技术头部企业晟薇药业、面膜产品头部企业诺斯贝尔与皙贝、特种纤维膜布头部企业文房实业，以及综合性产品企业栋方股份等。公司研发团队成员多次受邀在《中国化妆品》等杂志发表专家约稿。

三、企业特色

（一）工厂特色

公司建有10万级（局部百级）的GMP无菌研发生产及办公空间，已成为“以创新研发为基础、以产品转化为目标的产学研一体的研发型医学修复专家”。

（二）产品特色

公司的产品布局主要依托 3 个平台：以精准护肤和生物靶向为理念聚焦线粒体护肤的 Vitalitin®维粒新®研发平台、以靶点协同和活性增效为工具的复合功效转化平台、以精准递送和透皮渗透为目的的纳米增效递送平台。从最早期对角质形成细胞、成纤维细胞等细胞模型的活性研究，到全层皮肤模型研究和细胞间连接研究，再到微观细胞器层面的线粒体质量控制及功能调控研究，又深入至 ATP 能量生成、自由基调控、炎症因子抑制、胶原再生等分子层面研究，最后到修护、舒缓、屏障、紧致、提亮等人体功效层面验证。通过逐步有序推进科研成果转化，公司推出了深入肌肤护理本源赋能肌肤、激发活力，浅表深层精准解决源头抗衰修复难题的产品及服务。

四、企业优势

（一）品牌优势

公司作为业内首家系统性聚焦线粒体相关皮肤问题的解决方案提供商，致力于产业引领式创新，而非跟随式创新。基于上游学术研发实力，依托跨学科的复合型团队的产业转化落地能力，持续向业内系统输出并阐述线粒体靶向护肤的理论及解决方案，巩固公司在精准护肤赛道上的领先地位。

（二）研发技术优势

公司研发技术优势集中在“创新医药美护活性物”和“医疗器械及药械”两大管线，掌握多项世界领先的修复再生技术，如“线粒体靶向活性物”“促组织再生活性物”“仿生钙磷颗粒”“高效骨诱导技术”等，并掌握了“高精度硬组织切片”“硬组织切片免疫染色”等多项核心科研技术。

（三）人才优势

公司拥有一支由 10 余名海归博士领衔的跨国人才团队，科研人员均毕业于清华大学、浙江大学、同济大学、中山大学、中国药科大学等名校，并有法国巴黎南大学、荷兰莱顿大学、阿姆斯特丹自由大学、阿姆斯特丹牙科学术研究中心、欧洲先导工厂、法国国家科学研究中心、法国国家药物和创新疗法优秀实验室等海外高校及机构的科研经历。

第二十六节　杭州纽龙日尚生物制品有限公司

一、企业基本情况

杭州纽龙日尚生物制品有限公司成立于2013年，位于杭州市经济技术开发区，是一家由海外高层次人才与当地民营企业合资创办，由杭州纽龙生物科技有限公司培育的国家级高新技术企业，是一家集原料研制、配方开发、加工生产及配套性服务于一体的化妆品OEM服务企业，秉承“诚实、敬业、竞取、创新”的经营理念，始终孜孜不倦地在美业领域深耕，经过不断发展完善与技术提升，在业内颇具口碑和影响力。

二、企业发展成就

公司拥有雄厚的资金实力、先进的生产设备以及大批高精专的人才储备，旨在打造一个自主研发、自主生产以及管理的高科技美妆OEM品牌。公司有员工70名，拥有先进的冻干设备，配备专业的冻干人员及专业的冻干工艺，且拥有多台国内知名品牌的大型冻干机，对专业人员定期培训冻干知识，经过8年的积累，已具备丰富的冻干经验。2020年公司冻干代工的销售额达到4000多万元。

公司持续为社会提供工作岗位，解决就业问题，每年纳税近百万元。

三、企业特色

公司建有10万级GMP标准化净化车间，生产程序严格遵照国际GMP认证标准。公司通过了ISO 9001质量管理体系认证，拥有先进生产设备及标准生产环境，配以拥有高级空气净化系统及消毒系统的全封闭生产车间，无接触、无菌操作多条生产线可满足不同需求量产品的生产。

公司严格按照标准操作流程进行生产，确保每批冻干产品的稳定性。配备完善精密的现代检验设备，采用先进的实验检测技术手段，从技术上为质量控制提供了保障。建立健全质检部门和各级品控机制，实施严密的品质检测、控制和管理，确保产品质量得到有效控制。

四、企业优势

公司凭借多年的积累，已在客户心中树立专业、诚实、创新的品牌形象。

公司拥有多条专业的冻干生产线，可满足客户需求。原材料由专门的供应商提供，量大且稳定，可长期合作。

公司的研发团队共有18人，其中博士4名、硕士11名，为冻干代工提供技术支撑；总经理钱永常博士为海外留学人员，曾任美国得克萨斯A&M大学博士生导师，2011年回国创立纽龙日尚的母公司——纽龙生物。徐建华博士曾为美国资深科学家，目前担任公司的首席科学家；林定博士为公司的技术顾问，从事的研究与生物护肤密切相关，为公司产品研发提供技术支持。

第二十七节　浙江百姿化妆品股份有限公司

一、企业基本情况

浙江百姿化妆品股份有限公司成立于2005年，坐落于浙江省金华市，是一家集化妆品设计、研发、生产与销售于一体的现代化企业，专业生产加工唇膏、口红、唇釉、粉底液、护肤水、睫毛膏、眼线液、粉饼、眼影、散粉、指甲油等彩妆产品。公司的“SURI&VICKY”“如此出色”“ROSE SALLY”商标在国内外尤其是欧美等彩妆市场具有较高的美誉度。公司正努力打造“ROSE SALLY”自主销售品牌，拓展国内彩妆市场。

二、企业发展成就

公司现有200多名员工，2020年实现营业收入9000余万元。公司主要产品有五大系列，分别是唇妆系列、眼妆系列、脸部系列、腮部系列及化妆工具系列。公司腮部系列产品“腮红”已通过“浙江制造”标准答辩，正在标准发布阶段，代表着公司“腮红”系列产品达到国际先进水平。有机溶剂型指甲油获得浙江制造认证，产品品质国内领先。

公司践行绿色节能生产，秉承“以创新为先导，以质量为生命，以诚信求市场，以管理创效益”的经营理念，始终重视通过管理机制和制度建设保障企业相关方利益，激励员工队伍主动进取、不断创新，积极促进企业价值、员工事业和社会贡献形成有效互动且持续改善的良性循环。公司始终把关注社会、关爱人生作为品牌战略的重要组成部分，高层领导率先垂范，积极参与公益活动。公司坚持10多年与贫困学生结对助学，领导和员工也积极参与无偿献血、捐资捐款等公益事业，在公司内部形成了“我与百姿同发展，人人参与做公益”的氛围。

三、企业特色

公司专注于化妆品的研究、设计、开发和生产，拥有一支高学历、高素质的专业研发团队。公司研发中心通过了浙江省科技厅“浙江省高新技术企业研发中心”认定，具有完善的研究、开发、试验和试制条件，以及较强的研究开发能力。公司先后与上海应用大学、中国计量大学等多所高校建立技术合作。公司共获得国家专利 19 项，其中发明专利 1 项、实用新型专利 15 项。

公司贯彻“以人为本，和谐发展”的人力资源管理理念，建立完善的人力资源体系，形成适应战略需求的人才梯队。公司“效率优行，充分激励，贡献者重奖”的考核机制和“崇尚关爱”的人文环境，造就了一批适应市场竞争、勇于开拓创新的科技、营销和管理骨干。

公司通过了 ISO 9001、ISO 14001、ISO 18000 认证以及国际 GMPC、ISO 22716 认证，导入卓越绩效模式，建立了完善的组织架构和管理体系。

四、企业优势

公司按照一流花园式化妆品工业城标准建设，厂区环境优美，绿化面积达到 30%。厂房按照 GMP 医药企业标准设计和建造，拥有 10 万级净化灌装配料车间和 15 条生产线，包括全自动口红灌装生产线、全自动粉类生产线、半自动唇彩灌装生产线，还拥有多色液态粉生产设备等各种先进的专业生产设备。

公司积极推动供应链管理数字化，依靠信息化平台和大数据分析提高企业竞争力。公司在供应链领域先后搭建了 ERP 系统、投料管理系统，并通过这些信息系统的建设提高了供应链运营效率、产品追溯效率，降低了供应链成本，提高了企业效益。

公司于 2016 年导入全员风险意识，并着力构建风险管控体系，培植适合企业发展的风险文化。如果能够将风险防范融入每个员工的意识，企业的风险管控体系就能够根据市场、环境、规模等相关因素的变化高效运行，满足企业在不同发展阶段的需求。

第二十八节　苍南老中医化妆品有限公司

一、企业基本情况

苍南老中医化妆品有限公司成立于 1999 年，位于浙江省温州市苍南县，是一家集研发、生产、销售、服务于一体的化妆品企业。公司一直以“专注东方女性肌肤问题”为使命，主张“自然草本美肤，注重内外兼修”的品牌理念，坚持为草本配方注入前沿革新技术。公司核心品牌为“LAOZHONGYI”，企业明星产品为“祛痘”“舒缓”“茶氧”系列。

二、企业发展成就

公司共有员工 90 人，其中管理人员 17 人、技术人员 11 人。公司的生产车间、原材料仓库和实验室共计约 7000 平方米，其中 10 万级净化车间面积约为 1500 平方米。2021 年，公司拆除原成品仓库进行厂区二期建设。公司采用德国、日本、韩国等先进的化妆品生产设备，拥有功能全面的研发实验室和严格的 GMP 品控标准，具备一般液态单元和膏霜乳液单元的面霜、乳液、洗面奶等类别化妆品的生产能力。

2020 年公司被评为高新技术企业，且于同年经过省药监局、市药监局的检查考核，被评为省级和市级的化妆品检查员实训基地。

三、企业特色

公司一直以“专注东方女性肌肤问题”为使命，主张“自然草本美肤，注重内外兼修”的品牌理念，坚持为草本配方注入前沿革新技术，完全契合国家号召“鼓励和支持化妆品生产经营者采用先进技术和先进管理规范，提高化妆品质量安全水平；鼓励和支持运用现代科学技术，结合我国传统优势项目和特色植物资源研究开发化妆品”的政策。2017 年末，公司与中国农业科学院茶叶研究所陈宗懋院士合作，成立了院士工作站，联合研发含茶系列化妆品，并取得了较好的市场效益。

“LAOZHONGYI”品牌一直深受消费者赞誉，曾获得“2008 年度中国杰出民族化妆品品牌”“2013 年度 CCTV 中国影响力消费者满意品牌”“2014 年度十大影响力民族品牌”称号，2015 年度口碑产品痘清霜臻获法国巴黎峰会“中国好产品金玫瑰奖”。另外，该品牌获“2018 年度中国化妆品单品牌店 Top10 排行榜第五名”，且于 2019 年荣获“浙江省特色旅游商品”称号，产品逆龄修护肌底液于同年荣获“瑞丽美容大赏粉丝最爱奖”。

四、企业优势

公司自创办以来，严格按产品标准进行生产，在原料筛选、生产环境、工艺流程、质量检测等各个方面层层把关，保证产品质量。2020 年 1 月，公司进行了 ISO 22716：2007（E）化妆品良好操作规范指南、美国食品和药品管理局颁布的《化妆品良好操作规范指南（2008）》的审核，并于2020年4月获得了认证。2020年以来，公司成为省、市两级化妆品检查员实训基地。

在苍南鹤顶山，公司建立了规范的中草药种植基地，以确保产品供应链上游原材料的品质。此外，公司还自建了研发基地、生产基地，三大基地围绕一个中心点，能够最大限度地保证产品的质量安全。

“LAOZHONGYI”化妆品一直深受消费者和行业赞誉，2004年在广州设立品牌运营中心。2005年“LAOZHONGYI”产品因良好的口碑和市场反响逐步扩大国内市场。2008年“LAOZHONGYI”确定走连锁专卖店的发展道路，在全国已有3000多家连锁专卖店，在国内化妆品市场单品专卖店中的销售额和数量均名列前茅。

第二十九节 余姚市银河日用品有限公司

余姚市银河日用品有限公司成立于1997年，位于浙江省余姚市马渚镇北兴路。公司自创业以来，充分依托余姚塑料之乡、模具之乡的地域优势，以及轻工业、制造业发达的产业优势，开拓进取，稳健发展，在化妆品塑料包装制品业享有较高的知名度。

公司产品以化妆粉盒、膏霜/乳液瓶、口红管为主，销往美国、德国、西班牙、印尼等欧美亚国家和地区，为百雀羚、卡姿兰、花西子、玛丽黛佳、美康粉黛等多家化妆品知名企业和品牌配套生产和服务，建立了长期的业务合作关系。公司销售额逐年递增，2020年产值达1.8亿元。

公司现有员工450余人，其中各类专业技术和管理人员达100余人。公司拥有先进的自动化注塑成型生产设备、自动化组装设备、表面烫印和喷涂电镀配套设备。公司重视产品研发和技术创新，拥有各类产品专利30余项。2019年11月，公司搬入标准化、现代化、花园式的新厂区。

公司建立践行“诚信合作、务实进取、科学创新、专精卓越”的核心价值文化，追求规范化、标准化和精益化管理。公司实施并通过ISO 9001质量管理体系、ISO 14001环境管理体系、ISO 45001职业健康安全管理体系认证。

附　录

浙江省人民政府关于加快发展时尚产业的指导意见

浙政发〔2015〕15 号

各市、县（市、区）人民政府，省政府直属各单位：

时尚产业是具有高创意、高市场掌控能力、高附加值特征，引领消费流行趋势的新型产业业态。我省时尚产业基础条件良好，发展空间广阔。为加快时尚产业发展，现提出如下指导意见：

一、总体要求和发展目标

（一）总体要求。以深化改革和创新发展为动力，紧紧把握个性化、多样化消费的新常态和“互联网+”发展趋势，按照“强化两端、优化中间、重点突破、示范引领”的思路，加快构建具有时代特色的时尚产业链，着力提升时尚产业创新设计能力、营销渠道掌控能力和智能制造水平，充分发挥重点城市和重点产业基地示范引领作用，切实提高企业品牌知名度和市场占有率，加快形成时尚产业发展的新业态、新模式，为我省经济持续健康发展注入新的活力。

（二）发展目标。到 2020 年，力争把时尚产业培育成为规模超万亿元的大产业，形成以设计、营销为核心，以智能制造为基础，以自主品牌为标志的时尚产业体系，加快建设以创新设计引领的时尚产业创造中心，努力成为国内时尚产业发展的先行区和示范区。具体目标如下：

——产业规模和效益显著提高。到 2020 年，全省以自主设计、自主品牌为标志的时尚产业销售收入达到 6500 亿元以上，时尚产业全产业链销售收入达到 10000 亿元以上；产业销售利润率实现较大幅度提高。

——时尚产业名城和基地建设取得显著进展。杭州市、宁波市、温州市基本形成设计引领、品牌荟萃、消费集聚、市场活跃、在国内外具有较大影响力的时尚产业名城；形成一批具有较强创新设计能力和品牌影响力的特色时尚产业基地。

——知名时尚品牌企业竞争力显著增强。形成 10 家左右年销售收入超百亿元的时尚品牌龙头企业、100 家左右年销售收入超十亿元的时尚品牌骨干企业、1000家左右年销售收入超亿元的时尚品牌创新型企业，并努力培育若干个具有国际影响力的自主品牌。

——时尚创新设计能力显著提升。培育一批设计研发人员超百人、设计水平居全国前列的时尚设计机构，培养100个时尚设计领军人才，形成由创新设计引领带动时尚产业发展的新局面。

二、产业重点

顺应世界产业发展趋势，依托我省时尚产业基础和优势，重点发展时尚服装服饰业、时尚皮革制品业、时尚家居和休闲用品业、珠宝首饰与化妆品业、时尚消费电子产业等五个领域。

（一）时尚服装服饰业。依托现有基础，重点发展丝绸、毛衫、纺织面料和女装、男装、童装、休闲装等，努力建成国际丝绸时尚中心、具有国际先进水平的时尚服装服饰基地和时尚纺织面料基地。

（二）时尚皮革制品业。依托现有基础，重点发展一批时尚皮鞋、皮衣及皮具制品，努力建成集设计、制造、交易、发布为一体的全国时尚皮革中心、国际知名的时尚皮革产业基地。

（三）时尚家居和休闲用品业。围绕现代生活品质需求，重点发展时尚家具、家用纺织品、厨具、照明灯具、户外休闲用品及工艺美术等产品，努力建成全国重要的时尚家居和休闲用品产业基地。

（四）珠宝首饰与化妆品业。依托现有基础，加快发展高档黄金首饰、珍珠饰品及其他饰品和化妆品等，努力建成全国流行饰品中心，培育形成若干国内珠宝首饰与化妆品知名品牌。

（五）时尚消费电子产业。适应未来发展趋势，积极发展智能家电、可穿戴电子产品等新型消费电子产品，培育一批数字家庭产业基地。

三、平台建设

（一）开展时尚产业名城建设试点。在杭州市、宁波市、温州市开展时尚产业名城建设试点。各试点城市要按照产城融合的要求，统筹考虑区位条件、资源禀赋、产业基础等因素，加强时尚产业发展规划，合理布局一批时尚产业发展平台，集聚时尚产业高端要素，成为时尚文化浓厚、时尚产业发达、时尚活动丰富、能够引领时尚潮流的时尚产业名城。

（二）开展特色时尚产业基地建设试点。充分发挥我省产业集群优势，不断提升产业集群创新设计能力和品牌创新能力，建设一批特色时尚产业基地，推进时尚产业做大做强。重点推进柯桥面料、海宁皮革制品、诸暨珍珠饰品、义乌饰品、临海休闲用品、嵊州领带服饰等产业集群开展特色时尚产业基地建设试点，打造国内外具有较大影响力的特色时尚产业示范基地。

（三）规划建设一批特色小镇。按照企业主体、资源整合、项目组合、产业融合的要求，在时尚产业重点发展领域规划建设一批产业特色鲜明、体制机制灵活、人文气息浓厚、生态环境优美、多种功能叠加的特色小镇，打造产业、文化、旅游“三位一体”的时尚产业发展新载体，推进时尚产业集聚、创新和升级。

（四）规划建设一批时尚产业园。顺应网络时代大众创业、万众创新的新趋势、新特点，规划新建或利用工业厂房、仓储用房等存量房产、土地资源改扩建一批集设计研发、品牌创建、时尚发布和公共服务等功能于一体的时尚产业园，打造时尚产业“众创空间”和集聚高端资源的“时尚谷”。支持有条件的龙头企业建设时尚产业园。着力创建一批时尚产业示范园区，引领带动时尚产业发展。

四、培育名企、名品

（一）培育重点企业。强化企业在时尚产业发展中的主体作用，大力实施名企战略，着力培育引领时尚产业发展的知名企业。支持龙头企业利用产品、品牌经营与资本运作做大做强；支持企业实施全球化战略，收购国外研发机构、品牌和营销网络；支持企业向集设计研发、运营管理、集成制造、营销服务于一体的企业总部转变，通过产业链整合和延伸，实现大中小企业协同发展。将符合条件的时尚产业重点企业纳入“三名”工程予以培育，着力提升我省时尚产业企业竞争力。

（二）培育时尚品牌。大力实施品牌创新、质量创新和标准创新工程。鼓励企业加快制订品牌发展战略，形成一批具有自主知识产权的知名品牌，不断促进品牌提档升级，创建世界级品牌。鼓励有实力的企业收购国际知名品牌，支持国内品牌到境外注册商标，培育时尚产业省著名商标，大力支持时尚企业创建驰名商标。将具有良好质量基础和市场基础的时尚品牌纳入“三名”工程予以培育，着力打造国际知名时尚品牌。推动我省知名时尚品牌与国内具有较大影响力的知名商业零售终端企业对接合作，拓展知名品牌营销渠道，提高产品品牌知名度和市场占有率。

五、创新设计

（一）支持时尚产业省级重点企业设计院的创建。选择符合条件的时尚产业制造企业和设计企业开展省级重点企业设计院的创建工作，支持企业引进国内外高端设计人才和团队，加快提升时尚创新设计能力。对省级重点企业设计院，由省财政每家给予500万元资助。

（二）支持设计人才创办时尚设计企业。发挥特色小镇、省级特色工业设计示范基地、时尚产业园等的资源集聚和平台支撑作用，加强创业孵化，为时尚设计人才创业提供房租优惠、创业资本、市场开发以及设计数据库、设计软件与设计装备使用等支持和服务。推动建立时尚产业设计企业与制造企业的协同发展机制，开展订单式、契约式、股权式等多种形式的设计服务。鼓励各地出台支持时尚产业制造企业购买设计服务的政策，培育壮大设计服务市场，带动时尚设计企业发展。

（三）加强时尚产业人才培养。建立多渠道、多层次的时尚产业人才培养体系，支持和引导高等院校、中职学校培养时尚产业相关人才；加强对时尚产业人才的继续教育，充分利用大中专院校的教育资源和国内外各类教育培训机构、互联网平台等开展时尚产业人才的再培训、再教育；支持各类时尚企业自办培训机构，鼓励高等院校与企业合作建设时尚产业人才实习实训基地。实施时尚产业“名师培育计划”，对列入时尚产业“名师培育计划”的人才予以相关政策支持和重点培养。

六、创新商业模式

（一）推进时尚设计模式创新。鼓励支持时尚设计机构或人才，通过线上线下平台承接国内外设计项目。鼓励时尚产业企业运用互联网思维创新设计研发方式，加快建立以用户为中心、平台化服务、社会化参与的新型设计组织模式，积极探索基于互联网的个性化定制、众包设计等设计创意模式。支持网络众创设计，鼓励以互联网为依托创建网络众创平台，建设一批时尚设计数据库，提供在线设计工具，打造在线创客平台和创客设计基地。

（二）推动时尚产品营销模式创新。鼓励时尚产业企业基于互联网创新产品营销模式，加快开展网络营销或电子商务，积极探索移动电子商务、众筹营销、网上定制等新型营销模式。支持依托大型电子商务平台创建集时尚名品展示、发布、交易等功能的“在线时尚产业带”、网上“时尚名品馆”。支持传统市场、商业街改造升级，打造一批线上线下融合，集产品设计、展示、体验、购物等功能为一体的时尚“街、廊、馆、店、场”。支持企业通过互联网形成专业化分工、协同创新和制造的产业联盟。

（三）推进时尚产业企业制造模式创新。加强传统工艺的保护和传承，重视挖掘运用传统手工技艺、加工方法打造时尚精品。鼓励采用高新技术和先进适用技术改造提升传统工艺，实现产品、工艺、技术的升级换代。支持时尚产业企业运用互联网、物联网、工业云、大数据等技术提高生产装备智能化、生产过程自动化、生产管控一体化、产业链协同网络化水平。支持有条件的企业在建立网络化、智能化制造体系的基础上发展小批量定制生产模式。

七、宣传推广

（一）支持举办大型时尚活动。按照专业化、市场化、国际化、品牌化发展的要求，重点支持杭州、宁波、温州等地举办国内外时尚流行趋势发布、时尚设计师大赛、时尚品牌展览展示、时尚论坛等系列活动，提升我省时尚产业和品牌在国内外的知名度和影响力。

（二）加强对时尚产业发展的宣传。加强主流媒体对时尚产业发展的舆论引导，鼓励广播、电视、报刊、网络等媒体开辟设置专门的时尚栏目，广泛传播现代时尚理念，宣传健康的时尚消费方式，加大对特色小镇、时尚产业企业、时尚品牌的宣传，提升我省时尚品牌知名度。着力树立和宣传一批时尚产业领军人物，引领和带动我省时尚产业发展。

八、政策措施

（一）加大财政扶持。省工业和信息化、战略性新兴产业、商务促进等专项资金要加大对时尚产业发展的支持力度，重点用于省级重点企业设计院的创建、大型时尚活动、整体宣传、人才培养和公共服务平台建设等。省转型升级产业基金、信息经济创业投资基金要通过股权投资等方式支持时尚产业发展。各市、县（市、区）政府要根据财力安排一定的扶持资金，结合实际有重点地支持本地时尚产业发展。

（二）加强用地保障。加强对时尚产业重大项目建设的用地保障。时尚产业特色小镇享受《浙江省人民政府关于加快特色小镇规划建设的指导意见》（浙政发〔2015〕8 号）确定的土地要素保障政策。时尚产业园建设可作为整体列入省重点工程项目，各地要优先安排建设用地指标。鼓励用地单位在不改变用地主体、不重新开发建设等前提下，利用工业厂房、仓储用房等存量房产、土地资源开展研发设计和电子商务等业务。在符合城乡规划前提下，经规划、国土资源部门批准临时改变建筑用途的，其原土地用途可暂不变更，并按规定缴纳土地收益金。

（三）加大金融支持。加强时尚产业金融服务体系建设。鼓励金融机构根据时尚产业特点创新金融产品和服务，加快发展商标权质押等新型信贷业务；支持符合条件的时尚产业企业探索开办面向中小时尚产业企业的小额贷款公司；支持符合条件的自主品牌企业通过上市、发行债券等直接融资。

（四）加大品牌、技术、设计保护力度。加强创意设计、专利技术、商标品牌等知识产权的行政保护，鼓励企业对自主设计品牌进行知识产权登记，对线上线下产品的各种侵权行为开展多部门联合执法，形成企业自我保护、行政保护和司法保护“三位一体”、相互衔接的保护体系。

九、工作机制

（一）加强组织协调。建立由省经信委牵头的省时尚产业发展工作协调小组（以下简称省协调小组），省委宣传部、省发改委、省教育厅、省科技厅、省财政厅、省人力社保厅、省国土资源厅、省环保厅、省建设厅、省商务厅、省文化厅、省地税局、省工商局、省质监局、省新闻出版广电局、省统计局、省旅游局、省国税局、省金融办及人行杭州中心支行等相关单位参加，加强对时尚产业发展工作的组织领导和统筹协调。各地也要建立相应的工作推进机制。充分发挥时尚产业相关行业协会作用，适时建立时尚产业联盟（或联合会），促进时尚产业各领域之间的融合和跨界合作。

（二）加强统计监测。加快建立时尚产业统计指标体系和调查制度，健全相关信息发布机制。加强对本意见落实情况的监督检查和跟踪分析，适时对各地时尚产业推进工作与发展情况进行通报。

各地、各有关单位要根据本意见精神，抓紧制订加快时尚产业发展的具体政策措施，并抓好贯彻落实。

附件：重点任务分工表

浙江省人民政府

2015 年 5 月 29 日

浙江省经济和信息化厅浙江省药品监督管理局关于印发浙江省化妆品产业高质量发展实施方案（2020—2025 年）的通知

浙经信消费〔2020〕76 号

各市经信局、市场监督管理局：

现将《浙江省化妆品产业高质量发展实施方案》（2020—2025 年）印发给你们，请结合实际认真贯彻执行。

浙江省经济和信息化厅　浙江省药品监督管理局

2020 年 7 月 13 日

浙江省化妆品产业高质量发展实施方案（2020—2025年）

为进一步落实《浙江省人民政府关于加快发展时尚产业的指导意见》，集聚高端要素，完善产业链条，提升产业优势，推动化妆品产业高质量发展，打造千亿级浙江美妆产业，成为“时尚e都”建设中的核心美丽板块，制定本方案。

一、总体思路

（一）指导思想

以“八八战略”为总纲，深入贯彻省委、省政府“两个高水平”战略决策部署，紧抓消费升级契机，打造大产业、大品牌、大平台、大企业，激发制造新动能，营造美丽新业态，铸造人才新优势，形成集总部经济、研发设计、智能制造、检验检测、包装配套、市场营销为一体的化妆品全产业链，化妆品产业成为浙江时尚产业的核心内容、生命健康产业的重要组成、美丽经济的特色板块，将浙江建设成为中国化妆品产业高质量发展示范区，具有较强国际竞争力的化妆品产业高地。

（二）发展目标

立足浙江，联动长三角，融入“一带一路”，打造国内领先、具有国际影响力的化妆品产业集群。“美妆小镇”作为浙江化妆品产业核心承载区，建设成为全国美妆产业集聚中心、美妆文化体验中心、国际时尚美妆博览中心。到2025年，全省化妆品产业年销售收入超2000亿元，培育年销售收入超过100亿元的行业领军企业3家，拥有5个以上国际知名品牌，培育一批新锐品牌，浙江美妆品牌产品占国产美妆市场份额25%以上。

二、强链补链，打造美妆大产业

（三）推进化妆品产业集群发展。以珀莱雅、欧诗漫等龙头企业为引领，引进中高端化妆品生产、研发设计项目及原料生产、文化创意、电子商务等配套项目，打造成为集研发设计、智能制造、检验检测、展示体验及交易功能为一体的标志性美妆产业链。推进杭州、湖州、金华、温州、台州等地化妆品企业集聚集群发展，实施一批强链延链、建链补链项目，打造特色鲜明、更具竞争力的化妆品产业集群。

（四）加快化妆品原料环节补链。大力发展功能性原料、香料香精等原辅料供应上游产业，保障供应链安全。支持原料生产企业紧跟趋势，对标国际，发展天然安全和高科技高功效的原辅料，开发中国传统或浙江特色原料。推进国际原材料供应商落户杭州、湖州、金华等化妆品主要聚集地，实现本土化生产。

（五）延伸做强化妆品包装产业基地。以宁波余姚、绍兴滨海等地为重点，大力发展纸制品包装、塑料包装、玻璃包装等，推进包装产品从低端向中高端发展。通过美博会、美妆峰会等平台，加强化妆品包装企业与国际国内知名化妆品企业合作。发展包装工业循环经济，加强包装产品全生命周期管理。

（六）打造化妆品总部和商贸平台。发挥杭州良好营商环境优势，吸引国内外知名化妆品企业总部落户，打造化妆品总部经济。以杭州建设“数字经济第一城”为支撑，推进杭州建设全国化妆品网络销售中心。依托义乌小商品市场的国际辐射力，打造全国最大化妆品出口商贸平台。发挥宁波舟山港口资源、区位条件以及保税仓储优势，打造化妆品国际贸易平台。

三、聚焦“三品”，塑造美妆大品牌

（七）优化提升化妆品品牌。鼓励企业制定自主品牌发展战略，加强战略实施。扶持一批品牌培育运营的专业服务机构，加快推进美妆品牌国际化进程。支持品牌企业参加国内外重要展会、注册境外商标，积极开拓海外市场。加强美妆行业浙江名牌产品培育工作，推进“品字标浙江制造”品牌建设。政企联动加大品牌宣传力度，利用多种媒体，扩大品牌知名度，提升浙江化妆品形象。

（八）加快提升化妆品品质。引导企业树立品质意识，建设产品全生命周期的质量管理体系，打造一批质量标杆企业。支持企业参与化妆品管理法规、产品标准、检验方法和评价标准的制修订。实施化妆品行业提标贯标行动，实行全过程把控。落实企业化妆品质量安全主体责任，推进重点企业化妆品信息化追溯系统建设。

（九）丰富化妆品品类。支持化妆品企业适应和引领消费升级趋势，提高化妆品创意设计水平，增加中高端化妆品供给。以“品牌浙妆、时尚潮妆、功效特妆、生态美妆”为主攻方向，推出一批科技含量高、附加值高的精品化妆品，一批富有地方文化、民族色彩的特色化妆品。

四、整合资源，搭造美妆大平台

（十）建设化妆品产业平台。以湖州美妆小镇为核心，通过龙头企业带动和大力招商引资，集聚关联产业和高端要素，推进化妆品产业全产业链构建，打造成为全国美妆产业高地。以金华彩妆工业园区为重点，依托义乌国际商贸城配套产业链相对完备的优势，重点打造“以贸带工、以工促贸，工贸结合”的金华彩妆产业集群。推进化妆品特色小微园区建设，引导小微企业入园发展。

（十一）搭建化妆品科创平台。支持企业建设企业技术中心、工程技术研究中心、重点实验室等高水平科技创新平台，围绕化妆品原料（成分）、生产工艺、功能、功效、安全评价等方面开展科技攻关。支持龙头企业主导，联合相关高校院所，搭建化妆品产业创新服务综合体、创新联合体、产业技术联盟等高能级科技创新平台，联合攻关乳化工艺、生物科技高性能材料等关键领域的“卡脖子”技术，并为化妆品企业提供科创综合服务。按照国家药监局相关要求，加强化妆品公共检测平台建设，提升检验检测能力。

（十二）构建化妆品“双创”平台。深入推进美妆领域“双创”改革，培育一批基于互联网的大企业创新创业平台，建立一批小型微型企业创业创新基地，建设一批孵化机构和众创空间。围绕防衰老、防过敏等需求，引导各类“双创”平台向专业化、精细化方向升级。开展各类创新创业赛事活动，对各类赛事活动中涌现的优秀创新创业项目加强后续跟踪支持。

（十三）构筑精准合作平台。推动化妆品主要集聚区构建全球合作产业园，聚焦化妆品原料、创意设计等重点领域、国际国内知名品牌等重点企业、亿元以上重点项目，加强与重点国家、地区和企业的合作。利用义乌国际小商品博览会、化妆品行业领袖峰会、杭州美妆峰会等重大活动，设立化妆品产业合作发展专场洽谈，开展重大项目、金融资本和人才对接活动。

五、引培并举，构造企业大梯队

（十四）加强龙头企业引进培育。依托“雄鹰行动”，培育一批化妆品行业龙头企业。加大招商引资力度，引进一批国际 500 强、国内 100 强化妆品企业。紧抓长江三角洲区域一体化发展机遇，通过市场化并购等方式，组建化妆品行业骨干集团。紧抓“一带一路”发展机遇，加强“走出去”服务，培育一批具有全球竞争力的一流企业。以化妆品龙头企业为主导，联合产业链上下游和高校科研院所，组建化妆品产业联盟。

（十五）培育专精特新企业。深入开展“雏鹰行动”，引导中小企业向“专业化、精细化、特色化、新颖化”方向发展，拓展儿童化妆品、运动型化妆品、功能化妆品等细分领域，打造一批产业“隐形冠军”企业。遴选一批具有发展潜力的化妆品小微企业作为培育对象，推动上规升级。围绕供应链整合、创新协作、数据应用等产业发展关键环节，推进大中小企业协同发展。

（十六）推进企业智能化升级。鼓励企业充分应用5G、区块链、物联网、云计算、大数据、人工智能等新一代信息技术深，实现数字化研发、智能化生产、智慧化管理。积极推进企业上云，构建化妆品行业工业互联网平台，促进产业链上下游企业集聚协同，加强供应链优化管控。支持化妆品重点企业开展省级智能化技术改造和省级数字化车间、智能工厂建设。

六、创新模式，构建美妆新业态

（十七）创新营销方式。结合“百网万品”行动、“春雷计划”，开辟浙江美妆专区，构建产销平台，孵化新锐品牌，扩大浙江美妆市场份额。推进AI、AR技术终端融合，推广虚拟试妆新服务，提升消费体验。依托大数据精准分析，建立个性定制、网络预售、众筹等新型销售模式。

（十八）推行“网红带货”。引进培育美妆领域网红，建设网红直播中心，通过互动挖掘消费者需求，设计产品创新点，推广美妆产品，增加产品成交量。组织网红走进实体企业，帮助企业推广品牌、销售产品。成立“美妆网红联盟”，维护行业标准，促进共同发展。

（十九）推进跨界融合发展。推进化妆品产业和文化产业深度融合，延伸发展美妆文化创意，提升文化软实力。推进化妆品产业和旅游业深度融合，延伸发展工业旅游，创新业务模式。鼓励龙头骨干企业与设计、包装、物流等配套服务企业深入合作，为消费者提供系统解决方案。

七、夯实“两高”，铸造人才新优势

（二十）加大高层次技术人才引培力度。依托“鲲鹏计划”等重大人才工程，加强化妆品产业领军人才及关联领域高端人才的引进。发挥美妆领袖峰会、彩妆产业发展论坛等的引才效应，吸引高端人才项目落地。依托海内外浙商、海外人才联络机构等资源，吸引一批高层次人才来浙服务。

（二十一）加强高技能人才队伍建设。依托新时代工匠培育工程和“金蓝领”职业技能提升行动，强化高技能人才培养。支持美妆小镇建设美妆技术学院，打造技能人才就业创业见习基地。发挥省时尚产业产教融合联盟作用，促进美妆产业链、教育链、人才链、创新链有机融合。

（二十二）建设化妆品产业相关学科专业。支持浙江工业大学、温州医科大学等高校加强美妆学科建设。支持美妆小镇、浙江理工大学和浙江育英职业技术学院组建美妆学院。联合上海应用技术大学、浙江医药高等专科学校和杭州职业技术学院等，培养实用性研发人才和高技能人才。

八、加强保障，营造发展新环境

（二十三）健全工作机制。充分发挥省时尚产业发展工作协调小组作用，坚持“省市联动、以市为主”，加强对化妆品产业发展的组织领导和统筹协调。建立美妆产业联络员制度，定期交流对接信息。支持省时尚产业联合会下设美妆产业专委会，并发挥其在政策研究、标准制定、宣传推广、人才培训、交流合作等方面作用。

（二十四）加大政策支持。推动化妆品企业主要集聚地相关部门研究出台鼓励化妆品产业发展相关政策。支持各地有效整合年度各类用地，统筹安排化妆品的产业用地需求，支持符合条件的化妆品生产的重大项目申报纳入省重大产业项目库。鼓励各地根据化妆品产业类型、生产经营周期等因素，采用弹性年期出让、租让结合、长期租赁等方式，灵活确定供应方式和使用年限。统筹省转型升级资金等各级各类专项资金，鼓励化妆品企业主要集聚地设立美妆产业基金，加大对化妆品产业项目、品牌培育、平台建设、人才培养等扶持力度。支持知名品牌创建提升，对入选“品字标浙江制造”品牌进行财政奖补。实施“融资畅通工程”，加强对化妆品产业的金融支持，积极争取政策性银行的信贷支持。

（二十五）加强规范管理。深入贯彻《化妆品监督管理条例》要求，开展浙江美妆质量提升和美丽消费示范工程。推进“线上净网线下清源”精准治理，建设数字监管平台和网络化妆品监测中心，启动浙江美妆品种数据库和公众查询平台建设。实施“信用+”监管，全力打造化妆品创新监管服务示范区。

（二十六）实施监测考评。通过部门联动、省市县联动，加强化妆品产业统计监测，研究发布产业发展指数和行业指导信息。参考高质量发展考核评价办法，将化妆品产业高质量发展纳入时尚产业发展相关考核，发挥考核引导作用。

（二十七）营造良好环境。落实“最多跑一次”改革要求，深入开展“三服务”活动，进一步帮扶企业落实助企惠企政策，帮助企业解决实际难题。加强各类媒体对化妆品产业发展的宣传，加强与国内外同行交流合作，带动省内美妆产品“走出去”，在国际舞台绽放“美丽浙江”独特魅力。

浙江省经济和信息化厅关于印发《浙江省打造时尚之都　促进时尚产业改革发展行动方案（2020—2022年）》的通知

各市人民政府，省级有关单位：

《浙江省打造时尚之都　促进时尚产业改革发展行动方案（2020—2022年）》已经省政府同意，现印发给你们，请认真抓好贯彻落实。

附件：1. 浙江省打造时尚之都　促进时尚产业改革发展行动方案（2020—2022年）

2. 省级有关单位名单

浙江省经济和信息化厅

2020年1月2日

附件1

浙江省打造时尚之都　促进时尚产业改革发展行动方案（2020—2022年）

为进一步落实《浙江省人民政府关于加快发展时尚产业的指导意见》，推进供给侧结构性改革，推动时尚产业高质量发展，经省政府同意，特制定本行动方案。

一、总体思路

深入贯彻省委、省政府“两个高水平”战略决策部署，以“八八战略”为总纲，以改革创新为动力，以供给侧结构性改革为主线，牢牢把握数字经济“一号工程”发展机遇和消费升级发展动力，聚焦聚力高质量现代化竞争力，高起点推进“时尚e都”为核心的时尚之都建设，着力提升我省时尚产业创新设计、营销渠道掌控能力、数字化转型水平和高端人才集聚度，切实提高产品附加值、品牌影响力和市场占有率，加快形成竞争新优势，促进我省时尚产业由制造向智造、数量向质量、产品向品牌的转变。

二、发展目标

力争到2022年，全省时尚产业增加值年均增幅达到8%以上，时尚产业总产出达到1.8万亿元，形成一批集品牌形象策划、网络发布展示、体验交互设计等为特征的时尚电子商务平台，建成一批业态集聚、产业链协同的时尚产业发展园区，推进一批创新示范引领、带动效应明显的时尚产业重大项目，集聚一批富于创新、具有国际视野的时尚创意创新创业人才，培育一批具有核心竞争力、国际影响力的名品名企，建立一个统一开放、竞争有序的现代时尚产业市场流通体系，推动时尚产业成为我省现代化经济体系的重要组成部分，着力打造成为全国时尚产业示范区、标杆省，形成“一核两带多点”协同发展的产业空间格局，基本建成国内领先、具有较强国际竞争力和影响力的时尚之都。

三、重点工作举措

实施“1+6”行动方案，即围绕打造“时尚之都”中心目标，重点实施时尚消费升级、创新设计能力提升、自主品牌培育、数字化转型、人才集聚高地建设、时尚文化培育等六大行动计划。

（一）推动时尚之都建设

一核：以杭州为核心，集聚资源打造国际时尚之都

以建设时尚流行策划地、时尚文化交汇地、时尚品牌集聚地和时尚活动荟萃地为战略目标，围绕时尚创意设计、体验消费、品牌展示、文化活动、产品制造等主导功能，借力数字经济和电子商务平台等方面先发优势，统筹线上线下资源，以杭州为核心，以数字时尚为切入点，以“设计+数据”为驱动力，促进时尚企业在设计、研发、品牌、生产、管理、仓储、物流和营销等全产业链数字化水平的提升，着力打造以“时尚e都”为核心的时尚之都。充分发挥时尚龙头企业总部的集聚和辐射作用，引导企业向产业链两端发展。（责任单位：杭州市人民政府，省时尚产业发展工作协调小组各成员单位）

两带：重点打造浙东北和浙西南两大时尚产业带

浙东北时尚产业带以宁波为核心，包括嘉兴、湖州、绍兴等地区，重点发展时尚服装服饰、皮革制品、时尚消费电子、艺术饰品等优势产业。浙西南时尚产业带以温州为核心，包括金华、衢州、台州等地区，重点发展时尚鞋服、休闲服饰、时尚家居、休闲用品、珠宝首饰、化妆品、眼镜等优势产业。（责任单位：各有关市人民政府，省时尚产业发展工作协调小组各成员单位）

多点：着力开展特色时尚产业基地建设

重点推进杭州女装、宁波男装、温州鞋服、瓯海眼镜、柯桥面料、海宁皮革、濮院毛衫、吴兴童装、诸暨珍珠饰品、义乌饰品、兰溪牛仔布、三门冲锋衣、临海休闲用品、嵊州领带服饰、柯城时尚智造等产业集群建设，努力打造成为国内外具有较大影响力的特色时尚产业基地。制定《大湾区现代纺织产业集群培育实施方案》，培育万亿级现代纺织产业集群，支持相关院校与时尚产业园区共建实体研究院。支持宁波打造“246”万亿级产业集群，加快培育千亿级时尚纺织服装产业集群。加快小微企业园建设，以老旧园区（厂房）改造升级为抓手，着力打造时尚产业发展平台和载体，推动产业向服务型业态加快转型。推进时尚产业小微企业“入园”计划，鼓励产业链上下游企业和配套企业集聚发展。（各有关市、县（市、区）人民政府，省时尚产业发展工作协调小组各成员单位）

（二）时尚消费升级行动

1. 发展消费新业态新模式。促进线上线下消费融合发展，支持依托“网易严选”等大型电子商务平台，创建集展示、发布、交易设计师品牌、企业自主品牌、区域品牌等功能的线上时尚商品专区。探索建立在线定制、网络预售、众筹团购等个性化、定制化销售模式，鼓励企业发展新零售、移动支付、数字贸易和共享经济等新型商业模式。（责任单位：省商务厅、省经信厅）

2. 培育时尚消费新动能。以市场需求为导向，积极开发智能家居、可穿戴智能产品、智能音箱、智能化计量器具、智能行装、智能美妆等新兴产品及其应用。推进人工智能技术在健身运动、医疗健康、管家陪护、人居消费等领域的应用，引导企业开发系统集成产品，提升产品功能和服务性能。谋划布局“区块链+设计师”、“区块链+大数据”等时尚区块链新业态。（责任单位：省经信厅、省商务厅）

3. 加大国际国内市场开拓力度。抢抓“一带一路”和长江三角洲区域一体化发展机遇，着力开拓国内国际市场。在时尚产业培育一批“浙江出口名牌”和“品质浙货”出口领军企业，通过建立品牌宣传平台、境外展示展销中心和海外仓等途径，不断完善国际营销网络。推进时尚产业跨境电商普及应用，举办大阪、缅甸、南非等境外自办展，组织企业参加广交会、中国国际丝绸博览会、杭州国际时尚周、宁波时尚节暨宁波国际服装节、浙江（温州）国际时尚消费博览会、温州国际时尚文化产业博览会等各类国内外知名展会，积极拓展国内外市场。（责任单位：省商务厅、省发展改革委、省经信厅，各市人民政府）

（三）创新设计能力提升行动

1. 提升时尚创意设计水平。加强国际交流与合作，引入全球优质创新设计资源落户浙江，推动与国际知名时尚企业联合设计、发布产品。培育一批时尚产业网上设计交易服务平台，打造“网上设计之城”。引导企业以市场需求为导向，开展个性化定制和柔性生产，突出现代时尚元素在产品中的运用，不断提升产品附加值。鼓励博物馆艺术衍生品、文创产品的设计与研发。支持宁波红帮裁缝等传统技艺传承与发展，加快国际化步伐。推动中国美院和中国丝绸博物馆联合打造西方服饰研究中心和西方服饰博物馆，鼓励全国服装设计名师馆等创新载体建设。（责任单位：省经信厅、省科技厅、省人力社保厅、省文化和旅游厅，各市人民政府）

2. 培育一流创新设计平台。统筹集聚资源，发挥杭州作为中国首个“工艺与民间艺术之都”的基础优势，着力将杭州打造成为国际设计之都。发挥国家级和省级制造业创新中心、时尚产业园、公共服务平台等资源集聚和平台支撑作用，高起点构建时尚产业创新体系，打造一批按照国际化模式运作，拥有核心技术、领军人才的双创平台。在创意设计资源集聚度高的领域，培育创建一批国家级和省级创新平台载体。力争到 2022 年，争创国家级制造业创新中心，创建 10 个国家级工业设计中心，培育 10 个国家级纺织服装创意设计试点园区（平台），打造以时尚产业优势高校和领军企业牵头的国家级科研创新平台 3–5 个，布局建设一批省级产业创新服务综合体。高水平推进特色小镇建设，积极推动杭州艺尚小镇、桐乡毛衫时尚小镇、诸暨袜艺小镇、瓯海时尚智造小镇等省级时尚产业特色小镇建设由数量增加向质量提升转变。积极推进中国国际进口博览会延展平台及中法时尚产业融合平台建设，推动中国美术学院东方设计研究院建设。推动建立由政府部门、高校和龙头骨干企业等组成的时尚产业政产学研用联盟。（责任单位：省委人才办、省发展改革委、省经信厅、省科技厅，各市人民政府）

3. 强化时尚产业知识产权保护。加强相关法律法规宣传，提高创意设计、品牌等无形资产的价值，强化对时尚企业和设计师的知识产权保护，培养全民对著作权、专利权、商标权等保护意识。试点建设时尚企业知识产权保护法律援助平台，研究推进时尚产业知识产权保护方面的相关立法。（责任单位：省市场监管局、省司法厅）

（四）自主品牌培育行动

1. 推动自主品牌升级。制定时尚产业分行业自主品牌培育计划，加快推动我省时尚产业从加工制造中心向品牌中心转型，形成一批具有自主知识产权的知名企业品牌和设计师品牌。推动我省时尚产业区域品牌向全国性品牌发展，培育发展一批历史经典产业与文化融合发展的知名品牌。到 2022 年，力争在时尚产业细分行业领域培育 100 个重点品牌，5 家左右年营业收入超过 1000 亿元和 10 家左右超过 500 亿元的龙头企业，形成一批“隐形冠军”。（责任单位：省市场监管局、省经信厅）

2. 推动时尚品牌国际化。深入实施“品质浙货　行销天下”工程，积极培育时尚领域“浙江出口品牌”和“品质浙货”出口领军企业，支持龙头企业实施全球化战略，嫁接国际知名品牌，利用其品牌影响力和渠道发展自主品牌。鼓励企业境外注册商标，加强与国际时尚传媒机构和时尚买手合作，扩大自主品牌国际知名度和影响力。（责任单位：省商务厅）

3. 推进标准和质量提升。推进国家级和省级标准化技术委员会建设，引导龙头企业牵头组建行业标准联盟，支持企业申报浙江省标准化试点项目。建立时尚产品绿色标志认证体系，构建安全环保放心的消费生态环境。推动时尚产业重点领域的生产标准、产品标准、安全标准与国内国际高标准对标，加快构建覆盖主要消费品的“浙江制造”标准体系。强化企业质量提升主体责任，推广覆盖产品全生命周期的质量管理体系。（责任单位：省市场监管局）

（五）数字化转型行动

1. 搭建行业数字化平台。在纺织化纤、服装服饰、皮革皮鞋、家电厨具等重点领域探索建设工业互联网平台，推进企业上云。力争到 2022 年，在时尚产业建成 10 个省级数字化制造示范区，培育 1 到 2 个行业级工业互联网平台，重点行业领域数字化、绿色化、集约化制造水平得到显著提升。（责任单位：省经信厅）

2. 促进智造能力升级。推动 5G、区块链、物联网、云计算、大数据、人工智能等新一代信息技术与时尚产业深度融合。鼓励企业采用新技术和先进适用技术改造提升传统工艺，开展“十百千万”智能化技术改造行动和省级智能制造试点示范，加快数字化车间、智能工厂建设。到 2022 年，省市县三级每年实施 100 项时尚产业智能化技术改造项目。（责任单位：省经信厅）

3. 推进产业链数字化升级。重点推动企业加快在创意孵化、研发设计以及个性化定制、营销和售后服务等产业链两端的数字化转型，带动时尚产业发展。统筹推进时尚产业“大规模”批量化生产与“互联网+”个性化定制有机结合。引导企业顺应个性化、时尚化、功能化、绿色化发展趋势，开发高质量、数字化、网络化、智能化新产品，为消费者提供包括装饰性定制、面料定制、色彩和图案定制、款式定制和尺寸定制等个性化定制服务，不断

提升产品附加值。（责任单位：省经信厅）

（六）人才集聚高地建设行动

1. 加大顶尖时尚人才招引力度。积极引进一批时尚产业领军人才、高端设计师、品牌运营人才、创新团队来浙江创业创新。拓宽海外引才渠道，设立海外时尚高层次产业人才招引工作站，开展时尚产业引才活动，吸引高层次人才长期入驻。加强我省与时尚产业发达国家和地区行业协会、知名高校之间的交流合作，建立中青年时尚人才与国内外顶尖时尚人才交流合作机制，在高端赛事、跨领域交流等方面加强合作。（责任单位：省委人才办、省经信厅、省教育厅、省人力社保厅）

2. 加强各类高层次人才培养。发挥省内高校、科研院所等平台的集聚作用，加大领军型创新人才、创意设计人才、经营管理人才、市场营销人才、法律人才、高技能人才和传统手工艺人才等的培养力度。探索建立“评价”+“培养”的时尚产业人才队伍建设模式，推广“以赛代评”等职称评价方法，委托第三方开展“十业百人尚品名师”大赛等时尚产业各类新锐设计大赛、职业技能大赛和传统技能大赛，获奖选手可直接认定为相应技能等级。继续开展省级技能大师工作室认定工作，鼓励名师带徒传艺。开展多种形式的时尚产业企业经营管理人员培训，培育一批领军型企业家。（责任单位：省人力社保厅、省经信厅、省教育厅）

3. 加强时尚产业相关学科专业建设。支持浙江理工大学、中国美术学院、浙江传媒学院、浙江纺织服装职业技术学院等相关院校提高国际化视野，引进国内外名校优质教育资源，开展合作办学，加强时尚产业相关学科博士点建设。支持浙江理工大学与中国丝绸博物馆建设高水平、国际化、有影响力的国际丝绸学院。高起点打造浙江理工大学时尚学院，带动我省现有院校完善时尚类学科的设置。深化时尚产业产教融合，发挥浙江省时尚产业产教融合联盟作用，促进教育链、人才链与产业链、创新链相衔接，鼓励申报产教融合“五个一批”。（责任单位：省发展改革委、省教育厅、省文化和旅游厅）

（七）时尚文化培育行动

1. 支持举办时尚活动。重点统筹全省时尚产业细分领域和各地资源，支持举办世界时尚科技大会，设立“浙江时尚周”活动，构建优势企业、重点产品、自主品牌、优秀设计师的集中发布展示和推介平台，提升我省时尚产业在全国乃至全球的知名度和影响力。通过高端产业论坛、举办各类时尚设计大赛和发布活动、开展媒体及时尚买手开放日活动等形式，培育发展以产品设计创意、技术开发、营销策划和技术服务为主要形态的时尚都市产业。

支持举办“中国设计智造大奖”，促进创新型时尚产业发展，推动设计成果转化，建立国际流行设计与制造产业间的有效合作机制。举办“西湖国际时尚设计三年展”，建立与伦敦、巴黎、纽约、米兰等国际著名时尚城市的联动关系，增进浙江时尚文化和国际时尚潮流的交流与合作。（责任单位：省经信厅，各市人民政府）

2. 营造时尚产业氛围。进一步发挥时尚宣传引领作用，通过事件营销、媒体报道、国际秀场等，鼓励和引导居民升级消费理念，积极培育网络消费、定制消费、体验消费、智能消费等时尚消费新热点。加强制度供给，引导消费新业态新模式有序发展，促进平台经济、共享经济健康成长。以时尚网红、国际买手为带动，强化互联网时代的网红经济流量导入，形成时尚产品消费潮流。举办共建共享、具有国际影响力的在线时尚秀。（责任单位：省委宣传部、省经信厅）

3. 打造城市时尚地标。支持杭州市高水平打造千亿级武林商圈，高标准建设杭州湖滨步行街等高品位时尚消费街区。支持杭州艺尚小镇等打造世界级时尚文化窗口、中国时尚新地标。支持濮院毛衫小镇高质量打造世界级针织时尚产业集群、中国时尚第一镇。推动宁波文创港、博洋宁波时尚中心、宁波创客 157 创业创新园、温州时尚智造中心等时尚产业平台建设。支持“温州时尚走廊”等“制造业+服务业”一体化业态新模式发展。（责任单位：各市人民政府）

四、保障措施

（一）深化改革创新。深化“最多跑一次”改革，积极推动政务服务向时尚产业重点园区延伸。加快构建集园区开发、资本运作、成果转化、企业服务于一体的园区运作新机制，加强资本运作与园区管理之间的互动。推动通关便利化，扩大特险保单融资覆盖面，简化外贸税收优惠事项办理。（责任单位：省市场监管局、省地方金融监管局、浙江省税务局、浙江银保监局、杭州海关，各市人民政府）

（二）加大财税政策支持。统筹相关财政专项资金，落实对时尚产业相关领域的扶持政策，引导开展“时尚之都”建设、重大科技攻关和产业化项目、重点品牌培育、公共服务平台、大型时尚活动、人才培养、国际合作等。各地要根据财力安排一定的扶持资金，结合实际有重点地支持时尚产业发展。严格落实时尚产业相关省级传统制造业改造提升行业试点政策，落实研发费用加计扣除、固定资产加速折旧、高新技术企业、技术先进型服务企业所得税等各项税收优惠政策，推动设备更新和新技术应用。对我省时尚企业新获批牵头承担国家级重大创新载体建设任务的，省财政按规定给予支持。对于事业单位等其他主体牵头的项目，采取“一事一议”方式给予支持。（责任单位：省发展改革委、省经信厅、省科技厅、省财政厅、浙江省税务局）

（三）创新金融服务。设立由政府引导、市场化运作的消费品工业专项基金，加大对时尚产业发展的支持。通过省工业和信息化转型升级有关产业基金，引导社会资本投入到时尚产业。鼓励金融机构加大对时尚产业的支持力度，推广“两跑三降”普惠金融模式服务企业，开发适合时尚产业特点的多元化融资品种，积极为我省时尚企业开展并购贷款、银团贷款。鼓励符合条件的时尚产业企业发行债务融资工具，拓宽企业融资渠道。推动科技金融联动发展，完善技术转移机制建设，健全市场化的技术交易服务体系，推动知识产权质押融资、专利许可收益权证券化等，促进知识产权商业化。鼓励支持与文化创意结合度高的时尚优质企业上市。（责任单位：省经信厅、省科技厅、省财政厅、省市场监管局、省地方金融监管局、人行杭州中心支行、浙江银保监局）

（四）强化要素保障。对列入省工业与信息化重点领域的时尚产业项目，各地要加大土地保障力度，在规划、建设、环评等方面要提供精准服务，对重大项目实行“一事一议”。在符合规划的前提下，规划布局一批时尚产业重大项目，积极推进时尚产业小微企业园和特色小镇建设。（责任单位：省发展改革委、省经信厅、省自然资源厅、省生态环境厅）

（五）加强人才队伍建设。精准实施各类人才计划，建立不同层次、不同类型的时尚产业人才资源数据库。积极开展省时尚领域“千人计划”“万人计划”、省特级专家、省创新创业领军型人才和团队、国家级、省级时尚产业技能大师的推荐评选工作，给予入选者相应资金和政策支持。探索建立与职称评审衔接挂钩、联动推进的工作机制，完善人才配套支持体系，建立健全技术、技能等要素参与的收益分配机制，鼓励通过设立技术股等形式，充分调动人才的积极性和创造性。（责任单位：省委人才办、省经信厅、省教育厅、省科技厅、省人力社保厅）

（六）营造良好环境。充分发挥省时尚产业发展工作协调小组作用，加强对时尚产业发展的组织领导和统筹协调。发挥相关行业协会在政策研究、标准制修订、宣传推广、人才培训、交流合作等方面的作用。加强专业智库建设，引导建立浙江省时尚产业发展研究院。建立全国时尚产业信息发布中心，研究发布时尚产业发展指数，建立完善评价体系，定期发布行业指导信息。加强企业信用体系建设，加大时尚创意设计、专利技术、商标品牌等知识产权保护力度，严厉打击各种侵权行为，营造公平竞争、有序发展的市场环境。

加强主流媒体对时尚产业发展的宣传和舆论引导，大力倡导现代、时尚、健康、绿色的消费方式和消费文化，提升我省时尚品牌知名度。（责任单位：省时尚产业发展工作协调小组各成员单位，各市人民政府）

浙江省药品监督管理局印发《关于实施营商环境优化提升“一号改革工程”助力浙江化妆品产业高质量发展的若干举措》的通知

浙药监妆〔2023〕3号

各市、县（市、区）市场监督管理局，省局机关各处室、直属各单位：

现将《关于实施营商环境优化提升“一号改革工程”助力浙江化妆品产业高质量发展的若干举措》印发给你们，请结合实际抓好落实。

浙江省药品监督管理局

2023年4月17日

关于实施营商环境优化提升“一号改革工程”助力浙江化妆品产业高质量发展的若干举措

为认真贯彻全省深入实施“八八战略”强力推进创新深化改革攻坚开放提升大会精神，深入落实《浙江省营商环境优化提升“一号改革工程”实施方案》，以企业需求为导向，以激发活力为要求，以规范健康发展为目标，进一步创新监管方式，提高服务质量，优化营商环境，推动浙江化妆品产业高质量发展，制定以下工作举措：

一、改进备案工作，优化提升政务环境

（一）建立普通化妆品备案统一标准。制定普通化妆品备案资料整理和资料技术核查工作要点，进一步规范审核工作程序和标准，统一化妆品技术核查尺度，推动化妆品备案事项全省范围内同要素管理、无差别受理、同标准办理。强化化妆品备案管理工作省、市、县三级协同，深化“一对一”结对帮扶，及时协调解决备案审核中遇到的疑难问题，进一步提升化妆品备案审

核工作质量和效率。

（二）开展普通化妆品备案自检改革。优化普通化妆品备案检验管理措施，允许符合条件的化妆品备案人或委托生产企业开展全部或部分项目自检，并将符合条件的检验报告作为产品备案资料进行备案，进一步促进企业降低检验成本、缩短产品上市时间。

（三）开通进口化妆品备案“三条通道”。完善进口化妆品“1+5”备案工作责任制，制定进口化妆品备案资料整理和资料技术核查工作标准，开通进口化妆品首次备案资料整理“绿色通道”、安全风险较低的化妆品进口备案资料技术核查“快审通道”、因安全性存疑暂停进口销售化妆品的补充资料技术核查“优先通道”，助力化妆品进口。

二、完善监管模式，优化提升法治环境

（四）加强法规宣贯。强化《化妆品监督管理条例》《化妆品注册备案管理办法》《化妆品生产经营监督管理办法》《牙膏监督管理办法》等法规规章宣贯，推动《企业落实化妆品质量安全主体责任监督管理规定》实施，督促企业建立基于化妆品质量安全风险防控的动态管理机制，落实质量安全主体责任，提升内部质量控制水平，保障化妆品质量安全。

（五）深化专项整治。深入开展化妆品质量安全专项整治，聚焦重点产品、重点环节、重点问题开展执法检查，严打违法添加、无证生产、虚假宣传等严重违法行为，强化案件行刑衔接，依法“处罚到人”，维护公平竞争、规范有序的法治环境。加强《化妆品网络经营监督管理办法》宣贯，深化化妆品入网“智慧审核”机制，制定化妆品网络经营主体责任清单、化妆品网络销售质量管理规范，加强化妆品网络销售监测和闭环处置，规范化妆品网络经营行为，促进化妆品平台经济治理与高质量发展。

（六）推进柔性执法。坚持处罚与教育相结合的原则，探索轻微违法行为容错纠错机制，推行“首违不罚”，为市场主体提供更加包容、更有温度的发展环境。对化妆品生产企业生产标签存在瑕疵但不影响质量安全的化妆品，化妆品经营企业经营标签不符合规定的化妆品、未依照规定贮存运输化妆品、未依照规定建立并执行进货查验记录制度等行为，如属初次违法且危害后果轻微并及时改正的，对当事人进行教育，不予行政处罚。

（七）推广信用监管。开展化妆品注册人备案人信息档案试点，完善化妆品生产企业信用评价管理制度，推广化妆品经营单位信用分级分类管理，完善化妆品全环节信用管理体系。全面实施化妆品经营领域“双随机+信用”监管，建立以信用监管为基础、“双随机、一公开”为主要方式、重点监管为补

充的监管模式，弘扬诚信文化，强化守信联合激励、失信联合惩戒。

三、强化服务解难，优化提升市场环境

（八）建立“准入路标”机制。建立化妆品生产许可咨询前移服务机制，对新开办、改扩建企业厂房布局设计等开展“一对一”专业指导。拓宽化妆品备案咨询沟通交流渠道，设立备案咨询开放日，完善预约咨询流程，编制《化妆品备案政策问答》，建立新产品、新功效、新原料等界定咨询服务机制，为企业加快化妆品上市提供“路标”。建立化妆品研审联动机制，将审评服务延伸至化妆品研发阶段，对重点项目、重点产品安排专人提前介入、全程跟踪、主动服务，加速研发进程，促进成果转化。

（九）建立“照单加油”机制。以化妆品领域产品链、产业链、价值链创新发展需求为导向，按照“品质浙妆、时尚潮妆、功效特妆、生态美妆”四个方向编制四张清单，建立重点企业、重点项目、重点产品遴选及专人服务机制，通过靠前服务、精准服务、集成服务以及设立科创平台、专家工作站等措施，为化妆品产品上市、企业做大做强、产业创新发展指方向、踩油门。

（十）建立“携手成长”机制。联动地方政府、相关部门及行业协会举办化妆品产业链项目、技术、人才“三对接”活动，推动研发、设计、生产、原料、包材、检测等上下游产业链要素对接协作，推动大中小企业深度融合、嵌入式合作，营造“链主型企业+中小微企业+服务环境”创新生态圈。依托行业协会组织化妆品企业寻标对标学标活动，引导化妆品企业加强质量管理规范，建设企业技术中心、工程技术研究中心、重点实验室，走专精特新之路。

（十一）建立“组团服务”机制。深入开展“大走访大调研大服务大解题”活动，精准对接产业园区和重大项目，联动检查、检验、审评等技术力量集中开展组团式产业服务活动。构建“线上+线下”的服务赋能新模式，依托省“三服务”小管家协同办理平台、“浙江美妆在线”应用、医药创新和审评柔性服务站等，提供安全评估、功效分类、备案指导、生产规范、标准研制等服务。

（十二）建立“技术赋能”机制。依托检查、检验、审评等技术力量，开展化妆品企业质量安全负责人、注册备案、检验检测等岗位人员公益培训，提升企业注册备案、质量控制和自检能力。开展化妆品产业园区同一集团检验检测等基础设施共享试点，促进企业提高资源利用率、降低运营成本。实施化妆品检测能力提升工程，做强国家药监局化妆品动物替代试验技术重点实验室、药品微生物检测与预警重点实验室。加强化妆品第三方检验检测机

构法规指导和合规检查，促进第三方检验检测机构规范健康发展。

四、激发创新活力，优化提升经济生态环境

（十三）引导培育品质浙妆。联动相关部门及行业协会开展浙江美妆品牌工厂、浙江美妆“三同”品牌、浙江美妆品质专区、浙江美妆地标商圈等建设，推进化妆品领域“品字标浙江制造”品牌建设，召开浙江美妆高质量发展大会，举办浙江美妆品牌展示活动，打响浙江美妆品牌。

（十四）引导培育时尚潮妆。支持化妆品企业适应和引领消费升级潮流，联合相关部门推动化妆品与文化、旅游、艺术、娱乐、直播电商、网红经济等产业深度融合发展，发展美妆文化、美妆旅游，打造浙江美妆工业旅游示范基地等载体。制定浙江美妆城市礼品团体标准，引导企业开发体现山水特色、文化底蕴、城市气质、地域风情等的国潮美妆。鼓励符合要求的化妆品注册人备案人参与化妆品个性化服务试点，支持定点企业开发精准护肤产品，满足公众个性化时尚消费需求。衍生发展化妆品包材产业，推动包材与化妆品产品、文化创意、品牌展示融合。

（十五）引导培育功效特妆。支持化妆品企业与高等院校、科研院所开展产学研合作，围绕化妆品原料、生产工艺、功能、功效等方面开展科技攻关。依托医药产业优势，推动功能性原料等供应链上游产业发展。引导和支持相关检验、医疗机构推进防晒、祛斑等评价能力建设，补齐功效验证服务能力短板。发挥浙江省化妆品安全与功效评价中心作用，组织制定相关功效评价标准，助力特殊化妆品开发和注册上市。

（十六）引导培育生态美妆。发挥浙江省化妆品植物原料研究中心技术优势，建立浙江特色化妆品植物原料数据库，制定化妆品原料质量标准，指导栀子花、山茶籽、胡柚、珍珠、铁皮石斛、蚕丝等特色化妆品品种及原料开发利用，引导地方政府和相关企业培育发展生态美妆，延伸化妆品产业链，推进化妆品一二三产联动发展，推动生态美妆成为“两山”转化新方案、共同富裕新路径。

（十七）支持美妆平台建设。落实《浙江省化妆品产业高质量发展实施方案（2020—2025）》，以化妆品“一中心、两基地、三平台”建设为重点，支持地方政府加大政策支持、资金投入和资源保障，以主要产业平台、园区为重点建设化妆品检验中心、植物原料研究中心、安全与功效评价中心等区域公共服务平台，构建“美妆小镇”“杭潮美妆”“金义美都”“浙南美谷”“美妆 e 谷”等区域品牌矩阵，促进化妆品产业高端化、智能化、数字化、融合化、绿色化发展。

（十八）突出美妆人才培养。立足我省化妆品产业发展现状，精准对接企业用人需求，推动浙江药科职业大学建设体现职教本色、医药底色、监管特色“三色”化妆品专业，与企业、产业园区、地方政府合作建设化妆品产业学院，探索与知名化妆品企业合作开设“校企合作班”，通过订单班、学历提升班等形式提高化妆品产业人才能力。

杭州市人民政府办公厅关于印发支持合成生物产业高质量发展若干措施的通知

杭政办函〔2023〕64号

各区、县（市）人民政府，市政府各部门、各直属单位：

《支持合成生物产业高质量发展的若干措施》已经市政府同意，现印发给你们，请认真组织实施。

杭州市人民政府办公厅

2023年9月7日

支持合成生物产业高质量发展的若干措施

为加速提升我市合成生物领域的研发创新水平，构建合成生物“科技研发—成果转化—产业集聚”的经济发展新模式，完善合成生物产业生态体系，打造合成生物领域的产业集群创新高地，抢占合成生物产业发展先机，特制定本措施。

一、适用机构和重点支持领域

本措施适用于已依法登记注册，从事合成生物相关领域研发、生产、服务等生产经营活动的企事业单位、社会团体、行业组织等。

本措施重点支持基因组合成与组装、底盘细胞构建、菌种计算设计、高通量基因合成及筛选、人工合成和使能、生物元器件库设计构建、DNA数据存储、催化软物质、无细胞合成生物体系构建、蛋白质设计、酶工程、代谢工程、低碳生物制造、生物育种、生物信息分析、个性化诊断和治疗、全新剂型及高端制剂等合成生物技术的研发和服务；应用合成生物技术开发的高端生物原料药、生物药用辅料、新型疫苗、基因治疗药物、细胞治疗药物、全新结构蛋白及多肽药物、植物药、中药活性成分、罕见病药物、生物基材料（含高端精细化学品、工业酶制剂等）、生物芯片、生物类医疗美容原料及制品、化妆品新原料、生物食品营养原料、特殊医学用途配方食品、转基因作物等产品；应用于生物发酵、分离和纯化等关键环节设备的生产制造。

二、提升合成生物创新研发能力

（一）鼓励承接国家、省重点科技专项。对获得“合成生物学”“绿色生物制造”“生物大分子及微生物组”“生物安全技术”“科技攻关重点项目”“颠覆性技术”等国家、省重点专项或课题的承担单位，按国家、省实际到账资助经费的25%给予资助，资助金额最高不超过500万元。（牵头单位：市科技局）

（二）加强研发经费资助。对经认定的合成生物企业，当年研发投入超过1000万元的，经评审按研发投入的10%给予资助，单个企业每年资助金额最高不超过500万元。（牵头单位：市科技局）

（三）支持开展技术交易活动。鼓励开展合成生物技术开发、技术转让、技术许可、技术咨询、技术服务等技术交易活动。对国内高校、科研院校、新型研发机构应用技术交易平台实现的合成生物技术交易活动，按不超过其年度输出技术合同交易额的5%给予奖励，奖励金额最高不超过200万元。鼓励合成生物企业应用技术交易平台输出和吸纳技术成果，按年度累计认定登记的技术合同交易额每新增500万元奖励1万元，年度奖励金额最高不超过200万元（单个企业一个年度只可作为技术合同的一方申报）。（牵头单位：市科技局）

（四）夯实创新研发基础。支持合成生物相关单位打造国家级合成生物技术战略平台，包括国家实验室、国家实验室基地、国家技术创新中心、国家企业技术中心、国家工程研究中心等国家各部委认定的各类创新载体。（牵头单位：市科技局）

三、促进合成生物产业集聚发展

（五）谋划布局未来赛道。支持钱塘（新）区、萧山区和西湖区等合成生物重点发展区合理布局合成生物技术产业，争创合成生物省级未来产业先导区；推动浙江大学杭州国际科创中心、西湖大学合成生物学与生物智造中心、中国科学院医学所医用合成生物学中心、浙江工业大学生物有机合成重点实验室等平台建设；重点发展生物医药、生物材料、医疗美容、化妆品等未来赛道，引导合成生物产业集聚发展。（牵头单位：市经信局、市科技局）

（六）支持生物材料产业化。对在国家药品监督管理局药品审评中心（CDE）进行相关登记的生物原料药和生物药用辅料，登记号状态由“I”（未激活）变为“A”（激活）的产品给予最高 10 万元资助；对通过美国食品药品监督管理局（FDA）认证的生物原料药和生物基材料，每个产品给予最高 30 万元资助，单个企业每年累计资助金额最高不超过 200 万元。对生产生物原料药、生物药用辅料、生物基材料的企业，当年营收首次超过 1 亿元、2 亿元、5 亿元，分别给予最高 10 万元、20 万元、50 万元的一次性奖励（进档的奖励差额）。（牵头单位：市经信局）

（七）支持生物类医疗美容产品产业化。积极发展肉毒杆菌素、重组人表皮生长因子、重组Ⅲ型人源化胶原蛋白冻干纤维、透明质酸医用修复敷料等医疗美容药械。对获得国家药械注册证书并进行产业化的，医疗美容药品每个品种给予最高 500 万元奖励，三类医疗美容器械每个品种给予最高 100 万元奖励，二类医疗美容器械每个品种给予最高 50 万元奖励。产品获证后 3 年内生产并形成销售的，在每年保持增长的基础上，按年度新增销售额，每增加 1000 万元给予不高于 50 万元奖励，单个企业每年累计奖励金额最高不超过 500 万元。（牵头单位：市经信局）

（八）支持化妆品新原料的研发生产。对在国家药品监督管理局注册或备案并成功纳入《已使用化妆品原料目录（2021 年版）》的化妆品新原料，经核准后每项给予最高 30 万元资助；对从事化妆品研发生产的企业，通过注册程序获得特殊化妆品产品注册证（不包含染发剂、烫发剂等化妆品），每个品种给予最高 10 万元奖励。单个企业每年资助（奖励）金额最高不超过 100 万元。（牵头单位：市经信局、市市场监管局）

（九）鼓励生物育种产业发展。支持生物育种前沿技术应用，对进入生产性试验、获得转基因生物安全证书的产品，每个产品分别给予最高 20 万元、50 万元奖励；对应用合成生物转基因技术并通过国家审定的农作物新品种，每个品种给予最高 60 万元奖励；对通过省级审定的农作物新品种，每个品种给予最高 30 万元奖励。单个企业每年奖励额度最高不超过 300 万元。（牵头部门：市农业农村局、市科技局）

（十）加大合成生物特色园区建设支持力度。充分结合合成生物产业空间规划，重点布局钱塘（新）区、萧山区和西湖区等地区发展合成生物特色园区。鼓励多种投资主体开展合成生物标准厂房建设，经认定的市级特色园区建设2万平方米以上标准厂房的，市级财政对其所在区、县（市）给予投资总额不高于20%的资助，由各地对投资主体给予相应奖励。鼓励各区、县（市）和市级特色园区入驻企业组建或聘请专业的合成生物特色园区运营团队或公司进行园区运营与管理。（牵头单位：市经信局、市财政局）

（十一）推动重点领域项目产业化落地。对经认定应用合成生物技术且实际投资总额达2000万元的产业化项目，按不高于实际投资总额（不含土地、厂房、旧设备，含新设备、GMP标准厂房装修等）的30%予以资助，资助金额最高不超过1亿元。（牵头单位：市经信局）

（十二）支持生物制造总部企业发展。大力引育生物医药、生物材料、医疗美容、化妆品等领域头部合成生物总部企业。支持符合条件的企业申报杭州总部企业，对经认定的总部企业，按有关规定享受用地“带项目条件”出让、科技研发资助等优惠政策。（牵头单位：市发改委、市投资促进局）

四、健全合成生物生态服务体系

（十三）重点支持合成生物公共服务平台建设。对基因测序合成公共服务平台、生物元器件设计平台、合成生物设计与自动化平台、重要菌种及细胞株保藏与开发平台、药物发现平台、小试服务平台、中试放大基地、概念验证中心、中国合格评定国家认可委员会（CNAS）认可实验室等经认定的市重点合成生物技术产业公共服务平台，按照不高于其核定新增研发设备、软件等投入的30%予以资助，资助金额最高不超过2000万元。经认定的公共服务平台，为合成生物相关企事业单位提供服务的（服务双方须无投资关联情况），根据技术合同和服务绩效等，给予其不超过技术合同金额10%的创新券补助，单个平台每年度补助金额最高不超过200万元。（牵头单位：市科技局）

（十四）加大对专业论坛等活动的支持力度。重点打造杭州品牌的国际合成生物专业论坛等活动，对举办合成生物专业论坛等活动的，给予单个活动承办方最高300万元资助。（牵头单位：市科技局、市投资促进局）

（十五）健全人才保障机制。建立完善多层次合成生物产业人才培养体系，通过申报国家和省、市级人才计划、定期组织举办专场招聘活动等方式支持企业招引合成生物学相关领域高端人才，鼓励企业与高校院所联合培养具备产业级研发能力的高端人才，评选合成生物产业领域工程技术领军人才，授权符合条件的企业开展人才自主评价，打造一支面向产业端的卓越工程师队伍。落实高层次人才在人才落户、住房保障、医疗保健、子女教育等方面

的保障政策。（牵头单位：市委人才办、市经信局、市人力社保局）

（十六）加强基金和融资担保支持。支持杭州科创基金通过创业投资引导基金、天使引导基金、科技成果转化基金等专项引导基金，加大对合成生物产业的投资力度，发挥政府产业基金投资引导作用和市融资担保集团融资增信功能，通过市区联动、基金赋能、降低保费，重点支持合成生物产业链上下游企业提高应用研发能力、新产品的生物制造能力等，完善合成生物产业发展金融支持体系。（牵头单位：市国资委、市财政局）

（十七）加强知识产权保护。建立海外知识产权纠纷数据库、法律信息库和专家库，加大涉外知识产权纠纷维权援助力度。同步引进优质律所等专业服务机构，加强对企业的知识产权保护和法律法规辅导。（牵头单位：市市场监管局）

（十八）加强合成生物产业要素保障。合成生物重点发展区负责对每年的产业用地指标和产业用房指标予以量化，市级对合成生物重点企业的用地需求予以优先保障。对经认定的合成生物特色园区，加快推动规划环评与项目环评联动，依法简化环评办理流程。（牵头单位：市规划和自然资源局、市生态环境局）

本措施自 2023 年 10 月 9 日起施行，有效期至 2028 年 12 月 31 日，由市经信局负责牵头组织实施，资助（补助、奖励）经费由第一牵头单位负责落实。本措施与本市各级其他同类政策有重叠的，按照“从优、就高、不重复”的原则予以支持。本措施所列资助（补助、奖励）标准，均为最高标准，资助（补助、奖励）资金由市和各区、县（市）按财政体制共同承担。

湖州市人民政府办公室关于印发湖州市加快生物医药产业高质量发展若干政策的通知

湖政办发〔2023〕39 号

各区县人民政府，市府各部门，市直各单位：

《湖州市加快生物医药产业高质量发展若干政策》已经市政府同意，现印发给你们，请认真贯彻执行。

湖州市人民政府办公室

2023 年 6 月 27 日

湖州市加快生物医药产业高质量发展若干政策

为贯彻落实《浙江省医药产业发展"十四五"规划》《浙江省人民政府办公厅关于促进生物医药产业高质量发展行动方案（2022—2024年）》（浙政办发〔2022〕39号）、《关于推动浙江省医药产业高质量发展的若干措施》（浙经信消费〔2020〕47号）精神，加快推进湖州市区生物医药产业发展，促进产业转型升级，引导产业资源集聚，特制定本政策。

一、主要目标

生物医药产业持续保持高速增长，力争到2026年，全市生物医药产业链营收突破600亿元；重点平台的产业集聚度进一步提升。

——项目招引取得新成效。每年招引固投3亿元以上项目18个，10亿元以上项目3个，引进项目固定资产投资80亿元。到2026年，力争全市招引固投3亿元以上项目90个，其中10亿元以上项目12个、50亿元以上项目力争突破，完成固定资产投资不少于300亿元。鼓励公共服务平台项目、MAH持证平台项目落地。

——梯次企业形成新集群。到2026年，引育100亿级以上“链主”企业1家，50亿级以上“链主”企业2家，20亿级以上的“小链主”企业10家，“链主”伙伴企业总数达30家；新增一批“专精特新”和专精特新“小巨人”企业；全市形成3—4个具有竞争力、特色鲜明的细分领域。

——创新能力实现新突破。到2026年，打造一批高能级的产业研发创新平台、专业服务平台、成果转化平台，加快创新产品转化，在细分领域突破一批关键技术。在化妆品、药用辅料等优势赛道争创国家制造业创新中心。

二、政策措施

（一）鼓励企业创新发展

1. 支持创新药品研发。对已在国内开展临床试验，并在我市或书面同意落地我市生产创新药的规上企业，按通过不同临床试验阶段，每个品种（不同规格视为同一品种，下同）分别奖补500万元（Ⅰ期）、1000万元（Ⅱ期）、1500万元（Ⅲ期）。对获药品注册证书并在我市产业化的创新药、改良型新药，每个品种分别奖励800万元、300万元。

2. 支持医疗器械创新。首次取得医疗器械注册证并在我市产业化的第三类医疗器械、第三类创新医疗器械，每个品种分别给予200万元、300万元奖补；对于豁免临床的品种减半奖补。单个企业每年奖补总金额不超过500万元。

3. 鼓励仿制药质量和疗效一致性评价。鼓励企业开展仿制药质量和疗效一致性评价工作，通过仿制药一致性评价或新取得仿制药注册证书并在我市产业化的，每个品种奖补300万元。

4. 鼓励药用辅料研发。药用辅料通过关联审评，获得A状态并在我市实现产业化的，每个品种奖补50万元。单个企业每年奖补总金额不超过200万元。

5. 支持化妆品原料研发。取得化妆品新原料注册证的，每个品种奖补100万元；取得化妆品新原料备案的，每个品种奖补50万元。单个企业每年奖补总金额不超过200万元。

6. 鼓励特殊医用食品研发。取得特医食品注册证书的，每个品种奖补20万元。单个企业每年奖补总金额不超过50万元。

（二）推进产业做大做强

1. 支持企业改造升级。支持生物医药领域的新建项目，投产后按设备投资额的12%给予补助，单个项目最高补助3000万元；推动生物医药领域规上企业全面实施技术改造提升，对设备投资500万元（含）以上的项目，项目实施完成后，按设备投资额的8%给予补助，单个项目最高补助1000万元。对首次被评为省级未来工厂、智能工厂、数字化车间的，分别奖补400万元、100万元、50万元。

2. 推动产品推广应用。支持湖产药械应用。对被认定为国际国内、省级“三首”产品的，分别奖补100万元、50万元。对享受国际国内、省级“三首”产品风险补偿政策的，按不高于实际保费的50%给予补助，最高补助100万元。支持创新药、改良型新药、仿制药推广应用，单个品种最高奖补不超过200万元。

3. 提升企业标准竞争力。构建生物医药领域先进制造标准体系，对为主制订国际、国家、行业标准的，每个标准分别奖补100万元、30万元、10万元。对参与制订国际、国家、行业标准的（排名第2、3位），每个标准分别奖补10万元、5万元、2万元。对为主制订“浙江标准”“浙江制造”标准的，每个奖补10万元。

（三）优化产业培育环境

1. 设立产业基金。设立总规模不低于100亿元的产业基金，发挥产业基金引领撬动作用，加大对生物医药产业投资力度。

2. 打造技术创新平台。对生物医药企业被评为国家级制造业创新中心、企业技术中心的，分别奖补 1000 万元、100 万元；对被评为省级制造业创新中心、企业技术中心的，分别奖补 100 万元、50 万元。

3. 支持产业服务平台建设。支持设立 CRO、CMO、CDMO 等生物医药产业专业技术平台，生物医药公共服务平台及研发服务机构为生物医药企业（非关联企业）提供服务且年度服务金额 300 万元（含）以上的，按其年度合同实际服务金额的 5% 给予补助，单个机构每年补助最高不超过 500 万元。对重大平台给予重点支持。

三、附则

（一）本意见为生物医药专项政策，同类政策措施，按照从高原则，不重复享受。本意见涉及财政资金由各专项资金列支，按市级 60%、区级 40% 承担。各县可参照执行。

（二）本意见自公布之日起施行，有效期至 2025 年 12 月 31 日，涉及奖补的政策自 2023 年 6 月 1 日起执行。